Schmehl/Vollmer
Die Assessorklausur im Strafprozess

Die Assessorklausur im Strafprozess

von

Martin Schmehl
Vorsitzender Richter am Oberlandesgericht Stuttgart

und

Walter Vollmer
Oberstaatsanwalt bei der Staatsanwaltschaft Tübingen

7., überarbeitete Auflage

Verlag C. H. Beck München 2003

Verlag C. H. Beck im Internet:
beck.de

ISBN 3 406 50599 6

© 2003 Verlag C. H. Beck oHG
Wilhelmstraße 9, 80801 München
Druck: Druckerei C. H. Beck Nördlingen
(Adresse wie Verlag)

Satz: jürgen ullrich typosatz, Nördlingen

Gedruckt auf säurefreiem, alterungsbeständigem Papier
(hergestellt aus chlorfrei gebleichtem Zellstoff)

Vorwort zur 7. Auflage

Seit Erscheinen der sechsten Auflage sind mehr als zwei Jahre ins Land gegangen. Die großen Reformarbeiten am Strafprozess stecken nach wie vor im Stadium von Eckpunkte- und anderen Papieren, so dass sie nicht Gegenstand der Neuauflage sein konnten. Von den wenigen gesetzgeberischen Neuheiten war in erster Linie die Einfügung der §§ 100g, 100h und 100i in die StPO zu berücksichtigen.

Was – hierüber waren sich Verlag und Autoren einig – eine Neuauflage wünschenswert und erforderlich macht, ist die Weiterentwicklung der Rechtsprechung auf vielen Sektoren des prozessualen und materiellen Rechts. Das gilt vornehmlich für die immer weiter gehende Forderung, dem Beschuldigten einen Pflichtverteidiger zu bestellen, die Ausweitung der Widerspruchslösung bei Verwertungsfragen, die zunehmende Kontrolldichte von Strafzumessung und Beweiswürdigung durch den BGH wie auch für dessen Praxis zur Geltendmachung und Begründung von Verfahrensrügen, zum Missbrauchsgedanken im Revisionsrecht und zum zunehmenden Bestreben der Revisionsgerichte, den Bereich eigener Sachentscheidung nach Möglichkeit immer weiter auszudehnen.

Ein Buch, das sich mit der Förderung der Ausbildung und der Vorbereitung für das Examen befasst, ist in besonders starkem Maße der Aktualität verpflichtet, weil sich die Fortentwicklung des Straf- und Strafprozessrechts in den Prüfungsstoffen regelmäßig niederschlägt. Daran, dem Gebot der Aktualität gerecht zu werden, war uns, die wir nach wie vor in der Praxis der Strafrechtspflege und der Prüfungstätigkeit stehen, vorrangig gelegen. Bis Ende Dezember 2002 veröffentlichte Literatur und Rechtsprechung ist eingearbeitet. Dasselbe gilt für prüfungs- und klausurrelevante Erfahrungen, die wir seit Erscheinen der letzten Auflage weiterhin gesammelt haben.

Stuttgart, im Januar 2003   Die Autoren

Inhaltsverzeichnis

1. Teil. Ermittlungsverfahren

A. Verfahrensfragen 1
I. Bedeutung für die Examensklausur 1
II. Allgemeine Definitionen 1
   1. Ermittlungsverfahren 1
   2. Verdacht 2
      a) Anfangsverdacht 3
      b) Hinreichender Verdacht 3
      c) Dringender Tatverdacht 3
      d) Überzeugung 3
   3. Beschuldigter/Verdächtiger/Zeuge 4
   4. Verteidiger 5
   5. Ermittlungsrichter 6
      Exkurs: Hinweise zum richterlichen Vernehmungsprotokoll ... 9
   6. Akteneinsicht 9
      a) Akteneinsicht durch den Verteidiger/Beschuldigten 10
      b) Akteneinsicht durch Dritte 11
III. Beweisgewinnung im Ermittlungsverfahren 12
   1. Allgemeines 12
      a) Pflicht zum Erscheinen und zur Aussage 12
      b) Anwesenheitsrechte bei den Vernehmungen 13
   2. Beschuldigtenvernehmung 17
      a) Belehrung 17
      b) Inhalt 20
      c) Vernehmungsmethoden 22
   3. Zeugenvernehmung 27
      a) Zeugnisverweigerungsrechte 27
      b) Auskunftsverweigerungsrecht gemäß § 55 StPO 32
      c) Einsatz der Videotechnik 34
      d) Aussagegenehmigung 34
   4. Sachverständiger 35
   5. Urkundenbeweis 35
IV. Zwangsmittel 36
   1. Untersuchungshaft 36
      a) Übersicht 36
      b) Anordnung des Haftbefehls 37
      c) Außer-Vollzug-Setzung 40

d) Aufhebung des Haftbefehls 40
e) Haftprüfung 41
f) Inhalt des Haftbefehls 43
g) Formulierungsbeispiel 44
h) Vorläufige Festnahme 44
i) Hauptverhandlungshaft (§ 127 b StPO) 45
2. Körperliche Untersuchung; Blutprobe (§ 81 a StPO) 46
   a) Voraussetzungen 46
   b) Einzelheiten 47
   c) Beispiel einer Anordnung nach § 81 a StPO 49
   d) Exkurs Alkoholberechnung 49
3. Vorläufige Entziehung der Fahrerlaubnis gemäß § 111 a StPO 53
   a) Voraussetzungen 53
   b) Einzelheiten 53
   c) Beispiel eines Beschlusses nach § 111 a StPO 55
4. Durchsuchung 55
   a) Voraussetzungen der Durchsuchung 55
   b) Anforderungen an den Durchsuchungsbeschluss 57
   c) Durchführung der Durchsuchung 57
5. Beschlagnahme 58
   a) Voraussetzungen der Beschlagnahme 58
   b) Inhalt des Beschlagnahmebeschlusses 60
   c) Durchführung der Beschlagnahme 60
   d) Beschlagnahmefreiheit 60
   e) Beschlagnahme an besonderen Stellen 61
   f) Aufhebung der Beschlagnahme/Rückgabe 62
   g) Beispiel eines Durchsuchungs- und Beschlagnahmebeschlusses 63
6. Die Telefonüberwachung gemäß § 100 a StPO 64
   a) Voraussetzungen 64
   b) Verwertung von Erkenntnissen aus der Telefonüberwachung 64
   c) Beispiel einer Anordnung nach § 100 a StPO 66
7. Der Einsatz technischer Hilfsmittel gemäß §§ 100 c, d, 101 StPO 66
8. Der Einsatz Verdeckter Ermittler nach §§ 110 a–e StPO 69
9. Sonstiges 71
   a) Identitätsfeststellung § 163 b, c 71
   b) Erkennungsdienstliche Behandlung nach § 81 b StPO ... 71
   c) Unterbringung zur Beobachtung nach § 81 StPO 72
   d) Untersuchung anderer Personen nach § 81 c StPO 73
   e) DNA-Analyse („Genetischer Fingerabdruck") gemäß § 81 e StPO 74

f) Auskunft über Verbindungsdaten der Telekommunikation gemäß § 100 g StPO 74
g) Fahndung gemäß §§ 131 bis 131 c StPO 76
h) Rasterfahndung, polizeiliche Beobachtung und längerfristige Observation 76

B. **Abschlussverfügung der Staatsanwaltschaft** 78
  1. Anklageschrift 78
     a) Eingang 80
     b) Anklagesatz 80
     c) Beweismittelverzeichnis 82
     d) Wesentliches Ergebnis der Ermittlungen 83
     e) Anträge 83
     f) Besonderheiten bei Serienstraftaten 84
  2. Surrogate der Anklageschrift 85
     a) Nachtragsanklage 85
     b) Beschleunigtes Verfahren 85
     c) Strafbefehlsverfahren 86
  3. Einstellungsverfügungen 86
     a) Einstellung trotz Tatverdachts 86
     b) Einstellung mangels Tatverdachts 87
     c) Teileinstellungsverfügungen 88
     d) Begleitverfügung 90
     e) Privatklagedelikt 91
  4. Beispiel von Abschlussverfügungen 92
     a) Anklage (Niedersachsen und Baden Württemberg) 92
     b) Anklage (Bayern) 95
     c) Einstellungsverfügung 96

2. Teil. Gerichtliches Verfahren bis zum Urteil

A. **Zwischenverfahren und Vorbereitung der Hauptverhandlung** 97

  I. Allgemeines 97
     1. Zwischenverfahren und Eröffnungsbeschluss 97
     2. Vorbereitung der Hauptverhandlung 99
  II. Besonderheiten 100
     1. Zuständigkeit bei Verbindung 100
     2. Verfahren ohne Eröffnungsbeschluss 101
     3. Unwirksamkeit und Nachholung des Eröffnungsbeschlusses 101
        a) Fehlerhafter Eröffnungsbeschluss 101
        b) Heilungsmöglichkeiten 101
        c) Beispiel eines Eröffnungsbeschlusses 102

B. Hauptverfahren ... 102

I. Allgemeines ... 103
   1. Gang der Hauptverhandlung ... 103
      a) Aufruf der Sache ... 103
      b) Erörterung der persönlichen Verhältnisse ... 103
      c) Verlesung des Anklagesatzes ... 103
      d) Belehrung des Angeklagten über seine Rechte ... 104
      e) Angaben des Angeklagten/Schweigen des Angeklagten ... 104
      f) Beweisaufnahme ... 104
      g) Plädoyers und letztes Wort ... 106
      h) Urteilsberatung und Urteilsverkündung ... 106
      i) Unterbrechung der Hauptverhandlung ... 106
   2. Öffentlichkeit ... 106
   3. Anwesenheit ... 107
      a) Anwesenheit des Angeklagten ... 107
      b) Anwesenheit der übrigen Beteiligten ... 109
   4. Befangenheit ... 109
      a) Befangenheit des Richters ... 109
      b) Befangenheit sonstiger Personen ... 110
   5. Leitung der Verhandlung ... 111
   6. Verständigung im Strafverfahren ... 112

II. Angaben des Angeklagten ... 113

III. Zeugenbeweis ... 113
   1. Verfahrensbeteiligte als Zeugen ... 113
   2. Belehrung des Zeugen ... 114
   3. Zeugnisverweigerungsrecht ... 114
   4. Zeugenaussage ... 114
   5. Vereidigung ... 115
   6. Zeugenschutz in der Hauptverhandlung ... 116
      a) Ausschluss des Angeklagten ... 116
      b) Räumlich getrennte Videovernehmung ... 117
      c) Zeugenbeistand ... 117
      d) Ausschluss der Öffentlichkeit ... 117
      e) Nichtangabe des Wohnorts ... 117

IV. Sachverständigenbeweis ... 119
   1. Aufgabe ... 119
   2. Vereidigung ... 120

V. Urkundenbeweis ... 120
   1. Allgemeines ... 120
   2. Urkundenbeweis und Zeugenwissen ... 121
      a) Eine Ausnahme ... 121
      b) Eine weitere Ausnahme ... 123
      c) § 420 I–III StPO ... 123

		d) Protokolle über frühere Vernehmungen	124
		e) § 254 StPO	124
VI.	Augenschein		125
VII.	Form und Umfang der Beweiserhebung/Beweisaufnahme		126
	1. Unterscheidung Freibeweis/Strengbeweis		126
	2. Aufklärungspflicht		127
	3. Der Beweisantrag		128
		a) Begriff	128
		b) Form und Frist des Antrags	130
	4. Die Ablehnung eines Beweisantrags		130
		a) Die Ablehnungsgründe	130
		b) Die Entscheidung des Gerichts	136
	5. Besonderheiten		137
		a) Austausch von Beweismitteln	137
		b) Austausch von Ablehnungsgründen	137
	6. Beispiel eines Ablehnungsbeschlusses		138
VIII.	Gegenstand des Urteils		138
	1. Tatbegriff		138
	2. Hinweispflicht bei Umgestaltung der Strafklage (§ 265 StPO)		141
	3. Nachtragsanklage gemäß § 266 StPO		142
IX.	Besondere Verfahrensarten		142
	1. Das Strafbefehlsverfahren		142
		a) Voraussetzungen	142
		b) Inhalt	143
		c) Verfahren	143
		d) Rechtskraft	145
	2. Nebenklage		145

3. Teil. Das Urteil erster Instanz

A. Bedeutung für das Examen		147
B. Übersicht		147
I.	Arten der Verfahrensbeendigung	147
II.	Arten von Urteilen	148
C. Einzelheiten		148
I.	Das Rubrum	148
II.	Die Urteilsformel (der Tenor)	149
	1. Formelle Erfordernisse	149
	a) Bei Verurteilung	149
	b) bei Freispruch	150
	2. Erschöpfende Erledigung des Eröffnungsbeschlusses	150

	3. Rechtsfolgenausspruch	153
	4. Nebenentscheidungen	154
III.	Liste der angewandten Vorschriften	154
IV.	Die Urteilsgründe	155
	1. Allgemeines	155
	2. Persönliche Verhältnisse	156
	3. Sachverhaltsschilderung	157
	a) Allgemeines	157
	b) Einzelheiten – Verurteilung und Freispruch	158
	c) Wahldeutige Tatsachengrundlage	160
	d) Verdeutlichung der Schuldform	160
	4. Beweiswürdigung	162
	a) Grundsätzliches	162
	b) Einzelheiten	164
	5. Rechtliche Würdigung	172
	a) Grundsätzliches	172
	b) Besonders „examensverdächtige" Straftatbestände	172
	c) Weitere Einzelheiten	174
	d) Rechtwidrigkeit und Schuld	174
	6. Strafzumessung	175
	a) Allgemeines und Examensbedeutung	175
	b) Schrittfolge bei der Strafzumessung	175
	c) Die Strafrahmenbestimmung	176
	d) Taugliche Kriterien für Einzelstrafe	178
	e) Fehlergruppen	178
	f) Die Gesamtstrafe	184
	g) Strafaussetzung zur Bewährung	186
	h) Maßregeln der Besserung und Sicherung	187
	7. Aufbaubesonderheiten der gemischten Entscheidung	187
V.	Nebenentscheidungen im Urteil	188
	1. Die Kostenentscheidung im Urteil	188
	a) Grundsätzliches	188
	b) Verurteilung	188
	c) Freispruch	189
	d) Gemischte Entscheidung	189
	e) Rechtsmittel	190
	2. Entscheidungen nach dem StrEG	190
	a) Grundsätzliches	190
	b) Häufige Fälle	190
	c) Ausschluss- und Versagungsgründe	191
	d) Verfahrensrechtliches	192
VI.	Urteilsbegleitende Beschlüsse	193
	1. Fortdauer der Untersuchungshaft	193

Inhaltsverzeichnis   XIII

    2. Bewährungsbeschluss 193
    3. Vorläufige Entziehung der Fahrerlaubnis 194
VII. Unterschriften 194

4. Teil. Rechtsmittel

A. **Allgemeines** 196
I. Formelle Voraussetzungen 197
    1. Formelle Zulässigkeit 197
       a) Die Beschwer 198
       b) Form und Adressat der Einlegung 200
       c) Frist der Einlegung 201
       d) Anfechtungsberechtigung 202
    2. Bezeichnung des Rechtsmittels 202
II. Rücknahme und Verzicht 203
    1. Grundsätzliches, Wirksamwerden, Zustimmungserfordernis 203
    2. Anfechtung und Widerruf von Rechtsmittelerklärungen ... 204
       a) Widerruf vor Wirksamwerden 205
       b) Verhandlungsfähigkeit 205
       c) Einfluss von Willensmängeln 205
       d) Verfahrensrechtliches 206
III. Beschränkung des Rechtsmittels 207
    1. Grundsätzliches 207
    2. Erklärung der Beschränkung 207
    3. Einzelfragen zur Beschränkbarkeit 207
       a) Tatmehrheit und Tateinheit 207
       b) Alternative Verhaltensweisen 208
       c) Beschränkung auf Rechtsfolgen- oder Strafausspruch 208
       d) Beschränkung innerhalb des Rechtsfolgenausspruchs 209
    4. Wirkungen der Rechtsmittelbeschränkung 209
    5. Wirkungen der Beschränkung auf den Rechtsfolgenausspruch im Einzelnen 210
    6. Bindungswirkung bei rechtlich fehlerhaftem Schuldspruch 212
IV. Das Verschlechterungsverbot 213
    1. Grundsatz 213
    2. Kein Verschlechterungsverbot für den Schuldspruch 214
    3. Verschlechterung und Rechtsmittel „zu Ungunsten" ... 214
    4. Einzelfälle 214
    5. Rechtsfolgenänderung 215

B. **Die Beschwerde** 216
I. Examensbedeutung 216

II.	Mit der Beschwerde anfechtbare Entscheidungen	216
III.	§ 305 Satz 1 StPO als zentrale Vorschrift	217
IV.	Verfahren und Entscheidung	218
V.	Die sofortige Beschwerde	220
VI.	Weitere Beschwerde	220

C. Die Berufung 221

I.	Klausurbedeutung	221
II.	Wesen der Berufung	221
III.	Wahl zwischen Berufung und Revision	222
IV.	Besonderheiten des Verfahrens	223
	1. Gang der Hauptverhandlung und Beweisaufnahme	223
	2. Ausbleiben des Angeklagten	224
	a) Berufung des Angeklagten	224
	b) Berufung der Staatsanwaltschaft	226
	3. Überleitung ins erstinstanzliche Verfahren	226
	4. Verbindung von Berufungs- mit erstinstanzlichen Sachen	227
V.	Die Entscheidung des Berufungsgerichts	228
	1. Vor der Hauptverhandlung	228
	2. In der Hauptverhandlung	230
	a) Entscheidung durch Urteil	230
	b) Mögliche Urteilsinhalte/Tenor	230
	c) Gestaltung der Urteilsgründe	231

D. Revision 232

I.	Klausurbedeutung	232
II.	Wesen der Revision	234
III.	Formalien der Revision	235
	1. Instanzenzug	235
	2. Einlegung und Begründung	236
IV.	Verfahrensvoraussetzungen und -hindernisse	237
V.	Verletzung des sachlichen Rechts	239
	1. Herkömmliche Subsumtion	239
	2. Darstellungsrüge	239
VI.	Verletzung des Verfahrensrechts	242
	1. Allgemeines	242
	2. Relative Revisionsgründe	242
	3. Absolute Revisionsgründe	247
	a) § 338 Nr. 1: Vorschriftswidrige Gerichtsbesetzung	247
	b) § 338 Nr. 2: Mitwirkung eines ausgeschlossenen Richters	247
	c) § 338 Nr. 3: Mitwirkung abgelehnter Richter	248
	d) § 338 Nr. 4: Unrichtige Annahme der Zuständigkeit	248

		e) § 338 Nr. 5: Vorschriftswidrige Abwesenheit	249
		f) § 338 Nr. 6: Ungesetzliche Beschränkung der Öffentlichkeit	252
		g) § 338 Nr. 7: Fehlende oder verspätete Urteilsbegründung	254
		h) § 338 Nr. 8: Beschränkung der Verteidigung in wesentlichem Punkt	254
VII.	Geltendmachung der Revisionsgründe		255
	1. Revisionsantrag		255
	2. Geltendmachung der Sachrüge		256
	3. Geltendmachung der Verfahrensrüge		257
		a) Grundsatz	257
		b) Bestimmtheitsgebot	257
		c) Rechtskreis und Rügeverlust	258
		d) Rechtzeitige Geltendmachung	259
		e) Anforderung an die Begründung einzelner Rügen	259
		f) Beispiele von Verfahrensrügen	261
VIII.	Nachweis der Verfahrensverstöße/Beruhensfrage		262
	1. Nachweis der Verstöße		262
	2. Beruhensfrage		264
		a) Sachrüge	264
		b) Verfahrensrüge	264
	3. Zum Prüfungsaufbau		264
IX.	Entscheidung des Revisionsgerichts		265
	1. Entscheidungsarten und -inhalte		265
	2. Gestaltung der Gründe		270

5. Teil. Straftaten und Ordnungswidrigkeiten

I.	Allgemeines	271
II.	Abgabe durch die Verwaltungsbehörde an Staatsanwaltschaft	272
III.	Ausgangszuständigkeit der Staatsanwaltschaft und Abgabe an Verwaltung	272
IV.	Überleitung vom Bußgeld- ins Strafverfahren	274
	1. Verfahren des Amtsgerichts	274
	2. Verfahren des Rechtsbeschwerdegerichts	274
V.	Grundsatz: „semel Strafverfahren, semper Strafverfahren"	275

6. Teil. Besonderheiten des JGG

I.	Ermittlungsverfahren	276
II.	Hauptverhandlung	277

III. Rechtsmittel 277
　1. Rechtsmittelbeschränkung 277
　2. Zurückverweisung 277

7. Teil: Allgemeine Hinweise zur Klausurbearbeitung 278

Stichwortverzeichnis 283

Hinsichtlich der verwendeten (allgemein üblichen) **Abkürzungen** wird auf das Abkürzungsverzeichnis in dem Kommentar „Kleinknecht/Meyer-Goßner: Strafprozessordnung" (46. Aufl. 2003) verwiesen.

1. Teil. Ermittlungsverfahren

A. Verfahrensfragen

I. Bedeutung für die Examensklausur

Probleme des Ermittlungsverfahrens spielen nicht nur eine große Rolle in den Fällen, in denen die Aufgabenstellung aus dem Bereich des Ermittlungsverfahrens kommt, sondern auch bei Klausursachverhalten zur Hauptverhandlung. Auch da kann es auf die Ordnungsmäßigkeit der Beweiserhebung (ordnungsgemäße Belehrung des Beschuldigten oder des Zeugen, die Zulässigkeit der Durchsuchung oder Telefonüberwachung etc.) ankommen.

In Klausuren, die nur den Bereich Ermittlungsverfahren betreffen, wird nicht selten neben einem Gutachten zur materiellen Rechtslage als praktische Aufgabenstellung der Entwurf eines Haftbefehls verlangt, da dieser kurz gefasst ist und doch starke Ähnlichkeit zur Anklageschrift hat. Ferner muss der Referendar erkennen, welche sinnvollen Anträge an den Ermittlungsrichter zu stellen sind, z.B. Antrag auf richterliche Vernehmung einer zeugnisverweigerungsberechtigten Ehefrau, auf Durchsuchung, auf vorläufige Entziehung der Fahrerlaubnis etc.

In Klausuren, die den Gang einer Hauptverhandlung betreffen, geht es – wie erwähnt – häufig um die Frage der Ordnungsmäßigkeit der Beweiserhebung und um die Frage der Fernwirkung von Fehlern im Ermittlungsverfahren auf die Beweiserhebung in der Hauptverhandlung. Daneben sind Fragen zur Untersuchungshaft, z.B. die Zeitpunkte, zu denen über deren Fortdauer zu entscheiden ist, immer wieder Gegenstand der Prüfung.

II. Allgemeine Definitionen

Vor der Erörterung von Einzelfragen des Ermittlungsverfahrens sollen zunächst einige Begriffe dargestellt werden, die für das gesamte Ermittlungsverfahren von Bedeutung sind:

1. Ermittlungsverfahren

Ein Ermittlungsverfahren setzt den Verdacht einer Straftat voraus (zum Tatbegriff vgl. unten S. 138 ff.). In diesem Verfahren wird geklärt, ob einer bestimmten Person ein gerichtliches Verfahren gemacht werden kann und soll. Es wird von der Staatsanwaltschaft oder der Polizei, eventuell auch der Finanzverwaltung (Steuer- oder Zollfahndung, Straf- und Bußgeldsachenstelle des Finanzamts) eingeleitet. Dies kann auf Grund einer Strafanzeige, eines Strafantrags oder von Amts wegen (z. B. auf Grund eines Zeitungsberichts oder auf Grund von Erkenntnissen im Rahmen eines anderen Verfahrens) geschehen.

Hinweis: In jedem Stadium des Verfahrens, also auch bereits im Ermittlungsstadium, soll geprüft werden, ob die Möglichkeit eines Ausgleichs zwischen Beschuldigtem und Verletztem in Betracht kommt und soll gegebenenfalls auf einen solchen Ausgleich hingewirkt werden (§ 155a, b StPO; zur Strafzumessung bei Bemühungen um einen Täter-Opfer-Ausgleich siehe unten S. 181).

Die Leitung des Ermittlungsverfahrens obliegt zwar grundsätzlich der Staatsanwaltschaft (§§ 152 I, II, 160, 161 StPO). In der Praxis wird – jedenfalls in kleineren Verfahren – die Staatsanwaltschaft jedoch erst eingeschaltet, wenn die Polizei ihre Ermittlungen abgeschlossen hat und den Vorgang der Staatsanwaltschaft zur Entscheidung unterbreitet. In diesen Fällen handelt die Polizei zunächst auf Grund des § 163 I StPO.

Bedeutung hat dies im Bereich sogenannter Vorfeldermittlungen, insbesondere bei der „Überwachung der Rauschgiftszene", z.B. für die Frage, ob beim Einsatz sogenannter verdeckter Ermittler die Staatsanwaltschaft eingeschaltet werden muss (zu den Voraussetzungen für diesen Einsatz im repressiven Bereich vgl. §§ 110a–110e StPO – siehe auch bei den Zwangsmitteln unten S. 69) oder ob es sich um eine rein polizeirechtliche Tätigkeit handelt. Die Abgrenzung hat danach zu erfolgen, ob die Polizei zur Verfolgung von bereits begangenen Straftaten tätig wird oder zur reinen Prävention, der Verhinderung künftiger Straftaten. Sobald der Polizei allerdings bei ihrer präventiven Überwachung Straftaten bekannt werden, ist sie nach dem Legalitätsprinzip verpflichtet, die Ermittlungen aufzunehmen, handelt dann also repressiv für die Staatsanwaltschaft.

Gelegentlich taucht auch der Begriff der sogenannten Vorermittlungen auf, z.B. im Zusammenhang mit Strafanzeigen gegen Politiker („die Staatsanwaltschaft prüft zurzeit, ob ein Ermittlungsverfahren gegen ... einzuleiten ist"). Echte Vorermittlungen kann es nur dort geben, wo die Staatsanwaltschaft von Amts wegen tätig wird (z.B. auf Grund von Zeitungsmeldungen über eine Umweltverschmutzung), da dann erst geprüft werden muss, ob ein Ermittlungsverfahren einzuleiten ist. Wurde dagegen Strafanzeige erstattet, so gibt es ein Ermittlungsverfahren und die Staatsanwaltschaft prüft nur, ob sie der Strafanzeige Folge geben und die Ermittlungen aufnehmen muss (vgl. § 152 II StPO).

2. Verdacht

Im Ermittlungs- und Strafverfahren werden unterschiedliche Anforderungen an den Grad des Verdachtes gestellt. Dies hängt zum einen mit dem Stand des Verfahrens zusammen, zum anderen mit dem Ausmaß des Eingriffs in die Rechte Dritter (zur Aufnahme der Ermittlungen reicht gewiss

A. Verfahrensfragen

ein geringerer Verdacht als zur Verhaftung oder gar zur Verurteilung). In allen Fällen ist Voraussetzung, dass sich der Verdacht auf eine *verfolgbare* Straftat bezieht, d. h. die Tat muss strafbar sein, Verfahrenshindernisse dürfen nicht bestehen und Verfahrensvoraussetzungen müssen entweder vorliegen oder noch beigebracht werden können. War die Tat bei Eingang der Strafanzeige bereits unzweifelhaft verjährt, darf die Staatsanwaltschaft also die Ermittlungen erst gar nicht aufnehmen. Erfährt die Polizei dagegen von einem Diebstahl unter Familienangehörigen, so können die Ermittlungen geführt werden, solange der verletzte Verwandte noch Strafantrag stellen kann.

a) Für den **Anfangsverdacht** zur Einleitung eines Ermittlungsverfahrens genügt die auf Tatsachen – nicht reine Vermutungen – gegründete Möglichkeit, dass eine Straftat vorliegt und – soll sich das Verfahren nicht gegen Unbekannt richten, sondern gegen einen bestimmten Verdächtigen – dass der Verdächtige an der Tat beteiligt sein kann. Die Tat muss auf Grund kriminalistischer Erfahrung möglich gewesen sein. Außerdem muss, wie schon dargelegt, aus rechtlicher Sicht eine verfolgbare Straftat vorliegen. Die Staatsanwaltschaft hat bei der Frage, ob ein Anfangsverdacht besteht, kein Ermessen, sie hat allenfalls einen gewissen Beurteilungsspielraum (BGH NJW 1970, 1543).

b) **Hinreichender Tatverdacht** liegt vor, wenn nach der – vorläufigen – Bewertung des gesamten Akteninhalts eine Verurteilung wahrscheinlich ist. Dies bedeutet nicht, dass bereits die Überzeugung von der Täterschaft des Beschuldigten verlangt würde. Auch bei widersprüchlichen Aussagen kann die Staatsanwaltschaft Anklage erheben, wenn sie der Auffassung ist, das Gericht könne auf Grund des persönlichen Eindrucks in der Hauptverhandlung die Überzeugung von der Täterschaft des Beschuldigten gewinnen.

c) **Dringender Tatverdacht** verlangt die aus bestimmten Tatsachen gewonnene große Wahrscheinlichkeit, dass der Beschuldigte Täter oder Teilnehmer einer bestimmten, verfolgbaren Straftat ist. Die Anforderungen an die Wahrscheinlichkeit der Täterschaft steigen selbstverständlich im Laufe des Verfahrens. Verfärbt sich das Pusteröhrchen beim Blutalkoholtest entsprechend, so genügt dies, um den Führerschein des Beschuldigten sicherzustellen zu können. Ergibt das Blutalkoholgutachten aber nur einen Wert von 0,9‰, so bedarf es weiterer Feststellungen zur Fahruntüchtigkeit.

d) Die **Überzeugung** von der Täterschaft des Beschuldigten wird im Zusammenhang mit dessen Verurteilung verlangt. Sie liegt vor, wenn das Gericht sicher ist, dass der Beschuldigte die vorgeworfene Straftat begangen hat, d. h. wenn *vernünftige Zweifel* daran nicht (mehr) bestehen (vgl. für die Beweiswürdigung unten S. 165).

3. Beschuldigter/Verdächtiger/Zeuge

Beschuldigter ist nur derjenige, gegen den sich ein Ermittlungsverfahren richtet und auch nur dann, wenn sich das konkrete Verfahren gerade (auch) gegen ihn richtet. Die Entscheidung, ob bei mehreren Personen die Ermittlungen gegen alle innerhalb eines einheitlichen Ermittlungsverfahrens, oder ob getrennte Verfahren geführt werden, ist ausschließlich Aufgabe der Staatsanwaltschaft (BGH NJW 1987, 1033).

Hinweis: Diese strikte Trennung setzt sich durch das gesamte Strafverfahren fort. Sie ist von enormer Bedeutung, da es z.B. für die häufig gestellte Frage der Verlesbarkeit früherer Angaben ausschließlich auf die jetzige Funktion des Beteiligten ankommt. Ist er jetzt Beschuldigter, gilt § 254, sonst § 253 StPO. Die Frage hat Bedeutung auch, wenn es beim Zeugnisverweigerungsrecht darauf ankommt, ob zu einem früheren Zeitpunkt einmal ein einheitliches Verfahren geführt worden ist. Dann nämlich kann der Zeuge auch im Verfahren gegen einen „Nichtverwandten" ein Zeugnisverweigerungsrecht haben (Einzelheiten siehe unten S. 30).

Da der Tatverdacht allein die Beschuldigteneigenschaft nicht begründet, ist derjenige, der als Täter/Teilnehmer einer Straftat in Betracht kommt, ein **Verdächtiger,** Beschuldigter dagegen der Verdächtige, gegen den sich das Ermittlungsverfahren richtet. Die Beschuldigteneigenschaft wird also grundsätzlich durch einen Willensakt der zuständigen Strafverfolgungsbehörde begründet. Dafür reicht aus, dass sie Maßnahmen gegen den Verdächtigen ergreift, die erkennbar darauf abzielen, gegen ihn wegen einer Straftat vorzugehen (BGH NJW 1997, 1591). Ob die Einleitung eines Ermittlungsverfahrens gerade gegen den Beschuldigten geboten ist, richtet sich nach der Stärke des Tatverdachts. Es ist daher zulässig, wenn der Polizist, der zu einem Unfall gerufen wird, die Unfallbeteiligten zunächst zu dem Hergang befragt, ohne dass er sie zuvor belehren müsste. Man spricht hier von der „informatorischen Befragung". Von dieser wird allerdings immer wieder auch dann noch Gebrauch gemacht, wenn bereits klar ist, dass gerade der Vernommene konkret im Verdacht einer klar umrissenen Straftat steht (z.B. die Befragung des Ladendiebs durch den vom Kaufhausdetektiv zugezogenen Polizisten).

Zeuge schließlich ist derjenige, der etwas bekunden soll, was er selbst wahrgenommen hat und der nicht Beschuldigter in diesem Verfahren ist.

Nochmals: Der frühere Mitbeschuldigte A ist in dem allein noch gegen den Beschuldigten B geführten Strafverfahren Zeuge!

A. Verfahrensfragen

Sachverhalt	Stationen des Verfahrens	Funktion des A
A und B stoßen mit ihren Autos zusammen. A ist betrunken, B fährt davon.	Rechtsgutverletzung	A ist Zeuge
Die Polizei kommt und hört A an, um zu erfahren, was vorgefallen ist.	Hinweis auf eine Straftat	Verdächtiger
Die Unfallsituation kann den Verdacht einer Straftat begründen. Aufgrund Alkoholgeruchs besteht bei A erheblicher Verdacht. Bei B liegt § 142 StGB auf der Hand.	Hinweis gerade auf Beschuldigte A und B führt zur Einleitung des Verfahrens gg A und B	Beschuldigter
Der Aufenthalt des B ist nicht zu ermitteln.	Abtrennung des Verfahrens gg B	
Es ergeht Strafbefehl gegen A.	Verfahren gegen A	Beschuldigter
Anklage gegen B, sobald dessen Aufenthalt bekannt ist	Verfahren gegen B	Zeuge

4. Verteidiger

Der Verteidiger ist nach hM ein selbstständiges, dem Gericht und der Staatsanwaltschaft gleichgestelltes Organ der Rechtspflege. Er ist deshalb auch nicht bloßer Vertreter des Beschuldigten, sondern unabhängig und nur sich selbst verantwortlich. Unter Beachtung dieser Stellung hat er allerdings – anders als Gericht und Staatsanwaltschaft – ausschließlich die Interessen seines Mandanten zu wahren (die Grenzen der aktiven Verteidigung sind im Einzelnen streitig, vgl. dazu *Meyer-Goßner* Vor § 137 Rdnr. 2).

Wer Verteidiger sein kann, ergibt sich aus §§ 138, 142 StPO, also insbesondere der Rechtsanwalt.

Wählt der Beschuldigte einen Verteidiger, so spricht man vom **Wahlverteidiger** (§ 138 StPO). Die Zahl der Wahlverteidiger je Beschuldigter ist auf *3 Verteidiger* beschränkt (§ 137 I 2 StPO). Außerdem darf ein Verteidiger in einem Verfahren *nicht mehrere Beschuldigte gleichzeitig* verteidigen (§ 146 StPO). Dagegen ist die sukzessive Verteidigung mehrerer derselben Tat Beschuldigter nach der StPO zulässig. Ob der Verteidiger damit den Interessen der Beschuldigten tatsächlich dient und ob er nicht dadurch im Einzelfall die Interessen des einen verrät, hat der Verteidiger selbst zu entscheiden. Wegen eines entsprechenden Interessenkonflikts kann er jedenfalls – außerhalb des § 146 StPO – nicht von der Verteidigung ausgeschlossen werden. Er kann sich aber im Einzelfall des Parteiverrats schuldig machen.

Hinweis: Die Bevollmächtigung eines Verteidigers bedarf keiner bestimmten Form. Das Auftreten des Verteidigers in der Hauptverhandlung lässt vermuten, dass ihm Verteidigungsvollmacht erteilt worden ist. Die Zustellungsermächtigung i. S. d. § 145 a StPO setzt jedoch eine schriftliche, zu den Akten gegebene Vollmacht voraus.

Wird der Verteidiger vom Gericht (zuständig ist der Vorsitzende – § 142 I StPO) bestellt, so spricht man vom **Pflichtverteidiger**. Diese Bestellung dient dazu, dem Beschuldigten den erforderlichen Rechtsbeistand zu gewähren. Sie kann aber auch erforderlich sein, um einen geordneten Verfahrensablauf zu sichern. Für die Pflichtverteidigung gilt die Beschränkung auf 3 Verteidiger nicht. Es kann also durchaus neben 3 Wahlverteidigern noch vom Gericht zusätzlich ein Pflichtverteidiger bestellt werden.

Praktisch wird die Bestellung von Pflichtverteidigern in den Fällen **notwendiger Verteidigung** (§ 140 StPO).

Die wichtigsten Fälle der notwendigen Verteidigung sind
- erstinstanzliche (!) Hauptverhandlung vor dem Landgericht oder Oberlandesgericht oder
- mindestens 3 Monate Haft (auch in anderer Sache – auch Strafhaft! – auch richterlich angeordnete Unterbringung) im Zeitpunkt der Hauptverhandlung oder
- Tatvorwurf ist ein Verbrechen.

Tipp: Ist der Beschuldigte in Haft, sollten Sie immer prüfen, ob er sich schon 3 Monate in Haft befindet, da sonst möglicherweise ein Verstoß gegen § 140 StPO vorliegt, der mit der Revision geltend gemacht werden kann. Dies gilt auch, wenn er weniger als zwei Wochen vor der Hauptverhandlung noch entlassen wird (vgl. den Wortlaut des § 140 I Nr. 5 StPO).

Ferner sollten Sie immer dann, wenn Sie in Ihrem Gutachten zur materiellen Rechtslage zu einer vom Anklagevorwurf abweichenden Beurteilung kommen, überprüfen, ob dem Beschuldigten deshalb jetzt ein Verbrechen zur Last gelegt wird. Auch in einem solchen Fall würde die Verhandlung ohne Verteidiger einen revisiblen Verstoß gegen § 140 StPO bedeuten (absoluter Revisionsgrund nach § 338 Nr. 5 StPO).

Hinweis 1: Ein Angeklagter kann in demselben Strafverfahren nicht zugleich als Verteidiger eines Mitangeklagten tätig werden. Eines Ausschlussverfahrens nach §§ 138 a ff. StPO bedarf es insoweit nicht (BGH StV 1996, 469).

Hinweis 2: Notwendig werden kann die Bestellung eines Pflichtverteidigers schon im Ermittlungsverfahren, wenn der unverteidigte Beschuldigte sich ohne Anwalt nicht sachgerecht gegen den Tatvorwurf wehren kann, insbesondere wenn hierfür eine umfassende Akteneinsicht notwendig ist oder wenn der Beschuldigte von der Anwesenheit bei der ermittlungsrichterlichen Vernehmung eines Hauptbelastungszeugen ausgeschlossen ist (vgl. zu diesem Komplex BGH NJW 2000, 3505, NJW 2002, 975 und NStZ 2002, 380, die sich auch mit der Frage auseinander setzen, ob nach Belehrung über die Möglichkeit der Verteidigerkonsultation die Vernehmung des Beschuldigten ohne einen Verteidiger fortgesetzt werden darf).

5. Ermittlungsrichter

a) Da durch die in einem Ermittlungsverfahren notwendig werdenden Zwangsmaßnahmen teilweise sehr stark in die Rechte des Beschuldigten oder Dritter eingegriffen wird, stehen einzelne, besonders schwerwiegen-

A. Verfahrensfragen

de Maßnahmen unter dem Richtervorbehalt (z.B. Haftbefehl, Durchsuchungsbeschluss, vorläufige Entziehung der Fahrerlaubnis und Blutentnahme). In diesen Fällen ist vor dem Vollzug der Maßnahme die Zustimmung des Ermittlungsrichters erforderlich. Den vom Staatsanwalt beim Ermittlungsrichter gestellten Antrag prüft der Richter allein auf seine *Zulässigkeit* (eine Prüfung der Zweckmäßigkeit steht ihm nicht zu) und ordnet die Maßnahme dann an, bei Unzulässigkeit lehnt er den Antrag ab. Beides geschieht durch Beschluss.

Ohne Antrag darf der Ermittlungsrichter allerdings nicht tätig werden, es sei denn, sofortiges Handeln ist geboten und ein Staatsanwalt nicht erreichbar – § 165 StPO (was in der heutigen Zeit auch außerhalb der Dienstzeit kaum mehr der Fall sein wird).

Hinweis: Dies gilt selbstverständlich nur, solange das Verfahren bei der Staatsanwaltschaft anhängig ist. Mit Anklageerhebung ist das Gericht, das das Hauptverfahren eröffnen soll, für alle weiteren Maßnahmen zur Aufklärung des Sachverhalts selbst zuständig, kann also auch ohne oder gegen den Antrag der Staatsanwaltschaft Ermittlungsmaßnahmen anordnen.

Zuständig für richterliche Untersuchungshandlungen ist grundsätzlich der Amtsrichter, in dessen Bezirk die Maßnahme vorzunehmen ist (§ 162 I 1 StPO). Sind mehrere Untersuchungshandlungen in verschiedenen Bezirken vorzunehmen, so tritt eine Zuständigkeitskonzentration bei dem Amtsgericht ein, in dessen Bezirk die Staatsanwaltschaft ihren Sitz hat (§ 162 I 2 StPO – streitig ist, ob dies nur gilt, wenn gleichzeitig mindestens 2 Untersuchungshandlungen beantragt sind – vgl. Meyer-Goßner § 162 Rdnr. 9). Dieses Gericht bleibt auch für weitere Untersuchungshandlungen zuständig.

Es gibt allerdings auch **besondere Regelungen**, z.B. § 125 StPO für den Haftbefehl und § 81 StPO für den Unterbringungsbeschluss, die zumindest gegenüber der allgemeinen Zuständigkeitsvorschrift des § 162 I 1 StPO Vorrang haben. Ob beim Vorliegen der Voraussetzungen des § 162 I 2 StPO dieser Vorrang hat vor z.B. § 125 StPO ist streitig. Dafür spricht allerdings der Gedanke der Prozessökonomie: Der Richter, der zuvor schon Durchsuchungen an mehreren Orten angeordnet und sich damit in den Ermittlungsstoff eingearbeitet hat, soll auch über den Haftbefehl entscheiden.

Entscheidungen wie Durchsuchungsbeschlüsse werden häufig sehr kurzfristig benötigt. Nicht immer ist dann in der zur Verfügung stehenden Zeit ein Ermittlungsrichter zu erreichen. Das Gesetz sieht deshalb häufig vor, dass anstelle des Ermittlungsrichters der **Staatsanwalt oder dessen Hilfsbeamte** die Anordnung selbst treffen dürfen, wenn **Gefahr im Verzug** vorliegt (vgl. z.B. für die Durchsuchung § 105 I StPO).

Gefahr im Verzug besteht immer dann, wenn die richterliche Anordnung nicht eingeholt werden kann, ohne dass der Zweck der Maßnahme gefährdet wird. Dass man den Richter telefonisch erreichen kann, wird dafür allein nicht ausreichen, da der richterlichen Entscheidung besondere Bedeutung beigemessen wird, und dies zumindest voraussetzt, dass ihm der Sachverhalt schriftlich mit den Ermittlungsakten unterbreitet werden kann. Anders mag es dann sein, wenn der Richter bereits auf Grund früherer Entscheidungen über das Ermittlungsverfahren ausreichend inhaltlich informiert ist (wenn sich z. B. bei einer von ihm angeordneten Durchsuchung die Notwendigkeit der Durchsuchung einer bisher nicht bekannten Zweitwohnung des Beschuldigten ergibt).

Ist der Richter in diesem Sinne nicht rechtzeitig erreichbar, kann der Polizeibeamte, der Hilfsbeamter der Staatsanwaltschaft ist, die Anordnung selbst treffen, ohne vorher den Staatsanwalt befragen zu müssen. Eine vorrangige Zuständigkeit der Staatsanwaltschaft gegenüber der Polizei gibt es hier nicht (streitig, vgl. *Meyer-Goßner* § 98 Rdnr. 6). *Hilfsbeamter der Staatsanwaltschaft* ist allerdings nicht jeder im Auftrag der Staatsanwaltschaft tätig werdende Polizist, sondern nur bestimmte Gruppen von Ermittlungsbeamten, die gemäß § 152 II GVG von den Landesregierungen per Verordnung bezeichnet sind (vgl. z. B. für Baden Württemberg Verordnung vom 23. 9. 1985, GBl. 325, für Bayern Verordnung vom 28. 11. 1984, GVBl. 1985 S. 4, 14; im Übrigen *Meyer-Goßner* § 152 GVG Rdnr. 6). Darüber hinaus definieren einige Spezialvorschriften weitere Gruppen von Hilfsbeamten, z. B. die Beamten der Zoll- und Steuerfahndung (vgl. § 404 Abgabenordnung).

Hinweis: Nach § 98 II 2 StPO kann der Betroffene nachträglich die Zulässigkeit einer von der Staatsanwaltschaft oder der Polizei angeordneten Beschlagnahme vom Ermittlungsrichter überprüfen lassen. Diese Vorschrift wird im Übrigen unter Hinweis auf die Rechtsgarantie des Art. 19 IV GG entsprechend auf andere von Staatsanwaltschaft oder Polizei angeordnete Zwangsmaßnahmen angewandt, so z. B. für die Anordnung der erkennungsdienstlichen Behandlung (vgl. OLG Braunschweig NStZ 1991, 551 m.w.N.).

b) Da die StPO dem richterlichen Protokoll im Verhältnis zu anderen Protokollen (vgl. z. B. § 254 StPO) besondere Bedeutung beimisst, dient die Einschaltung des Ermittlungsrichters häufig auch der *Beweissicherung* durch Erlangung eines richterlichen Vernehmungsprotokolls. Ob dies noch zweckmäßig ist in Zeiten, in denen auch dem Staatsanwalt die Befugnis zur Erzwingung einer Vernehmung des Beschuldigten oder eines Zeugen gegeben ist, mag bezweifelt werden. Solange allerdings allein die falsche Aussage vor dem Richter eine strafbewehrte Falschaussage darstellt, kommt dieser Vernehmung auch aus der Sicht des Laien durchaus besonderes Gewicht zu. Deshalb wird der Staatsanwalt auch weiterhin bei sich widersprechenden Zeugenaussagen die richterliche Vernehmung der Zeugen beantragen, umso wahrheitsgemäße Aussagen schon in einem frühen Verfahrensstadium zu erzwingen.

Hinweis: Auf die besondere Bedeutung der richterlichen Vernehmung eines zeugnisverweigerungsberechtigten Zeugen, der im gegenwärtigen Ermittlungsstadium noch

A. Verfahrensfragen

aussagebereit ist, kann nicht oft genug hingewiesen werden. Häufig wird in diesem Zusammenhang in Klausuren erwartet, dass der Kandidat z.B. die Notwendigkeit erkennt, zur Beweissicherung noch die richterliche Vernehmung der Ehefrau des Beschuldigten zu beantragen, obwohl diese ihren Mann bei der Polizei bereits erheblich belastet hat (da diese gegenüber der Polizei gemachten Angaben bei Geltendmachung des Zeugnisverweigerungsrechts unverwertbar sind – siehe unten S. 122).

Exkurs: Hinweise zum richterlichen Vernehmungsprotokoll

Für eine Verwertbarkeit in der Hauptverhandlung ist erforderlich, dass der Beschuldigte, bzw. der Zeuge ordnungsgemäß belehrt und dem Gesetz entsprechend vernommen wird. Über die Vernehmung ist ein Protokoll anzufertigen (§§ 168, 168a StPO), dem allerdings nicht die Beweiskraft des § 274 StPO zukommt.

Tipp 1: In Klausuren liegt häufig der Fehler bei einer richterlichen Vernehmung darin, dass der Richter keine eigene Vernehmung durchgeführt, sondern nur auf die vorangegangene polizeiliche Vernehmung Bezug genommen hat und sich dann deren Richtigkeit vom Vernommenen bestätigen ließ. Da es hier an einer richterlichen Vernehmung fehlt, kommt eine Verlesung als richterliches Protokoll, z.B. nach § 254 StPO nicht in Betracht.

Tipp 2: Im Fall Tipp 1 ist allerdings daran zu denken, dass manchmal das Gesetz zwar die Verlesung eines nichtrichterlichen Protokolls verbietet, dass dies aber noch kein allgemeines Verwertungsverbot bedeutet. So ist es im oben angesprochenen Fall des missglückten richterlichen Protokolls über die Wiederholung eines Geständnisses gegenüber der Polizei durchaus zulässig und auf Grund der Aufklärungspflicht des Gerichts gem. § 244 II StPO auch geboten, den Polizisten über das Geständnis des Beschuldigten zu befragen.

Macht der Vernommene allerdings auch vor dem Richter im Zusammenhang die gleichen Angaben wie vor der Polizei, dann wäre es tatsächlich unnötige Schreibarbeit, würde der Richter nochmals alles im Protokoll festhalten. *Sinnvoll* ist in diesen Fällen *folgendes Vorgehen:*

Zunächst sollten die wesentlichsten Punkte der Angaben des Vernommenen im Protokoll möglichst wörtlich wiedergegeben werden, schon damit bewiesen ist, dass tatsächlich eine *Vernehmung* stattgefunden hat. Hat der Vernommene im Übrigen gleich wie vor der Polizei ausgesagt, kann dann protokolliert werden, dass der Beschuldigte/Zeuge im Zusammenhang die gleichen Angaben wie bei seiner Vernehmung am ... in ... vor der Kriminalpolizei ... gemacht hat, dass ihm dann diese Aussage vorgelesen worden sei und der Beschuldigte/Zeuge daraufhin erklärt habe: „Meine gegenüber der Polizei am ... gemachten Angaben sind richtig. Ich mache sie zum Gegenstand meiner heutigen richterlichen Vernehmung."

6. Akteneinsicht

Ein Problem, das in der Praxis zunehmend an Bedeutung gewinnt und sich deshalb auch in Klausuren niederschlagen wird, ist die Frage, wer Einsicht in die Ermittlungsakten erhält und wann die Akteneinsicht erfolgen muss. In diesen Fällen stoßen verschiedene Interessen aufeinander.

Der Staatsanwalt will dem Verteidiger Akteneinsicht erst möglichst spät gewähren, damit das Ermittlungsergebnis nicht verfälscht werden kann. Verteidiger und Beschuldigter haben dagegen ein Interesse, möglichst bald durch Akteneinsicht die Vorwürfe und die Beweise genau zu erfahren, um die Verteidigung aufzubauen. Der Verletzte will Akteneinsicht, um seine zivilrechtlichen Ansprüche durchzusetzen, der Beschuldigte diese Einsicht gänzlich verhindern, da das Ermittlungsverfahren weit in seine Privatsphäre eindringt und er durch die Einsicht Dritter sein Persönlichkeitsrecht verletzt sieht.

Im Einzelnen ist zu differenzieren:

a) Akteneinsicht durch den Verteidiger/Beschuldigten. Der *Verteidiger* hat Anspruch auf Akteneinsicht (§ 147 StPO). Diese beschränkt sich, wie aus § 147 I StPO zu entnehmen ist, auf die Aktenteile, die im Falle der Anklage dem Gericht vorzulegen sind. Die Handakten des Staatsanwalts gehören also nicht zu den Akten, in die der Verteidiger Einsicht nehmen kann. Das Gleiche gilt für die sogenannten Spurenakten (streitig – vgl. *Meyer-Goßner* § 147 Rdnr. 15 ff.). Dem Verteidiger kann allerdings – solange der Abschluss der Ermittlungen noch nicht in den Akten vermerkt ist (vgl. dazu § 169 a StPO, dessen Bedeutung sich in der Festlegung des Zeitpunkts erschöpft, zu dem spätestens Akteneinsicht zu gewähren ist) – Einsicht in die gesamten Akten oder auch nur in bestimmte Aktenteile versagt werden, wenn sonst der Untersuchungszweck gefährdet wäre. In diesem Fall darf allerdings auch ein Haftbefehl in der Regel nur auf die Aktenteile gestützt werden, in die dem Verteidiger Akteneinsicht gewährt werden kann (vgl. die für die Praxis problematische Entscheidung des BVerfG NJW 1994, 3219, aber auch BGH NStZ 1996, 146, der gangbare Wege der Akteneinsicht aufzeigt; die Auffassung des BVerfG wurde bestätigt durch den EGMR NJW 2002, 2013).

Hinweis: Die Einsicht in die in § 147 III StPO aufgeführten Aktenteile kann dem Verteidiger allerdings nicht versagt werden. Dies sind vor allem Protokolle über Vernehmungen des Beschuldigten, Protokolle über richterliche Vernehmungen und Gutachten von Sachverständigen.

Akteneinsicht erfolgt grundsätzlich durch Aushändigung der Ermittlungsakten an den Verteidiger. Einsicht in Originalbeweismittel dagegen wird nur in den Räumen der Staatsanwaltschaft gewährt (vgl. RiStBV Nr. 189 II, III; für den Rechtsanwalt, der im Auftrag von Nichtverfahrensbeteiligten Akteneinsicht nimmt, ist das nunmehr ausdrücklich in § 475 III StPO geregelt).

Mit Inkrafttreten des StVÄG 1999 ist auch das Einsichtsrecht des Beschuldigten in der StPO geregelt. Soweit die Ermittlungen dadurch nicht gefährdet werden und überwiegende schutzwürdige Belange Dritter nicht entgegenstehen, kann ihm Auskunft erteilt werden oder es können ihm Kopien aus den Akten überlassen werden. Wie sich aus dem in § 147

A. *Verfahrensfragen* 11

StPO hinzugefügten Absatz VII ergibt, hat der Beschuldigte zwar kein Recht auf Akteneinsicht und auch keinen Anspruch auf Auskunft oder Kopien aus den Akten, wohl aber einen Anspruch auf ermessensfehlerfreie Prüfung der Erteilung von Auskünften oder Abschriften. Der Staatsanwalt wird dabei neben der Bedeutung, welche die Akteneinsicht für den Beschuldigten hat und den schutzwürdigen Belangen Dritter auch den mit der Einsichtnahme verbundenen Aufwand für die Staatsanwaltschaft gegeneinander abzuwägen haben. Die Überlassung einer Kopie von Bändern über Videovernehmungen wird keinesfalls in Betracht kommen.

Über die Akteneinsicht entscheidet im Ermittlungsverfahren und nach Rechtskraft des Verfahrens der Staatsanwalt, ansonsten der Vorsitzende des mit dem Verfahren befassten Gerichts. Die Verweigerung der Akteneinsicht gegenüber dem Verteidiger oder dem Beschuldigten ist nur ausnahmsweise anfechtbar, nämlich soweit der Staatsanwalt sie verweigert und der Beschuldigte sich entweder nicht auf freiem Fuß befindet oder die Einsicht in Aktenstücke nach § 147 III StPO verweigert wird (§ 147 V und VII StPO; zum Rechtsschutz des Beschuldigten bei Verweigerung der Akteneinsicht vgl. den Aufsatz von *Schlothauer* StV 2001, 192).

b) Akteneinsicht durch Dritte, insb. den Verletzten/Rechtsanwalt des Verletzten. Vielfach kann das Opfer einer Straftat seine vertraglichen oder deliktischen Ansprüche nur durchsetzen, wenn es entsprechende Informationen aus dem Ermittlungsverfahren erhält, sei es, dass die Person des Schädigers sich nur aus den Ermittlungsakten ergibt, oder dass das betrügerische Verhalten des Beschuldigten sich nur aus einem groß angelegten Plan ergibt, den der einzelne Vertragspartner ohne umfangreiche staatsanwaltschaftliche Ermittlungen nie aufdecken könnte. § 406e StPO gewährt *dem Verletzten durch einen Rechtsanwalt* Einsicht in die Akten und die Beweismittel. Ansonsten richtet sich die Akteneinsicht durch Dritte nach §§ 474ff. StPO. Soweit sie nicht Verletzte sind, erhalten Privatpersonen oder sonstige Stellen (mit Ausnahme der Gerichte, Staatsanwaltschaften und andere Justizbehörden, deren Auskunfts- und Akteneinsichtsrecht sich nach § 474 StPO richtet und mit Ausnahme der Hochschulen oder anderer Forschungseinrichtungen, die nach § 476 StPO Informationen erhalten können) nach § 475 StPO Auskunft, soweit sie ein berechtigtes Interesse darlegen und schutzwürdige Interessen Dritter eine Versagung nicht erfordern. Die Auskunft wird in der Regel gegenüber einem Rechtsanwalt erteilt werden, dem ähnlich wie beim Verteidiger bei entsprechendem berechtigten Interesse auch Einsichtnahme in die Akten unter Überlassung in die Kanzlei gewährt werden kann (§ 475 I–III StPO). Nach § 475 IV StPO kann den Privatpersonen und sonstigen Stellen auch ohne Rechtsanwalt Auskunft aus den Akten erteilt werden, wenn die sonstigen Voraussetzungen vorliegen. Die Staatsanwaltschaft kann die Entscheidung über die Akteneinsicht nach § 475 StPO und deren Durchführung der Polizeibehörde, die im Verfahren ermittelt oder ermittelt hat, übertragen (§ 478 I 3 StPO).

Versagt der Richter die Akteneinsicht oder ordnet er ihre Gewährung an, so ist diese Entscheidung im Falle des Verletzten nach § 406e IV 3 StPO, bei Dritten nach § 478 III 2 StPO unanfechtbar. Dagegen kann gegen die staatsanwaltschaftliche Versagung oder Gewährung von Akteneinsicht an Dritte nach §§ 406e IV 2, 478 III 1 StPO Antrag auf gerichtliche Entscheidung entsprechend § 161a III 2–4 StPO gestellt werden. Hat die Polizei auf Grund Delegation durch die Staatsanwaltschaft entschieden, so ist dagegen zunächst die Entscheidung der Staatsanwaltschaft einzuholen (§ 478 I 4 StPO).

Hinweis: Selbst wenn grundsätzlich Akteneinsicht gewährt werden kann, so können doch gesetzliche Vorschriften einer konkreten Einsichtnahme entgegenstehen. Zu denken ist dabei insbesondere an Geheimhaltungsvorschriften wie § 30 Abgabenordnung (Steuergeheimnis) oder § 35 Sozialgesetzbuch I (Sozialgeheimnis).

III. Beweisgewinnung im Ermittlungsverfahren

1. Allgemeines

a) Pflicht zum Erscheinen und zur Aussage. Zu einer Vernehmung zu erscheinen und zur Sache auszusagen ist allgemeine Bürgerpflicht. Allerdings hat die StPO die **Polizei** nicht mit Zwangsmitteln ausgestattet, eine Zeugenaussage zu erzwingen. Die Polizei hat weder die Möglichkeit, einen Zeugen zum Erscheinen zur Vernehmung zu zwingen, noch kann sie, wenn der Zeuge erscheint, seine Aussage erzwingen. Auch eine Vorladung des Beschuldigten zur Vernehmung kann sie nicht durchsetzen.

Anders ist es beim **Staatsanwalt.** Dieser kann die Ladung von Zeugen ebenso erzwingen wie ihre Aussage, es sei denn, sie hätten ein Zeugnisverweigerungsrecht. Er hat dazu die gleichen Rechte wie der Richter (vgl. §§ 161a, 51, 70 StPO), allerdings kann er keine Ordnungshaft anordnen. Der Staatsanwalt kann also den Zeugen vorführen lassen und/oder ein Ordnungsgeld (zu dessen Höhe vgl. Art. 6 EGStGB!) festsetzen sowie ihm die Kosten seiner Säumnis auferlegen. Gegen die Entscheidung des Staatsanwalts ist Antrag auf richterliche Entscheidung möglich (§§ 161a III, 163a III 3 StPO). Für die Vernehmung eines Sachverständigen gilt Entsprechendes (§§ 161a, 77 StPO). Auch das Erscheinen des Beschuldigten zur Vernehmung kann der Staatsanwalt durch Vorführung erzwingen (vgl. 163a III i.V.m. §§ 133ff. StPO).

Hinweis: Die Vorführung erfolgt auf Grund eines schriftlichen Vorführungsbefehls, der den Tatvorwurf und den Grund der Vorführung enthält (vgl. § 134 II StPO). Aufgrund dieses Vorführungsbefehls kann der zu Vernehmende nicht länger festgehalten werden als bis zum Ende des Tages, dem Beginn der Vorführung folgt (§ 135 StPO).

A. Verfahrensfragen 13

Selbstverständlich ist der Beschuldigte jedoch auch gegenüber dem Staatsanwalt nicht verpflichtet, Angaben zur Sache zu machen (§§ 163a III, 136 StPO). Deshalb kann seine Vorladung dann nicht zwangsweise durchgesetzt werden, wenn der Beschuldigte – z.B. über einen Verteidiger – ernsthaft zum Ausdruck gebracht hat, dass er – im gegenwärtigen Verfahrensstadium – keine Angaben machen werde. Anders ist es allerdings, wenn seine Anwesenheit aus anderen Gründen erforderlich ist, z.B. zur Gegenüberstellung oder um den Beschuldigten auf die Beweislage hinzuweisen und ihm ein Geständnis nahe zu legen (gerade hier allerdings kommt es immer wieder zu unerlaubten Versprechen im Sinne von verbotenen Vernehmungsmethoden nach § 136a StPO – siehe unten S. 22).

Hinweis: Auch der Staatsanwalt ist nicht berechtigt, einen Zeugen zu vereidigen. Falsche Angaben sind deshalb weder gegenüber der Staatsanwaltschaft noch der Polizei als falsche Aussage im Sinne der §§ 153 ff. StGB strafbar, da sie weder Gericht noch zur Abnahme einer eidlichen Vernehmung zuständige Behörde sind. Ist die Aussage allerdings falsch und belastet sie den Beschuldigten, so kommt eine Strafbarkeit wegen falscher Anschuldigung gemäß § 164 StGB und das Vortäuschen einer Straftat nach § 145d StGB (Aufbauschen einer tatsächlich begangenen Straftat reicht hierfür nicht) in Betracht. Entlastet die falsche Aussage den Beschuldigten, so kommt eine Strafbarkeit wegen (versuchter) Strafvereitelung (§ 258 StGB) oder wegen (versuchter) Begünstigung in Betracht (§ 257 StGB). Bei Prüfung der Strafbarkeit wegen Strafvereitelung sollte aber daran gedacht werden, dass der Zeuge möglicherweise nur die Strafverfolgung von sich selbst abwenden wollte (dann eventuell § 258 V StGB).

Für die Vernehmung durch den **Ermittlungsrichter** gilt das für die Vernehmung durch den Staatsanwalt Gesagte mit der Ergänzung, dass der Richter auch die Ordnungshaft anordnen kann, Zeugen vereidigt werden können und die – auch im Ermittlungsverfahren – gemachten Angaben, wenn sie falsch sind, eine Falschaussage im Sinn der §§ 153 ff. StGB darstellen.

Hat ein Zeuge ein gesetzliches Recht, die Aussage ganz oder zu bestimmten Punkten zu verweigern, so kann selbstverständlich diese Aussage insoweit nicht erzwungen werden. Zu denken ist hierbei neben dem Zeugnisverweigerungsrecht an sogenannte Schweigepflichten (vgl. dazu *Meyer-Goßner* § 161 Rdnr. 3 ff. – davon zu unterscheiden die Verschwiegenheitspflicht nach § 54 StPO; dazu *Meyer-Goßner* § 54 Rdnr. 1) wie dem Steuergeheimnis (§ 30 Abgabenordnung) und dem Sozialgeheimnis (§ 35 Sozialgesetzbuch I).

Tipp: Denken Sie bei Berufung auf das im Strafverfahren nicht existente Bankgeheimnis daran, dass der Staatsanwalt den Bankangestellten vorladen und dessen Aussage erzwingen kann und dass Banken in der Regel zur Abwendung dieser Vernehmung Auskunft erteilen.

b) Anwesenheitsrechte bei den Vernehmungen. Auch das Recht, an einer Vernehmung teilnehmen zu dürfen, ist für die einzelnen Vernehmungen unterschiedlich geregelt. Allgemein sei in diesem Zusammenhang darauf hingewiesen, dass der Staatsanwalt als Herr des Ermittlungsverfahrens selbstverständlich an jeder Vernehmung im Rahmen des Ermittlungsverfahrens teilnehmen kann. Auf dieses Recht wird deshalb im Folgenden nicht mehr besonders hingewiesen (Besonderheiten gelten für Vernehmungen im Ausland auf Grund von Rechtshilfeersuchen). Ferner ist zu beachten, dass das Anwesenheitsrecht in der Regel auch eine Benachrichtigungspflicht auf Seiten der Staatsanwaltschaft bzw. des Gerichts bedeutet (vgl. § 168c V 1 – Ausnahme: § 168c V 2 StPO).

Tipp: Im Einzelfall sollte deshalb geprüft werden, ob eine unterlassene Benachrichtigung eines Anwesenheitsberechtigten dazu geführt hat, dass ein richterliches Protokoll nicht mehr als solches verlesen werden kann (vgl zum Verwertungsverbot BGH NStZ 1999, 417). Es bleibt aber die Möglichkeit, es wie ein polizeiliches Protokoll zu behandeln (streitig: dazu *Meyer-Goßner* § 168c Rdnr. 6 und BGH NStZ 1998, 312).

- **Vernehmung durch Polizeibeamte**

Bei der Vernehmung des **Beschuldigten** durch die Polizei besteht für den Verteidiger kein Anwesenheitsrecht, erst recht nicht für Dritte, auch nicht für den Verletzten. Der Beschuldigte kann allerdings faktisch eine Anwesenheit seines Anwalts dadurch erzwingen, dass er erklärt, sich nur in Anwesenheit seines Anwalts zur Sache einlassen zu wollen. Da dies ein verständliches Begehren ist, wird sich in diesem Fall auch die Polizei mit einer Teilnahme des Verteidigers abfinden müssen. Gibt die Polizei den Vorgang in diesem Fall ohne einen weiteren Vernehmungsversuch – diesmal mit Anwalt – an die Staatsanwaltschaft ab, so ist dem Beschuldigten damit noch nicht ausreichend rechtliches Gehör i. S. d. § 163a StPO gewährt worden.

Hinweis: Da sich der Beschuldigte aber auch im weiteren Verfahren noch äußern kann – z. B. im Zwischenverfahren vor Eröffnung –, ist allein in der nicht erfolgten Anhörung vor Anklageerhebung kein Grund zu sehen, deshalb die Eröffnung abzulehnen.

Vernimmt die Polizei **Zeugen oder Sachverständige** oder macht sie einen **Augenschein**, z. B. eine Tatortbesichtigung, so hat auch hier weder der Verteidiger noch der Beschuldigte ein Anwesenheitsrecht. Auch der Anwalt des Zeugen hat auf Anwesenheit keinen Anspruch. Dies gilt sogar bei der Zeugenvernehmung des **Verletzten** (vgl. § 406f II StPO). Allerdings kann die Polizei dem Verletzten die Anwesenheit einer Person seines Vertrauens gestatten (§ 406f III StPO). Jeder Zeuge kann jedoch auch hier Druck auf die Polizei dadurch ausüben, dass er erklärt, nur in Anwesenheit seines Anwalts aussagen zu wollen, da er ja – wie oben ausgeführt – zu einer Aussage vor der Polizei nicht gezwungen werden kann. In diesen Fällen kann die Polizei durchaus die Anwesenheit erlauben. Vorsicht ist allerdings geboten, wenn z. B. bei Ermittlungen gegen Verantwortliche eines Unternehmens der „Firmenanwalt" als Zeugenbeistand bei Vernehmungen von Angestellten anwesend sein will. Eine unbefangene Aussage ist hier häufig nicht zu erwarten.

A. Verfahrensfragen 15

(Zum Problembereich Anspruch auf Zeugenbeistand als verfassungsrechtlich garantierter Ausfluss des Rechtsstaatlichkeitsgrundsatzes vgl. BVerfG NJW 1975, 103 und *Meyer-Goßner* Vor § 48 Rdnr. 11.)

• **Vernehmung durch den Staatsanwalt**
Bei der Vernehmung des **Beschuldigten** durch die Staatsanwaltschaft dagegen hat der Verteidiger dieses Beschuldigten das Recht auf Anwesenheit bei der Vernehmung (§ 163a III 2 i.V.m. § 168c I StPO). Auch dem **Anwalt des Verletzten** ist die Anwesenheit bei der Vernehmung seines Mandanten durch den Staatsanwalt gestattet (§ 406f II StPO), er wird allerdings nicht vom Termin benachrichtigt (vgl. *Meyer-Goßner* § 406f Rdnr. 3). Im Übrigen gilt für die staatsanwaltschaftliche Vernehmung von Zeugen und Sachverständigen und für die Einholung eines Augenscheins das Gleiche wie für die entsprechenden polizeilichen Ermittlungshandlungen (allerdings kann – wie bereits ausgeführt – der Staatsanwalt die Ladung und Vernehmung erzwingen). Das heißt insbesondere, dass der Beschuldigte und sein Verteidiger bei diesen Ermittlungshandlungen kein Anwesenheitsrecht haben (§ 161a StPO verweist nämlich nicht auf § 168c StPO).

Hinweis: Ein Verstoß gegen das Anwesenheitsrecht des Zeugenbeistands des Verletzten macht die Aussage des Zeugen nicht unverwertbar und kann vom Beschuldigten auch nicht gerügt werden, da er ausschließlich den Rechtskreis des Zeugen berührt (zur Rechtskreistheorie vgl. BGHSt. 11, 213; *Meyer-Goßner* § 55 Rdnr. 17 und § 337 Rdnr. 19 sowie unten S. 258).

Eine staatsanwaltschaftliche Vernehmung des Beschuldigten, die ohne Benachrichtigung des Verteidigers erfolgte, obwohl die Voraussetzungen des § 168c V 2 StPO nicht vorlagen, ist gegen den Willen des Beschuldigten nicht verwertbar (Einzelheiten streitig, vgl. *Löwe-Rosenberg-Rieß* § 163a Rdnr. 125).

• **Vernehmung durch den Ermittlungsrichter**
Wie bei der staatsanwaltschaftlichen Vernehmung ist auch bei der richterlichen Vernehmung im Ermittlungsverfahren dem **Verteidiger** die Anwesenheit bei der Vernehmung seines Mandanten, nicht aber bei der eines Mitbeschuldigten (gegen die analoge Anwendung des § 168c II StPO auf diesen Fall BGH NJW 1997, 1790) gestattet, ebenso dem **Anwalt des Verletzten** bei dessen Vernehmung. Darüber hinaus haben der **Beschuldigte,** sein **Verteidiger** sowie der **Anwalt des Nebenklageberechtigten** grundsätzlich ein *Anwesenheitsrecht* bei der richterlichen Vernehmung von Zeugen, Sachverständigen und der Einholung eines richterlichen Augenscheins (§§ 168c II, 168d I 1, 406g II 2 StPO). Das Recht des Beschuldigten ist allerdings eingeschränkt durch §§ 168c III bis V, 168d I 2 und 168e StPO. Danach kann der Beschuldigte von der Anwesenheit ausgeschlossen werden, wenn seine Anwesenheit den Untersuchungszweck gefährden würde (§ 168c III StPO). Dies ist z.B. dann der Fall, wenn die Gefahr besteht, der Beschuldigte werde die bei der

Vernehmung gewonnenen Erkenntnisse zu Verdunklungshandlungen nutzen (*Meyer-Goßner* § 168c Rdnr. 3) oder wenn zu befürchten ist, der Zeuge werde aus Angst vor dem Beschuldigten nicht wahrheitsgemäß aussagen. Ferner hat der in Haft befindliche Beschuldigte nur Anspruch auf Anwesenheit bei Vernehmungen am Haftort (§ 168c IV StPO). Und schließlich wird er nicht vom Vernehmungstermin benachrichtigt, wenn diese Unterrichtung den Untersuchungserfolg gefährden würde (§ 168c V 2 StPO). Dazu gehört zum einen der Fall, dass die Gefahr besteht, der Beschuldigte werde auf den Zeugen Einfluss nehmen, damit dieser nicht wahrheitsgemäß aussagt. Gefährdet werden kann der Erfolg aber auch aus zeitlichen Gründen, wenn also bei Benachrichtigung z.B. eine zur Beweissicherung sofort notwendige Vernehmung zeitlich nicht mehr möglich wäre. Bleibt die Vernehmung auch nach der Verzögerung möglich und wird ihr Beweiswert dadurch auch nicht eingeschränkt, so rechtfertigt die bloße Verzögerung das Unterlassen der Benachrichtigung nicht, da erforderlich ist, dass der Untersuchungserfolg vereitelt oder verschlechtert wird. Da § 168c III StPO nur vom Beschuldigten spricht, kann dem Verteidiger die Anwesenheit nicht verwehrt werden. Nach § 168c V StPO kann aber auch bei ihm von der Benachrichtigung abgesehen werden. Dazu reichen aber nicht Gründe, die allein in der Person des Beschuldigten liegen. Entsprechendes gilt auch für den Anwalt des Nebenklageberechtigten (§ 406g II 2 StPO). Lässt die Anwesenheit des Beschuldigten die dringende Gefahr eines schwerwiegenden Nachteils für das Wohl des Zeugen befürchten, soll die Vernehmung mittels Videotechnik getrennt von den Anwesenheitsberechtigten erfolgen, diesen aber in Bild und Ton übertragen werden (§ 168e StPO).

Hinweis 1: Wird der Beschuldigte ausgeschlossen oder unterbleibt die Ladung eines Anwesenheitsberechtigten, so sollte der Richter die Gründe hierfür aktenkundig machen, dies ist aber nicht unerlässlich (vgl. BGH NStZ 1990, 136).

Hinweis 2: Da der Ausschluss des Angeklagten von der Vernehmung dessen nach der Menschenrechtskonvention garantiertes Fragerecht tangiert, ist immer auch zu prüfen, ob nicht für eine ordnungsgemäße Verteidigung des Beschuldigten die Bestellung eines Pflichtverteidigers geboten ist. Im Falle der Vernehmung des zentralen Belastungszeugen in einem Verfahren, bei dem mit i.S.d. § 140 I oder II StPO gewichtiger Anklageerhebung zu rechnen ist, wird dies regelmäßig der Fall sein (vgl. BGH NJW 2000, 3505).

Tipp: Prüfen Sie bei Vernehmungen, wer anwesenheitsberechtigt war, wer benachrichtigt werden musste und wer tatsächlich geladen wurde. Bei Differenzen müssen Sie darlegen, ob die Benachrichtigung zu Recht unterblieb. Bei Verstößen müssen Sie schließlich noch zur Frage der Verwertbarkeit Stellung nehmen. Bei mehreren Beschuldigten kann diese Frage selbstverständlich nicht einheitlich beantwortet werden, wenn nur bei einem gegen die Benachrichtigungspflicht verstoßen wurde. Ebenso wenig wie die Verletzung des Anwesenheitsrechts des Zeugenbeistands kann nämlich der Mitbeschuldigte A die Nichtbenachrichtigung des Verteidigers des Beschuldigten B rügen.

2. Beschuldigtenvernehmung

a) Belehrung. Wird der Beschuldigte im konkreten Ermittlungsverfahren zum ersten Mal als solcher vernommen, so ist er vom Vernehmenden darüber aufzuklären, welche Tat ihm vorgeworfen wird und zwar so, dass der Beschuldigte tatsächlich weiß, um was es geht und sich entsprechend einlassen kann. Also nicht „Sie sollen geklaut haben", sondern „Sie sollen heute Vormittag im Kaufhof in Stuttgart 1 Flasche Whisky gestohlen haben". Richter und Staatsanwalt müssen darüber hinaus auch die in Betracht kommenden Strafvorschriften angeben (vgl. § 136 I 1 und den darauf Bezug nehmenden § 163a III 2 sowie den davon abweichenden § 163a IV 1 StPO).

Tipp: Diese Belehrung kann nicht sorgfältig genug durchgeführt und auch entsprechend protokolliert werden. Insbesondere bei der Frage der verjährungsunterbrechenden Wirkung der Belehrung (vgl. § 78c I Nr. 1 StGB) kann es Jahre später entscheidend darauf ankommen, was dem Beschuldigten bereits damals vorgeworfen worden ist.

Darüber hinaus ist der Beschuldigte bei der *jeweils ersten Vernehmung* durch Richter/Staatsanwalt oder Polizei darauf hinzuweisen, dass er keine Angaben machen muss und Beweiserhebungen zu seiner Entlastung beantragen kann. Da in einfach gelagerten Fällen auch eine schriftliche Stellungnahme des Beschuldigten genügen kann, ist er in einem solchen Fall auch darauf hinzuweisen (zu den Hinweispflichten vgl. die §§ 136 I, 163a III und IV StPO).

Vor allem aber ist er vor der ersten Vernehmung auch darauf hinzuweisen, dass er jederzeit einen Verteidiger seiner Wahl befragen darf. Aus diesem Recht folgt aber nicht das Verbot, einen – nach Belehrung – zur Aussage bereiten Beschuldigten ohne Verteidiger zu vernehmen, auch wenn er zunächst die Hinzuziehung eines Verteidigers gewünscht hatte (BGH NJW 1996, 2242 gegen die weite Auslegung des 5. Senats in BGH NJW 1996, 1547). Nur wenn dem Beschuldigten von Seiten der Ermittlungsorgane bedeutet wird, er werde seine prozessualen Rechte nicht durchsetzen können oder wenn ihm gar die Kontaktaufnahme zu einem Anwalt aktiv verweigert wird, führt dies zum Verwertungsverbot, jedenfalls wenn der Beschuldigte der Verwertung in der Hauptverhandlung widerspricht (so in einem vergleichbaren Fall BGH NStZ 1997, 502 – Zur Problematik des Widerspruchserfordernisses vgl. auch *Fezer* StV 1997, 58).

Hinweis: Für die Frage, ob eine verwertbare Vernehmung vorliegt, kommt es nicht auf die äußere Form an. Auch wenn der Inhalt eines Gesprächs des Beschuldigten mit dem Polizisten nicht protokolliert wird, ist sein Inhalt verwertbar, solange klar ist, dass das Gespräch eine Ermittlungshandlung darstellt (BGH NStZ 1995, 353).

Wie bereits oben erwähnt, kann es im Einzelfall fraglich sein, ob der zu Vernehmende nun bereits Beschuldigter oder noch Zeuge ist. Ist er Ver-

dächtiger und ist auch bereits klar, dass sich die weiteren Ermittlungen (auch) gegen ihn richten werden, dann ist er als Beschuldigter zu vernehmen (vgl. dazu auch BGH NJW 1990, 2633; zur Belehrung bei Kennzeichenanzeige OLG Karlsruhe MDR 1994, 500). In diesen Fällen geht der eigentlichen Vernehmung nicht selten eine sogenannte „informatorische" Befragung des Beschuldigten voraus (*Meyer-Goßner*, Einl. 79). Dazu ist folgendes zu sagen:
- unproblematisch verwertbar – weil nicht unter Verstoß gegen § 136 I StPO erlangt – ist, was der Beschuldigte **spontan von sich aus mitteilt**. Es besteht hier keine Pflicht des Polizeibeamten, den Beschuldigten zu unterbrechen und zu belehren.

(Erklärt der Beschuldigte also während der Durchführung der Blutentnahme dem Polizeibeamten, es tue ihm leid, dass er seinen Nebenbuhler nicht richtig getroffen habe, er habe ihn umbringen wollen, so ist diese Aussage verwertbar – vgl. BGH NJW 1990, 461).

- Problematischer sind die Fälle, in denen der Polizist die erforderliche **Belehrung unterlassen** hat. Entgegen der früheren Rechtsprechung (vgl. BGHSt. 31, 395), die § 136 StPO nur als Ordnungsvorschrift ansah, deren Verletzung die Verwertbarkeit nicht berühre, vertritt nunmehr auch der BGH (NJW 1992, 1463) zu Recht die Auffassung, dass der Verstoß eines Polizeibeamten gegen die Hinweispflicht nach § 136 I 2, § 163a IV 2 StPO ein Beweisverwertungsverbot begründet (so schon zuvor BGHSt. 25, 325 für Verstöße gegen die Belehrungspflicht in der Hauptverhandlung nach § 243 IV StPO – siehe dazu unten S. 104). Dies gilt auch dann, wenn der Beschuldigte infolge seines geistig-seelischen Zustandes den Hinweis des Polizeibeamten über seine Aussagefreiheit nicht versteht (BGH NJW 1994, 333; diese Fähigkeit ist in der Regel nur durch schwere körperliche oder seelische Mängel oder Krankheiten ausgeschlossen, BGH NStZ 1993, 395). Die Angaben bleiben allerdings verwertbar, wenn feststeht, dass der Beschuldigte sein Recht zu schweigen auch ohne Belehrung gekannt hat. War dies nicht der Fall, bleiben sie trotzdem in der Hauptverhandlung verwertbar, wenn der Angeklagte, der entweder einen Verteidiger hat oder vom Vorsitzenden über die Möglichkeit des Widerspruchs unterrichtet worden ist, der Verwertung zustimmt oder ihr nicht bis zu dem in § 257 StPO bestimmten Zeitpunkt widerspricht (BGH NJW 1992, 1463), und zwar ist der Zeitpunkt entscheidend, zu dem erstmals der Verwertung in der Hauptverhandlung widersprochen werden konnte (zum verspäteten Widerspruch erst in der Berufungsverhandlung vgl. BGH NStZ 1997, 405). Das Beweisverwertungsverbot entfällt bei genereller Kenntnis des Beschuldigten von seinem Schweigerecht dann nicht, wenn er im konkreten Fall nicht weiß, dass er gerade als Beschuldigter vernommen werden soll. Nach BGH NStZ 1995, 557 be-

A. Verfahrensfragen

steht die Belehrungspflicht nur bei echten Vernehmungen, nicht bei privaten Äußerungen und zwar auch dann nicht, wenn sie gegenüber verdeckt agierenden Polizeibeamten gemacht werden. Auch ein Telefongespräch ist verwertbar, das eine Privatperson auf Veranlassung der Ermittlungsbehörden mit dem Beschuldigten ohne Aufdeckung der Ermittlungsabsicht geführt hat und das von einer dritten Person mitgehört wurde, umso Angaben zum Ermittlungsverfahren zu erlangen. Dies gilt nach BGH NJW 1996, 2940 ff. jedenfalls, wenn es um die Aufklärung einer Straftat von erheblicher Bedeutung geht und der Einsatz anderer Ermittlungsmethoden erheblich weniger Erfolg versprechend oder wesentlich erschwert gewesen wäre. Die Entscheidung des Großen Senats ist sehr lesenswert, da er ausführlich darlegt, weshalb die §§ 136, 163a StPO nur auf echte Vernehmungen anwendbar sind, bei denen also der Vernehmende dem Beschuldigten in amtlicher Funktion gegenübertritt, damit dieser vor der irrtümlichen Annahme einer Aussagepflicht bewahrt wird. Die Heimlichkeit sei kein Umstand, der nach der Strafprozessordnung für sich allein schon die Unzulässigkeit der ergriffenen Maßnahme begründe. Der nemo-tenetur-Grundsatz schütze die Freiheit von Zwang zur Aussage oder zur Mitwirkung am Strafverfahren. Die Freiheit von Irrtum falle dagegen nicht darunter. Allerdings seien dem Einsatz von Privatpersonen zur Aufklärung von Straftaten Grenzen gesetzt, weshalb die o. g. Einschränkungen geboten seien. Grundlegend und lesenswert sind auch die Ausführungen von Roxin in NStZ 1995, 465 und NStZ 1997, 18; zur verfassungsrechtlichen Problematik BVerfG NJW 2000, 3556. Dass dieser Grundsatz allerdings nicht schrankenlos gilt, zeigt die Entscheidung des 5. Senats (NStZ 1999,147 ff.), mit der diese Rechtsprechung zwischenzeitlich fortgeführt wurde: Der Schutzzweck des § 136a StPO gebiete in entsprechender Anwendung der Norm ein Verwertungsverbot dann anzunehmen, wenn sich Behörden die in § 136a I, II StPO umschriebenen Verhaltensweisen Privater zurechnen lassen müssen. Eine solche – auf Ausnahmefälle beschränkte – Zurechnung könne sich sowohl aus der Art des Zusammenwirkens zwischen den Ermittlungsbehörden und der Privatperson ergeben als auch aus den Umständen, unter denen die Privatperson zu beweiserheblichen Angaben eines Tatverdächtigen gelangt.
- Da der Rechtskreis des Beschuldigten nicht berührt ist (siehe dazu unten S. 258), kann dieser sich allerdings nicht darauf berufen, ein Zeuge sei in einem gegen jenen geführten Ermittlungsverfahren nicht ordnungsgemäß nach §§ 163a IV, 136 I 2 StPO belehrt worden (BayObLG NJW 1994, 1296).
- Das Verwertungsverbot bedeutet nicht, dass die Ermittlungsbehörden diese Angaben in keiner Weise zur Kenntnis nehmen dürften. Vielmehr darf die Polizei durchaus die so erlangten Kenntnisse zum Anlass

weiterer Ermittlungen nehmen (sogenannte Früchte des verbotenen Baums), sie darf sich allerdings zur Begründung von Zwangsmaßnahmen nicht auf diese Aussagen stützen, jedenfalls nicht, wenn der Beschuldigte einer Verwertung widersprochen hat.

Wurde der Beschuldigte zu Recht als Zeuge vernommen, weil er zu diesem Zeitpunkt zum Beispiel noch nicht einmal Verdächtiger war oder weil er in einem anderen Ermittlungsverfahren zum Tatbeitrag eines getrennt verfolgten Dritten gehört wurde, so ist diese Zeugenaussage auch im Verfahren gegen den Beschuldigten verwertbar. Es gelten für die Einführung in die Hauptverhandlung allerdings die Grundsätze der Beschuldigtenvernehmung. Für die Verlesbarkeit der Vernehmung gilt also § 254, nicht §§ 251, 253 StPO (vgl. zum Urkundenbeweis S. 124f.). Problematisch ist dies dann, wenn der Beschuldigte auch als Zeuge bei dieser Vernehmung nicht auf sein Recht nach § 55 StPO (oder z.B. § 384 Nr. 2 ZPO) hingewiesen wurde. Aufgrund der geänderten Rechtsprechung zum Belehrungsverstoß bei § 136 StPO wird man nunmehr auch ein Verwertungsverbot annehmen müssen, wenn der Beschuldigte sein Recht, die Beantwortung einzelner Fragen verweigern zu dürfen, nicht kannte und er der Verwertung seiner Antwort später widerspricht.

Tipp: Das für § 55 StPO bekannte Schlagwort, diese Vorschrift berühre nicht den Rechtskreis des Beschuldigten (siehe dazu S. 15 und S. 258), gilt natürlich nicht für diesen Fall. Hier geht es gerade um die Identität zwischen Beschuldigtem und (früherem) Zeugen.

Hinweis: Es ist selbstverständlich unzulässig, daraus Schlüsse zum Nachteil des Angeklagten zu ziehen, dass er sich früher als Zeuge auf das Auskunftsverweigerungsrecht gem. § 55 StPO berufen hat (vgl. BGH NJW 1992, 2304 – zum Recht, als Beschuldigter schweigen zu dürfen siehe unten S. 20).

b) Inhalt. Der Beschuldigte unterliegt, anders als der Zeuge, nicht der Wahrheitspflicht, auch nicht vor dem Richter. Er kann also auch lügen, ohne sich der Falschaussage schuldig zu machen. Beschuldigt er allerdings andere zu Unrecht, täuscht er eine andere Straftat vor oder täuscht er über die Beteiligung Dritter daran, so kann auch er sich nach §§ 145d, 164, 185ff. StGB strafbar machen (vgl. dazu BGH NStZ 1995, 78).

Tipp: Vorsicht ist allerdings geboten bei einem Schluss von der Lüge auf die Täterschaft des Beschuldigten, da es dafür genügend Motive auch für einen Unschuldigen geben kann. Den Beschuldigten der Lüge zu überführen kann deshalb nur *ein* Indiz für die Täterschaft sein, das allein nicht für eine Verurteilung ausreicht (eindrucksvoll BGH StV 1994, 175).

Der Beschuldigte darf auch **schweigen**. Aus diesem Recht dürfen keinerlei Schlüsse auf seine Tatbeteiligung gezogen werden. Nur dann kann der Beschuldigte wirklich frei entscheiden, ob er aussagen will oder nicht. Das Recht zu schweigen kann der Beschuldigte noch wahrnehmen, nachdem er bereits Angaben gemacht hat. Auch dann dürfen daraus keine

A. *Verfahrensfragen* 21

negativen Schlüsse gezogen werden. Davon zu unterscheiden ist das Schweigen auf einzelne Fragen (sogenanntes „beredtes Schweigen"). Hier macht sich der Beschuldigte, indem er sich zur Sache einlässt, insgesamt zum Gegenstand der Beweiswürdigung (siehe dazu unten S. 169f.), so dass auch sein teilweises Schweigen verwertbar ist. Allerdings liegt nicht in jeder Erklärung des Angeklagten eine solche Teileinlassung. Vielmehr ist unter Umständen durch Auslegung zu ermitteln, ob tatsächlich eine Sacheinlassung vorliegt (instruktiv BGH NStZ 1997, 147). In der Praxis wird nicht selten gegen diesen einfachen Grundsatz verstoßen, wobei die negative Wertung häufig verbal nicht an dem Schweigen, sondern an anderen Umständen ansetzt, letztlich aber das Gleiche bewertet. Dies ist z.B. der Fall, wenn das Gericht auf die Täterschaft des Beschuldigten schließt, weil er die jetzige Einlassung nicht bereits bei der Durchsuchung seiner Wohnung gebracht habe (sondern geschwiegen hat! – vgl. OLG Stuttgart NStZ 1986, 182, zum Gesamten ausführlich *Miebach* NStZ 2000, 235; lesenswert auch BGH NStZ 2000, 386, der sich hier mit der Frage der Gesamtwürdigung von Einlassung und Prozessverhalten – Nichtentbinden des Verteidigers von der Verschwiegenheit – befassen musste; schweigt der Beschuldigte zu einer Tat und äußert er sich zu anderen Taten, so liegt kein Teilschweigen vor, das indiziell verwertbar wäre, BGH NStZ 2000, 494).

Das Recht zu schweigen ist nur eine Ausprägung des aus dem Grundrecht der Menschenwürde abgeleiteten Grundsatzes, dass niemand an seiner eigenen strafrechtlichen Überführung mitwirken muss.

Tipp: Der Beschuldigte kann also in keinem Fall zu einem aktiven Mitwirken, sondern – insbesondere im Bereich der Zwangsmaßnahmen – allenfalls zu einem passiven Dulden gezwungen werden. Hiergegen wird oft verstoßen. Deshalb kann der Beschuldigte zum Beispiel bei Verdacht einer Trunkenheitsfahrt nicht zum Alkoholtest durch Blasen in ein Röhrchen gezwungen werden. Er kann dies allerdings freiwillig tun, umso eine sonst erforderliche Blutentnahme zu vermeiden.
Hinweis: Der Angeklagte darf nicht nur schweigen, er kann auch auf den Antritt eines Entlastungsbeweises verzichten, ohne befürchten zu müssen, dass dieses Verhalten als belastender Umstand bewertet wird. Äußert er sich allerdings, ohne auf die entlastende Situation einzugehen, ist dieses Verhalten der Beweiswürdigung zugänglich. Naheliegende unverfängliche Erklärungsmöglichkeiten für dieses Verhalten sind aber in die Würdigung einzubeziehen (vgl. BGH NStZ 2002, 161).

Manchmal kollidiert allerdings das Recht aus der StPO zu schweigen mit der **Verpflichtung** aus anderen Gesetzen heraus, **Angaben zu machen.** So hatte das BVerfG in dem sogenannten „Gemeinschuldnerurteil" (BVerfG NJW 1981, 1431) darüber zu befinden, ob der Beschuldigte, der wegen Konkursdelikten in Untersuchungshaft saß, gezwungen werden konnte, Angaben gegenüber dem Konkursgericht zu machen, z.B. über den Verbleib des Firmenvermögens. In diesem Fall wurde das Interesse der Gläubigergemeinschaft über das des Beschuldigten gestellt, er musste Angaben machen. Seinen Interessen hat das BVerfG dadurch Rechnung getragen, dass es aus dem oben genannten Grundsatz heraus ein Verwertungsverbot für die so erlangte Aussage des Beschuldigten im Strafverfahren konstituierte. Seine Aussage ist also im Konkursverfahren, nicht aber – gegen seinen Willen – im Strafverfahren verwertbar (zu Angaben im Asylverfahren vgl. BGH NJW 1990, 1426; zur Versicherung nach § 807 ZPO vgl. BGH NJW 1991, 2844; vgl. auch *Verrel* NStZ 1997, 361, 415).

Das eben Gesagte kann allerdings nur bei einer Aussagepflicht gegenüber staatlichen Stellen gelten. Ist der Beschuldigte **zivilrechtlich verpflichtet,** sich zu einem eventuell auch strafrechtlich relevanten Vorgang zu äußern, zum Beispiel bei einem Verkehrsunfall gegenüber der Haftpflichtversicherung, so sind diese Angaben des Beschuldigten verwertbar (BVerfG StV 1995, 562; zur Beschlagnahme von Versicherungsakten siehe unten S. 62). Überhaupt ist das, was der Beschuldigte Privatpersonen gegenüber äußert, grundsätzlich verwertbar, obwohl er dabei selbstverständlich nicht belehrt wird. Gibt der Beschuldigte die Tat gegenüber seinem Nachbarn zu, so kann dieser dazu als Zeuge gehört werden. Dies gilt auch, wenn es sich bei dem „Nachbarn" um den in der Gefängniszelle handelt. Dies gilt sogar dann noch, wenn sich der „Nachbar" gegenüber der Polizei offenbart und diese ihn darum bittet, weiter über die Angaben des Beschuldigten informiert zu werden (vgl. bei Mithäftlingen BGH NJW 1989, 843). Anders ist es allerdings dann, wenn die Polizei ganz gezielt einen V-Mann in die Zelle schickt, der den Beschuldigten aushorchen soll (BGH NStZ 1989, 33). Zum gezielten V-Mann-Einsatz bei zeugnisverweigerungsberechtigten Personen siehe unten S. 31.

c) Vernehmungsmethoden. Wie der Beschuldigte vernommen werden soll, ist in der StPO nur unvollständig geregelt. Zunächst muss dem Beschuldigten – ebenso wie dem Zeugen (für diesen ausdrücklich geregelt, vgl. § 69 StPO) – die Möglichkeit gewährt werden, *Angaben im Zusammenhang* zu machen und dadurch den Sachverhalt aus seiner Sicht zu schildern, auch um die gegen ihn vorliegenden Verdachtsmomente zu entkräften und für ihn entlastende Umstände vorzubringen (§ 136 II i.V.m. § 163a III, bzw. IV StPO). Dies gilt im Grundsatz für jede Vernehmung, nicht nur die Erste. Ist allerdings der Beschuldigte intellektuell dazu gar nicht in der Lage oder ergibt sich aus anderen besonderen Gründen die Notwendigkeit dazu, kann gleich mit einzelnen Fragen begonnen werden. Im Übrigen ist es weitgehend dem kriminalistischen Geschick und der Menschenführung des Vernehmungsbeamten überlassen, wie er den Beschuldigten vernimmt. Die Grenze zieht allerdings § 136a StPO, der bestimmt, welche Vernehmungsmethoden *nicht erlaubt* sind.

Diese Vorschrift verbietet die Beeinflussung der Vernehmung durch Misshandlung, Ermüdung, körperliche Eingriffe, Verabreichung von Mitteln, Quälerei, Täuschung, Hypnose, unzulässigen Zwang, Drohung mit verfahrensrechtlich unzulässigen Mitteln, Versprechen gesetzlich nicht

A. Verfahrensfragen

vorgesehener Vorteile, Beeinträchtigung des Erinnerungsvermögens oder der Einsichtsfähigkeit. Nach Auffassung des BGH (NJW 1999, 657 ff.) soll der freiwillige Einsatz eines Lügendetektors zwar nicht gegen § 136a StPO verstoßen, die Untersuchung führe aber zu einem völlig ungeeigneten Beweismittel i. S. d. § 244 III S. 2 4. Alt. StPO.

Von besonderer praktischer Bedeutung sind die Fälle, die nur schwer von der erlaubten kriminalistischen Taktik abzugrenzen sind. Hierzu einige **Beispiele aus der Praxis:**

- **Ermüdung:**

Intensive nächtliche Vernehmungen sind durchaus erlaubt und im Einzelfall auch unerlässlich, um Absprachen zwischen Beschuldigten oder/ und Zeugen zu verhindern. Verboten ist aber eine Vernehmung, wenn der Beschuldigte auf Grund Übermüdung in seiner Willensfreiheit eingeschränkt ist. Es kommt nicht darauf an, dass der Beamte diese Übermüdung erkannt und ausgenutzt hat (*Meyer-Goßner* § 136a Rdnr. 8).

- **Verabreichung von Mitteln:**

Die Aushändigung von Kaffee oder Tabakwaren ist ebenso zulässig wie deren Versagung. Verboten ist dagegen das Verabreichen von hemmungslösenden Mitteln (sog. Wahrheitsserum). Unter diesem Stichwort wird in der Regel auch die Problematik der Vernehmung eines betrunkenen Beschuldigten abgehandelt, obwohl hier die Verabreichung nicht durch die Polizei erfolgt ist. Sie ist zulässig, solange der Beschuldigte verhandlungsfähig und seine Willensfreiheit nicht ernsthaft beeinträchtigt ist (*Meyer-Goßner* § 136a Rdnr. 10).

- **Täuschung:**

Erlaubt ist die kriminalistische List, verboten die *bewusste* Täuschung. Dies abzugrenzen fällt im Einzelfall schwer. Erlaubt ist danach, den Beschuldigten im Unklaren über die Beweislage zu lassen, verboten ist die Lüge, die Beweislage sei erdrückend oder die Lüge, ein Mitbeschuldigter habe gestanden. Erlaubt ist, einen Irrtum des Beschuldigten über den Stand der Ermittlungen auszunutzen. Verboten ist die falsche Behauptung, aus seinen Angaben keine negativen Schlüsse ziehen zu wollen, erlaubt das Vorspiegeln einer freundschaftlichen Gesinnung, das Schaffen einer aussagefreundlichen Atmosphäre.

- **Zwang:**

Unzulässiger Zwang kann beispielsweise im Festhalten nach Ablauf der Vorführungsdauer des § 135 StPO liegen.

- **Drohung mit unzulässigen Mitteln:**

Die Drohung, den Beschuldigten in Untersuchungshaft zu nehmen bzw. nehmen zu lassen, wenn er keine Angaben mache, ist nur dann eine ver-

Übersicht zur Beschuldigtenvernehmung

- **Ist eine Belehrung erfolgt?**
  - Funktion des Beschuldigten im Zeitpunkt der Vernehmung

  Zeuge
  allenfalls Belehrung nach § 55 StPO
  falls dagegen verstoßen?
  → Beweisverwertungsverbot wie bei Verstoß gegen Belehrungspflicht nach § 136 StPO

  – **Beschuldigter schweigt**
    – insgesamt
      – von Anfang an
        → Schweigen unverwertbar
      – nach Einlassung zur Sache
        → Schweigen unverwertbar
      – zu bestimmten Tatkomplexen
        → Schweigen im Übrigen unverwertbar
      – zu bestimmten Fragen
        → beredtes Schweigen verwertbar
- **Vernehmungsmethoden?**
  – unerlaubte Methoden? (§ 136a StPO lesen!!)
      insbesondere
      – Täuschung
        → unbeabsichtigte Irreführung reicht nicht
        → Abgrenzen zur kriminalistischen List
      – Drohung mit verfahrensrechtlich unzulässigen Mitteln
        → häufig Drohen mit U-Haft
        zulässig zum Beispiel, wenn Geständnis
        Verdunklungsgefahr beseitigt
      – Versprechen gesetzlich nicht vorgesehener Vorteile
        → Kompetenz des Vernehmenden prüfen, nämlich ob er rechtlich auch durchsetzen kann, was er versprochen hat.
  wenn unerlaubte Methoden
  – beweisbar?
    → Beweislast beim Beschuldigten
  – Einwilligung
    → unerheblich (§ 136a III StPO)
  – führt zu **Beweisverwertungsverbot**

Beschuldigter	**Privatperson**
Belehrung nach § 136, 163a III, IV StPO falls dagegen verstoßen	(keine Vernehmung i. S. d. StPO bei Angaben gegenüber Privatpersonen – deshalb auch keine Belehrung)
– Beweisverwertungsverbot, wenn Beschuldigter sein Recht, in der konkreten Situation schweigen zu dürfen, nicht kannte	
– Beweisverwertungsverbot entfällt, wenn der Angeklagte der Verwertung nicht im Rahmen des § 257 StPO widerspricht, es sei denn, er war weder anwaltlich vertreten noch vom Gericht auf die Widerspruchsmöglichkeit hingewiesen worden.	

– **Beschuldigter lügt**
 – je nach Klausurstellung auch Strafbarkeit des Beschuldigten prüfen
 – bei Beweiswürdigung Vorsicht
  kann Indiz für Täterschaft sein, muss aber nicht

– erlaubte Methoden?
 Aussagen verwertbar

– *unmittelbares* Beweisverwertungsverbot
 → unterschriebenes Protokoll nicht verlesbar
– *mittelbares* Beweisverwertungsverbot
 → Vorhalte aus Protokoll unzulässig, ebenso Vernehmung der Verhörsperson
– *Fortwirkung* auf weitere Vernehmungen?
 → nur wenn unerlaubte Methode noch andauert
– *Fernwirkung*
 → besteht nicht, Vernehmungsinhalt kann Grundlage weiterer Ermittlungen sein

botene Methode, wenn die Voraussetzungen für die Anordnung der Untersuchungshaft nicht vorlagen. Häufig besteht jedoch tatsächlich zu Beginn der Ermittlungen Verdunklungsgefahr, die der Beschuldigte dadurch abwenden kann, dass er sich zur Sache äußert.

• **Versprechen eines gesetzlich nicht vorgesehenen Vorteils:**
Der Staatsanwalt kann eine milde Strafe nicht zusagen, da er nicht selbst entscheidet. Er kann aber zusichern, sich insoweit für den Beschuldigten einzusetzen. Nicht versprechen kann der Staatsanwalt die Außervollzugsetzung eines Haftbefehls, da auch dies eine freie Entscheidung des Richters ist (§ 116 StPO). Zusagen kann er – im Ermittlungsverfahren – die Aufhebung des Haftbefehls (§ 120 III StPO). Bevor also entsprechende Zusagen erfolgen, sollte der Vernehmende genau seine Kompetenzen prüfen, um nicht eine Unverwertbarkeit der Aussage des Vernommenen zu riskieren. Jederzeit erlaubt sind generelle Hinweise auf die strafmildernde Wirkung eines Geständnisses und die Vorteile von Kronzeugenregelungen.

Die Rechtsprechung verlangt nur für die Täuschung, dass sie bewusst begangen worden sein muss. Im Übrigen genügt der objektive Verstoß. Ein zielgerichtetes Verhalten des Ermittlungsbeamten wird also nicht vorausgesetzt.

In allen Fällen führt die Anwendung einer verbotenen Vernehmungsmethode allerdings nicht per se zu einem Verwertungsverbot. § 136 a StPO verlangt vielmehr zusätzlich, dass diese Methode kausal war für eine Beeinträchtigung der Freiheit der Willensentschließung oder der Willensbetätigung.

Hinweis: Für das Vorliegen der Voraussetzungen des § 136 a StPO ist derjenige beweispflichtig, der sich darauf beruft, in der Regel also der Beschuldigte. Der Grundsatz „in dubio pro reo" gilt hier nicht (BGHSt. 16, 164). In der Hauptverhandlung kann das Vorliegen dieser Umstände im Wege des **Freibeweises** (vgl. unten S. 104) nachgewiesen werden.

Bei nachgewiesenem Verstoß gegen § 136 a StPO ist noch zu klären, wie weit das **Verwertungsverbot** dieser Vorschrift reicht:

– *Beweisverwertungsverbot*

Selbstverständlich darf das so gewonnene Beweismittel nicht unmittelbar verwertet werden. Das Vernehmungsprotokoll ist also nicht verlesbar. Die Vernehmung des Vernehmungsbeamten ist ebenfalls unzulässig. Auch eine mittelbare Verwertung durch Vorhalte aus dem Vernehmungsprotokoll ist verboten.

– *Fernwirkung?*

Ein Verstoß gegen § 136 a StPO hat keine Fernwirkung (streitig – vgl. *Meyer-Goßner* § 136 a Rdnr. 31). Das illegal erlangte Geständnis darf also von den Ermittlungsbehörden zum Anlass weiterer Ermittlungen genom-

A. Verfahrensfragen

men werden. Führen diese zu gerichtsverwertbaren Erkenntnissen, sind diese verwertbar.

– *Fortwirkung?*

Von der Fernwirkung zu unterscheiden ist die Frage der Fortwirkung des § 136a StPO. Wurde der Beschuldigte vom Polizisten getäuscht und zu einem Geständnis veranlasst, so sagt dies noch nichts über die Verwertbarkeit des Geständnisses, das der Beschuldigte am nächsten Tag gegenüber dem Haftrichter abgab. In diesen Fällen ist danach zu unterscheiden, ob die unerlaubte Vernehmungsmethode sich auch im Zeitpunkt der weiteren Vernehmung noch auf die Willensfreiheit ausgewirkt hat. Wurde der Beschuldigte über die Beweislage getäuscht, wird dies dann richtiggestellt und der Beschuldigte auf die Unverwertbarkeit der bisherigen Angaben hingewiesen, so wird die Täuschung in der Regel sich auf die danach folgende Vernehmung nicht mehr auswirken können (vgl. im Einzelnen BGH NStZ 1995, 462).

3. Zeugenvernehmung

Nochmals zur Klarstellung: Zeuge ist, wer – ohne in diesem Verfahren Beschuldigter zu sein – Angaben zu eigenen Wahrnehmungen machen soll. Auch der sachverständige Zeuge ist Zeuge, nur dass er Wahrnehmungen gerade auf Grund seiner besonderen Sachkunde gemacht hat.

a) Zeugnisverweigerungsrechte. Bei Zeugnisverweigerungsrechten stellen sich besondere Probleme der Beweissicherung im Ermittlungsverfahren. Da diese sehr examensrelevant sind, soll darauf bereits hier eingegangen werden:

Wer ein Zeugnisverweigerungsrecht hat, ergibt sich aus den eindeutig formulierten Vorschriften der §§ 52, 53, 53a StPO. Die Vorschriften sind *abschließend* in dem Sinne, dass sie nicht entsprechend auf weitere, nicht aufgeführte Personen- oder Berufsgruppen angewandt werden können. Das BVerfG schließt allerdings nicht aus, dass sich aus den Artikeln 1 und 2 des Grundgesetzes heraus eine Beschränkung der Zeugenpflicht ergeben kann, ohne allerdings bislang einen solchen Fall bejaht zu haben (z. B. BVerfG NJW 1999, 1622; vgl. auch *Meyer-Goßner* § 53 Rdnr. 2f.).

Beim Zeugnisverweigerungsrecht aus persönlichen Gründen (§ 52 StPO) ist zu beachten, dass es für Ehegatten auch nach der Scheidung fortbesteht, während es für Verlobte nur für die Dauer des Verlöbnisses gilt.

Hinweis 1: Das Gericht kann vom Zeugen verlangen, dass er die Tatsachen, aus denen sich sein Zeugnisverweigerungsrecht ergibt, glaubhaft macht (vgl. § 56 StPO – Freibeweisverfahren! Siehe unten S. 104). Der Grundsatz „in dubio" gilt hier nicht.

Hinweis 2: Ein Brief, den ein Zeuge bei seiner polizeilichen Vernehmung überreicht und zum Bestandteil seiner Aussage hat werden lassen, darf nicht verlesen werden, wenn der Zeuge in der Hauptverhandlung von seinem Zeugnisverweigerungsrecht Gebrauch macht (BGH NStZ-RR 1998, 367).

Von den Zeugnisverweigerungsrechten der Berufsgeheimnisträger (§ 53 StPO) spielt das der Steuerberater, Rechtsanwälte und Ärzte eine besondere Rolle. Zu beachten ist bei ihnen, dass es für das Recht auf Zeugnisverweigerung nicht darauf ankommt, dass ihr Mandant bzw. Patient Beschuldigter war. Es genügt, dass sie über etwas aussagen sollen, was ihnen in ihrer besonderen beruflichen Eigenschaft vom Patienten/Mandanten anvertraut worden ist. Deshalb hat ein Zeugnisverweigerungsrecht auch der Arzt, der das Opfer einer Schlägerei ärztlich versorgt hat.

Hinweis: Anders ist es dagegen bei der Frage der Beschlagnahmefähigkeit i. S. d. § 97 StPO. Beschlagnahmefreiheit ist nur gegeben in den Fällen, in denen der Patient/Mandant Beschuldigter ist (zu den gegen diese Auffassung lauter werdenden Gegenstimmen vgl. LG Fulda NJW 1990, 2946; siehe aber auch unten S. 61). Beschlagnahmefreiheit liegt, darauf sei ergänzend hingewiesen, selbstverständlich auch dann nicht vor, wenn sich das Verfahren gegen den Zeugnisverweigerungsberechtigten richtet. Wird also z. B. gegen den Arzt wegen eines Kunstfehlers ermittelt, kann dieser sich bei der Sicherstellung seiner Patientenunterlagen nicht auf § 53 StPO berufen.

Einer Abgrenzung bedarf im Einzelfall die Frage, ob es sich bei dem Gegenstand der Beweiserhebung um Umstände handelt, die dem Zeugnisverweigerungsberechtigten *gerade auf Grund seiner besonderen Eigenschaft* im Sinn des § 53 StPO *anvertraut* worden bzw. bekannt geworden sind (vgl. z. B. die instruktive Entscheidung des BGH NJW 1985, 2203 zur Frage, ob § 53 StPO auch die Umstände bei der Aufnahme eines Patienten in ein Krankenhaus erfasst).

Wird der Zeugnisverweigerungsberechtigte von dem **entbunden,** zu dessen Gunsten das Schweigerecht besteht, so entfällt in den Fällen des § 53 I Nr. 2, 3 und 3a StPO die Möglichkeit, sich darauf zu berufen (§ 53 II StPO; zum Verwertungsverbot nach Widerruf der Schweigepflichtsentbindung BGH NJW 1996, 2435). Wer zu dieser Befreiung berechtigt ist, kann im Einzelfall schwierig zu entscheiden sein. So soll z. B. der Konkursverwalter zur Entbindung des Steuerberaters der in Konkurs gegangenen GmbH nicht berechtigt sein, sondern nur der ehemalige Geschäftsführer (streitig – vgl. *Meyer-Goßner* § 53 Rdnr. 46).

- **Belehrung über das Zeugnisverweigerungsrecht**

Die Personen, die aus persönlichen Gründen ein Zeugnisverweigerungsrecht haben, sind darüber vor jeder Vernehmung zu belehren (§ 52 III StPO). Für die nach § 53 StPO Schweigeberechtigten fehlt eine entsprechende Vorschrift. Bei ihnen wird die Kenntnis über ihr Schweigerecht vorausgesetzt.

Hinweis: Eine unterlassene, nach § 52 III StPO vorgeschriebene Belehrung macht die richterliche Vernehmung unverwertbar. Entscheidend ist die objektive Lage. Auf die subjektive Kenntnis des Gerichts von dem bestehenden Angehörigenverhältnis kommt es nicht an. Durch die Nachholung der Belehrung und die weitere Aussagebereitschaft des Zeugen kann dieser Mangel aber geheilt werden.

A. Verfahrensfragen

• **Ausübung des Zeugnisverweigerungsrechts**

Dass dem Zeugen ein Zeugnisverweigerungsrecht zusteht, bedeutet nicht, dass er auch davon Gebrauch machen muss. So kann die Ehefrau des Beschuldigten aus guten Gründen für oder gegen diesen aussagen. Auch wer aus beruflichen Gründen ein Schweigerecht hat, kann trotzdem aussagen. Selbst wenn er sich mangels Entbindung von der Verschwiegenheit gemäß § 203 StGB strafbar machen sollte, bleibt seine Aussage strafprozessual verwertbar.

Tipp: Ist in der Klausur die Prüfung der Strafbarkeit aller Beteiligten verlangt, so ist in einem solchen Fall zum einen im Gutachten zur materiellen Rechtslage die Strafbarkeit des Arztes zu prüfen (der Bruch der ärztlichen Verschwiegenheit kann im Einzelfall, insbesondere bei Kapitaldelikten, als Notstand gerechtfertigt/entschuldigt sein) und daneben im prozessualen Teil die Verwertbarkeit seiner Aussage zu bejahen.

Beruft sich der Zeuge jedoch auf sein Schweigerecht, so darf dies nicht zum Nachteil des Beschuldigten ausgelegt werden. Es ist ein allgemeiner Grundsatz, dass dem Beschuldigten allein aus der Geltendmachung prozessualer Rechte kein Nachteil entstehen darf, weshalb – wie bereits oben dargestellt – auch das Schweigen des Beschuldigten keiner Beweiswürdigung zugänglich ist. Das Gleiche gilt für das Verhalten von Zeugen.

Beruft sich der Beschuldigte in der Hauptverhandlung für die Richtigkeit seines Alibis auf das Zeugnis seiner Mutter, so darf deren das Alibi bestätigende Aussage nicht deshalb als unglaubwürdig angesehen werden, weil sie erst jetzt diese entlastenden Angaben macht, auch wenn dies dazu geführt hat, dass der Beschuldigte monatelang in Untersuchungshaft saß. Der Zeuge darf jederzeit von seinem Recht Gebrauch machen, also auch nachdem er bereits Angaben gemacht hat. Aus dieser nachträglichen Berufung auf das Schweigerecht dürfen keine für den Beschuldigten negativen Schlüsse gezogen werden (BGH NStZ 1987, 182 und bei *Holtz* MDR 1991, 1024; einschränkend und in seiner Tendenz bedenklich BGH NStZ 1992, 347 zur „Flucht" in die Zeugnisverweigerung). Auch darf aus dem Umstand, dass ein umfassend schweigender Beschuldigter die Entbindung eines Zeugen von der Schweigepflicht verweigert, nicht als belastendes Indiz gegen ihn verwendet werden (BGH NJW 2000, 1426; für den Angeklagten, der Angaben macht, aber seinen Verteidiger nicht von der Verschwiegenheit entbindet, vgl. BGH NStZ 2000, 386).

Das bis zur Zeugnisverweigerung *im Ermittlungsverfahren* Gesagte ist im Fall des § 52 StPO insgesamt unverwertbar, bei § 53 StPO ist das Vernehmungsprotokoll nicht verlesbar (§ 252 StPO). Eine bedeutsame Einschränkung wird für die richterliche Vernehmung gemacht (siehe im Einzelnen unten S. 122), bei der für den Fall vorausgegangener ordnungsgemäßer Belehrung der Ermittlungsrichter als Zeuge gehört werden kann.

Tipp: In Klausuren, die nach der staatsanwaltschaftlichen Entscheidung fragen, ist also daran zu denken, dass zur Beweissicherung eine richterliche Vernehmung des zurzeit noch aussagebereiten Zeugnisverweigerungsberechtigten geboten sein kann.

Davon zu unterscheiden ist der Fall, dass der Schweigeberechtigte als Zeuge Angaben gemacht, aber gerade den entlastenden Umstand verschwiegen hat. Dies kann selbstverständlich verwertet werden, da dies nicht Ausfluss des Zeugnisverweigerungsrechts war. Beruft sich der Zeuge gerade nicht auf dieses Recht, muss auch er vollständige und wahrheitsgemäße Angaben machen.

Probleme treten in der Praxis auch dann auf, wenn ein *minderjähriger Zeuge* in einem Verfahren gegen einen Angehörigen aussagen soll. Grundsätzlich bestimmt § 52 II StPO bei minderjährigen Zeugnisverweigerungsberechtigten, die noch nicht die entsprechende Verstandesreife haben, diese Frage entscheiden zu können, dass diese nur vernommen werden können, wenn sie aussagebereit sind und auch der gesetzliche Vertreter zustimmt. Ist der gesetzliche Vertreter selbst der Beschuldigte, kann er darüber nicht entscheiden (§ 52 II StPO am Ende). In diesem Fall ist gemäß § 1909 I BGB ein Pfleger zu bestellen.

• **Zeugnisverweigerungsrecht bei Mitbeschuldigten**

Da in einem einheitlichen Verfahren ein Zeugnisverweigerungsrecht nur einheitlich ausgeübt werden kann, muss bei Mitbeschuldigten z. B. die Ehefrau F des Beschuldigten A nicht für oder gegen den Mitbeschuldigten B aussagen. Dies gilt allerdings nur, soweit sich die Aussage auf *eine Tat im prozessualen Sinne* (siehe dazu S. 138 ff.) bezieht, die beiden vorgeworfen wird oder jedenfalls der Sachverhalt, zu dem der Zeuge aussagen soll, auch den Angehörigen betrifft (BGH NStZ 1998, 583). Bestand das Zeugnisverweigerungsrecht der F einmal, so bleibt es auch nach der *Abtrennung* des Verfahrens gegen B vom Verfahren gegen A bestehen. Entscheidend ist also, dass zu irgendeinem Zeitpunkt vor der jetzigen Vernehmung einmal eine prozessuale Gemeinsamkeit bestanden hat. Allein der Staatsanwalt als Herr des Ermittlungsverfahrens kann darüber entscheiden, ob gegen mehrere Beschuldigte im Rahmen eines einheitlichen oder in mehreren getrennten Verfahren ermittelt wird. Es bedarf insoweit eines ausdrücklichen Willensakts der Staatsanwaltschaft. Die bloße einheitliche Handhabung der Ermittlungen durch die Polizei reicht also nicht zur Begründung einer derartigen prozessualen Gemeinsamkeit (BGH NJW 1987, 1033).

Bestand das Zeugnisverweigerungsrecht der F auch im Verfahren gegen B, so *erlischt* es erst mit dem *rechtskräftigem Abschluss* des Verfahrens gegen A (Urteil oder endgültige Verfahrenseinstellung – BGH NJW 1992, 1116) oder mit *dem Tod* des A (BGH NJW 1992, 1118). Ergeht gegen A ein Urteil (gleichgültig ob Freispruch oder Verurteilung), so kann also die F zu der Tat, die auch dem A vorgeworfen worden war, im Verfahren gegen B das Zeugnis nur noch so lange verweigern, wie das Urteil gegen A noch nicht rechtskräftig ist (vgl. auch BGH NJW 1993, 2326 und *Meyer-Goßner* § 52 Rdnr. 11). Bei einer Einstellung nach § 170 II StPO erlischt das Zeugnisverweigerungsrecht grundsätzlich noch nicht, da die Ermittlungen jederzeit wieder aufgenommen werden können (BGH StV 1998, 245). Anders soll es allerdings sein, wenn die Staatsanwaltschaft bei neuerlichem Tatverdacht und anderer Beweislage förmlich ein neues, selbstständiges Ermittlungsverfahren einleitet (BGH NJW 1998, 3363).

Hinweis: Das Zeugnisverweigerungsrecht gilt nur, wenn sich der Aussagende tatsächlich in der Zeugenrolle befindet. Werden zwei Brüder angeklagt, so können die Angaben des einen gegen den anderen verwertet werden (gegebenenfalls über § 254 StPO durch Verlesung bzw. Vernehmung des Polizeibeamten), auch wenn in der Hauptverhandlung beide keine Angaben machen (siehe dazu unten S. 122).
Tipp: Wichtig für revisionsrechtliche Klausuren: Obwohl das Zeugnisverweigerungsrecht primär den Rechtskreis des mitbeschuldigten Ehegatten (in unserem Beispiel A) betrifft, kann ein Verstoß gegen die Vorschrift des § 52 StPO auch vom Beschuldigten, der zum Zeugen nicht in der besonderen persönlichen Beziehung im Sinne dieser Vorschrift steht (hier B), mit der Revision geltend gemacht werden.

- **Zeugnisverweigerungsrecht und Untersuchung gemäß § 81 c StPO**

Ebenso wie ein Zeuge die Aussage nach § 52 StPO verweigern darf, kann er sich auch einer Untersuchung nach § 81 c StPO (Einzelheiten siehe unten S. 73) widersetzen. Er ist deshalb vom Richter (die Belehrung durch den Arzt reicht nach BGH NJW 1991, 2432 nicht aus; vgl. auch *Meyer-Goßner* § 81 c Rdnr. 24) über dieses Recht zu belehren, selbst wenn er schon über sein Zeugnisverweigerungsrecht belehrt worden war. Ein Verstoß macht das Untersuchungsergebnis unverwertbar, es sei denn, der Zeuge verzichtet nach Belehrung auf sein Recht aus § 81 c III StPO. Selbstverständlich darf im Falle der fehlenden richterlichen Belehrung auch der Sachverständige nicht zu den Angaben gehört werden, die der in der Hauptverhandlung das Zeugnis verweigernde Angehörige gegenüber dem Sachverständigen gemacht hat im Rahmen einer Exploration zur Erstellung eines Glaubwürdigkeitsgutachtens (BGH NJW 2001, 528).

- **Zeugnisverweigerungsrecht und Angaben gegenüber Dritten**

Äußert sich der Zeugnisverweigerungsberechtigte gegenüber Dritten, z.B. seinem Nachbarn, so unterliegt dies selbstverständlich keinem Verwertungsverbot, da der Zeuge nur in seinem Handeln gegenüber den Ermittlungsbehörden durch § 252 StPO geschützt werden soll. Die Verantwortung, ob und wem er sich selbst offenbart, hat er allein zu tragen. Deshalb bleibt auch verwertbar, was ein Zeugnisverweigerungsberechtigter gegenüber einem V-Mann erklärt hat, der im Umfeld des Angeklagten eingesetzt war (Fall Sedlmayr BGH NJW 1994, 2904 – Nach

BVerfG NStZ 2000, 489 ist es allerdings unzulässig, die Vertrauensperson gezielt dazu einzusetzen, den zeugnisverweigerungsberechtigten Zeugen zu Angaben zu veranlassen). Zur vergleichbaren Problematik bei Angaben des Beschuldigten gegenüber Dritten siehe oben S. 18 und 22 f.

Hinweis: Allerdings soll, wenn der weigerungsberechtigte Zeuge vor einem Verteidiger Angaben macht, die zur Verwendung durch den Verteidiger des Angeklagten in dem gegen diesen gerichteten Strafverfahren bestimmt sind, jedenfalls dann § 252 StPO entsprechend anwendbar sein, wenn sich das Verfahren damals auch gegen den Zeugen gerichtet hat (BGH NJW 2000, 1278).

b) Auskunftsverweigerungsrecht gemäß § 55 StPO. Jeder Zeuge kann die Antwort auf solche Fragen verweigern, durch die er sich selbst oder Angehörige i. S. d. § 52 I StPO der Gefahr der Strafverfolgung aussetzt (§ 55 StPO – zu den Voraussetzungen BGH NJW 1994, 2839; lesenswert auch BVerfG StV 1999, 71 und BVerfG NJW 2002, 1411). Während das Zeugnisverweigerungsrecht zur umfassenden Verweigerung der Aussage insgesamt berechtigt, erlaubt § 55 StPO nur, die Beantwortung einzelner Fragen zu verweigern. Ein Zeuge ist daher grundsätzlich nicht berechtigt, zu erklären, er verweigere im Hinblick auf § 55 StPO die Beantwortung jeder Frage. Vielmehr muss er die Fragestellung abwarten und kann dann erst beurteilen, ob die Voraussetzungen des § 55 StPO vorliegen. Es ist allerdings unbestritten, dass es Konstellationen geben kann, bei denen der Zeuge tatsächlich in der Sache nur zu solchen Fragen vernommen werden kann, die auch eine eigene mögliche Strafbarkeit berühren können. Insbesondere bei dem als Zeugen vernommenen früheren Mitbeschuldigten ist dies denkbar. In diesem Fall braucht auch der Auskunftsverweigerungsberechtigte keine Angaben zur Sache zu machen; macht er aber Angaben, bleiben diese auch dann verwertbar, wenn er auf einzelne Fragen der Verteidigung die Auskunft verweigert (BGH NJW 2002, 1508). Beruft sich ein Zeuge erst im Verlaufe einer Vernehmung auf sein Auskunftsverweigerungsrecht nach § 55 StPO, so sind seine bis zu dieser Erklärung gemachten Angaben auch dann im Verfahren gegen den Angeklagten verwertbar, wenn der Zeuge seine Erklärung auf seine bisherigen Angaben bezogen wissen will (BGH StV 1997, 512).

Ist das Verfahren gegen den Zeugen bereits rechtskräftig abgeschlossen, besteht das Auskunftsverweigerungsrecht nicht mehr. Anders ist es allerdings dann, wenn das Verfahren gegen den Zeugen noch nicht endgültig erledigt ist, sei es, dass ein Wiederaufnahmeverfahren läuft – die Berufung auf die Möglichkeit eines solchen genügt nicht –, sei es, dass das Verfahren nur vorläufig eingestellt ist (z. B. nach § 153 a StPO und die Raten noch nicht vollständig bezahlt sind).

Hinweis: Nach ständiger Rechtsprechung des BGH betrifft § 55 StPO nur den Rechtskreis des Zeugen, ein Verstoß kann also vom Angeklagten nicht gerügt werden. Der Angehörige des im selben Verfahren Mitbeschuldigten hat deshalb zwar sowohl nach § 52 StPO ein Zeugnisverweigerungsrecht, wie er auch ein Auskunftsverweige-

A. Verfahrensfragen

rungsrecht nach § 55 StPO hätte. Jedoch ist nur ein Verstoß gegen § 52 StPO aus diesem Gedanken der Rechtskreistheorie heraus revisibel.

Anders ist es allerdings dann, wenn das Gericht zu Unrecht ein Auskunftsverweigerungsrecht annimmt und dem Zeugen deshalb die Nichtbeantwortung einer bestimmten Frage gestattet. Dies betrifft selbstverständlich auch den Rechtskreis des Beschuldigten, da das verfügbare Beweismittel nicht voll ausgeschöpft worden ist.

Prüfungsfolge Zeugenvernehmung

1. **Zeugnisverweigerungsrecht?**
   - aus persönlichen Gründen?
     - Angehöriger des Beschuldigten im Sinn des § 52 I StPO
     ja
       → Zeugnisverweigerungsrecht
     nein
       → Angehöriger eines noch lebenden Mitbeschuldigten?
     + prozessuale Gemeinsamkeit
     + die gleiche prozessuale Tat als Vernehmungsgegenstand
     + Verfahren gegen Angehörigen noch nicht rechtskräftig abgeschlossen
       → Zeugnisverweigerungsrecht
   - aus beruflichen Gründen
     - betrifft Vernehmungsgegenstand den von § 53 StPO geschützten Bereich?
     ja
       → entbunden?
       nein
         → Zeugnisverweigerungsrecht

2. **Geltendmachung des Zeugnisverweigerungsrechtes**
   - bei Minderjährigen und Geschäftsunfähigen/beschränkt Geschäftsfähigen
   - ausreichende Verstandesreife?
   - falls nicht
     nur verwertbar, wenn Zeuge aussagebereit und gesetzlicher Vertreter auf Verweigerungsrecht verzichtet
     - falls Beschuldigter gesetzlicher Vertreter
     Bestellung eines Pflegers für den Zeugen
   - Schweigen verwertbar?
   - grundsätzlich nicht, es sei denn, Zeuge hatte umfassend Angaben gemacht und gerade zu diesem Punkt geschwiegen

3. **Auskunftsverweigerungsrecht**
   - besteht Gefahr der Strafverfolgung für Zeugen oder Angehörigen?
   ja
     - Verfahren gegen den Zeugen bereits rechtskräftig abgeschlossen?
     ja → Kein Auskunftsverweigerungsrecht!
     - Zeuge hat trotzdem Auskunft verweigert
       → revisibel
   nein
     - Auskunftsverweigerungsrecht
       - grundsätzlich kann nur die Beantwortung einzelner Fragen verweigert werden
     - Zeuge belehrt?
     - falls nicht – nicht revisibel (Rechtskreis!)

c) Einsatz der Videotechnik. Seit Inkrafttreten des Zeugenschutzgesetzes besteht die Möglichkeit, schutzbedürftige Zeugen, vor allem kindliche Opferzeugen bei der Vernehmung weitgehend zu schonen. Nach § 58a I Nr. 1 StPO soll die Vernehmung eines Zeugen unter 16 Jahren, der durch die Straftat verletzt worden ist, im Regelfall mittels Videotechnik aufgezeichnet werden, umso die Möglichkeit zu haben, die Vernehmung des kindlichen Zeugen durch die Vorführung des Videos über seine Vernehmung zu ersetzen. Bedingung dafür ist allerdings, dass der Beschuldigte und sein Verteidiger Gelegenheit hatten, an der (Video-) Vernehmung teilzunehmen (§ 255a II StPO – gegebenenfalls auch räumlich getrennt vom Zeugen, vgl. § 168e StPO) und dass es sich um Straftaten gegen das Leben, die sexuelle Selbstbestimmung oder wegen Misshandlung Schutzbefohlener handelt.

Mit Videokamera aufgezeichnet werden soll auch die Vernehmung anderer Zeugen, wenn zu befürchten ist, der Zeuge werde in der Hauptverhandlung nicht vernommen werden können und wenn zusätzlich die Aufzeichnung zur Erforschung der Wahrheit erforderlich ist (§ 58a I Nr. 2 StPO). Dieses Videoband kann dann unter den Voraussetzungen, unter denen eine Verlesung zulässig ist (insbesondere §§ 251, 253 StPO), vorgeführt werden (§ 255a I StPO).

d) Aussagegenehmigung gemäß § 54 StPO. Für Richter, Beamte und bestimmte Bedienstete des öffentlichen Dienstes gilt, dass sie erst aussagen dürfen, wenn eine entsprechende Aussagegenehmigung vorliegt. Diese zu beschaffen ist nicht Aufgabe des Zeugen, sondern dessen, der die Vernehmung durchführen will. Wie beim Zeugnisverweigerungsrecht aus beruflichen Gründen führt allerdings eine Aussage ohne Aussagegenehmigung nicht zur Unverwertbarkeit dieser Aussage, sondern allenfalls zu einer Strafbarkeit des Zeugen wegen Verletzung des Dienstgeheimnisses.

In der Praxis liegen die Probleme deshalb auch nicht in der Aussage ohne Aussagegenehmigung, sondern in dem steigenden *Einfluss der Polizeibehörden auf den Beweisstoff,* welcher der Staatsanwaltschaft und dem Gericht zur Verfügung steht. Durch die Versagung der Aussagegenehmigung für einen V-Mann-Führer kann die Verwaltung z.B. die Identität desjenigen geheim halten, der mit dem Beschuldigten zum Schein eine Rauschgiftlieferung vereinbart hatte. Dadurch kann sie massiv Einfluss darauf nehmen, ob und wie ein Beschuldigter verurteilt werden kann. Diese Sperrerklärung (Versagung der Aussagegenehmigung) ist vom Gericht und der Staatsanwaltschaft nicht, vom Angeklagten oder Nebenkläger nur vor dem Verwaltungsgericht anfechtbar. Ein Anspruch darauf, die Hauptverhandlung bis zur Entscheidung des Verwaltungsgerichts auszusetzen, besteht nicht. Das Strafgericht hat eine solche Aussetzung im Rahmen seiner Aufklärungspflicht zu prüfen (vgl. zum gesamten Komplex *Meyer-Goßner* § 54 Rdnr. 27 ff., § 96 Rdnr. 7 ff.).

4. Sachverständiger

Um die Beweislage möglichst frühzeitig und umfassend zu sichern, bedarf es in vielen Fällen bereits im Ermittlungsverfahren der Einschaltung eines Sachverständigen. In Klausuren tritt dies am häufigsten durch die Beauftragung eines Arztes zur Blutentnahme und die Einholung eines Gutachtens zum Blutalkoholgehalt dieser Probe auf. Daneben ist auch an Gutachten zur Schuldfähigkeit, zur Glaubwürdigkeit von – vor allem jugendlichen – Zeugen, zur Echtheit von Unterschriften, zur Übereinstimmung des Schreibmaschinentyps bei verschiedenen Schriftstücken etc. zu denken.

Die Einschaltung des Sachverständigen erfolgt in der Regel durch die Staatsanwaltschaft. In Eilfällen kann es allerdings auch erforderlich sein, dass die Polizei direkt den Sachverständigen beauftragt. Für die Verwertbarkeit ist dies unerheblich.

Wichtiger ist die Frage, ob der Sachverständige seine **Mitwirkung verweigern** kann. Da der Polizist weder das Erscheinen noch die Aussage eines Zeugen oder Sachverständigen erzwingen kann, ist auch hier seine Mitwirkung von der Polizei nicht durchsetzbar. Der Staatsanwalt dagegen kann den Arzt zum Sachverständigen bestellen und ihn z.B. mit der Blutentnahme beauftragen. Dieser ist dazu verpflichtet, da er zur Ausübung dieser Wissenschaft durch die Approbation öffentlich ermächtigt ist (vgl. § 75 I StPO). Dies gilt allerdings nicht bei Befangenheit des Arztes (vgl. dazu § 74 StPO) oder wenn ihm ein Tätigwerden nicht zumutbar ist, z.B. aus gesundheitlichen Gründen. Zu berücksichtigen ist insbesondere beim Arzt im Krankenhaus auch die personelle Situation in der Klinik, die unter Umständen eine derartige Blutentnahme nicht zulässt.

Zusammenfassend ist festzustellen, dass der Staatsanwalt den Sachverständigen im Ermittlungsverfahren unter den Voraussetzungen des § 75 StPO zur Gutachtenserstellung **zwingen** kann, soweit der Sachverständige nicht befangen ist und die Erstattung des Gutachtens zumutbar und ohne Vernachlässigung vorrangiger Rechtsgüter möglich ist.

5. Urkundenbeweis

Der Urkundenbeweis birgt im Stadium des Ermittlungsverfahrens keine Probleme. In dieser Phase geht es insoweit ausschließlich um die Sicherung dieses Beweismittels. Dies geschieht durch die Sicherstellung, das heißt, dass die vom Beschuldigten oder von Zeugen zur Verfügung gestellten Schriftstücke zu den Akten genommen werden. Sind Schriftstücke für das Verfahren von Bedeutung, werden aber nicht freiwillig herausgegeben, so kommt die mit Zwangsmitteln durchsetzbare Aufforderung zur Herausgabe gemäß § 95 StPO oder die Beschlagnahme gemäß § 94 StPO in Betracht. Das Verhältnis dieser beiden Vorschriften zueinander ist streitig, (vgl. LG Bonn NStZ 1990, 327; LG Stuttgart NStZ 1992, 249).

IV. Zwangsmittel

Beim Einsatz jedes der nachfolgend dargestellten Zwangsmittel ist stets die Frage der *Verhältnismäßigkeit* als allgemeiner Verfahrensgrundsatz zu prüfen, auch wenn dies im Einzelfall im Folgenden nicht ausdrücklich erwähnt sein sollte. Besonders gilt dies für schwerwiegende Eingriffe, wie solche in die körperliche Unversehrtheit. Eigentlich sollte auch für alle richterlichen Untersuchungsanordnungen selbstverständlich sein, dass sie zeitnah vollzogen werden, da sie nicht unbegrenzt gültig sind (vgl. BVerfG NJW 1997, 2165 zur Unzulässigkeit, einen Durchsuchungsbefehl 2 Jahre nach Erlass noch zu vollziehen).

1. Untersuchungshaft

Die Untersuchungshaft dient der Sicherung des Verfahrens: Im Falle der Flucht oder Fluchtgefahr des Beschuldigten soll dafür Sorge getragen werden, dass dieser in der Hauptverhandlung als Beteiligter anwesend sein wird (eine Konsequenz aus dem Grundsatz, dass es eine Hauptverhandlung in Abwesenheit des Beschuldigten – mit geringen Ausnahmen – nicht gibt, siehe dazu S. 103, 107 f.) und gegebenenfalls auch die Strafe vollstreckt werden kann. Im Falle der Verdunklungsgefahr wird verhindert, dass Beweismittel verfälscht oder unterdrückt werden können. Die Untersuchungshaft wegen Wiederholungsgefahr ist dagegen eine Sicherungsmaßnahme zum Schutz vor weiteren Straftaten.

Hinweis 1: Die nachfolgenden Ausführungen gelten sinngemäß auch für den Unterbringungsbefehl im Sinn des § 126 a StPO.

Hinweis 2: Hinsichtlich der für die Haftentscheidung relevanten Tatsachen und Beweismittel muss dem Verteidiger Akteneinsicht gewährt werden (vgl. BVerfG NJW 1994, 3219 und oben S. 10), jedenfalls wenn sich der Beschuldigte bereits in Haft befindet.

a) Übersicht

(1) *Dringender Tatverdacht*
Besteht die große Wahrscheinlichkeit, dass der Beschuldigte wegen der ihm vorgeworfenen Tat verurteilt werden wird?
(2) Vorliegen eines *Haftgrundes*
  a) Haftgründe sind:
    – Flucht
    – Fluchtgefahr
    – Verdunklungsgefahr (konkrete Anhaltspunkte erforderlich!)
    – Wiederholungsgefahr
      – nur bei den in § 112 a StPO aufgeführten Straftaten:
        + Straferwartung mehr als 1 Jahr Freiheitsstrafe
        → Untersuchungshaft nicht länger als 1 Jahr
  b) Auch hier bedarf es für die unter a) genannten Gefahren der hohen Wahrscheinlichkeit
    allerdings: bei Taten i. S. d. § 112 III StPO wird das Vorliegen eines Haftgrundes *vermutet*

A. Verfahrensfragen

(3) *Verhältnismäßigkeit* der Untersuchungshaft
- insbesondere §§ 113, 127 a StPO beachten!

(4) Die Anordnung der Untersuchungshaft erfolgt durch *schriftlichen* (§ 114 I, II StPO) Haftbefehl des *Richters* (zur Zuständigkeit § 125 StPO), im Ermittlungsverfahren regelmäßig nur auf *Antrag* des Staatsanwalts.

(5) Eventuell *Außer-Vollzug-Setzung* des Haftbefehls unter den Voraussetzungen des § 116 StPO

(6) Ständige *Überwachung*, ob die Untersuchungshaft fortzudauern hat (auch im Hinblick auf die Verhältnismäßigkeit)
- Ausdrückliche Entscheidungen
  - mit der Eröffnung des Hauptverfahrens (§ 207 IV StPO)
  - mit der Urteilsverkündung (§ 268 b StPO)
- besondere Haftprüfungstermine (§§ 117 V, 121 StPO) beachten!

b) Anordnung des Haftbefehls. Der häufigste Fall der Anordnung der Untersuchungshaft ist die Haft nach §§ 112 ff. StPO. Daneben ist aber im Zusammenhang mit der „Festnahme" eines Beschuldigten immer auch an einen Haftbefehl nach § 230 II StPO, an die Hauptverhandlungshaft nach § 127 b StPO, an die vorläufige Festnahme nach §§ 127 I und II, 164 StPO und an die Vorführung nach § 134 StPO zu denken.

Hinweis: Vielfach ist das, was die Polizei mit den Worten „Sie sind vorläufig festgenommen" umschreibt, nichts anderes als die Anwendung unmittelbaren Zwangs, der seine Rechtfertigung bereits in der damit verfolgten Zwangsmaßnahme hat. So ist z. B. das zwangsweise Verbringen zur Blutentnahme aus § 81 a StPO gerechtfertigt.

Ein Haftbefehl kann gegen einen Beschuldigten erlassen werden, wenn dieser einer Straftat dringend verdächtig ist (zur Problematik der Akteneinsicht vgl. oben S. 10), darüber hinaus ein Haftgrund vorliegt und die Untersuchungshaft auch verhältnismäßig ist.

- **dringender Tatverdacht**

Er liegt vor, wie oben S. 3 bereits dargelegt, wenn die große Wahrscheinlichkeit besteht, dass der Beschuldigte rechtswidrig und schuldhaft eine (noch) verfolgbare Straftat begangen hat (zu dem noch nachholbaren Strafantrag vgl. §§ 127 III, 130 StPO). Die Anforderungen an die der Wahrscheinlichkeitsprüfung zugrunde liegenden Feststellungen richten sich nach dem jeweiligen Stand der Ermittlungen. Wird A mit dem blutigen Messer neben der Leiche seiner Frau angetroffen, mag dies zunächst für eine Verhaftung ausreichen, auch wenn denkbar ist, dass A die Leiche nur gefunden und das Messer eben erst in die Hand genommen hat. Die weiteren Ermittlungen müssen dann aber weitere Umstände erbringen, die darauf schließen lassen, dass es tatsächlich so war. Für eine Verurteilung wird nun das bloße Antreffen bei der Leiche nicht mehr ausreichen. Selbstverständlich können bei der Prüfung des dringenden Tatverdachts nur die Beweismittel herangezogen werden, die auch in der Hauptverhandlung verwertbar sind. Der Zufallsfund im Rahmen einer Telefonüberwachung mag deshalb zwar Anlass für weitere Ermittlungen sein. Eine Verhaftung des Beschuldigten kann jedoch auf diese Telefonüberwachung nur dann gestützt werden, wenn diese auch in der Hauptverhandlung verwertbar ist (zu dem Problembereich der Zufallsfunde im Rahmen der Telefonüberwachung vgl. unten S. 64).

- **Haftgrund**
Die einzelnen Haftgründe ergeben sich aus §§ 112 II und 112a I StPO. Die Haftgründe dürfen jeweils nur aus bestimmten Tatsachen hergeleitet werden. Bloße Mutmaßungen oder Vermutungen reichen hierfür nicht aus.

Flüchtig in diesem Sinne ist der Beschuldigte, der seine Wohnung aufgibt, ohne eine neue zu beziehen oder der, der sich ins Ausland absetzt mit der Wirkung, dass er für die deutschen Ermittlungsbehörden und Gerichte unerreichbar ist. Auch das Sich-verborgen-Halten i. S. d. § 112 II Nr. 1 StPO verlangt subjektiv die Tendenz, sich dem Verfahren dauernd oder jedenfalls auf längere Zeit zu entziehen. Typisches Beispiel ist der Beschuldigte, der bei Freunden „untertaucht", sich also unangemeldet in einer für ihn fremden Wohnung aufhält und möglichst wenig an die Öffentlichkeit geht.

Hinweis: Flüchtig kann auch ein Beschuldigter sein, der über eine Anschrift, z. B. Postfach oder Anschrift eines Bekannten, postalisch erreichbar ist. Solange er sich dem Verfahren nicht stellen will, genügt es, dass er als Person für die Strafverfolgungsbehörden nicht greifbar ist.

Fluchtgefahr besteht nicht erst dann, wenn der Beschuldigte Fluchtvorbereitungen getroffen hat, sondern bereits dann, wenn es wahrscheinlicher ist, dass er sich der Strafverfolgung entziehen, als dass er sich ihr stellen wird (*Meyer-Goßner* § 112 Rdnr. 17). Die Fluchtgefahr ist auch nicht bereits dadurch widerlegt, dass der Beschuldigte noch nicht geflohen ist, obwohl er vor seiner Verhaftung schon von gegen ihn laufenden Ermittlungen wusste. Es kommt vielmehr immer auf die Abwägung der einzelnen Umstände an. Die Floskel „ohne festen Wohnsitz" ist dabei nur ein Umstand von vielen, der allerdings im Einzelfall durchaus erhebliches Gewicht haben kann. Auch die Höhe der zu erwartenden Strafe ist ein solcher Umstand, ebenso – auf der anderen Seite – eine erkennbar enge Beziehung zur Familie. Das Sich-Entziehen setzt voraus, dass der Fortgang des Strafverfahrens dauernd oder wenigstens vorübergehend dadurch verhindert wird, dass der Beschuldigte für Ladungen und Vollstreckungshandlungen nicht zur Verfügung steht (BGHSt. 23, 380). Diese Tendenz verfolgt z. B. auch der zuckerkranke Beschuldigte, der sich rechtzeitig vor jedem Verhandlungstermin so falsch ernährt, dass er verhandlungsunfähig wird.

Zur Begründung der *Verdunklungsgefahr* genügt der einfache Verdacht oder die nahe liegende abstrakte Möglichkeit, es werde zu Verdunklungshandlungen kommen, nicht. § 112 II Nr. 3 StPO verlangt vielmehr

A. Verfahrensfragen

den *konkreten und dringenden* (!) – aus einem Verhalten des Beschuldigten abzuleitenden – Verdacht, er werde eine der im Gesetz näher beschriebenen Verdunklungshandlungen vornehmen oder diese veranlassen. Dabei fällt nicht jedes Gespräch des Beschuldigten mit einem Zeugen unter die Verdunklungshandlung, sondern nur die unlautere Einwirkung auf den Zeugen oder Mitbeschuldigten (Versprechen von Geld, wenn der Zeuge etwas „vergisst" etc.).

Wiederholungsgefahr ist Haftgrund nur bei bestimmten, in § 112a StPO abschließend aufgelisteten Strafvorschriften. Bei den in Nr. 2 genannten Straftaten muss über die Wiederholungsgefahr hinaus eine Strafe von mehr als einem Jahr Freiheitsstrafe zu erwarten sein. In diesen Fällen darf die Untersuchungshaft bis zum erstinstanzlichen Urteil nur bis zu einem Jahr andauern (§ 122a StPO).

Tipp: Wie sich aus § 112a II StPO ergibt, ist der Haftgrund der Wiederholungsgefahr gegenüber den Haftgründen des § 112 StPO subsidiär. Stützen Sie einen Haftbefehl also nie auf Flucht- *und* Wiederholungsgefahr. Nur wenn Sie einen Antrag der Staatsanwaltschaft stellen sollen, können Sie z. B. neben dem Haftgrund der Fluchtgefahr hilfsweise den der Wiederholungsgefahr darlegen. Der Richter muss sich dann aber entscheiden, welchen Haftgrund er bejahen will.

Bei bestimmten, besonders schwerwiegenden Straftaten soll nach dem Wortlaut des **§ 112 III StPO** Untersuchungshaft auch dann angeordnet werden können, wenn ein Haftgrund nicht vorliegt. Dies würde aber gegen den Verhältnismäßigkeitsgrundsatz verstoßen, weshalb die Vorschrift dahin auszulegen ist, dass bei diesen Straftaten die Haftgründe des § 112 II StPO vermutet werden, die Vermutung aber durch Umstände des Einzelfalles entkräftet werden kann (andere gehen von einer Beweislastumkehr aus oder entbinden den Richter von der konkreten Feststellung der Tatsachen, die einen Haftgrund begründen, vgl. *Meyer-Goßner* § 112 Rdnr. 37 f.).

- **Verhältnismäßigkeit**

Einige ausdrückliche Regelungen sind Ausprägungen des Grundsatzes der Verhältnismäßigkeit:

So darf bei Delikten, deren Strafrahmen nur bis zu 6 Monaten Freiheitsstrafe oder 180 Tagessätze Geldstrafe reicht, Untersuchungshaft wegen Verdunklungsgefahr nicht (§ 113 I StPO) und wegen Fluchtgefahr nur unter den engeren Voraussetzungen des § 113 II StPO (bereits einmal dem Verfahren entzogen oder Anstalten zur Flucht getroffen oder in Deutschland keinen festen Wohnsitz oder Aufenthalt oder Identität zweifelhaft) verhängt werden.

Hat der Beschuldigte in Deutschland keinen festen Wohnsitz oder Aufenthalt, so kann – wenn nur der Haftgrund der Fluchtgefahr besteht – bereits von der Festnahme oder von der Anordnung des Haftbefehls abgesehen werden, wenn 1. zu erwarten ist, dass keine Freiheitsstrafe oder freiheitsentziehende Maßregel angeordnet werden wird, 2. der Beschuldigte eine angemessene Sicherheit zur Abdeckung der zu erwartenden Strafe und der Kosten des Verfahrens leistet (§ 127a I StPO) und 3. der Beschuldigte einen Zustellungsbevollmächtigten benennt (§ 127a II i. V. m. § 116a III StPO).

c) Außer-Vollzug-Setzung. Ist der Haftbefehl erlassen, so kann dennoch aus den Gründen des § 116 StPO sein Vollzug ausgesetzt werden. Auch dies folgt aus dem Grundsatz der Verhältnismäßigkeit. Von den in § 116 I StPO genannten weniger einschneidenden Maßnahmen spielt bei Ermittlungsverfahren gegen Erwachsene die mit Abstand größte Rolle die Außervollzugsetzung gegen Kaution (Nr. 4), häufig kombiniert mit der – wenig effektiven – Meldeauflage (Nr. 1).

Befindet sich der Beschuldigte bereits in Untersuchungshaft und wird nun der Haftbefehl gegen Sicherheitsleistung außer Vollzug gesetzt, so wird der Beschuldigte erst dann tatsächlich freigelassen, wenn der festgesetzte Geldbetrag bei der Gerichtskasse eingegangen ist und er einen Zustellungsbevollmächtigten i. S. d. § 116a III StPO benannt hat.

Ist der Haftbefehl erst einmal außer Vollzug gesetzt, so kann er nur unter den Voraussetzungen des § 116 IV StPO wieder in Vollzug gesetzt werden.

Die Kaution wird frei, wenn der Haftbefehl aufgehoben oder die Haft (Untersuchungs- oder Strafhaft oder Maßregel) vollzogen wird (§ 123 II, I StPO). Hat ein Dritter die Kaution geleistet, so erhält er gemäß § 123 III StPO (lesen!) darüber hinaus die Kaution selbst bei einer Flucht des Beschuldigten dann, wenn er die Tatsachen, die den Verdacht der Flucht des Beschuldigten begründen, so rechtzeitig mitteilt, dass seine Festnahme noch möglich gewesen wäre (OLG Düsseldorf NStZ 1985, 38).

Dagegen verfällt die Sicherheitsleistung, wenn sich der Beschuldigte dem Verfahren oder der Strafvollstreckung entzieht (§ 124 I StPO). Vor der Verfallserklärung ist allerdings der Beschuldigte und gegebenenfalls derjenige zu hören, der die Kaution gestellt hat (§ 124 II StPO). Da der Beschuldigte zu diesem Zeitpunkt häufig noch flüchtig ist, muss ihm die Möglichkeit zur Stellungnahme durch öffentliche Zustellung (§§ 37, 40 StPO) mitgeteilt werden.

d) Aufhebung des Haftbefehls. Liegen die Voraussetzungen für den Erlass des Haftbefehls nicht mehr vor, so ist dieser durch richterlichen Beschluss aufzuheben (§ 120 I StPO). Dies ist insbesondere dann der Fall, wenn die Ermittlungen den dringenden Tatverdacht nicht mehr bestätigen oder wenn die Dauer der Untersuchungshaft unverhältnismäßig wird. Bei Haftbefehlen wegen Verdunklungsgefahr wird der Haftbefehl in der Regel noch während des Ermittlungsverfahrens aufgehoben, da die Beweismittel häufig zu einem bestimmten Zeitpunkt gesichert und weitere Verdunklungshandlungen daher ausgeschlossen sind.

A. Verfahrensfragen

Sind die staatsanwaltschaftlichen Ermittlungen noch nicht abgeschlossen, so muss der Richter den Haftbefehl auf Antrag des Staatsanwalts selbst dann aufheben, wenn er der Auffassung ist, die Voraussetzungen für den Haftbefehl lägen noch vor und die Haft sei auch notwendig (§ 120 III StPO).

Gegenstandslos wird der Haftbefehl mit Beginn der Strafhaft. Mit der Rechtskraft des auf zu vollziehende Freiheitsstrafe oder freiheitsentziehende Maßregel lautenden Urteils wandelt sich die Untersuchungshaft in Strafhaft bzw. Unterbringung. Gegen den Haftbefehl eingelegte Rechtsmittel werden dadurch unzulässig.

Besonderheiten gelten beim außer-Vollzug-gesetzten Haftbefehl. Wie aus § 124 I StPO zu entnehmen ist, dienen die Maßnahmen i. S. d. § 116 StPO, also insbesondere die Kaution, auch der Sicherung der Vollstreckung der Freiheitsstrafe (nicht der Ersatzfreiheitsstrafe – streitig – vgl. *Meyer-Goßner* § 124 Rdnr. 3) oder der freiheitsentziehenden Maßregel. Der Haftbefehl wird in diesen Fällen also nicht bereits mit der Rechtskraft des auf Freiheitsentziehung lautenden Urteils gegenstandslos, sondern erst mit dem Antritt der Strafe. Für den Dritten, der eine Kaution für den Beschuldigten geleistet hat, kann diese Unterscheidung sehr bedeutsam sein!

e) Haftprüfung. Während des Ermittlungsverfahrens ist es zunächst einmal Aufgabe des ermittelnden Staatsanwalts, die Voraussetzungen der Haftfortdauer zu überwachen. Um zu gewährleisten, dass die Haftvoraussetzungen auch tatsächlich regelmäßig geprüft werden, sind in der StPO gewisse Zeitpunkte festgesetzt, zu denen *von Amts wegen* geprüft werden muss, ob die Haftvoraussetzungen noch vorliegen. Man spricht hier von den gesetzlichen Haftprüfungsterminen.

Erster Termin zur Prüfung von Amts wegen ist der Zeitpunkt, zu dem sich der Beschuldigte *drei Monate* in Untersuchungshaft in dieser Sache befindet, es sei denn, er hat einen Verteidiger oder er hat bereits Haftbeschwerde eingelegt oder Haftprüfung beantragt (vgl. § 117 V StPO). Zuständig für diese Prüfung ist der Haftrichter, also im Ermittlungsverfahren das Gericht, das den Haftbefehl erlassen hat (§ 126 I StPO), nach Anklageerhebung das mit der Sache befasste Gericht (§ 126 II StPO).

Hinweis: Befindet sich der Beschuldigte im Zeitpunkt der Hauptverhandlung seit mindestens drei Monaten auf Grund richterlicher Anordnung oder Genehmigung in einer Anstalt – unabhängig in welcher Sache und unabhängig davon, ob es sich um Untersuchungs- oder Strafhaft oder (vorläufige) strafprozessuale oder eine sonstige Unterbringung handelt, so liegt – unabhängig von der Haftprüfung – ein Fall notwendiger Verteidigung vor (§ 140 I Nr. 5 StPO – vgl. zum Recht auf einen Verteidiger auch § 117 IV StPO).

Hat die Untersuchungshaft in dieser Sache **sechs Monate** gedauert, ohne dass ein auf Freiheitsstrafe oder freiheitsentziehende Maßregel lautendes

Urteil ergangen wäre, so hat das zuständige Oberlandesgericht gemäß §§ 121, 122 StPO über die Fortdauer der Untersuchungshaft zu entscheiden. Es darf diese gemäß § 121 I StPO nur aufrechterhalten, wenn besondere Umstände vorliegen, z.B. die Schwierigkeiten oder der Umfang der Ermittlungen ein Urteil noch nicht zugelassen haben. Die Oberlandesgerichte wachen über diese Vorschrift sehr streng. Sind die Ermittlungen nicht mit der erforderlichen Beschleunigung geführt worden, so wird der Haftbefehl aufgehoben, auch wenn klar ist, dass der Beschuldigte dann fliehen wird. Ordnet das Oberlandesgericht gemäß § 121 StPO Haftfortdauer an, so kann es – und davon wird in der Praxis umfassend Gebrauch gemacht – für einen Zeitraum von bis zu drei Monaten die Haftkontrolle wieder dem bis dahin zuständigen Haftrichter übertragen (§ 122 III 3 StPO).

Nach *jeweils spätestens drei weiteren Monaten,* insgesamt also nach nunmehr 9, 12, etc. Monaten Untersuchungshaft muss das Oberlandesgericht erneut über die Voraussetzungen des § 121 I StPO und damit über die Fortdauer der Untersuchungshaft entscheiden, es sei denn, es sei zwischenzeitlich ein Urteil im oben genannten Sinn ergangen (§ 122 IV StPO). Für die Dauer einer Hauptverhandlung ruht diese Frist allerdings (§ 121 III 2 StPO).

Tipp: Vergessen Sie nicht, in der Anklage auf den nächsten OLG-Haftprüfungstermin nach § 121 StPO hinzuweisen. Üblicherweise geschieht dies auf der ersten Seite vor der Überschrift „Anklageschrift".

Außerhalb dieser an die Dauer der Untersuchungshaft geknüpften Haftprüfungstermine bestimmt das Gesetz zwei weitere Termine, die an ein besonderes Verfahrensstadium anknüpfen und daher für die Klausur wichtig sind. Gemäß § 207 IV StPO muss *mit der Eröffnung des Hauptverfahrens* auch über die Fortdauer der Untersuchungshaft entschieden werden.

Tipp: Wird in der Klausur eine Abschlussverfügung der Staatsanwaltschaft verlangt und befindet sich der Beschuldigte in Haft, so dürfen Sie bei den Anträgen nicht vergessen, auch die Fortdauer der Untersuchungshaft zu beantragen, da das Gericht hierüber mit der Eröffnung zu entscheiden hat.

Ferner muss zusammen mit der Urteilsberatung auch über die Fortdauer der Untersuchungshaft entschieden und die Entscheidung durch Beschluss zusammen mit dem Urteil verkündet werden (§ 268b StPO – vgl. dazu S. 193).

Neben der Haftprüfung von Amts wegen kann der Beschuldigte jederzeit auch den *Antrag auf Haftprüfung* stellen oder *Haftbeschwerde* einlegen (§ 117 I StPO). Der Unterschied liegt darin, dass die Haftprüfung der Richter vornimmt, der den Haftbefehl erlassen hat, während über die Haftbeschwerde dessen übergeordnetes Beschwerdegericht zu entscheiden hat (der Haftrichter hat allerdings die Möglichkeit, der Beschwerde

A. Verfahrensfragen

abzuhelfen). Solange sein Antrag auf Haftprüfung läuft, kann der Beschuldigte nicht zugleich Beschwerde einlegen. Diese ist zu diesem Zeitpunkt unzulässig (§ 117 II StPO). Über den Antrag auf Haftprüfung kann das Gericht von Amts wegen mündlich entscheiden. Auf Antrag des Beschuldigten muss es darüber mündlich verhandeln, es sei denn, es wurde bereits früher auf Grund mündlicher Verhandlung die Fortdauer der Untersuchungshaft angeordnet und die Haft hat seither noch keine zwei Monate, insgesamt noch keine drei Monate gedauert (§ 118 III StPO). Anspruch auf mündliche Verhandlung besteht ferner nicht nach Verkündung eines auf Freiheitsentziehung lautenden Urteils oder während der Hauptverhandlung (§ 118 IV StPO). Dem in Haftsachen geltenden Beschleunigungsgrundsatz entsprechend ist der Termin zur mündlichen Haftprüfung unverzüglich, spätestens innerhalb von zwei Wochen seit Antragstellung durchzuführen (§ 118 V StPO).

Hinweis: Mit Erhebung der öffentlichen Klage endet der bisherige Haftbeschwerderechtszug und eine bis dahin nicht erledigte Haftbeschwerde ist in einen Antrag auf Haftprüfung umzudeuten (vgl. dazu auch S. 220; zur Besetzung bei Entscheidungen außerhalb der Hauptverhandlung vgl. BVerfG NJW 1998, 2962, BGH NStZ 1997, 606 und OLG Hamburg StV 1998, 143 gegen OLG Köln NJW 1998, 2989).

f) Inhalt des Haftbefehls. Welche Anforderungen an den schriftlichen Haftbefehl zu stellen sind, ist in § 114 II StPO geregelt, nämlich
- die Angabe der **Personalien** des Beschuldigten, um die Identität des zu Verhaftenden klarzustellen.

Dies ist wichtig, weil der Richter, der nicht der zuständige Haftrichter ist, bei der Ergreifung einer Person nur klären muss, ob es sich um den im Haftbefehl beschriebenen Beschuldigten handelt (§ 115a II 3 StPO). Eine Aufhebung oder eine Außervollzugsetzung des Haftbefehls kann er dagegen nur mit Zustimmung des zuständigen Haftrichters vornehmen;
- die Darstellung der **prozessualen Tat,** derer der Beschuldigte dringend verdächtig wird, mit **Sachverhaltsschilderung,** insbesondere also Tatort, Tatzeit und Umstände der Tatbegehung, mit Angabe der gesetzlichen Merkmale und mit Angabe der angewandten Strafvorschriften.

Zusammen mit den Personalien entspricht dieser Teil dem Anklagesatz einer Anklageschrift;
- die Angabe des **Haftgrundes** und der **Tatsachen,** aus denen sich der Tatverdacht und der Haftgrund ergeben;
- soweit geboten auch Ausführungen zur **Verhältnismäßigkeit.**

g) Beispiel eines Haftbefehls:

Staatsanwaltschaft bei dem Landgericht Stuttgart, den 25. 02. 2003	Amtsgericht Stuttgart, den 25. 02. 2003
Antrag 1. Eintrag Register vollst. GeschäftsNr. 151 Js 4711/03 2. Rv an das Amtsgericht 70 182 Stuttgart	**Haftbefehl** 1. Eintrag Register GeschäftsNr. HR-Gs 007/03 2. Haftbefehl
Ich beantrage folgenden Haftbefehl zu erlassen: Der am 07. 07. 1960 in Kornwestheim geborene, zuletzt in der Turmstraße 14, 70 173 Stuttgart wohnhaft gewesene, zurzeit unbekannten Aufenthalts befindliche geschiedene Arbeiter *Albert Müller* ist zur Untersuchungshaft zu bringen. Der Genannte ist dringend verdächtig, er habe eine fremde bewegliche Sache einem anderen in der Absicht weggenommen, dieselbe sich rechtswidrig zuzueignen, indem er am 20. 02. 2003 gegen 23.00 Uhr in Stuttgart in der Gaststätte Bahnhof die Geldbörse des Zeugen Reich, die dieser neben sich auf den Tisch gelegt hatte, entwendete, um das darin befindliche Geld – 10 000 € in großen Scheinen – für sich zu behalten. Die Tat ist strafbar als Vergehen des Diebstahls gemäß § 242 I StGB. Der dringende Tatverdacht ergibt sich aus den Angaben des Zeugen Reich sowie des Zeugen Klar, der den Beschuldigten bei der Tat beobachtet hat. Es besteht gegen ihn der Haftgrund des § 112 Abs. 2 Nr. 1 StPO, weil er flüchtig ist. Der Beschuldigte hat unmittelbar nach der Tat seinen Koffer gepackt, die gemeinsam mit seiner Freundin Simone Tausendschön genutzte Wohnung Turmstraße 14 in Ludwigsburg verlassen und ist untergetaucht.	
Von dem ergangenen Haftbefehl erbitten wir 3 Ausfertigungen	Fertigung von 3 Ausfertigungen des Haftbefehls Ur. an die Staatsanwaltschaft beim Landgericht Stuttgart 3 Ausfertigungen des Haftbefehls sind angeschlossen
.... Staatsanwalt	.... Richter am Amtsgericht

h) Vorläufige Festnahme. Nicht immer bleibt die Zeit, beim Richter einen Haftbefehl zu erwirken. Insbesondere wenn der Beschuldigte bei schweren Straftaten auf frischer Tat angetroffen wird, besteht ein Bedürfnis, den Beschuldigten bis zur weiteren Aufklärung oder der Entscheidung des Richters festzuhalten. Dieses Recht auf vorläufige Festnahme ist in § 127 StPO geregelt.

§ 127 I StPO gibt *jedermann* das Recht, einen auf frischer Tat betroffenen oder verfolgten Beschuldigten vorläufig festzunehmen, wenn dessen Identität ungeklärt ist oder Fluchtgefahr besteht. Geht es um die Identitätsfeststellung, so schließt sich an die Festnahme die Überprüfung nach § 163b StPO an (vgl. hierzu S. 71), ansonsten hat, soll der Beschuldigte nicht freigelassen werden, nach § 128 StPO die Vorführung zum Erlass eines Haftbefehls oder eines Unterbringungsbefehls zu erfolgen. § 127 I StPO ist aber immer nur dann anwendbar, wenn *objektiv* tatsächlich eine Straftat begangen worden ist. Lesenswert ist die Entscheidung des BGH in NStZ 2000, 603 zum Umfang des Festnahmerechts eines Kaufhausdetektivs im Falle der tödlich verlaufenen Festnahme eines sich dagegen wehrenden Diebes.

§ 127 II StPO dagegen gilt nur für die *Staatsanwaltschaft und ihre Hilfsbeamten*. Sie können immer dann, wenn die Voraussetzungen für den Erlass eines Haftbefehls vorliegen – also auch wegen Verdunklungs- oder Wiederholungsgefahr –, eine Entscheidung des Haftrichters aber nicht rechtzeitig zu erlangen ist, den Beschuldigten vorläufig festnehmen. In beiden Fällen legt die Polizei, wenn sie Untersuchungshaft für erforderlich hält, die Akten der Staatsanwaltschaft vor, die entscheidet, ob sie Haftbefehlsantrag stellen oder den Beschuldigten freilassen will. Wie die Polizei kann auch die Staatsanwaltschaft unter den Voraussetzungen des § 127a StPO z.B. gegen Sicherheitsleistung vom Haftbefehlsantrag absehen oder gemäß § 132 StPO eine solche Sicherheitsleistung anordnen und bei Nichtbezahlen im Eigentum des Beschuldigten stehende Gegenstände beschlagnahmen (§ 132 III StPO).

Spätestens *am Tag nach der vorläufigen Festnahme* (also nicht innerhalb von 24 Stunden!) ist der nicht freigelassene Beschuldigte dem Richter zur Entscheidung über die Anordnung der Haft vorzuführen (§ 128 I StPO). Wird der Beschuldigte wieder freigelassen, kann er in entsprechender Anwendung des § 98 II 2 StPO die Feststellung der Rechtswidrigkeit seiner vorläufigen Festnahme beantragen (BGH NJW 1998, 3653).

i) **Hauptverhandlungshaft (§ 127b StPO).** Im Jahre 1997 eingeführt wurde das zuvor im Gesetzgebungsverfahren noch heftig umstrittene Institut der Hauptverhandlungshaft. § 127b StPO erweitert das Haftrecht um einen weiteren Haftgrund, nämlich die Befürchtung, der Beschuldigte werde der Hauptverhandlung fernbleiben (§ 127b I Nr. 2 StPO), **gilt** jedoch **ausschließlich für das beschleunigte Verfahren,** das dadurch in zweifelhafter Weise aufgewertet werden soll (zur Entstehungsgeschichte und den Bedenken gegen die Regelung vgl. *Hartenbach* ZRP 1997, 227 f. und *Hellmann* NJW 1997, 214 ff.).

Die **Voraussetzungen** der Hauptverhandlungshaft sind gem. § 127b I und II StPO

– dringender Tatverdacht,
– die Befürchtung auf Grund bestimmter Tatsachen, der Beschuldigte werde der Hauptverhandlung fernbleiben,
– die Erwartung, dass die Hauptverhandlung im beschleunigten Verfahren innerhalb einer Woche durchgeführt werden kann.

Die Hauptverhandlungshaft kann nur für die Dauer von einer Woche ab dem Tage der Festnahme vollzogen werden (§ 127 b II 2 StPO). Dies bedeutet, dass der Beschuldigte dem zuständigen Richter (vgl. § 127 b III StPO) innerhalb einer Woche zweimal vorgeführt werden muss (zur Entscheidung über den Erlass des Haftbefehls nach § 128 StPO und zur Hauptverhandlung selbst), was außerhalb von Großstädten zu ganz erheblichen praktischen Problemen führen und der Anwendung des § 127 b StPO schon deshalb Grenzen setzen dürfte. Darüber hinaus wird in den meisten Fällen auch Fluchtgefahr i. S. d. § 112 II Nr. 2 StPO vorliegen und deshalb nicht auf die viel engere und auch nicht die Strafvollstreckung sichernde Hauptverhandlungshaft abgestellt werden.

Hinweis: Während Fluchtgefahr voraussetzt, dass der Beschuldigte sich dem Verfahren insgesamt entziehen will, genügt für die Hauptverhandlungshaft die Befürchtung, der Beschuldigte werde zum konkreten Hauptverhandlungstermin nicht erscheinen (zu den Unterschieden im Einzelnen vgl. Hellmann NJW 1997, 2147). Noch etwas unsicher ist, wie der Begriff der „Befürchtung" auszulegen sein wird. Man wird sich an der Rechtsprechung zu § 168 c III StPO orientieren können. Danach ist der Eintritt einer bestimmten Folge nicht schon zu befürchten, wenn die bloße Möglichkeit besteht, sondern erst, wenn dies ernsthaft in Betracht kommt.

Die Entscheidung über die Hauptverhandlungshaft trifft der Richter (vgl. § 127 b II i. V. m. § 128 II 2 StPO).

Staatsanwaltschaft und Polizei können den Beschuldigten nach § 127 b I StPO vorläufig festnehmen, wenn
– der Beschuldigte auf frischer Tat betroffen oder verfolgt wurde,
– die unverzügliche Entscheidung im beschleunigten Verfahren wahrscheinlich ist und
– auf Grund bestimmter Tatsachen zu befürchten ist, der Beschuldigte werde der Hauptverhandlung fernbleiben.

Wie bei jeder vorläufigen Festnahme ist der Beschuldigte gem. § 128 StPO zur Entscheidung über den Haftbefehl unverzüglich, spätestens am Tage nach der Festnahme dem Richter vorzuführen.

2. Körperliche Untersuchung; Blutprobe (§ 81 a StPO)

Die Vorschrift des § 81 a StPO ist von großer praktischer Bedeutung, und ihre Anwendung reicht über den bloßen Wortlaut weit hinaus.

a) Voraussetzungen. § 81 a StPO gestattet
– auf Anordnung des Richters, bei Gefahr im Verzug des Staatsanwalts oder dessen Hilfsbeamten

A. *Verfahrensfragen* 47

- beim Beschuldigten
- zur Feststellung von verfahrensrelevanten Tatsachen
  - die körperliche Untersuchung
  - den von einem Arzt vorgenommenen ungefährlichen körperlichen Eingriff

b) Einzelheiten. Wie sich aus dem eindeutigen Wortlaut ergibt, gilt § 81a StPO nur für körperliche Untersuchungen und Eingriffe beim Beschuldigten. Für Untersuchungen und Eingriffe bei Dritten gilt § 81c StPO. Es ist deshalb bei der Prüfung der Rechtmäßigkeit der Handlung immer erst zu prüfen, ob derjenige, bei dem z.B. die Blutentnahme vorgenommen werden soll, Beschuldigter oder Zeuge ist.

Darüber hinaus gilt auch für diese Maßnahme der *Richtervorbehalt,* das heißt, soweit ohne Gefährdung des Ermittlungserfolgs möglich, ist zunächst die Entscheidung des Richters einzuholen. Bei Gefahr im Verzug dürfen auch der Staatsanwalt und die Hilfsbeamten der Staatsanwaltschaft die Anordnung treffen (§ 81a II StPO).

Bei der Blutentnahme liegt in der Regel Gefahr im Verzug vor. Da sich der Alkohol schnell abbaut und die Rückrechnung nur mit großen Zuschlägen möglich ist, kommt es auf eine sehr rasche Sicherung dieses Beweismittels an, weshalb die Anordnung regelmäßig durch die Polizei selbst erfolgt.

Tipp: Ist aufseiten der Polizei kein Beamter im Range eines Hilfsbeamten erreichbar, so darf der Polizist P den Beschuldigten A, dessen Identität geklärt ist, nicht allein deshalb zwangsweise festhalten, um die Blutentnahme zu sichern. Festnahmegrund nach § 127 I StPO besteht nicht und die Voraussetzungen für eine Verhaftung wegen Verdunklungsgefahr liegen auch nicht vor. Dass sich der Blutalkoholgehalt weiter abbaut, vermag daran nichts zu ändern, da Verdunkeln i.S.d. § 112 II Nr. 3 StPO voraussetzt, dass der Beschuldigte Einfluss auf das Beweismittel nimmt. Den Alkoholabbau aber kann er nicht beeinflussen. Hält P den A dennoch fest und wehrt sich dieser dagegen, so wäre dies mangels Rechtmäßigkeit der Diensthandlung kein strafbarer Widerstand i.S.d. § 113 StGB.

Zugelassene Zwangsmittel sind
- die körperliche *Untersuchung;* sie zielt darauf ab, die Beschaffenheit des Körpers oder einzelner Körperteile, den psychischen Zustand des Beschuldigten oder die Hirnfunktionen durch sinnliche Wahrnehmung ohne körperliche Eingriffe festzustellen (vgl. *Meyer-Goßner* § 81a Rdnr. 9);
- körperliche *Eingriffe,* soweit sie keine gesundheitlichen Nachteile befürchten lassen. Der Unterschied zur Untersuchung liegt in der Beibringung von Verletzungen des Körpers, mögen sie auch ganz geringfügig sein (*Meyer-Goßner* § 81a Rdnr. 15).

Die körperliche Untersuchung kann, soweit nicht besondere Sachkunde dies erfordert, auch von einem Polizeibeamten vorgenommen werden; so

z. B. die Untersuchung des Beschuldigten auf Verletzungen, wenn das Opfer behauptet, den Täter gekratzt zu haben.

Dagegen dürfen körperliche Eingriffe nur vom Arzt und nur nach den *Regeln ärztlicher Kunst* vorgenommen werden.

Hinweis: Besonders hier ist streng zwischen der Rechtmäßigkeit des staatlichen, insbesondere polizeilichen Handelns einerseits und der Verwertbarkeit des Untersuchungsergebnisses im weiteren Verfahren zu unterscheiden. War die Blutentnahme beim Beschuldigten A vom Krankenpfleger K vorgenommen worden, so hat sich A, wenn er sich dagegen wehrte, nicht wegen Widerstands strafbar gemacht (mangels Rechtmäßigkeit der Diensthandlung). Dennoch bleibt das Ergebnis der Blutentnahme verwertbar, wenn der Polizist P, der die Blutentnahme angeordnet und überwacht hat, K für einen Arzt hielt (BGHSt. 24, 124). Kannte er die Stellung des K als Krankenpfleger allerdings, so soll wegen des bewussten schwerwiegenden Verstoßes gegen die körperliche Integrität ein Verwertungsverbot bestehen.

Tipp: Verweigert der aufgesuchte Arzt die Durchführung der Blutentnahme und ist ein anderer, einsatzbereiter Arzt nicht in der Nähe erreichbar, kann der Arzt durch den Staatsanwalt über eine Bestellung zum Sachverständigen zur Blutentnahme gezwungen werden (§ 161a II i. V. m. §§ 75 I, 77 StPO – siehe oben S. 35 f.).

Körperliche Eingriffe, die als ungefährlich i. S. d. § 81a StPO gelten, sind neben der ausdrücklich erwähnten Blutentnahme z. B. die gewöhnliche Röntgenuntersuchung, die Computer-Tomographie und die Elektrokardiographie (= EKG). Streit besteht über die Anwendbarkeit der Harnentnahme mittels Katheter und der Entnahme von Rückenmarks- oder Hirnflüssigkeit. Selbst wer diese Eingriffe für grundsätzlich zulässig hält, muss ihren Einsatz aus Verhältnismäßigkeitsgründen auf die Fälle der Notwendigkeit zur Aufklärung einer schweren Straftat beschränken.

Hinweis: Auch hier darf nie vergessen werden, dass dem Beschuldigten allenfalls vorgeschrieben werden kann, eine Untersuchung oder einen Eingriff zu dulden. Eine aktive Mitwirkung kann vom Beschuldigten dagegen nicht verlangt oder erzwungen werden. Der Beschuldigte muss deshalb nur die Blutentnahme dulden. Er muss dagegen nicht an der in der Regel damit verbundenen aktiven Untersuchung durch den Arzt, also der Tests wie „Gehen auf einem geraden Strich", „Finger-Finger-Probe" etc. mitwirken.

Zunehmende Bedeutung gewinnt die Genanalyse (vergleichende Untersuchung der genetischen Zusammensetzung von z. B. Blutspuren und dem Blut des Beschuldigten), die jetzt in § 81e StPO geregelt ist. Um die Analyse durchführen zu können, bedarf es einer Vergleichsprobe. Rechtsgrundlage für die hierzu erforderliche Blut- oder Zellenentnahme beim Beschuldigten ist weiterhin § 81a StPO (zur Notwendigkeit der Genanalyse vgl. BGH NJW 1990, 2328, zu deren Beweiswert BGH NJW 1992, 2976; zur Verfassungsmäßigkeit – soweit keine Erbinformationen offengelegt werden BVerfG NStZ 1996, 45 – bei einem großen Kreis potentiell Tatverdächtiger NStZ 1996, 345 und 606). Zu den gesetzlichen Voraussetzungen der Genanalyse nach § 81e StPO siehe unten S. 74.

A. Verfahrensfragen

§ 81a StPO deckt nicht nur die bloße Untersuchung oder den Eingriff wie die Blutentnahme ab, sondern ist zugleich Rechtsgrundlage für die Polizei, diese Maßnahme auch durchzusetzen. Dies bedeutet, dass sowohl das räumliche Verbringen zur Untersuchung/zum Eingriff als auch die damit verbundene zeitliche Freiheitsentziehung bereits durch § 81a StPO gerechtfertigt ist. Damit stellt sich aber die Frage, wie lange die Freiheitsentziehung bei einer Untersuchung i.S.d. § 81a StPO dauern darf. Dies ist deshalb besonders interessant, weil § 81 StPO für die freiheitsentziehende Maßnahme der Unterbringung zur Untersuchung sehr strenge Anforderungen stellt, die – wenn die Maßnahme durch § 81a StPO gerechtfertigt ist – nicht erfüllt sein müssen. OLG Celle (NJW 1971, 256) hat eine vorübergehende Unterbringung allein auf Grund von § 81a StPO für die Dauer von 4–5 Tagen zugelassen – die Einzelheiten sind streitig (vgl. *Meyer-Goßner* § 81a Rdnr. 24).

c) Beispiel einer Anordnung nach § 81a StPO

Az.: B 1 Gs 107/03

Amtsgericht Stuttgart

Beschluss vom 03. 03. 2003

In dem Ermittlungsverfahren
  gegen Albert Müller, geb. 07. 07. 1960
  wegen Diebstahls u. a.
wird die körperliche Untersuchung des Beschuldigten Müller durch den Sachverständigen Dr. Schmerzlos im Bezirkskrankenhaus Stuttgart, insbesondere die Durchführung eines EKGs zur Feststellung der Verhandlungsfähigkeit des Beschuldigten angeordnet. Die Untersuchung darf höchstens 3 Tage andauern.

Gründe:
Der Beschuldigte ist des Diebstahls und der Trunkenheitsfahrt ohne Fahrerlaubnis dringend verdächtig. Der Beschuldigte macht geltend, dass er wegen eines Herzklappenfehlers nicht verhandlungsfähig sei, weigert sich jedoch, sich ärztlich untersuchen zu lassen. Um Feststellungen über die Verhandlungsfähigkeit des Beschuldigten treffen zu können, ist deshalb die vorübergehende, maximal 3-tägige stationäre körperliche Untersuchung durch den mit der Erstattung eines Gutachtens beauftragten Arzt Dr. Schmerzlos erforderlich. Dazu gehört auch die Durchführung eines EKGs.
Sollte sich der Beschuldigte nicht zu dem ihm noch vom Sachverständigen Dr. Schmerzlos zu nennenden Termin im Bezirkskrankenhaus, Badstr. 21, Stuttgart, einfinden, wird er zwangsweise vorgeführt werden.

Rechtsmittel: Beschwerde

                                   Richter/in am Amtsgericht

d) Exkurs zur Alkoholberechnung.

Fragen zum Blutalkoholgehalt (BAG) beim Beschuldigten (oder auch eines Zeugen – eventuell strafmilderndes Mitverschulden prüfen!) sind primär Fragen des materiellen Rechts, nämlich der Strafbarkeit z.B. bei § 316 StGB, der Schuld bei § 20

StGB und des Strafmaßes bei § 21 StGB (vgl. auch S. 177, 183). Es ist häufig aber auch eine Frage der Nachweisbarkeit des Blutalkoholgehalts. Aufgrund des Zusammenspiels von Strafbarkeitsvoraussetzung einerseits und Beweiswürdigungsproblemen andererseits ist die Alkoholberechnung ein beliebtes Klausurproblem, weshalb auch im Rahmen dieses Buches auf die Grundkenntnisse eingegangen werden soll.

Promillegrenzen:

Folgende Promillegrenzen spielen bislang in der Rechtsprechung eine besondere Rolle:

– 0,3‰

ab diesem Wert kommt eine alkoholbedingte Fahruntüchtigkeit im Sinne der §§ 315c I Nr. 1a, 316 StGB in Betracht (Tröndle/Fischer § 316 Rdnr. 7). Zu dem Blutalkoholgehalt müssen allerdings noch alkoholbedingte Fahrfehler oder Verhaltensauffälligkeiten, die auf Fahruntüchtigkeit schließen lassen, hinzukommen (= relative Fahruntüchtigkeit).

– 0,5‰

ab diesem Wert liegt auf jeden Fall eine Ordnungswidrigkeit des § 24a StVG vor, i.d.R. verbunden mit einem Fahrverbot. Bei alkoholbedingten Fahrfehlern bzw. entsprechenden Verhaltensauffälligkeiten greifen selbstverständlich wieder §§ 316, 315c I Nr. 1a StGB.

– 1,1‰

ab diesem Wert liegt unwiderlegbar alkoholbedingte Fahruntüchtigkeit von Kraftfahrzeuglenkern (z.B. Auto, Motorrad, Moped) vor (= absolute Fahruntüchtigkeit – BGH NJW 1990, 2393).

– 1,6‰

ab diesem Wert ist auch die Fahruntüchtigkeit von Radfahrern unwiderlegbar (OLG Celle NJW 1992, 2169).

– 2,0‰

kann dieser Wert (oder mehr) nicht ausgeschlossen werden, muss sich das Urteil mit der beschränkten Schuldfähigkeit im Sinne von § 21 StGB auseinandersetzen, sonst liegt ein Darlegungsmangel vor (siehe dazu S. 183, 239 ff.; lesenswert: BGH NJW 1997, 2460; bei Tötungsdelikten soll allerdings wegen der besonders hohen Hemmschwelle die Darlegungspflicht erst bei 2,2 beginnen, vgl. BGH NStZ 1994, 239).

– 2,5‰

bei Werten um 2,5 und höher muss sich das schriftliche Urteil mit der Frage der Schuldfähigkeit im Sinne von § 20 StGB befassen, um nicht an einem Darlegungsmangel zu leiden.

Rückrechnung

Zwischen der Tat und dem Zeitpunkt der Blutentnahme kann viel Zeit verstrichen sein, in der der Körper des Beschuldigten Alkohol abbauen konnte. Es ist deshalb häufig erforderlich, den Blutalkoholgehalt zum

A. Verfahrensfragen

Zeitpunkt der Blutentnahme auf die Tatzeit umzurechnen. Die Berechnung hierzu differiert, je nachdem, ob es für den Beschuldigten günstiger ist, einen möglichst hohen oder einen möglichst niedrigen Blutalkoholgehalt gehabt zu haben.

- niedriger Blutalkoholgehalt ist günstig:
  Zu Gunsten des Beschuldigten ist eine *Resorptionsphase von zwei Stunden* zu berücksichtigen, in der der Körper zwar den Alkohol aufgenommen, aber noch nicht mit dem Abbau begonnen hat. Diese Resorptionsphase ist unabhängig von dem Tatzeitpunkt zu sehen. Sie beginnt mit *Trinkende*. Liegt die Tat also mehr als zwei Stunden nach Trinkende, so kann von der Blutentnahme bis zur Tatzeit zurückgerechnet werden. Ist unbekannt, wann der Beschuldigte den Alkohol zu sich genommen hat, so ist zu seinen Gunsten der spätest mögliche Zeitpunkt anzunehmen.
  Unter Berücksichtigung dieser Resorptionsphase darf zwischen der Tat und der Blutentnahme mit einem *stündlichen Abbauwert von 0,1* gerechnet werden.
  Für die Frage der absoluten Fahruntüchtigkeit ist es unerheblich, ob sich der Wert von z.B. 1,1 erst nach der Fahrt bis zur Blutentnahme aufgebaut hat (Fälle des sogenannten „Sturztrunks"). Die alkoholbedingten Ausfallerscheinungen sind in dieser *„Anflutungsphase"*, während also der Alkohol sich schon im Körper, aber noch nicht im Blut befindet, genauso schwerwiegend, wie wenn der Alkohol schon im Blut ist. In § 24a StVG ist dies klargestellt, indem dort dem Blutalkoholgehalt von mindestens 0,5 der Fall gleichgestellt wird, dass der Betroffene eine Alkoholmenge im Körper hat, die zu einer solchen Blutalkoholkonzentration führen wird.
- hoher Blutalkoholgehalt ist günstig:
  Die Resorptionsphase entfällt in diesem Fall. Zu Gunsten des Beschuldigten wird also angenommen, dass in dessen Körper sofort nach der Alkoholaufnahme mit dessen Abbau begonnen wurde. Außerdem wird hier mit einem stündlichen Abbauwert von 0,2 und einem einmaligen Sicherheitszuschlag für die Ersten beiden Stunden von insgesamt 0,2 gerechnet.

Beispiel:
A verlässt die Gaststätte am 20. 11. 1999 um 20.00 Uhr. Um 23.30 Uhr begeht er einen Diebstahl und flüchtet mit dem eigenen Wagen. Er wird in der Nacht aus dem Bett geholt und zur Blutentnahme verbracht, die um 3.00 Uhr des 21. 11. 1999 erfolgt und einen Wert von 0,9 ergibt.
- **Berechnung niedriger Wert günstig (wegen § 316 StGB):** Ist das Trinkende unbekannt, muss zu seinen Gunsten davon ausgegangen werden, dass er auch nach dem Gaststättenbesuch an einem anderen Ort Alkohol getrunken hat und zwar bis kurz vor dem Zeitpunkt der Tat

(anders ist es selbstverständlich, wenn dies aus anderen Gründen ausgeschlossen werden kann). Ende der Resorptionsphase damit um 1.30 Uhr. Es darf deshalb nur von 3.00 Uhr bis 1.30 Uhr zurückgerechnet werden mit stündlich 0,1. Dies ergibt einen Rückrechnungswert von 0,15 und damit einen Blutalkoholgehalt von (0,9‰ S + 0,15 =) 1,05. Eine absolute Fahruntüchtigkeit kann ihm also nicht nachgewiesen werden.

- **Berechnung hoher Wert günstig (wegen Schuldfähigkeit):**
  Da die Resorptionsphase unberücksichtigt bleibt, kann hier der gesamte Zeitraum zwischen 23.30 und 3.00 Uhr, also 3 1/2 Stunden zurückgerechnet werden. Bei einem stündlichen Abbau von 0,2 und einem einmaligen Sicherheitszuschlag von 0,2 für die ersten beiden Stunden ergibt dies einen Rückrechnungswert von 0,9 und damit einen Blutalkoholgehalt von 1,8 zurzeit der Tat. Bei einem nicht alkoholgewöhnten Beschuldigten kommt hier möglicherweise schon verminderte Schuldfähigkeit in Betracht. Ob sie tatsächlich vorlag, muss dann anhand von weiteren Indizien abgeklärt werden.

Wir haben also hier einen Mindestwert von 1,05 und einen Höchstwert von 1,8. Welcher Wert wird vom Gericht nun aber tatsächlich zugrunde gelegt, wenn – wie hier – jeder der beiden Werte je nach Umstand günstiger sein kann?

Die Anwendung eines sogenannten „wahrscheinlichen" Blutalkoholgehalts, der irgendwo zwischen dem Mindestwert und dem Höchstwert liegen würde, wird von der Rechtsprechung zu Recht abgelehnt, da dies dem Grundsatz „in dubio pro reo" widerspräche. Das Gericht muss also jeweils den für den Beschuldigten günstigeren Wert nehmen. Es muss demnach unter Umständen in einem Urteil mit zwei Promillewerten rechnen, hier für die Frage der Strafbarkeit wegen Trunkenheit im Verkehr (§ 316 StGB) mit dem Mindestwert und für die Frage der verminderten Schuldfähigkeit (§§ 20, 21 StGB) mit dem Höchstwert. Da für die Frage der Schuldfähigkeit der Blutalkoholgehalt jedoch nur eines von vielen möglichen Indizien ist, wird sein Beweiswert gegenüber anderen Indizien sinken, je größer die Spanne zwischen Mindest- und Höchstwert ist (BGH NStZ 1995, 226 – dieses Problem stellt sich immer bei sehr langen Rückrechnungszeiträumen).

Nachtrunk

Ist ein niedrigerer Blutalkoholgehalt günstig für den Beschuldigten und wurde dieser nicht unmittelbar nach der Tat angetroffen, z.B. in den Fällen des unerlaubten Entfernens vom Unfallort, so wird vom Beschuldigten häufig ein sogenannter Nachtrunk geltend gemacht. Er beruft sich also darauf, dass er nach der Tat noch Alkohol getrunken hat. Widerlegen lässt sich dies nur bei entsprechender Beweislage, z.B. es war gar kein Alkohol im Haus, den der Beschuldigte hätte trinken können. Kann der Nachtrunk nicht widerlegt werden, so muss zunächst ermittelt werden,

A. Verfahrensfragen 53

wie viel Gramm Alkohol dieser Nachtrunk enthielt, und dann wie viel Promille dies gerade beim Beschuldigten ausmacht. Dieser Wert ist von dem durch die Blutentnahme festgestellten Blutalkoholgehalt abzuziehen. Dies ergibt dann, gegebenenfalls unter Rückrechnung (soweit trotz des Nachtrunks noch möglich), den Blutalkoholgehalt zurzeit der Tat. Diese Berechnungen werden in der Praxis unter Hinzuziehung eines Sachverständigen vorgenommen, so dass hier auf die Einzelheiten der Berechnung verzichtet werden kann.

3. Vorläufige Entziehung der Fahrerlaubnis gemäß § 111a StPO

Diese Zwangsmaßnahme dient nicht der Sicherung des Strafverfahrens, sondern der Sicherheit des Straßenverkehrs. Nicht geeignete Kraftfahrzeuglenker sollen schon vor der endgültigen Entziehung der Fahrerlaubnis als Maßregel der Sicherung i. S. d. § 69 StGB von der Teilnahme am Straßenverkehr ausgeschlossen sein.

a) Voraussetzungen (§ 111a I StPO)
– dringender Tatverdacht
– hohe Wahrscheinlichkeit, dass im Zusammenhang mit der Verfolgung dieser Straftat das Gericht die Fahrerlaubnis gemäß § 69 StGB entziehen wird
– Anordnung ausschließlich durch den (Ermittlungs-)Richter nach pflichtgemäßem Ermessen (Kann-Vorschrift), wobei die Sicherheit des Straßenverkehrs die Anordnung bei Vorliegen der übrigen Voraussetzungen in der Regel gebietet.

b) Einzelheiten. Anders als bei der endgültigen Entziehung der Fahrerlaubnis dürfen von der vorläufigen Entziehung bestimmte Arten von Kraftfahrzeugen ausgenommen werden, also z. B. Ausnahme der Kraftfahrzeuge der Klasse IV bei vorläufiger Entziehung der Fahrerlaubnis der Klasse III. Bei der endgültigen Entziehung im Urteil dagegen muss die Entziehung uneingeschränkt erfolgen und es können lediglich bestimmte Arten von der Sperrfrist für die Wiedererteilung ausgenommen werden (vgl. den unterschiedlichen Wortlaut der §§ 111a StPO und 69 StGB). Da sich die Ungeeignetheit meist auf alle Arten von Kraftfahrzeugen bezieht, ist bei der Anwendung dieser Ausnahmevorschriften ohnehin Vorsicht geboten. In jedem Fall unzulässig ist es, von der vorläufigen (ebenso wie der endgültigen) Entziehung bestimmte Zeiten oder Orte auszunehmen. Auch wenn der der Trunkenheitsfahrt verdächtige Beschuldigte glaubhaft versichert, nur abends Alkohol zu trinken, um tagsüber weiter seinen Lastwagen fahren zu dürfen, kann ihm diese Einschränkung nicht zugestanden werden, weil sie vom Gesetz nicht vorgesehen ist (und unseres Erachtens auch nicht sinnvoll wäre).
– Da nur der Richter die Fahrerlaubnis vorläufig entziehen darf, erfolgt die Sicherung des Straßenverkehrs seitens der Polizei bzw. der Staats-

anwaltschaft zunächst durch die Sicherstellung des Führerscheins, bzw. wenn der Beschuldigte damit nicht einverstanden ist, durch dessen Beschlagnahme (siehe unten S. 59). Wendet der Beschuldigte sich auch dagegen, so bestätigt das Gericht im Tenor seiner Entscheidung nicht diese Beschlagnahme, sondern ordnet die vorläufige Entziehung der Fahrerlaubnis an (§ 111a IV StPO). Diese wirkt zugleich als Bestätigung der Beschlagnahme des Führerscheins (vgl. § 111a III StPO).

Hinweis: Fährt der Beschuldigte trotz Sicherstellung/Beschlagnahme des Führerscheins, so macht er sich nach § 21 II Nr. 2 StVG strafbar. Fährt er dagegen noch nach der richterlichen vorläufigen Entziehung der Fahrerlaubnis, so ist er nach § 21 I Nr. 1 StVG strafbar (höherer Strafrahmen!), da die vorläufige Entziehung zwar nicht die Fahrerlaubnis erlöschen lässt, jedoch als Fahrverbot wirkt (über das der Beschuldigte zu belehren ist).

- Ist der Führerschein beschlagnahmt oder die Fahrerlaubnis vorläufig entzogen, so muss dies bereits bei der Bemessung der noch zu verhängenden Sperrfrist insoweit berücksichtigt werden, als durch die vorläufige Maßnahme bereits Einfluss auf den Beschuldigten als Kraftfahrzeuglenker genommen wurde. Im Tenor jedenfalls wird immer nur die ab Urteil noch laufende Sperrfrist angegeben. Die Sicherstellung/vorläufige Entziehung wirkt sich auch insoweit auf die Bemessung der Sperrfrist aus, als das Mindestmaß (6 Monate bei § 69a I, bzw. 1 Jahr bei § 69a III StGB) sich um diese Zeit verkürzt (§ 69a IV, VI StGB), 3 Monate allerdings nicht unterschreiten darf (§ 69a IV StGB).
- Die Entscheidung über die vorläufige Entziehung der Fahrerlaubnis ergeht im Ermittlungsverfahren auf Antrag der Staatsanwaltschaft, nach Anklageerhebung muss das Gericht die Voraussetzungen von Amts wegen prüfen. Deshalb hat das Gericht, wenn es im Urteil die Entziehung der Fahrerlaubnis nach § 69 StGB ausspricht und bisher diese nicht vorläufig entzogen war, zu prüfen, ob durch einen mit dem Urteil zu verkündenden Beschluss die Fahrerlaubnis nicht bereits jetzt bis zur Rechtskraft vorläufig entzogen werden muss.

Tipp: Achten Sie deshalb in Klausuren auch darauf, ob eine Entziehung der Fahrerlaubnis in Betracht kommt, welche Maßnahmen bereits getroffen und welche noch zu treffen sind.

Denken Sie an diese Maßnahmen nicht nur bei Alkoholfahrten, sondern immer dann, wenn die Tat mit dem Kfz begangen worden ist, also auch z.B. bei §§ 242, 249 oder § 316a StGB (vgl. auch S. 187, 194).

A. Verfahrensfragen 55

c) Beispiel eines Beschlusses nach § 111 a StPO

Az.: B 16 Gs 1704/03

Amtsgericht Stuttgart

Beschluss vom 25. 02. 2003

In dem Ermittlungsverfahren
gegen Albert Müller, geb. 07. 07. 1960
wohnhaft Turmstr. 14, Stuttgart
wegen Diebstahls u. a.
wird dem Beschuldigten die Fahrerlaubnis zum Führen von Kraftfahrzeugen aller Art gemäß § 111 a StPO
vorläufig entzogen.

Gründe:
Nach den bisherigen Ermittlungen besteht der dringende Verdacht, dass der Beschuldigte am 14. 02. 2003 um 0.30 Uhr als Lenker des PKW S-NU 7777 öffentliche Straßen in Stuttgart befuhr, obwohl er alkoholbedingt fahrunsicher war (Blutalkoholkonzentration: 1,1), was er hätte erkennen können.
Damit sind auch dringende Gründe für die Annahme vorhanden, dass die Fahrerlaubnis im Urteil unter Verurteilung nach § 316 StGB gemäß der Regelvorschrift des § 69 II StGB entzogen werden wird. Hinreichende Umstände, die eine Ausnahme von dieser Regel gebieten, sind nicht ersichtlich.

Richter/in am Amtsgericht

4. Durchsuchung

a) Voraussetzungen der Durchsuchung. Zu unterscheiden ist zwischen der Durchsuchung beim **Verdächtigen** (§ 102 StPO) und der bei **Dritten** (§ 103 StPO). Gemeinsamkeiten und Unterschiede sollen hier zusammen dargestellt werden:

- **Durchsuchungsobjekt**

Durchsuchung der
– Wohnungen und Räume, einschließlich des befriedeten Besitztums – also auch Hausgärten, Höfe etc.;
– Person, das heißt die Suche nach Sachen oder Spuren in oder unter der Kleidung;
– Sachen, das ist die bewegliche Habe, z. B. Aktentasche oder nur mitgeführte Kleidungsstücke.

- **Durchsuchungszweck**

Durchsuchung zum Zweck
– der Ergreifung des Verdächtigen;
– der Sicherung von Spuren;
– des Auffindens von Beweismitteln;
– des Auffindens von Gegenständen, die dem Verfall oder der Einziehung unterliegen (§ 111 b II 3 StPO).

1. Teil. Ermittlungsverfahren

- **Durchsuchungssubjekt**

Durchsuchung beim
- Verdächtigen – dies ist umfassender als der Begriff des Beschuldigten, da er auch für den gilt, gegen den Tatverdacht besteht, ohne dass er Beschuldigter sein müsste. Strafunmündige können allerdings nicht Verdächtige sein! Für die Durchsuchung beim Verdächtigen (§ 102 StPO) gelten keine Einschränkungen bezüglich des Durchsuchungsobjekts und des Durchsuchungszwecks;
- Dritten. Für die Durchsuchung beim Dritten gilt grundsätzlich (§ 103 I 1 StPO; Ausnahmen vgl. § 103 I 2 und II StPO) die Einschränkung, dass Tatsachen vorliegen müssen, aus denen zu schließen ist, dass die gesuchte Person, Spur oder Sache sich in dem Durchsuchungsobjekt befindet.

- **Durchsuchungszeit**

Für die Durchsuchung
- bei Tag gelten keine Besonderheiten;
- zur Nachtzeit (Definition § 104 III StPO) gilt:
- Durchsuchung von Räumen nur bei Verfolgung auf frischer Tat oder wenn Gefahr im Verzug oder wenn es um die Wiederergreifung eines entwichenen Gefangenen geht (§ 104 I – Ausnahme § 104 II StPO für bestimmte, weniger schutzwürdige Räumlichkeiten);
- keine Besonderheiten bei der Durchsuchung von Personen oder Sachen.

- **Durchsuchungsanordnung**

Die Durchsuchung wird
- vom Richter angeordnet (§ 105 I 1 1. Alt StPO). Für die örtliche Zuständigkeit sei auf die Zuständigkeitskonzentration des § 162 I 2 StPO hingewiesen, die gerade hier von besonderer praktischer Bedeutung ist;
- bei Gefahr im Verzug vom Staatsanwalt oder von den Hilfsbeamten der Staatsanwaltschaft angeordnet (§ 105 I 1 2. Alt StPO – beachte für die Hilfsbeamten die kleine Einschränkung gem. § 105 I 2 i.V.m. § 103 I 2 StPO); bei Wohnungsdurchsuchungen sind die Anforderungen an die Unerreichbarkeit des Richters aufgrund des besonderen Schutzes der Unverletzlichkeit der Wohnung vom BVerfG sehr hoch angesetzt worden, vgl. dazu dessen grundlegende Entscheidung in NJW 2001, 1121;
- nur angeordnet, wenn im Einzelfall auch der Grundsatz der Verhältnismäßigkeit gewahrt ist.

Die Durchsuchungsanordnung tritt nach einem halben Jahr außer Kraft, da die vorbeugende richterliche Kontrolle nur dann einen wirksamen Grundrechtsschutz bietet, wenn der Richter die geplante Maßnahme in ihren konkreten, gegenwärtigen Voraussetzungen beurteilt (BVerfG NJW 1997, 2165).

A. Verfahrensfragen

Hinweis: Wurde die Durchsuchung wegen Gefahr im Verzug nicht vom Richter angeordnet, kann die Frage der Rechtmäßigkeit der Durchsuchungsanordnung auch noch nachträglich in entsprechender Anwendung des § 98 II 2 StPO richterlich überprüft werden. Gleiches gilt für die Art und Weise des Vollzugs einer (auch richterlich) angeordneten Durchsuchung. § 98 II 2 StPO wird zunehmend als umfassende Norm zur wirksamen gerichtlichen Kontrolle strafprozessualer Eingriffe eingesetzt, vgl. BVerfG NJW 1997, 2163; NJW 1999, 273; BGH NJW 1999, 730; NJW 2000, 84.

b) Anforderungen an den Durchsuchungsbeschluss. Die Durchsuchung stellt einen massiven Eingriff in die Rechte des Verdächtigen oder Dritter dar, der deshalb grundsätzlich nur vom Richter angeordnet werden kann. Auch dieser darf aber den Eingriff nur insoweit zulassen, als dies zur Erreichung des zulässigen Durchsuchungszwecks notwendig ist. Nur im Rahmen dieser Genehmigung dürfen die Polizeibeamten dann auch durchsuchen. Der Richter muss deshalb in seinem Beschluss darlegen, welchem konkreten Zweck die Durchsuchung dient. Er muss also ein Durchsuchungsprogramm aufstellen. So sind z. B. bei der bezweckten Sicherstellung von Beweismitteln diese – soweit wie möglich – zu konkretisieren. Die Formulierung

„der Beschuldigte ist eines Betrugs verdächtig. Die Durchsuchung dient der Sicherstellung von Unterlagen, die für das Verfahren von Bedeutung sind"

genügt diesen Anforderungen deshalb bei weitem **nicht** (zu den Anforderungen im Einzelnen vgl. die lesenswerten Entscheidungen des BVerfG NJW 1966, 1603, NStZ 1992, 91, NJW 1994, 3281 und NStZ 2002, 212 und 215). Ein Beispiel für einen Durchsuchungsbeschluss befindet sich auf S. 63.

Hinweis: Eine Durchsuchungsanordnung, die den verfassungsrechtlichen Mindestvoraussetzungen nicht genügt, entfaltet keine verjährungsunterbrechende Wirkung (BGH NStZ 2000, 427), führt aber grundsätzlich nicht zur Unverwertbarkeit der bei der Durchsuchung beschlagnahmten Gegenstände.

c) Durchführung der Durchsuchung. Ausgeführt wird die Durchsuchung in der Praxis von Polizeibeamten. Nur bei besonders schwerwiegenden Straftaten, bei materiellrechtlich oder prozessual besonders schwierigen Ermittlungen wird auch der Staatsanwalt an der Durchsuchung teilnehmen, nur in ganz seltenen Fällen auch der Richter. Deshalb ist § 105 II StPO besonders zu beachten, der die Teilnahme eines *Durchsuchungszeugen* regelt. In den Fällen, in denen weder ein Staatsanwalt noch ein Richter an der Durchsuchung teilnimmt, müssen ein Gemeindebeamter oder zwei Gemeindemitglieder zugezogen werden, soweit dies – insbesondere aus zeitlichen Gründen – möglich ist. Allerdings kann der von der Durchsuchung Betroffene auf die Teilnahme des Durchsuchungszeugen verzichten.

Tipp: Wird A wegen Widerstands im Rahmen einer Durchsuchung verurteilt, gehört gegebenenfalls in das Urteil, warum es nicht möglich oder nicht notwendig war, einen Gemeindebeamten oder zwei Gemeindemitglieder zuzuziehen (sonst war die Durchsetzung nämlich rechtswidrig, der Widerstand also zulässig). Fehlt dies, leidet das Urteil an einem Darlegungsmangel.

Hinzuweisen ist auch auf § 110 StPO, wonach nur der Staatsanwalt, nicht aber die Polizei die *aufgefundenen Papiere durchsehen* darf, es sei denn, der von der Durchsuchung Betroffene willigt ein (§ 110 I, II StPO).

Werden bei einer Durchsuchung Beweismittel gefunden, die zwar eine Straftat, nicht aber das vorliegende Verfahren betreffen, so können diese als *Zufallsfunde* gemäß § 108 StPO sichergestellt, bzw. bei Widerspruch beschlagnahmt werden.

Hinweis: Die gezielte Suche nach „Zufallsfunden" ist jedoch unzulässig und führt zu einem Beschlagnahmeverbot (der Gegenstand ist also zurückzugeben, seine Existenz kann allerdings Anlass für weitere Ermittlungen sein – Früchte des verbotenen Baums!). So kann bei der Durchsuchung wegen der Sicherstellung eines Führerscheins zwar der in der Schublade liegende Revolver ein Zufallsfund sein, nicht aber der Ordner, der Schwarzgeldzahlungen in die Schweiz enthält, jedenfalls solange nicht plausibel gemacht wird, warum nach dem Führerschein auch in Ordnern gesucht wurde.

5. Beschlagnahme

Die Beschlagnahme ist die Sicherstellung eines Gegenstandes gegen den Willen des bisherigen Besitzers (§ 94 II StPO).

Dies ist in erster Linie der Fall, wenn der Gegenstand nicht freiwillig herausgegeben wird, gilt aber auch, wenn nach zunächst freiwilliger Herausgabe (dann zunächst § 94 I StPO) der bisherige Besitzer mit der weiteren Verwahrung durch die Ermittlungsbehörden nicht mehr einverstanden ist.

a) Voraussetzungen der Beschlagnahme

• **Beschlagnahmegegenstand**

Derartige Gegenstände sind nicht nur bewegliche Sachen jeglicher Art, sondern auch unbewegliche, also Grundstücke und Grundstücksteile, nicht aber E-Mails in einer Mailbox (für diese gilt § 100a StPO; vgl. LG Hanau NJW 1999, 3647).

Hinweis: Im Einzelfall kann der Schutz der Intimsphäre der Beschlagnahme entgegenstehen. So ist anerkannt, dass Tagebuchaufzeichnungen allenfalls bei Kapitaldelikten verwertbar sind und deshalb zum Nachweis anderer Straftaten gar nicht erst beschlagnahmt werden dürfen (vgl. BGH NStZ 1994, 350; zur Verwertbarkeit von Tagebuchaufzeichnungen eines zwischenzeitlich verstorbenen Zeugen vgl. BGH NStZ 1998, 635). Anders ist es bei einem Abschiedsbrief, da dieser dazu bestimmt ist, von Dritten gelesen zu werden (BGH NJW 1995, 269).

Trotz des Grundsatzes, dass niemand an seiner eigenen Überführung mitwirken muss, ist die Beschlagnahmefähigkeit von technischen Aufzeichnungen, die der Beschuldigte auf Grund öffentlich-rechtlicher Verpflichtungen vorgenommen hat (z. B. Emissionsmessungen), zu bejahen. Diese in der Literatur umstrittene Frage ist bei Umweltstraftaten besonders bedeutsam.

A. Verfahrensfragen 59

- **Beschlagnahmezweck**

Für die Beschlagnahme nach § 94 II StPO genügt ein Anfangsverdacht. Der Gegenstand muss als Beweismittel für die Untersuchung möglicherweise Beweisbedeutung haben. Die Maßnahme muss verhältnismäßig sein.

Beweismittel in diesem Sinn sind alle Sachen, die unmittelbar oder mittelbar für die Tat, die Umstände ihrer Begehung und ihrer Ahndung Beweis erbringen (z. B. Tatwerkzeuge).

Die Untersuchung umfasst das gesamte Ermittlungs- und Straf-, das Sicherungs-, Einziehungs- und Privatklageverfahren, nicht jedoch die Strafvollstreckung nach Rechtskraft (*Meyer-Goßner* § 94 Rdnr. 9).

Für die Beweisbedeutung genügt, dass der Gegenstand möglicherweise im Verfahren Beweis erbringen kann.

Daneben können nach § 94 III StPO Führerscheine, die später nach § 69 III StGB eingezogen werden sollen, beschlagnahmt werden. Im Hinblick auf § 111a StPO bedarf es insoweit allerdings des dringenden Tatverdachts.

In Betracht kommt auch noch die Beschlagnahme zur Sicherung der späteren Anordnung des Verfalls oder der Einziehung (§ 111c i. V. m. § 111b I StPO) und die Beschlagnahme zur Sicherung der Ansprüche des Verletzten (§ 111c i. V. m. § 111b V StPO). Diese zuletzt genannte Rückgewinnungshilfe zu Gunsten der Geschädigten erlangt zunehmend praktische Bedeutung und ist auf Grund der Möglichkeit, auch die §§ 73 ff. StGB in die Klausur einzubeziehen, durchaus examensrelevant.

Hinweis: Besteht dringender Tatverdacht gegen den Beschuldigten und liegen auch die sonstigen Voraussetzungen des § 132 I StPO vor, so kommt schließlich unter den Voraussetzungen des § 132 III StPO auch eine Beschlagnahme der mitgeführten Sachen des Beschuldigten und seines Beförderungsmittels, insbesondere seines Autos in Betracht. Voraussetzung ist allerdings, dass diese Gegenstände im Eigentum des Beschuldigten stehen, dass zunächst eine Sicherheitsleistung angeordnet und der Beschuldigte zu deren Zahlung erfolglos aufgefordert worden war.

- **Beschlagnahmeanordnung**

Die Beschlagnahme wird von dem Richter angeordnet, in dessen Bezirk diese Maßnahme vorzunehmen ist (§ 98 I i. V. m. § 162 I 1 StPO; bei Beschlagnahmen in verschiedenen Bezirken gilt wiederum die Zuständigkeitskonzentration des § 162 I 2 StPO).

Bei Gefahr im Verzug können auch der Staatsanwalt oder dessen Hilfsbeamte dies anordnen. Widerspricht der von der Beschlagnahme Betroffene der Beschlagnahme oder war er oder ein erwachsener Angehöriger bei der Beschlagnahme gar nicht anwesend, so soll allerdings binnen 3 Tagen der Antrag auf richterliche Bestätigung der Beschlagnahme gestellt werden (§ 98 II StPO).

Hinweis: Widerspricht der Betroffene einer richterlich angeordneten Beschlagnahme, so ist, da die Voraussetzungen des § 98 II StPO nicht vorliegen, dieser Widerspruch als Beschwerde gegen die Beschlagnahme zu behandeln.

Tipp: Prüfen Sie bei sichergestellten Gegenständen immer, ob nicht ein Antrag nach § 98 II StPO zu stellen ist. Möglicherweise handelt es sich dabei um einen der in der Aufgabenstellung verlangten Anträge des Staatsanwalts.

Für die Beschlagnahme nach § 111 c StPO gelten Besonderheiten, vgl. § 111 e StPO.

b) Inhalt des Beschlagnahmebeschlusses. In dem Beschluss ist der in Verwahrung zu nehmende Gegenstand möglichst genau zu bezeichnen. Häufig wird allerdings bereits mit dem Durchsuchungsantrag auch Antrag auf Beschlagnahme gestellt. Zu diesem Zeitpunkt können die Gegenstände, die von Bedeutung für das Verfahren sein können, häufig noch gar nicht genau bezeichnet werden. Eine Beschlagnahme kann dann nur angeordnet werden, soweit trotzdem durch entsprechende Umschreibung Klarheit über den Umfang der Beschlagnahme besteht, da nur konkrete Gegenstände beschlagnahmt werden können. Andernfalls ist in den Durchsuchungsbeschluss lediglich aufzunehmen, dass diese Durchsuchung der Sicherstellung z. B. aller schriftlicher Unterlagen dient, die den Abschluss des Kaufvertrags vom 2. 2. 1996 betreffen.

c) Durchführung der Beschlagnahme. Die Beschlagnahme erfolgt durch Inverwahrungnahme oder in sonstiger Weise. In der Regel geschieht sie durch Inbesitznahme durch die Polizei. In jedem Fall muss klar zum Ausdruck kommen, dass der Gegenstand in amtliche Verwahrung genommen wird (*Meyer-Goßner* § 94 Rdnr. 14).

Die Anordnung der Beschlagnahme berechtigt nur zum Besitz des Gegenstands auch gegen den Willen des bisherigen Besitzers, rechtfertigt dagegen nicht die zwangsweise Herausnahme. Vielmehr kann entweder mit den Mitteln nach § 95 II i. V. m. § 70 StPO die Herausgabe (nicht anwendbar beim Beschuldigten und bei zeugnisverweigerungsberechtigten Zeugen) oder mit der Durchsuchung die Herausnahme (aus der Wohnung, der Kleidung etc.) erzwungen werden.

d) Beschlagnahmefreiheit. Gemäß § 97 StPO dürfen bestimmte Gegenstände, soweit sie sich im alleinigen Gewahrsam des **Zeugnisverweigerungsberechtigten** (bei Mitgewahrsam des Beschuldigten ist § 97 StPO nicht anwendbar – bei Mitgewahrsam Dritter ist die Anwendbarkeit umstritten – vgl. *Meyer-Goßner* § 97 Rdnr. 12) befinden, nicht beschlagnahmt werden. Dies schließt selbstverständlich eine freiwillige Herausgabe des Gegenstandes – nach entsprechender Belehrung – nicht aus. Verlangt der von der Sicherstellung betroffene Zeugnisverweigerungsberechtigte später den Gegenstand wieder heraus, so kommt die Beschlagnahme nicht in Betracht, der Gegenstand muss also zurückgegeben werden. Dies macht aber die bisherige Verwertung als Beweismittel nicht unzulässig.

Wichtig ist der Unterschied zwischen § 53 und § 97 I StPO. Während das Zeugnisverweigerungsrecht unabhängig davon besteht, welche Stel-

A. Verfahrensfragen

lung im Verfahren der Mandant jetzt hat, besteht die Beschlagnahmefreiheit im Sinn des § 97 I StPO nur, soweit das Vertrauensverhältnis gerade **gegenüber dem Beschuldigten** bestand. Dies gilt auch für § 97 I Nr. 3 StPO, obwohl dort der Beschuldigte nicht ausdrücklich erwähnt ist, da sonst aber die Nr. 1 und 2 des § 97 I StPO leer liefen. Das vom Arzt A über den Patienten B geführte Patientenblatt ist deshalb beschlagnahmefähig im Verfahren gegen C, wenn B dort Zeuge und nicht (Mit-)Beschuldigter ist. Dagegen kann A auch im Verfahren gegen C gemäß § 53 StPO schweigen, es sei denn, er wird von seiner Verschwiegenheit durch den Zeugen B entbunden. Allerdings besteht für Aufzeichnungen über Mitteilungen ein Beschlagnahmeverbot nach § 97 I Nr. 2 StPO, die dem Arzt von einem Patienten/Zeugen gemacht worden sind, der bis zur Verfahrensabtrennung Mitbeschuldigter im jetzigen Verfahren war; insoweit gilt der Grundsatz für das Zeugnisverweigerungsrecht von Angehörigen ehemaliger Mitbeschuldigter (siehe oben S. 30) entsprechend (BGH NJW 1998, 840).

Wichtig ist ferner der **Ausschluss der Beschlagnahmefreiheit** bei Teilnahmeverdacht und bei Deliktsgegenständen (§ 97 II 3 StPO).

Für die Beteiligung i. S. d. § 97 II StPO (Wortlaut – lesen!) an der Tat (i. S. d. § 264 StPO) genügt eine rechtswidrige Tat, auch wenn sie z. B. nach § 258 VI StGB straflos bleibt (*Meyer-Goßner* § 97 Rdnr. 19, BGHSt. 25, 168) oder Verfahrenshindernisse bestehen. Für den Verdacht der Beteiligung genügt der einfache, auf bestimmten Tatsachen beruhende Verdacht.

Die Beschlagnahme trotz eines Beschlagnahmeverbots nach § 97 StPO begründet grundsätzlich ein **Verwertungsverbot**. Zu beachten ist allerdings, dass das Beweismittel trotz eines Verstoßes gegen § 97 StPO verwertbar bleibt, wenn im Zeitpunkt seiner Verwertung in der Hauptverhandlung die Voraussetzungen des Ausschlusses der Beschlagnahmefreiheit im Sinn von § 97 II 3 StPO vorliegen. Andererseits bleibt das wegen Tatverdachts zulässigerweise gemäß §§ 94, 97 II 3 StPO beschlagnahmte Beweismittel auch dann verwertbar, wenn sich in der Hauptverhandlung herausstellen sollte, dass der Verdacht der Beteiligung unbegründet war.

e) Beschlagnahme an besonderen Stellen. Nicht überall können Beweismittel sichergestellt werden. Teilweise stehen dem gesetzliche Geheimhaltungspflichten entgegen. So verbietet das Steuergeheimnis (§ 30 Abgabenordnung) grundsätzlich die Beschlagnahme von Unterlagen des Steuerpflichtigen **beim Finanzamt** – was selbstverständlich nicht die Beschlagnahme der Kopie der Steuererklärung und des Steuerbescheids **beim Beschuldigten** hindert. Meist gibt es allerdings für bestimmte Fälle Ausnahmen von diesen Regelungen (für das Steuergeheimnis vgl. § 30 IV Abgabenordnung).

Hingewiesen sei hier nur auf das in der StPO ausdrücklich (§ 99 StPO) geregelte Vorgehen bei der Postbeschlagnahme, die das Postgeheimnis (Art. 10 GG) einschränkt. Auch hier gelten Einschränkungen bei der Beschlagnahme nur, soweit sich die Postsendung noch im Herrschaftsbereich der Post befindet. Sobald sie in den Briefkasten/das Postfach des Beschuldigten gelangt ist, gilt für die Beschlagnahme ganz gewöhnlich § 94 StPO. Befindet sich die Sendung noch bei der Post, kommt nur die Beschlagnahme der an den Beschuldigten gerichteten oder für ihn bestimmten, bzw. der vom Beschuldigten stammenden Sendungen in Betracht (§ 99 StPO). Diese Beschlagnahme kann nur der Richter, bei Gefahr im Verzug mit gewissen Einschränkungen auch der Staatsanwalt anordnen (vgl. § 100 StPO).

Nicht gesetzlich geregelt und im Einzelnen streitig ist die **Beschlagnahme von Behördenakten.** Gegen eine solche Beschlagnahme wurde angeführt, dass es hierfür zwischen den Behörden an der erforderlichen Über- und Unterordnung fehle und für diesen Fall ausschließlich die Amtshilfe zur Verfügung stehe (vgl. zu den verschiedenen Meinungen Meyer-Goßner § 96 Rdnr. 2). Dem ist entgegenzuhalten, dass bereits die Existenz des § 96 StPO für eine Beschlagnahme auch von Behördenakten spricht, das Argument der Über- und Unterordnung die Gewaltenteilung verkennt und der Hinweis auf die Amtshilfe allzu blauäugig ist. Den Interessen der Verwaltung wird dadurch ausreichend Rechnung getragen, dass bis zur Entscheidung über eine eventuelle Sperrerklärung nach § 96 StPO die beschlagnahmten Gegenstände in einem versiegelten Umschlag verwahrt werden. Der BGH hat denn auch in einer lesenswerten Entscheidung die Zulässigkeit dieser Beschlagnahme bestätigt (BGH NJW 1992, 1973).

Hingewiesen sei schließlich noch auf die Beschlagnahme von **Versicherungsakten.** Da der an einem Unfall beteiligte Beschuldigte nach den Allgemeinen Versicherungsbedingungen gehalten ist, gegenüber seiner Versicherung den Schadensfall nicht nur zu melden, sondern auch den Hergang zu schildern, kann die Versicherungsakte, die diese Schilderung enthält, für das Strafverfahren durchaus interessant sein, zumal dann, wenn der Beschuldigte im Ermittlungsverfahren schweigt. Da es nicht um eine Offenbarungspflicht gegenüber staatlichen Stellen geht und ein Verstoß gegen die versicherungsvertragliche Obliegenheit allenfalls zu einer beschränkten persönlichen Haftung führen kann, lässt die Rechtsprechung die Beschlagnahme zu (siehe dazu oben S. 21). Die Beschlagnahme wird allerdings aus Verhältnismäßigkeitsgründen auf schwerwiegende Straftaten (insbesondere fahrlässige Tötung im Straßenverkehr unter Alkoholeinwirkung) beschränkt werden müssen. Die Praxis verfährt auch entsprechend.

f) Aufhebung der Beschlagnahme/Rückgabe. Wann beschlagnahmte Gegenstände zurückzugeben sind und an wen, ist – mit Ausnahme des § 111 k StPO – nicht ausdrücklich geregelt.

A. Verfahrensfragen

Die Beschlagnahme erlischt mit Rechtskraft des Urteils bzw. mit Bestandskraft der Einstellungsverfügung. Einer förmlichen Aufhebung der Beschlagnahme bedarf es nicht. Selbst einzuziehende Gegenstände sind demnach zurückzugeben, wenn die Einziehung nicht im Urteil ausgesprochen worden ist und der Beschuldigte auch nicht auf die Rückgabe verzichtet hat. Anders ist es bei einer Beendigung des Beschlagnahmeverhältnisses noch während des laufenden Verfahrens. In diesem Fall bedarf es der förmlichen Aufhebung der Beschlagnahme – grundsätzlich durch den Richter, während des Ermittlungsverfahrens durch den Staatsanwalt, wenn die Beschlagnahme nicht richterlich angeordnet war (*Meyer-Goßner* § 98 Rdnr. 30 m.w.N.; informativ: *Löffler* NJW 1991, 1710; in der staatsanwaltschaftlichen Praxis wird allerdings selten vor der Rückgabe ein richterlicher Beschluss erwirkt).

Die Gegenstände werden grundsätzlich an den letzten Gewahrsamsinhaber zurück gegeben, bei dem sie erhoben worden sind. Dies gilt auch dann, wenn dieser der Beschuldigte war, selbst wenn es sich möglicherweise um aus der Straftat erlangte Vorteile gehandelt hat, das Gericht aber die Voraussetzungen der Einziehung nicht nachweisen konnte (streitig a.A. z.B. OLG Düsseldorf NStZ 1984, 567; LG Berlin StV 1994, 179) und die Voraussetzungen des § 111b oder § 111k StPO nicht vorliegen.

Für die Rückgabe nach rechtskräftigem Abschluss des Strafverfahrens ist nicht das Gericht, sondern ausschließlich der Staatsanwalt zuständig. Dessen Entscheidung kann nicht gegenüber dem Strafgericht angefochten werden. Vielmehr kommt hier nur die zivilrechtliche Herausgabeklage in Betracht (OLG Stuttgart NStZ-RR 2002, 111).

g) Beispiel eines Durchsuchungs- und Beschlagnahmebeschlusses

Amtsgericht Stuttgart
Az.: 1 Gs 0815/03   Stuttgart, den 03. 03. 2003

Beschluss

In dem Ermittlungsverfahren
gegen
Albert Müller, geb. 07. 07. 1960
wegen Diebstahls
wird gemäß § 33 IV StPO ohne vorherige Anhörung
auf Grund der §§ 94, 95, 98, 102, 105 StPO angeordnet
1. die Durchsuchung der Wohnung des Beschuldigten Müller in der Turmstr. 14 in Stuttgart, einschließlich aller Nebenräume, Kraftfahrzeuge und Sachen des Beschuldigten Müller sowie dessen Person
2. die Beschlagnahme des schweinsledernen Geldbeutels des Zeugen Reich mit den goldenen Initialen RR, enthaltend 10000 €, den Führerschein und eine Kreditkarte des Zeugen Reich.

> **Gründe:**
> Der Beschuldigte steht im Verdacht, am 20. 02. 2003 dem Zeugen Reich dessen Geldbeutel mit 10 000 € entwendet zu haben (Verdacht des Diebstahls gemäß § 242 I StGB). Zur Aufklärung des Sachverhalts ist die Durchsuchung der oben genannten Räume und Sachen sowie der Person des Beschuldigten erforderlich, da zu erwarten ist, dass der Geldbeutel oder Teile des Inhalts dort aufgefunden werden können.
> Gegen diesen Beschluss ist die Beschwerde zulässig.
>
> Richter/in am Amtsgericht

6. Die Telefonüberwachung gemäß § 100a StPO

a) Voraussetzungen. Die Überwachung der Telefongespräche des Beschuldigten oder von Personen, bei denen auf Grund bestimmter Tatsachen davon auszugehen ist, dass sie Gespräche für den Beschuldigten führen, kommt nur in Betracht, wenn der Beschuldigte auf Grund bestimmter Tatsachen verdächtig ist, eine der in § 100a StPO aufgeführten Katalogtaten begangen, versucht oder vorbereitet zu haben **und** wenn andere Aufklärungsmöglichkeiten zur Ermittlung des Sachverhalts oder des Aufenthalts des Beschuldigten aussichtslos oder wesentlich erschwert sind. Die Anordnung trifft der Richter, der bei seiner Entscheidung einen Beurteilungsspielraum hat (BGH NJW 1995, 1974). Bei Gefahr im Verzug ordnet der Staatsanwalt die Telefonüberwachung an. In diesem Fall muss aber binnen 3 Tagen die Bestätigung des Richters eingeholt werden, damit sie auch über diesen Zeitraum hinaus fortgesetzt werden kann. Die Anforderungen an den Inhalt der Anordnung sind in § 100b II StPO normiert, die Maßnahme ist also auch insbesondere zeitlich zu befristen.

Der Betroffene muss von der Maßnahme unterrichtet werden, sobald dies ohne Gefährdung des Verfahrens möglich ist (§ 101 I StPO).

Hinweis: § 100a StPO lässt die Überwachung des Fernmeldeverkehrs nicht nur in den herkömmlichen Formen des Telefonierens und Fernschreibens, sondern jeglicher Art der Datenübermittlung zu. Deshalb kann nach § 100a StPO auch die Informationsübermittlung von oder zu einer im Internet angeschlossenen Mailbox überwacht und nach Auffassung des BGH (NJW 1997, 1934) auch heimlich auf die in der Mailbox gespeicherten Datenbestände zugegriffen werden (vgl. dazu auch die kritischen Anmerkungen von *Palm/Roy* NJW 1997, 1904). Auch die Standortbestimmung einer mit einem Handy ausgestatteten Person auf Grund der technischen Möglichkeiten der Mobilnetzbetreiber lässt sich nach § 100a StPO rechtfertigen, unabhängig davon, ob die Person damit gerade telefoniert oder nicht (BGH NJW 2001, 1587). Dagegen richtet sich der strafprozessuale Zugriff auf Daten eines bereits zurückliegenden Fernsprechverkehrs nicht nach § 100a StPO, sondern nach § 100g StPO (BGH NStZ 1998, 92, damals noch zu § 12 FAG), also bei Auskünften über die Position eines Autotelefons bei bereits beendeten Telefongesprächen oder über Gesprächsteilnehmer (Verbindungsdaten).

b) Verwertung von Erkenntnissen aus der Telefonüberwachung. Das Ergebnis der Telefonüberwachung wird in der Hauptverhandlung durch Verlesung der Abschrift des Telefonmitschnitts (Urkundenbeweis) oder durch die Anhörung der Tonbänder (Augenschein) eingeführt. Im

A. *Verfahrensfragen* 65

ersten Fall kann die Schreibkraft als Zeugin für die Richtigkeit der Übertragung vom Band auf Papier gehört werden (Zeugenbeweis).

Erfolgte die Überwachung ohne richterliche (oder gegebenenfalls staatsanwaltschaftliche) Anordnung oder lag kein Verdacht auf eine Katalogtat vor, so sind die Telefonmitschnitte unverwertbar.

Unverwertbar ist auch, was von den Ermittlungsbehörden mitgeschnitten werden konnte, weil der Beschuldigte nach einem Telefongespräch den Hörer nicht richtig auflegte (sogenannte Raumüberwachung), da dieses „Abhören" von der angeordneten Überwachung des Fernmeldeverkehrs nicht gedeckt ist und in den eigentlichen Kernbereich der Persönlichkeitssphäre des Beschuldigten eingreift.

Besonderheiten treten dann auf, wenn sich im Rahmen einer zulässigen Telefonüberwachung **Hinweise auf andere Straftaten** ergeben. Hier gilt Folgendes:
- handelt es sich bei der neuen Tat ihrerseits um eine Katalogtat i. S. d. § 100a StPO oder ist es zwar keine solche, steht aber im engen Bezug zu der in der Anordnung aufgeführten Katalogtat, so sind die Mitschnitte verwertbar (BGH NStZ 1998, 426);
- ist es dagegen keine Katalogtat und steht auch mit einer solchen nicht in Zusammenhang, so führt dies zur Unverwertbarkeit für die neue Straftat. Allerdings kann das Wissen um diese Tat Anlass für weitere Ermittlungen sein (Früchte des verbotenen Baums); allein auf dieses Wissen darf aber eine Zwangsmassnahme nicht gestützt werden (str.; vgl. *Nack* in KK § 100a Rdnr. 51f);
- wurden einem Zeugen in einer Hauptverhandlung zulässigerweise die Protokolle einer rechtmäßigen Telefonüberwachung vorgehalten und bleibt der Zeuge bei seiner falschen Aussage, so können die Erkenntnisse aus der Telefonüberwachung auch im Verfahren gegen den Zeugen wegen des Aussagedelikts verwendet werden (OLG Karlsruhe NStZ 1994, 201).

Nicht unter § 100a StPO fällt und damit verwertbar bleibt, was der Polizeibeamte über einen Zweithörer mitverfolgt, wenn ihm dies vom Benutzer des Anschlusses gestattet ist, auch wenn der Gesprächspartner des Anschlussinhabers davon nichts weiß (vgl. die grundlegende Entscheidung des Großen Senats des BGH NJW 1996, 2940ff. – *unbedingt lesen!* Siehe auch oben S. 19).

Wurde das Telefongespräch nicht von den Ermittlungsbehörden, sondern von einer Privatperson aufgezeichnet, so ist § 100a StPO zwar nicht anwendbar, da die Vorschriften der StPO immer nur das staatliche Handeln im Ermittlungsverfahren regeln können (dies gilt also nicht nur für § 100a, sondern auch z. B. für § 136a StPO!). Da es sich aber um einen massiven, in der Regel auch strafbewehrten Eingriff handelt (§ 201 StGB), muss, soweit der Beschuldigte nicht ohnehin einer Verwertung zustimmt oder die Aufnahme aus einer notwehrähnlichen Lage heraus gerechtfertigt war, eine Güterabwägung vorgenommen werden. Jedenfalls bei schwerwiegenden Straftaten ist auch das illegal von einer Privatperson mitgeschnittene Telefongespräch verwertbar.

Hinweis: Der durch Telefonüberwachung bekannt gewordene Inhalt eines Gesprächs des Angeklagten mit seinem Bruder ist nicht deshalb unverwertbar, weil der Bruder in der Hauptverhandlung die Aussage gemäß § 52 StPO verweigert (BGH NStZ 1999, 416).

c) Beispiel einer Anordnung nach § 100a StPO

Amtsgericht Stuttgart   Stuttgart, den 10. 02. 2003
Az.: B 1 Gs 4711/03

Beschluss

In dem Ermittlungsverfahren
gegen Berthold Braun, geboren 06. 06. 1960
wohnhaft Schlossallee 2, Stuttgart
wegen unerlaubten Handeltreibens mit Betäubungsmitteln
wird gemäß § 100a StPO die Überwachung und Aufnahme aller Gespräche angeordnet, die von und mit dem Telefonanschluss des Beschuldigten – Telefonnummer 0711–4711 – geführt werden.
Die Maßnahme wird bis einschließlich 10. 04. 2003 befristet. Gleichzeitig wird die Installation einer Zählervergleichseinrichtung angeordnet.

Gründe:
Aufgrund der bisherigen Ermittlungen des Zollfahndungsamts Stuttgart steht der Beschuldigte im Verdacht, mit Betäubungsmitteln in erheblichem Umfang Handel zu treiben. Das auf Grund der bisherigen verdeckten Ermittlungen gezeigte Verhalten des Beschuldigten hat eingegangene anonyme Hinweise bestätigt, wonach der Beschuldigte mit Betäubungsmitteln in nicht geringen Mengen Handel treibt. Andere Ermittlungsansätze als die der Telefonüberwachung sind zur Aufklärung des Tatumfangs sowie zur Identifizierung von Abnehmern und möglichen Lieferanten zum gegenwärtigen Zeitpunkt nicht ersichtlich. Es ist amtsbekannt, dass gerade im Btm-Bereich außerordentlich konspirativ vorgegangen wird, so dass die anderweitigen Ermittlungsmöglichkeiten nicht Erfolg versprechend sind.

                                                      Richter/in am Amtsgericht

---

7. Einsatz technischer Hilfsmittel (§§ 100c, 100d, 101 StPO)

Zur Bekämpfung insbesondere der organisierten Kriminalität wurden in die StPO auch Regelungen über den Einsatz technischer Hilfsmittel aufgenommen, die ohne Wissen des Betroffenen eingesetzt werden sollen.

§ 100c I Nr. 1a StPO gestattet die Anfertigung von *Lichtbildern und Bildaufzeichnungen* außerhalb der Wohnung (bei längerfristigen Observationen ist § 163f StPO zu beachten; siehe unten S. 77), während § 100c I Nr. 1b den Einsatz *sonstiger technischer Hilfsmittel* außer den Bild- oder Tonaufzeichnungen (z. B. eine satellitengestützte Ortung über Peilsender, dem sogenannten „Global Positioning System", kurz GPS genannt; vgl dazu

A. Verfahrensfragen

BGH NStZ 2001, 386) regelt. Beide Maßnahmen sind gegen den Beschuldigten zulässig, wenn die Erforschung des Sachverhalts bzw. Ermittlung des Aufenthaltsorts des Täters auf andere Weise weniger Erfolg versprechend oder erschwerter wäre, bei Nr. 1 b muss außerdem die Maßnahme eine Straftat von erheblicher Bedeutung betreffen. Richtet sich die Maßnahme nach Nr. 1 a gegen einen Nichtbeschuldigten, ist erforderlich, dass die Ermittlung bzw. Erforschung auf andere Weise erheblich weniger Erfolg versprechend oder wesentlich erschwerter sein würde.

Maßnahmen nach Nr. 1 b, die sich gegen den Nichtbeschuldigten richten, sind nur zulässig, wenn eine Verbindung zum Beschuldigten besteht oder hergestellt wird, und wenn auf Grund bestimmter Tatsachen anzunehmen ist, dass die Maßnahme zur Erforschung des Sachverhalts oder Ermittlung des Aufenthaltsorts des Täters führen wird, und dies auf andere Weise aussichtslos oder wesentlich erschwert wäre (§ 100 c II 3 StPO).

§ 100 c I Nr. 2 StPO erlaubt das *Abhören und Aufzeichnen* des nichtöffentlich und außerhalb einer Wohnung gesprochenen Worts, wenn ein auf bestimmten Tatsachen beruhender Verdacht einer Katalogtat i. S. d. § 100 a StPO besteht und, soweit sich die Maßnahme gegen den Beschuldigten richtet, wenn sonst die Erforschung des Sachverhalts oder die Ermittlung des Aufenthaltsorts des Täters aussichtslos oder wesentlich erschwert wäre. Richtet sich die Maßnahme nach Nr. 2 gegen einen Nichtbeschuldigten, ist neben dem genannten Verdacht wie bei Nr. 1 b die Verbindung zum Beschuldigten, die Erwartung der Aufklärung und die ansonsten wesentliche Erschwerung der Ermittlung bzw. Erforschung erforderlich (§ 100 c II 3 StPO). Richtet sich die Maßnahme gegen den Beschuldigten und werden dadurch auch Angaben von Nichtbeschuldigten aufgezeichnet, so genügen für die Zulässigkeit der Maßnahme die Anforderungen nach § 100 c I StPO (vgl. Abs. 3).

§ 100 c I Nr. 3 StPO erlaubt jetzt auch das Abhören und Aufzeichnen des nichtöffentlich gesprochenen Worts des Beschuldigten in Wohnungen bei bestimmten Delikten (vgl. § 100 c I Nr. 3 a) bis f) StPO − zum Begriff der Wohnung vgl. BGH NJW 1998, 3284). Wie beim Abhören außerhalb von Wohnungen muss die Erforschung des Sachverhalts oder die Ermittlung des Aufenthaltsorts des Mittäters auf andere Weise aussichtslos oder wesentlich erschwert sein. Es muss sich entweder um eine Wohnung des Beschuldigten handeln (§ 100 c II 4 StPO); andernfalls muss jedenfalls auf Grund bestimmter Tatsachen anzunehmen sein, dass er sich in der Wohnung des Dritten aufhält und dass eine Maßnahme in der Wohnung des Beschuldigten allein nicht zum Erfolg führen wird (§ 100 c II 5 StPO). Da die Maßnahme nur bei solchen Wohnungen zulässig ist, kann die Maßnahme, wenn es um die Aufenthaltsermittlung des „Täters" geht, sich nur auf die Ermittlung des Aufenthalts eines Mittäters des Beschuldigten, nicht des Beschuldigten selbst, handeln. Im Gesetzgebungsverfahren war besonders umstritten, welcher Personenkreis von diesem „Großen Lauschangriff" ausgenommen sein soll. Ob die getroffene Regelung, den Schutzbereich auf alle in § 53 I StPO genannten Berufsangehörige zu erstrecken (vgl. § 100 d III 1 StPO), den Anwendungsbereich des § 100 c I Nr. 3 StPO zu sehr einschränkt, wird die Praxis zeigen müssen. Während diese Personengruppen vor Abhörmaßnahmen in Wohnungen also völlig geschützt sind (es sei denn sie wären der Teilnahme, der Begünstigung, Strafvereitelung oder Hehlerei verdächtig, vgl. § 100 d III 4 StPO), gilt bei Personen, für die § 52 StPO oder § 53 a StPO zur Anwendung kommt, dass das Abhören und Aufzeichnen zulässig ist, jedoch die Erkenntnisse nur verwertet werden dürfen, wenn die Verhältnismäßigkeit zwischen dem Eingriff in das Vertrauensverhältnis und dem Aufklärungsinteresse gewahrt ist (vgl. § 100 d III 3 StPO). Weitere Informationen zur akustischen Wohnraumüberwachung sind zu finden bei *Meyer/Hetzer* in NJW 1998, 1017, 1024 ff.

Während Maßnahmen nach § 100 c I Nr. 1 StPO auch jeder Polizist treffen kann, darf die *Anordnung* von Abhör- und Tonaufzeichnungsmaßnahmen nur durch den Richter erfolgen, bei Abhörmaßnahmen in Wohnungen sogar nur – ein fragwürdiges Novum – durch die Staatsschutzkammer des Landgerichts, in dessen Bezirk das Oberlandesgericht seinen Sitz hat (§ 100 d II 1 StPO). Bei Gefahr im Verzug kann auch der Staatsanwalt oder ein Hilfsbeamter i. S. d. § 152 GVG die Anordnung treffen (§ 100 d I 1 StPO – nicht aber bei Maßnahmen nach § 100 c I Nr. 3 StPO, dort kann dies nur der Vorsitzende der Staatsschutzkammer gem. § 100 d II 2 StPO), allerdings ist unverzüglich die richterliche Bestätigung zu beantragen, da sonst die Anordnung nach 3 Tagen außer Kraft tritt (§§ 100 d I 2 und II 3, 98 b I 2, 100 b I 3 StPO). Die Anordnung muss schriftlich ergehen und die Maßnahme genau bezeichnen. Sie ist zeitlich – längstens auf 3 Monate, beim Abhören von Wohnungen auf 4 Wochen – zu befristen. Liegen die Voraussetzungen weiter vor, kann die Frist allerdings auch verlängert werden (§§ 100 d I 2 und IV, 100 b II StPO). Die Frist beginnt bereits mit Erlass der Anordnung, nicht erst mit deren Vollzug (vgl. dazu und zur Frage des Verwertungsverbots bei Fristüberschreitung BGH NJW 1999, 959).

Hinweis: § 100 c II Nr. 2 StPO ist auch Ermächtigungsgrundlage für die typischerweise mit dem Vollzug der Überwachungsmaßnahme verbundenen Vorbereitungsmaßnahmen. Dazu gehört beim vorgesehenen Abhören und Aufzeichnen der in einem PKW geführten Gespräche nicht nur das heimliche Öffnen des Fahrzeugs zum Anbringen der „Wanze", sondern auch das vorübergehende Verbringen in eine Werkstatt (so jetzt BGH NStZ 2001, 386 gegen die umstrittene Entscheidung des Ermittlungsrichters des BGH in NJW 1997, 2189).

Zu beachten ist in diesem Zusammenhang auch, dass derartige Überwachungsmaßnahmen nicht zulässig sind in Fahrzeugen, die nicht nur als Verkehrsmittel, sondern – wie Wohnwagen oder zum Aufenthalt geeignete Schiffe – auch als Rückzugsbereich für die private Lebensgestaltung dienen und deshalb unter Art. 13 GG fallen, es sei denn die Voraussetzungen des § 100 c I Nr. 3 StPO – Abhören in Wohnungen – lägen vor.

Die *Verwertbarkeit* regelt § 100 d II StPO. Danach sind die Erkenntnisse in anderen Strafverfahren nur verwertbar, wenn sie zum Nachweis einer Katalogtat i. S. d. § 100 a StPO benötigt werden.

Zur Verwertbarkeit von Erkenntnissen des Bundesnachrichtendienstes und bei präventiven Lausch-Eingriffen der Polizei, die jeweils über wei-

A. *Verfahrensfragen* 69

tergehende Befugnisse verfügen als die Ermittlungsbehörden, vergleiche BVerfG NStZ 1995, 503 ff. und BGH NStZ 1995, 601. Für Informationen, die aus einer zur Eigensicherung bei Ermittlungen auf polizeirechtlicher Grundlage durchgeführten Wohnraumüberwachungsmaßnahme stammen, hat der Gesetzgeber im StVÄG 1999 mit § 161 II StPO eine ausdrückliche Regelung getroffen (vgl. dazu im Einzelnen *Brodersen* NJW 2000, 2540).

8. Der Einsatz Verdeckter Ermittler (§§ 110 a–110 e StPO)

Verdeckter Ermittler ist ein Polizeibeamter, der unter einer *auf Dauer* angelegten veränderten Identität ermittelt (§ 110 a II 1 StPO) und unter dieser Legende – auch noch nach Beendigung seines Einsatzes (§ 110 b III StPO) – am Rechtsverkehr teilnehmen darf (§ 110 a II 2 StPO). Abzugrenzen ist insoweit der Verdeckte Ermittler mit seiner tatsächlich auf Dauer eingerichteten verdeckten Tätigkeit von dem nur im Einzelfall unter einem Decknamen handelnden, z. B. als Scheinaufkäufer auftretenden Beamten. Letzterer ist jedenfalls dann kein Verdeckter Ermittler, auf den die §§ 110 a ff. StPO anzuwenden sind, wenn sich seine Tätigkeit im Umfeld des Beschuldigten auf eine Einzelaktion beschränkt (grundlegend zur Abgrenzung BGH NJW 1996, 2108).

Soweit dies für die Legende unerlässlich ist, dürfen auch entsprechende Urkunden hergestellt, verändert und gebraucht werden (§ 110 a III StPO). Diese Vorschrift ermächtigt allerdings nicht dazu, öffentliche Bücher oder Register zu verändern (*Hilger* NStZ 1992, 523). § 110 c StPO gestattet dem Verdeckten Ermittler nun auch ausdrücklich, unter Wahrung seiner Legende fremde Wohnungen *mit* dem Einverständnis des Berechtigten zu betreten. Mit diesen Regelungen soll verhindert werden, dass sich der Verdeckte Ermittler nahezu zwangsläufig strafbar macht. Denn selbstverständlich darf er keine Straftaten begehen. Die Praxis wird hierdurch vor sehr große Probleme gestellt, die häufig unter dem Stichwort „Keuschheitsprobe" diskutiert werden und auch große Klausurrelevanz haben, da hier materiell-rechtliche Fragen mit prozessualen Problemen eng verflochten sind. Zu diesem weiten Feld sei auf den Aufsatz von *Schwarzburg* in NStZ 1995, 469 ff. verwiesen.

Hinweis: Ob der nur im Rahmen einer Einzelaktion eingesetzte Scheinaufkäufer unter einem Decknamen die Wohnung des Beschuldigten betreten darf, ist bislang noch nicht höchstrichterlich entschieden. Ob wegen des Fehlens einer ausdrücklichen gesetzlichen Regelung das Betreten von Wohnungen durch Beamte, die nicht Verdeckte Ermittler sind, generell untersagt ist, ob in diesem Fall die §§ 110 a ff. StPO analog angewandt werden können oder ob sogar § 163 StPO als Rechtsgrundlage ausreicht, wurde vom BGH in NStZ 1997, 448 ausdrücklich offengelassen.

Der Einsatz eines Verdeckten Ermittlers ist zulässig, wenn der Anfangsverdacht für eine der in § 110 a I Satz 1 StPO genannten Straftaten von erheblicher Bedeutung oder für ein Verbrechen mit Wiederholungsgefahr

(Satz 2) vorliegt und die Aufklärung auf andere Weise aussichtslos oder erheblich erschwert wäre (Satz 3). Bei Verbrechen ist sein Einsatz auch zulässig, wenn es sich um eine Tat von besonderer Bedeutung handelt, deren Aufklärung auf andere Weise aussichtslos erscheint (Satz 4). Außer bei Gefahr im Verzug darf ein Verdeckter Ermittler erst nach Zustimmung des Staatsanwalts eingesetzt werden (§ 110b I Satz 1 StPO). Gegebenenfalls ist dessen Zustimmung – die in jedem Fall schriftlich (kein Verwertungsverbot bei Verstoß – BGH StV 1995, 398) und befristet sein muss (Satz 3) – nachzuholen oder die Maßnahme spätestens nach 3 Tagen zu beenden (Satz 2).

Richtet sich der Einsatz gezielt gegen einen bestimmten Beschuldigten oder muss der Verdeckte Ermittler eine nicht allgemein zugängliche Wohnung betreten, so bedarf es der Zustimmung des Ermittlungsrichters (§ 110b II Satz 1 StPO), der seine Entscheidung begründen und dabei erkennen lassen muss, dass eine Abwägung auf der Grundlage sämtlicher im Einzelfall relevanter Erkenntnisse stattgefunden hat (BGH NStZ 1997, 249). Bei Gefahr im Verzug genügt die Zustimmung des Staatsanwalts (§ 110b II Satz 2). Ist auch diese nicht rechtzeitig zu erhalten, muss sie unverzüglich (Satz 3) und die richterliche Zustimmung spätestens innerhalb von 3 Tagen (Satz 4) nachträglich eingeholt oder der Einsatz beendet werden. Unterbleibt die nachträgliche Zustimmung des Richters nach § 110b II 4 StPO, wird die Anordnung durch den Staatsanwalt dadurch nicht von vornherein unwirksam (BGH NJW 1995, 2237).

Die wahre Identität des Ermittlers muss gegenüber Staatsanwalt und **Ermittlungs**richter, die über dessen Einsatz zu befinden haben, auf Verlangen preisgegeben werden, nicht aber gegenüber dem erkennenden Gericht in der Hauptverhandlung. Ansonsten kann auch im Strafverfahren seine wahre Identität nach den Grundsätzen des § 96 StPO geheimgehalten werden, wobei im Einzelfall die widerstreitenden Interessen abzuwägen sind. Das für die Entscheidung allein zuständige Innenministerium (BGH NJW 1995, 2569) kann also nicht pauschal in jedem Fall die wahre Identität des Ermittlers verweigern. Liegen die Voraussetzungen des § 96 StPO nicht vor, kommt immer noch ein Zeugenschutz über § 68 StPO in Betracht (vgl. dazu S. 116f.).

Hinweis 1: Die gesetzlichen Bestimmungen über den Einsatz Verdeckter Ermittler sind weder direkt noch entsprechend auf den Einsatz von V-Leuten anwendbar, selbst wenn diese auf den Beschuldigten angesetzt sind (BGH NJW 1995, 2236; kritisch dazu *Fetzer* in JZ 1995, 972).

Hinweis 2: Lockspitzel und verdeckt ermittelnde Polizeibeamte dürfen nur gegen Personen eingesetzt werden, gegen die schon ein Verdacht i.S.d. § 160 I StPO besteht, entsprechende Straftaten zu planen oder darin verwickelt zu sein. Verstoßen die Ermittlungsbehörden hiergegen, führt dies zwar nicht zu einem Verfahrenshindernis, stellt aber einen gewichtigen Strafmilderungsgrund dar (BGH NJW 2000, 1123).

A. *Verfahrensfragen* 71

9. Sonstiges

a) Identitätsfeststellung (§§ 163 b, c StPO). Zur Identifizierung eines Verdächtigen, z. B. nach einer Festnahme gemäß § 127 I StPO, können nach § 163 b StPO die hierzu erforderlichen Maßnahmen getroffen werden. Dazu gehört neben der Befragung des Verdächtigen die Anfrage beim Melderegister, gegebenenfalls Ermittlungen bei Nachbarn etc. Zu diesem Zweck kann der Beschuldigte festgehalten und erkennungsdienstlich behandelt werden, soweit sonst die Identitätsfeststellungen nicht oder nur erheblich erschwert getroffen werden könnten (§ 163b I 2 und 3 StPO). Das Festhalten ist nur solange zulässig, wie dies zur Identitätsfeststellung unerlässlich ist, maximal jedoch 12 Stunden (vgl. § 163 c, insbesondere § 163 c III StPO). Selbst die Durchsuchung des Verdächtigen und der von ihm mitgeführten Sachen ist unter diesen Voraussetzungen bereits nach § 163b I 3 StPO zulässig, ohne Rückgriff auf § 102 StPO. Die gleichen Maßnahmen – außer der Durchsuchung und der erkennungsdienstlichen Behandlung gegen den Willen des Dritten – sind auch gegenüber Dritten zulässig, soweit es zur Sachaufklärung erforderlich ist und zum Tatvorwurf nicht außer Verhältnis steht (§ 163 b II StPO – beachte die Verpflichtung zur Vernichtung der Unterlagen § 163c IV StPO).

Hinweis: Ist die Identität erst einmal geklärt, kommen weitere Maßnahmen zur Überführung des Verdächtigen (z. B. Fingerabdrücke, Fußabdrücke, Gegenüberstellung, Stimmenvergleich) nur noch über andere Vorschriften wie z. B. § 81 b StPO (der z. B. im Gegensatz zu § 163 b StPO eine förmliche Beschuldigteneigenschaft voraussetzt!) in Betracht.

Kann die Identität nicht innerhalb der 12-Stunden-Frist geklärt werden, ist zu prüfen, ob nicht ein Haftbefehl wegen Fluchtgefahr erwirkt werden kann.

b) Erkennungsdienstliche Behandlung nach § 81 b StPO. Die Vorschrift ist, soweit sie zum Zwecke des Erkennungsdienstes Maßnahmen gestattet, ein Fremdkörper in der StPO, da sie insoweit materielles *Polizeirecht* enthält (*Meyer-Goßner* § 81 b Rdnr. 3). Sind diese Maßnahmen dagegen zur Durchführung des Strafverfahrens erforderlich, handelt es sich um prozessuale Maßnahmen zur Strafverfolgung. Im Gegensatz zu § 163b genügt für § 81 b StPO nicht der Verdacht, sondern der Verdächtige muss förmlich Beschuldigter sein.

Typische Beispiele der Identifizierungsmaßnahmen nach § 81 b StPO sind die Abnahme von **Fingerabdrücken** und das Anfertigen von **Lichtbildern** vom Beschuldigten. Für diese Maßnahmen können auch vorbereitende Handlungen notwendig werden, insbesondere die Veränderung des äußeren Erscheinungsbildes des Beschuldigten (z. B. Aufsetzen/Entfernen einer **Perücke** oder eines künstlichen Bartes), wobei allerdings streitig ist, ob das **Haar- oder Bartabschneiden** nicht ein nur nach § 81a StPO zulässiger körperlicher Eingriff ist (vgl. *Meyer-Goßner* § 81 b Rdnr. 10).

Streit besteht darüber, ob die **Gegenüberstellung** nach § 81a, nach § 81b oder nach § 58 II StPO zwangsweise durchgesetzt werden kann (die Rechtsprechung tendiert zu § 81a StPO – vgl. *Meyer-Goßner* § 58 Rdnr. 9). Jedenfalls ist es nach § 81b StPO zulässig, den Beschuldigten sowie Dritte auf Videofilm festzuhalten, um diesen Zeugen zur Gegenüberstellung vorzuspielen oder diese Gegenüberstellung selbst auf Videofilm aufzunehmen (vgl. zu nachgestellten Vergleichsaufnahmen vom Beschuldigten mit einer Raumüberwachungskamera BGH NStZ 1993, 47).

Tipp: Da es bei den Gegenüberstellungen auf das **Wiedererkennen des Beschuldigten** als den Täter durch einen Zeugen ankommt, ist alles zu vermeiden, was diese Beweiskraft beeinträchtigen könnte. Insbesondere ist auf das Problem des sogenannten „wiederholten Wiedererkennens" zu achten. Wurden dem Augenzeugen z.B. Bilder des Verdächtigen A gezeigt und dieser als der Täter bezeichnet (das ist ganz falsch! – Auch bei einer Gegenüberstellung sollte der Eindruck vermieden werden, der Täter sei unter den vorgestellten Personen), so kann nicht ausgeschlossen werden, dass der Zeuge später bei einer Wahlgegenüberstellung oder in der Hauptverhandlung nur deshalb den A als den Täter „wiedererkennt", weil ihm dessen Lichtbild bei der Polizei gezeigt worden ist. Es ist deshalb zu **vermeiden, dem Zeugen Lichtbilder allein des Beschuldigten vorzuhalten.** Vielmehr sind vergleichbare Lichtbilder Dritter ebenfalls vorzuhalten. All diese Bilder sind zu den Strafakten zu nehmen, damit sich das Gericht über die Auswahl aus diesen Personen vergewissern kann. Bei Gegenüberstellungen sollten durch den genannten Videomitschnitt oder durch Lichtbilder die Einzelheiten dieser Gegenüberstellung festgehalten werden. Für die Anforderungen an die Gegenüberstellung und die damit auftretenden Probleme sei auf die ausführliche Entscheidung OLG Karlsruhe NStZ 1983, 377 und für die Ausführungen im Urteil auf BGH StV 1997, 454 verwiesen.

Auch bei all diesen Maßnahmen darf der Beschuldigte selbstverständlich **nicht zu einem aktiven Mitwirken gezwungen** werden, z.B. dazu, bestimmte Grimassen zu schneiden, bestimmte Gesten vorzunehmen oder gegen seinen Willen für Stimmenvergleiche auf ein Band zu sprechen. Dagegen ist es zulässig, das Tonband einer mit dem Einverständnis des Beschuldigten mitgeschnittenen Vernehmung für einen Stimmenvergleich zu verwerten. Auch bei derartigen Stimmvergleichen sollte – wie oben bei der Gegenüberstellung – möglichst sorgfältig vorgegangen und dem Zeugen eine Auswahl unter mehreren Stimmen gelassen werden (vgl. BGH NStZ 1994, 295).

c) Unterbringung zur Beobachtung nach § 81 StPO. Voraussetzung für eine Unterbringung nach § 81 StPO sind:
– Unterbringung zur Vorbereitung eines Gutachtens zum psychischen Zustand des Beschuldigten erforderlich (zur Frage der Schuldfähigkeit, Gemeingefährlichkeit, Verhandlungsfähigkeit)
– dringender Tatverdacht
– nach **vorheriger** Anhörung eines **Arztes und** des **Verteidigers** (Fall der notwendigen Verteidigung gemäß § 140 I Nr. 6 StPO) gemäß § 81 I und des Staatsanwalts nach § 33 II StPO
– Verhältnismäßigkeit.

A. Verfahrensfragen

Die Anordnung deckt nur das Festhalten und Beobachten. Körperliche Eingriffe sind zusammen mit der Unterbringung in diesem Beschluss oder später in einem weiteren Beschluss ausdrücklich nach § 81a StPO anzuordnen. Die Unterbringung erfolgt in einem psychiatrischen Krankenhaus und darf nur bis zu 6 Wochen dauern (§ 81 I, V StPO).

Im Unterschied zu § 81a StPO, der mit der einfachen Beschwerde anfechtbar ist, kann die Anordnung der Unterbringung nur mit der sofortigen Beschwerde angefochten werden, die Suspensiveffekt hat (§ 81 IV StPO).

Hinweis: Wie die vorläufige Unterbringung kann auch die Anordnung der körperlichen Untersuchung in einer Klinik nach § 81a StPO mit der weiteren Beschwerde angefochten werden, da es sich auch hier um eine freiheitsentziehende Maßnahme handelt (vgl. § 310 StPO).

d) Untersuchung anderer Personen nach § 81c StPO. Diese Vorschrift ist auf alle Personen anwendbar, die *nicht Beschuldigte* sind. Bei ihnen sind nach Absatz 1 auch ohne Einwilligung notwendige und zumutbare (Absatz 4) Untersuchungen an deren Körper zur Feststellung von Spuren oder Tatfolgen zulässig.

Nach § 81c II StPO sind zur Aufklärung der Tat unerlässliche Untersuchungen zur Feststellung der Abstammung und Entnahmen von Blutproben zulässig. Untersuchung oder Entnahme müssen vom Arzt vorgenommen werden und dürfen im konkreten Fall nicht gesundheitsgefährlich sein.

Einzig zulässiger körperlicher Eingriff bei *Zeugen* ist also die Blutentnahme.

Die Untersuchung und Blutentnahme kann verweigert werden, soweit der betroffene Zeuge ein Zeugnisverweigerungsrecht im Sinn des § 52 StPO hat (§ 81c III StPO). Hierüber ist der Betroffene zu belehren, wobei der Arzt diese Belehrung nicht selbst vornehmen kann, da er seinerseits als Sachverständiger tätig ist. War der Zeuge vom Richter belehrt worden, so bleibt das bisherige Untersuchungsergebnis verwertbar, auch wenn der Zeuge in der Hauptverhandlung von seinem Zeugnisverweigerungsrecht Gebrauch macht. Die Belehrung durch den Staatsanwalt oder dessen Hilfsbeamten genügt, wenn dieser nach § 81c V StPO die Untersuchung angeordnet hatte (vgl. BGH StV 1993, 563).

Hinweis: Äußert sich der zeugnisverweigerungsberechtigte Zeuge im Rahmen der Untersuchung gegenüber dem Arzt zu Befundtatsachen, so kann dies auch für den Fall der Zeugnisverweigerung in die Hauptverhandlung eingeführt werden, da insoweit § 252 StPO nicht eingreift. Anders ist es allerdings mit Angaben zu Zusatztatsachen. Diese Angaben stehen einer Vernehmung gleich und unterliegen deshalb dem Verwertungsverbot des § 252 StPO (vgl. *Meyer-Goßner* § 252 Rdnr. 10; BGH StV 1996, 522). Hat ein Zeuge von der Bedeutung seines Untersuchungsverweigerungsrechts mangels Verstandesreife keine genügende Vorstellung, so entscheidet über die Einwilligung zur Untersuchung allein sein gesetzlicher Vertreter; nur dieser ist zu belehren.

Wurde er nicht belehrt, bleibt die Untersuchung verwertbar, wenn feststeht, dass der gesetzliche Vertreter bei Kenntnis des Rechts, die Untersuchung zu verweigern, in diese eingewilligt hätte (BGH NStZ 1995, 198).

e) DNA-Analyse („Genetischer Fingerabdruck") gemäß § 81 e StPO. Für die Frage der Abstammung oder zum Nachweis der Übereinstimmung des aufgefundenen Spurenmaterials, insbesondere Blut oder Sperma, mit dem beim Beschuldigten oder beim Opfer erhobenen Vergleichsmaterial kann eine Genanalyse vorgenommen werden, bei der allerdings keine über die in § 81 e I S. 1 StPO genannten Tatsachen hinausgehenden Erbinformationen offengelegt werden dürfen. Dabei ist unerheblich, auf welchem Weg das Material beschafft worden ist (vgl. § 81 e II StPO). §§ 81 e und 81 f StPO sind demnach keine Eingriffsnormen zur Entnahme einer Zell- oder Blutprobe, sondern setzen diese voraus. Wichtig ist, dass zwar die Entnahme der Probe nach § 81 a StPO bei Gefahr im Verzug vom Staatsanwalt oder dessen Hilfsbeamten angeordnet werden kann, nicht aber dessen nachfolgende molekulargenetische Untersuchung. Diese setzt vielmehr eine schriftliche, **richterliche** Anordnung voraus (§ 81 f I StPO), und zwar auch bei der Untersuchung von Spurenmaterial eines unbekannten Verursachers. Im letzteren Fall ist der Ermittlungsrichter des Amtsgerichts zuständig, in dessen Bezirk die Untersuchung vorgenommen werden soll, ansonsten der Ermittlungsrichter, in dessen Bezirk die Entnahme der Körperzellen stattgefunden hat bzw. stattfinden soll (BGH NJW 2000, 1204; OLG Düsseldorf NJW 2002, 1814).

Hinweis: Nach § 81 g StPO dürfen unter bestimmten Umständen auch zur Aufklärung künftiger Straftaten dem Beschuldigten Körperzellen entnommen und zur DNA-Identitätsfeststellung molekulargenetisch untersucht werden. Die Daten werden dann beim Bundeskriminalamt gespeichert und dienen so – wie bisher schon Fingerabdrücke – zur Identifizierung des Beschuldigten bei späteren Straftaten (zur Verfassungsmäßigkeit und den damit zusammenhängenden Anforderungen an die richterliche Begründungspflicht vgl. BVerfG NJW 2001, 879). Vorübergehend dürfen unter den gleichen Voraussetzungen und in gleicher Weise auch bei bereits rechtskräftig Abgeurteilten Körperzellen entnommen und ausgewertet werden (§ 2 des DNA-Identitätsfeststellungsgesetzes), um auch bei besonders gefährlichen, aber schon rechtskräftig verurteilten Tätern diese neuen Aufklärungsmöglichkeiten im Falle künftiger Straftaten nutzen zu können.

f) Auskunft über Verbindungsdaten der Telekommunikation gemäß § 100 g StPO. Die seit Januar 2002 geltenden §§ 100 g und h StPO ersetzen den bisherigen § 12 des Fernmeldeanlagengesetzes. Sie sind aufgrund der heutigen Möglichkeiten der Kommunikation über Mobiltelefone und Internet zu einem unverzichtbaren Instrument der Aufklärung von Straftaten geworden. Die Vorschriften haben daher enorme praktische Bedeutung und werden deshalb auch alsbald Eingang in Examensklausuren finden. Nach dieser Vorschrift sind die Telekommunikationsunternehmen (also insbesondere Telekom, T-Mobile, D2 Vodafone etc.) verpflichtet, unverzüglich Auskunft über die in § 100 g II StPO definier-

A. Verfahrensfragen

ten Telekommunikationsdaten zu erteilen. Voraussetzung ist allerdings, dass
- aufgrund bestimmter Tatsachen der Verdacht besteht,
  - es liege entweder eine Straftat von erheblicher Bedeutung vor (die §§ 98a, 100a, 110a StPO dienen als Orientierung, ohne dass ein abschließender Katalog vorliegt),
  - oder eine Straftat sei mittels einer Endeinrichtung gemäß § 3 Nr. 3 des Telekommunikationsgesetzes begangen worden, insbesondere also wenn Telefon oder ein Computer über Internetanschluss zur Begehung der Straftat eingesetzt wurden,
- die Auskunft für die Ermittlungen erforderlich ist,
- die erfragten Verbindungsdaten den Beschuldigten oder die sonstigen in § 100a StPO bezeichneten Personen betreffen (§ 100g I S. 2 StPO) und
- Zeugnisverweigerungsrechte nach § 53 I Nr. 1, 2 und 4 StPO nicht entgegenstehen (es sind also nach § 100h II StPO nur ganz bestimmte Berufsgeheimnisträger geschützt!).

Die Auskunft kann auch für zukünftige Verbindungsdaten angefordert werden (§ 100g I S. 3 StPO).

Zuständig ist grundsätzlich der Ermittlungsrichter, bei Gefahr im Verzug auch der Staatsanwalt (§ 100h I S. 3 i.V.m. § 100b I S. 2 StPO). Eilentscheidungen müssen nach §§ 100 I S. 3, 100b I S. 3 StPO nur bestätigt werden, wenn die Auskunft für Verbindungsdaten verlangt wird, die auch noch im Zeitpunkt der richterlichen Bestätigungsentscheidung in der Zukunft liegen. Wird mit der Eilentscheidung des Staatsanwalts Auskunft nur für die künftigen Verbindungsdaten der nächsten beiden Tage verlangt, ist eine richterliche Bestätigung nicht erforderlich.

Die Anordnung muss grundsätzlich den Namen und die Anschrift des Betroffenen, gegen den sie sich richtet, sowie die Rufnummer oder eine andere Kennung seines Kommunikationsanschlusses enthalten (§ 100h I S. 1 StPO). Bei Straftaten von erheblicher Bedeutung genügt nach § 100h I S. 2 StPO allerdings die räumlich und zeitliche Bezeichnung der Telekommunikation, wenn andernfalls die Erforschung des Sachverhalts aussichtslos oder wesentlich erschwert wäre. Dies ermöglicht insbesondere die sogenannte Funkzellenabfrage, mit der Auskunft über Daten solcher Mobilfunktelefonate verlangt werden kann, die von einem unbekannten Täter während eines konkreten Zeitraums aus einer bestimmten Funkzelle mit unbekannten Personen geführt wurden. Bei Straftaten von erheblicher Bedeutung, deren Aufklärung ohne die Auskunft des Telekommunikationsunternehmens aussichtslos oder wesentlich erschwert wäre, kommt gemäß § 100g II StPO auch eine so genannte Zielwahlsuche in Betracht. Mit dieser Suchart werden alle Anschlussnummern ermittelt, von denen im Auskunftszeitraum Telekommunikationsverbindungen zu einem bekannten Anschluss hergestellt worden sind.

Hinweis: Mittels einer Endeinrichtung i. S. d. § 100 g I StPO ist die Tat nur begangen, wenn die eigentliche tatbestandsmäßige Handlung selbst mittels der Endeinrichtung begangen wurde. Der Täter, der durch Telefonanrufe abklärt, ob sich jemand in dem Haus befindet, in das er einbrechen möchte, begeht den Einruchsdiebstahl ebenso wenig mittels einer Endeinrichtung wie der Täter, der nach vollbrachter Tat seinen Auftraggeber davon unterrichtet, dass er seinen Auftrag erfolgreich abgeschlossen hat.

g) Die **Fahndung** nach Beschuldigten und Zeugen ist in den §§ 131 bis 131 c StPO geregelt. Zu unterscheiden ist zwischen einer Öffentlichkeitsfahndung (§§ 131 III, 131 a III und 131 b StPO) und der Fahndung, die sich nicht an die Öffentlichkeit richtet. Letztere darf in allen Fahndungshilfsmitteln der Strafverfolgungsbehörden vorgenommen werden (§ 131 a V StPO, der nicht nur für Ausschreibungen zur Aufenthaltsermittlung gilt, sondern erst recht für Ausschreibungen zur Festnahme – zu den einzelnen Fahndungshilfsmitteln vgl. den nicht abschließenden Katalog in Nr. 40 RiStBV). Auf die – wie bei allen primär datenschutzrechtlich ausgerichteten Vorschriften – sehr detaillierten Regelungen kann hier nicht im Einzelnen eingegangen werden. Hingewiesen sei darauf, dass für eine Öffentlichkeitsfahndung der Verdacht (bei der Fahndung zur Aufenthaltsermittlung oder Identitätsfeststellung ist dringender Tatverdacht erforderlich!) einer Straftat von erheblicher Bedeutung vorliegen und andere Formen der Aufenthaltsermittlung weniger Erfolg versprechend oder wesentlich erschwert wären. Erwähnt sei auch, dass den Hilfsbeamten der Staatsanwaltschaft weitgehend Eilkompetenzen zugebilligt wurden (131 I, II, 131 c I 1 und 2 StPO), die so getroffenen polizeilichen Anordnungen allerdings grundsätzlich nach kurzer Zeit (24 Stunden bei der Öffentlichkeitsfahndung zur Festnahme, § 131 III 4 StPO; 1 Woche bei der Fahndung zur Aufenthaltsermittlung oder Identitätsfeststellung, § 131 c II 2 StPO) wieder außer Kraft treten, wenn sie nicht von der Staatsanwaltschaft bestätigt werden (ausgenommen die nicht an die Öffentlichkeit gerichtete Ausschreibung zur Festnahme, vgl. § 131 I–III StPO).

h) Am Rande erwähnt seien noch die **Rasterfahndung** (§ 98 a und b StPO), die **polizeiliche Beobachtung** (§ 163 e StPO) und die **längerfristige Observation** (§ 163 f StPO).

Bei der *Rasterfahndung* werden mit Hilfe fallspezifischer kriminalistischer Prüfkriterien personenbezogene Daten, die – nicht für Zwecke der Strafverfolgung erhoben – in Dateien anderer Stellen als Strafverfolgungsbehörden gespeichert sind, in automatisierter Form verglichen. Abgeglichen werden dürfen die Daten der Personen, die auf den Täter zutreffende Prüfkriterien erfüllen. Ähnlich wie beim Einsatz verdeckter Ermittler ist die Maßnahme nur bei bestimmten Delikten (vgl. den Katalog des § 98 a I 1 StPO) und nur subsidiär (§ 98 a I 2 StPO) zulässig.

Die *polizeiliche Beobachtung* dient der Herstellung eines „Bewegungsbildes" von der zu überprüfenden Person. Hierzu werden unauffällig Erkennt-

A. Verfahrensfragen

nisse im Rahmen von polizeilichen Kontrollen gesammelt und ausgewertet. Sie ist grundsätzlich nur gegen den Beschuldigten zulässig, allein bei Straftaten von erheblicher Bedeutung und nur subsidiär wie die Rasterfahndung. Gegen Kontaktpersonen darf sie nur unter den strengeren Voraussetzungen des § 163 e I 3 StPO angeordnet werden. Nach § 163 e II StPO ist es zulässig, ein Kfz-Kennzeichen auszuschreiben, wenn Halter ein Beschuldigter bzw. eine Kontaktperson i. S. d. Abs. 1 ist oder das Kfz von einer – auch unbekannten – Person benutzt wird, die einer Straftat von erheblicher Bedeutung verdächtig ist.

Eine *längerfristige Observation* liegt vor, wenn die planmäßig angelegte Beobachtung durchgehend länger als 24 Stunden dauern *oder* an mehr als zwei Tagen stattfinden soll. Diese Observation des Beschuldigten ist nur zulässig, wenn es um Straftaten von erheblicher Bedeutung geht und wenn die Erforschung des Sachverhalts oder die Ermittlung des Aufenthalts des Beschuldigten auf andere Weise erheblich weniger Erfolg versprechend oder wesentlich erschwert wäre (§ 163 f I 2 StPO). Gegenüber einer anderen Person als dem Beschuldigten erfordert eine solche Observation darüber hinaus die auf bestimmte Tatsachen gestützte Annahme, dass die Person mit dem Täter in Verbindung steht oder eine solche Verbindung aufgebaut werden soll (§ 163 e I 3 StPO). § 163 f StPO gilt für die Beobachtung durch „ermittelnde Beamte", also nicht für die planmäßige Beobachtung des Beschuldigten durch einen V-Mann, wohl aber für den nicht offen ermittelnden Polizeibeamten. Dagegen deckt die richterliche Zustimmung zum Einsatz eines Verdeckten Ermittlers nach § 110 b II StPO auch die durch diesen Beamten vorgenommene längerfristige Observation ab. Soll die Observation mit Lichtbildern oder einer Videoaufzeichnung dokumentarisch gesichert werden, so ist auch § 100 c I Nr. 1a StPO zu beachten.

Rasterfahndung und polizeiliche Beobachtung dürfen nur durch den Richter, bei Gefahr im Verzug auch durch den Staatsanwalt angeordnet werden. Gegebenenfalls muss die richterliche Zustimmung unverzüglich nachgeholt werden, sonst tritt die Anordnung nach 3 Tagen außer Kraft (vgl. im Einzelnen §§ 98 b I, 163 e IV StPO). Längerfristige Observationen ordnet grundsätzlich die Staatsanwaltschaft an. Bei Gefahr im Verzug können dies auch deren Hilfsbeamte. Die Anordnung muss dann aber innerhalb von 3 Tagen von der Staatsanwaltschaft bestätigt werden Die Anordnung der Observation ist aktenkundig zu machen und von vornherein zu befristen, maximal auf die Dauer von einem Monat. Eine Verlängerung über diesen Zeitraum hinaus erfordert die Anordnung durch den Richter (vgl. § 163 f III und IV StPO).

B. Abschlussverfügungen der Staatsanwaltschaft

In zahlreichen Klausuren wird die Fähigkeit zur Umsetzung des Wissens in die Praxis dadurch geprüft, dass der Referendar neben einem Gutachten die Abschlussverfügungen der Staatsanwaltschaft fertigen muss, wobei häufig bei einer Anklage nur der Anklagesatz verlangt wird. Da auch der oft verlangte Haftbefehl ähnlich wie ein Anklagesatz aufgebaut ist, sollte man sich damit unbedingt vertraut machen. In der Regel sind die materiell-rechtlichen und die prozessualen Rechtsprobleme so umfangreich, dass es schon aus Zeitgründen erforderlich ist, die handwerklichen Fragen zur Anklage ohne großes Nachdenken zu bewältigen.

1. Anklageschrift

Gemäß § 170 I StPO erhebt die Staatsanwaltschaft Anklage, wenn die Ermittlungen genügenden Anlass hierfür ergeben haben, d.h. wenn hinreichender Tatverdacht besteht (siehe oben S. 3). Wie aus den §§ 151, 155, 264 StPO folgt, gibt es einerseits kein gerichtliches Strafverfahren ohne Anklage der Staatsanwaltschaft, andererseits ist das Gericht nicht an deren Anträge gebunden, sondern bei der Beurteilung der angeklagten Tat frei. Mit der Anklage muss die Staatsanwaltschaft also unmissverständlich zum Ausdruck bringen, in welchem konkreten Lebenssachverhalt sie ein strafbares Verhalten sieht (man nennt dies eingängig die **Umgrenzungsfunktion** der Anklage; lesenswert BGH NJW 1996, 1221 f.). Erfüllt die Anklage mangels ausreichender Darstellung des historischen Vorgangs diese Funktion nicht, fehlt es an einer wirksamen Anklage und damit an einer Verfahrensvoraussetzung, die auch nicht durch den Eröffnungsbeschluss nachgeholt werden kann, da die Anklage von der Staatsanwaltschaft erhoben werden muss.

Da nicht die Strafvorschrift, sondern die prozessuale Tat, der historische Sachverhalt, angeklagt wird, bedeutet dies aber auch, dass die Staatsanwaltschaft innerhalb dieser Tat nicht gleichzeitig wegen des einen Straftatbestandes einstellen und wegen eines anderen Anklage erheben kann. Dies ist noch leicht verständlich bei Tateinheit (keine Einstellung wegen des nicht nachweisbaren Vorwurfs der Trunkenheit im Verkehr, wenn der Beschuldigte diese Fahrt auch noch ohne Fahrerlaubnis gemacht hat und deswegen angeklagt wird), gilt aber entsprechend bei Tatmehrheit, wenn beide Delikte eine prozessuale Tat darstellen (zum Tatbegriff siehe unten S. 138 ff.). In beiden Fällen erfolgt in der Anklage nur ein Hinweis auf die nach Auffassung der Staatsanwaltschaft fehlende Strafbarkeit wegen des weiteren Straftatbestandes.

Daneben hat die Anklageschrift aber auch die Aufgabe, die Beteiligten, insbesondere den Angeschuldigten davon zu unterrichten, welche Schlüsse die Staatsanwaltschaft aus dem angeklagten Verhalten des Ange-

B. *Abschlussverfügungen der Staatsanwaltschaft* 79

schuldigten zieht und mit welchen Sanktionen dieser zu rechnen hat (**Informationsfunktion** der Anklage; vgl. BGH NJW 1996, 1221 f.).

§ 200 I StPO regelt den **Mindestinhalt einer Anklage,** nämlich Angabe des Angeschuldigten, seines Verteidigers, des Gerichts, vor dem die Hauptverhandlung stattfinden soll, der vorgeworfenen Tat mit Zeit und Ort der Begehung, der gesetzlichen Merkmale der Tat, der angewandten Strafvorschriften sowie der Beweismittel. Dass der Beschuldigte in diesem Stadium Angeschuldigter heißt und er deshalb auch in der Anklageschrift nur angeschuldigt und nicht angeklagt wird, ergibt sich aus § 157 StPO.

Hinweis: Die Anklageschrift sollte selbstverständlich unterschrieben sein. Ist sie dies nicht, kommt es für die Frage der wirksamen Anklageerhebung (als Prozessvoraussetzung von Amts wegen zu prüfen) darauf an, ob sie mit Wissen und Wollen des Staatsanwalts bei Gericht eingereicht worden ist oder ob es sich nur um einen Entwurf handelt (OLG Düsseldorf MDR 1994, 85). Die Klärung dieser Verfahrensfrage erfolgt im Freibeweisverfahren (siehe dazu unten S. 104).

Der Aufbau der Anklage ist je nach örtlichen Gepflogenheiten unterschiedlich. Da wird der Adressat der Anklage teilweise zu Beginn, teilweise erst am Ende der Anklage genannt. Der Anklagesatz wird teilweise mit den gesetzlichen Merkmalen begonnen und der Sachverhalt als „Indem-Satz" angehängt, teilweise erfolgt umgekehrt zunächst die Sachverhaltsschilderung und dann die Nennung der Tatbestandsmerkmale und die Bezeichnung der Strafvorschriften. Dies sind Äußerlichkeiten, die den Blick auf das Wesentliche nicht versperren sollten.

Ob Anklage vor dem Strafrichter, dem Schöffengericht, der allgemeinen oder einer besonderen Großen Strafkammer erhoben wird, richtet sich nach dem GVG. Danach ist das Landgericht insbesondere zuständig (vgl. § 24 I GVG), wenn Taten vorgeworfen werden, die im Katalog der §§ 74 II, 74 a GVG genannt sind, wenn im konkreten Einzelfall Unterbringung nach § 63 StGB, Sicherungsverwahrung oder Freiheitsstrafe von mehr als 4 Jahren droht oder wenn die Staatsanwaltschaft wegen der besonderen Bedeutung des Falles zum Landgericht Anklage erhebt. Im letzteren Fall muss sich die Sache aus der Masse der durchschnittlichen Strafsachen herausheben. Dies kann sich aus dem Ausmaß der Rechtsverletzung, aus den verschuldeten Rechtsfolgen oder auch aus der herausragenden Stellung des Beschuldigten oder Verletzten ergeben (vgl. zur besonderen Bedeutung *Meyer-Goßner* GVG § 24 Rdnr. 6) und sollte vom Staatsanwalt aktenkundig gemacht werden (vgl. BGH NStZ-RR 1998, 336). Eine besondere Bedeutung in diesem Sinn liegt auch vor, wenn die rasche Klärung einer grundsätzlichen, für eine Vielzahl gleichgelagerter Fälle bedeutsamen Rechtsfrage durch den BGH ermöglicht werden soll. Innerhalb des Amtsgerichts besteht die Zuständigkeit des Strafrichters für die Privatklage (§ 25 Nr. 1 GVG) oder für Vergehen, wenn keine höhere Strafe als Freiheitsstrafe von 2 Jahren zu erwarten ist (§ 25 Nr. 2 GVG). Hierbei hat die Staatsanwaltschaft kein Ermessen. Es kommt nicht mehr darauf an, ob es sich um eine Sache minderer Bedeutung handelt, entscheidend ist allein die Straferwartung (vgl. *Meyer-Goßner* GVG § 25 Rdnr. 3).

Für die Abfassung der Anklage ist im Einzelnen Folgendes zu beachten, wobei die angegebenen und in Klammer gesetzten Zahlen als Fußnoten zu den unter 4.a und b aufgeführten Musteranklagen angesehen und deshalb mit ihnen in Zusammenhang gesehen werden sollten:

a) Eingang. Die Anklageschrift beginnt mit dem **Absender,** also der die Anklage erhebenden Staatsanwaltschaft unter Angabe des **Aktenzeichens,** welches das Verfahren bei der Staatsanwaltschaft führt und des **Datums** der Unterzeichnung der Anklage. Bei der Angabe des **Adressaten (1),** also des zuständigen Gerichts, ist streitig, ob hier das für die Eröffnung zuständige Organ oder das für die Hauptverhandlung zuständige Gericht genannt werden soll (also z. B. ob man an den Vorsitzenden des Amtsgerichts – Schöffengericht – adressiert oder an das Amtsgericht – Schöffengericht direkt).

In jedem Fall ist nicht erforderlich, das gerade funktionell zuständige Gericht zu benennen (es ist also nicht erforderlich, bei der nach dem Geschäftsverteilungsplan zuständigen 12. Strafkammer des Landgerichts Stuttgart anzuklagen. Es genügt, die Anklage an das Landgericht Stuttgart – Große Strafkammer – zu richten).

Neben der **Angabe der übersandten Akten** wird üblicherweise hier der **Vermerk (2)** nach § 169a StPO angebracht, dass die Ermittlungen abgeschlossen sind. Die sehr geringe Bedeutung des Vermerks beschränkt sich auf Konsequenzen für die Bestellung des Verteidigers und dessen Akteneinsicht (§§ 141 III S. 3, 147 II, VI StPO).

In Bayern wird der **Adressat** erst am Ende der Anklageschrift genannt.

b) Anklagesatz. Üblicherweise beginnt dann der Anklagesatz mit der **Überschrift** „Anklage", gefolgt von den **Personalien** des Angeschuldigten. Dabei ist zu beachten, dass bei Untersuchungshaft des Angeschuldigten anzugeben ist, seit wann er sich in **Haft (3)** befindet. In diesem Fall sollte im Anklageeingang auch bereits deutlich auf die beschleunigte Bearbeitung und den nächsten Haftprüfungstermin hingewiesen werden. Gegebenenfalls gehört zu den Personalien auch der Hinweis, dass der Angeschuldigte zur Tatzeit Heranwachsender oder Jugendlicher war, da in diesem Fall besondere Vorschriften für die Hauptverhandlung und die Rechtsfolgen der Tat gelten. Auch der Hinweis auf eine eventuelle ausländische Staatsangehörigkeit ist hier sinnvoll, da dies Auswirkungen auf die Notwendigkeit von Übersetzungen und auf zwischenstaatliche Vereinbarungen haben kann. Richtet sich die Anklage gegen mehrere Angeschuldigte, so werden sie untereinander nach Nummern geordnet. An die erste Stelle kommt in der Regel der Hauptbeschuldigte. Manche

B. Abschlussverfügungen der Staatsanwaltschaft

Staatsanwaltschaften führen die Angeschuldigten auch in der Reihenfolge des Alters oder des Alphabetes auf. Bei der Angabe des **Verteidigers (4)** wird sinnvollerweise auch gleich die Fundstelle der schriftlichen Vollmacht mitgeteilt, da es auf deren genauen Inhalt im Einzelfall ankommen kann (vgl. z. B. § 411 II StPO).

Folgendes ist besonders zu beachten:

- **Beim Gesetzeswortlaut (5)**
  - ist, soweit die Tat sowohl vorsätzlich als auch fahrlässig begehbar ist, die Schuldform anzugeben;
  - ist nur der Wortlaut des Gesetzes wiederzugeben, die eigene Umschreibung ist unzulässig;
  - ist bei mehreren Alternativen (z. B. bei § 263 StGB Vorspiegelung falscher, Entstellung oder Unterdrückung wahrer Tatsachen) nur die Alternative anzugeben, die auf den konkreten Sachverhalt zutrifft;
  - sollten bei komplexen Sachverhalten die Tatkomplexe nach römischen Zahlen, die tatmehrheitlichen Handlungen nach arabischen Zahlen und die jeweils dazugehörigen tateinheitlichen Handlungen nach Buchstaben gekennzeichnet werden – wichtig ist dann allerdings, dass die gleiche Kennzeichnung in der Sachverhaltsschilderung fortgesetzt wird;
  - sollte gegebenenfalls vollständig nach Angeschuldigten getrennt werden, um die Übersichtlichkeit zu erhalten;
  - muss auf die Darstellung auch der angewandten Vorschriften des Allgemeinen Teils zum StGB geachtet werden, also z. B. auf § 14 oder § 27 StGB;
  - ist auch anzugeben, inwieweit Nebenstrafen oder Maßregeln zu erwarten sind (z. B. „weshalb er ein Fahrverbot verwirkt hat" oder „wodurch er sich als ungeeignet zum Führen von Kraftfahrzeugen erwiesen hat");
  - Idealkonkurrenz kann z. B. durch Formulierungen ausgedrückt werden wie „durch dieselbe Handlung" oder „in rechtlich einer Handlung" oder „und dadurch zugleich" oder „und tateinheitlich hiermit" oder z. B. „durch dieselbe Handlung vier Menschen getötet zu haben"
  - sollte bei mehreren tatmehrheitlichen Handlungen, von denen nur eine in Tateinheit mit einer weiteren Handlung steht, nur einmal der Gesetzestext angegeben und durch die Ziffernangabe klargestellt werden, in welchem Fall die tateinheitliche Verwirklichung hinzukommt (z. B. „er habe durch 3 tatmehrheitliche Handlungen in den Fällen 1. bis 3. ..., wobei er im Fall Ziff. 2 tateinheitlich hierzu ...);
  - ist, soweit dies Prozessvoraussetzung ist, die Tatsache der Strafantragsstellung oder der Bejahung des besonderen öffentlichen Interesses zu vermerken.

- **Beim Sachverhalt (6)**
  - muss jede einzelne Tathandlung so konkret dargestellt werden, dass sicher ist, welche Tat vorgeworfen wird; prüfen Sie das, indem Sie sich

fragen, ob ein Dritter ohne Ihr Wissen allein auf Grund des in der Anklage dargestellten Sachverhalts diesen unter die angeklagten Tatbestände subsumieren könnte, ob also alle Tatbestandsmerkmale im Sachverhalt auch tatsächlich umschrieben sind;
– ist es absolut unzulässig, Formulierungen des Gesetzes zu verwenden; vielmehr sind die Tatbestandsmerkmale konkret zu umschreiben (es genügt nicht, zu schreiben, der Angeschuldigte habe das Buch „gewaltsam" entwendet, sondern es muss dargestellt werden, worin der Staatsanwalt hier die tatbestandsmäßige Gewalt sieht);
– ist immer darauf zu achten, dass der Tatort und die Tatzeit angegeben sind und auch die subjektive Seite ausreichend dargestellt wurde (schlägt A auf B ein und stirbt B, so kann dies von der fahrlässigen Tötung bis zum Mord alles sein, je nachdem, mit welcher Vorstellung A handelte!);
– durch Formulierungen wie „was der Angeschuldigte alles wusste und billigte" stellen Sie klar, dass der Angeschuldigte vorsätzlich handelte; dagegen sind bei angenommenem bedingten Vorsatz Formulierungen wie „was der Angeschuldigte ohne weiteres hätte erkennen können" zu vermeiden, da sie auf Fahrlässigkeit schließen lassen (vgl. zum Urteil insoweit S. 160 f.).

• **Bei den angewandten Vorschriften (7)**
– sind die Strafvorschriften mit ihrer gesetzlichen Überschrift (also z. B. „falsche Versicherung an Eides statt" – nicht: „falsche eidesstattliche Versicherung"), der genauen Angabe nach Paragraph, Absatz, Satz und Nummer und der Bezeichnung des Gesetzes (nur allgemein bekannte Abkürzungen verwenden, wie z. B. StGB, ansonsten ausschreiben!) anzugeben;
– ist es zwar üblich, aber nicht notwendig, jeweils den Deliktstypus im Sinn des § 12 StGB anzugeben (es genügt also „die Tat ist ein Betrug gemäß § 263 Abs. 1 StGB" statt „ein Vergehen des Betrugs gemäß ...");
– sind auch die konkret anzuwendenden Vorschriften des Allgemeinen Teils des StGB anzugeben, also z. B. §§ 14, 27 StGB, ebenso das Konkurrenzverhältnis;
– sind nur die konkreten zu erwartenden Strafschärfungs- oder milderungsmöglichkeiten sowie eventuell zu erwartende Nebenfolgen oder Maßregeln anzuführen, wie z. B. §§ 243, 213, 44, 74 oder 69 StGB, nicht aber die allgemeinen Strafzumessungsregeln, wie z. B. § 46 StGB aufzuführen.

c) Beweismittelverzeichnis (8). Nicht mehr zum Anklagesatz gehört das Beweismittelverzeichnis. Dort werden die Beweismittel benannt, deren Verwertung die Staatsanwaltschaft für geboten hält (eine Auflistung aller vernommenen Zeugen ist hier also weder erforderlich noch erwünscht).

B. Abschlussverfügungen der Staatsanwaltschaft

Zeugen und Sachverständige werden mit (ladungsfähiger) Anschrift und der Fundstelle des dazugehörigen Vernehmungsprotokolls, Urkunden und Augenscheinsobjekte mit Bezeichnung und Fundstelle aufgelistet. Im Beweismittelverzeichnis wird üblicherweise auch vermerkt, ob sich der Angeschuldigte eingelassen hat unter Angabe der Fundstelle des Vernehmungsprotokolls. Dies ist üblich, obwohl der Angeschuldigte streng genommen kein Beweismittel ist, was sich bereits daraus ergibt, dass die Beweisaufnahme erst nach seiner Vernehmung zur Sache beginnt.

Hinweis: Echtes Beweismittel ist allerdings das richterliche Protokoll seiner Vernehmung, nämlich eine nach § 254 StPO verlesbare Urkunde.

In Bayern werden die Beweismittel nicht im Anschluss an den Anklagesatz aufgeführt, sondern folgen dem Antrag auf Eröffnung des Hauptverfahrens nach.

d) Wesentliches Ergebnis der Ermittlungen (9). Lediglich bei an den Strafrichter des Amtsgerichts gerichteten Anklagen kann auf die Darstellung des wesentlichen Ergebnisses der Ermittlungen verzichtet werden. Im Übrigen ist sie ausdrücklich vorgeschrieben (§ 200 II StPO). Dort wird zunächst, soweit bekannt, der Werdegang des Angeschuldigten, seine Vorstrafen und seine gegenwärtige Situation geschildert. Inwieweit dann auch der Sachverhalt nochmals – jetzt ausführlicher – dargestellt wird, die Einlassung des Angeschuldigten angegeben und durch eine Auseinandersetzung mit den Beweismitteln die Beweissituation dargestellt und rechtlich gewürdigt wird, hängt von der Schwierigkeit, aber auch der Bedeutung des Falles ab. Soweit der Angeschuldigte bestreitet, ist jedenfalls eine kurze Auseinandersetzung mit dieser Einlassung erforderlich. Im Gegensatz zum Urteil sind hier umfassende Verweise auf (zutreffende und aussagekräftige) Berichte der Polizei durchaus zulässig und sinnvoll, um unnötige Schreibarbeit zu vermeiden.

Hinweis: Mängel im wesentlichen Ermittlungsergebnis, die nur die Informations-, nicht die Umgrenzungsfunktion berühren, führen grundsätzlich nicht zur Unwirksamkeit der Anklage und des Eröffnungsbeschlusses (BGH NStZ 1995, 297 gegen OLG Schleswig StV 1995, 455)

e) Anträge (10). Bei der Anklage zum Einzelrichter schließen sich die Anträge direkt an das Beweismittelverzeichnis an, in den übrigen Fällen folgen sie dem Wesentlichen Ermittlungsergebnis. Bei der Formulierung der Anträge sollte man sich – wie auch bei der Urteilstenorierung – möglichst an den Wortlaut des Gesetzes halten. Es sollte deshalb beantragt werden,
– das Hauptverfahren zu eröffnen und die Anklage zur Hauptverhandlung vor dem ... (Bezeichnung des für die Hauptverhandlung sachlich zuständigen Gerichts, z.B. „vor dem Landgericht Stuttgart – Wirtschaftsstrafkammer") zuzulassen;

– Termin zur Hauptverhandlung zu bestimmen (soweit dieser Antrag im Ausbildungsbezirk des Referendars üblich ist);
– dem Angeschuldigten einen Pflichtverteidiger zu bestellen (soweit dies notwendig ist, vgl. § 140 StPO und oben S. 6);
– Haftfortdauer anzuordnen (soweit sich der Angeschuldigte in Untersuchungshaft befindet – vgl. § 207 IV StPO).

Tipp: Beachtet werden sollte, dass sich häufig die Notwendigkeit ergibt, **außerhalb der Anklage**, aber zugleich mit ihr, **weitere Anträge** zu stellen. Dazu gehört z. B. der Antrag auf Erlass eines **Haftbefehls** (z. B. weil beim Angeschuldigten auf Grund der Anklageerhebung möglicherweise jetzt Fluchtgefahr besteht – für den dringenden Tatverdacht im Sinn des § 112 StPO kann im Antrag auf die Anklageschrift verwiesen werden) oder der Antrag auf **vorläufige Entziehung der Fahrerlaubnis** (z. B. wenn der Beschlagnahme des Führerscheins widersprochen worden war oder bislang keine Führerscheinmaßnahmen getroffen wurden, die Voraussetzungen des § 111a StPO aber vorliegen), möglicherweise auch der Antrag auf Beschlagnahme von Beweismitteln (deren Rückgabe der von der Sicherstellung Betroffene z. B. jetzt fordert).

f) Besonderheiten bei Serienstraftaten. Mit der Grundsatzentscheidung vom 3. 5. 1994 hat der Große Senat des BGH (NJW 1994, 1663 ff.) das Ende des von der Rechtsprechung entwickelten Instituts des **Fortsetzungszusammenhangs** besiegelt. Allerdings gewinnt jetzt der Begriff der natürlichen Handlungseinheit zunehmende Bedeutung (vgl. zum Begriff BGH StV 1996, 481). Der BGH hat darauf verwiesen, es sei schon für die bisher angenommene fortgesetzte Tat ebenso wie künftig für Serien selbstständiger Taten gleichermaßen notwendig, die der Verurteilung zugrunde gelegten Teilakte bzw. Einzeltaten so konkret und individualisiert zu ermitteln und festzustellen, dass sich daraus die Verwirklichung des objektiven und subjektiven Deliktstatbestandes nachprüfbar ergibt. Daraus folgt:

– Die Einzeltaten müssen möglichst genau nach Tatzeit, Tatort, Ausführungsart und anderen individuellen Merkmalen gekennzeichnet werden, so dass der Rechtskundige den gesetzlichen Tatbestand darin erkennen und der Angeklagte sich gegen den Tatvorwurf im Einzelnen verteidigen kann (BGH NStZ 1996, 294).
– Nicht ausgeschlossen ist, bei der Wiedergabe vieler einzelner Verhaltensweisen das ihnen Gemeinsame vor die Klammer zu ziehen.
– Bei anders nicht zu überwindender Ermittlungsschwierigkeiten genügt es, lediglich die Zahl der Tatbegehungen *innerhalb eines bestimmten Tatzeitraums* anzugeben, deren der Angeschuldigte *mindestens* (eventuell auch höchstens, vgl. BGH NStZ 1994, 350; zur Feststellbarkeit lediglich einer Mindestzahl im Urteil vgl. auch BGH NStZ 1995, 78; zur Zusammenfassung einer Serienstraftat zu einer einzigen Tat BGH NStZ 1997, 280) hinreichend verdächtig ist, wobei zur Konkretisierung möglichst auch der ungefähre Tatort und der Gesamt(mindest-)schaden mitzuteilen sind. Allerdings darf zu einer höheren als in der Anklage genannten Anzahl von Taten nur verurteilt werden, wenn Nachtragsanklage erhoben ist (BGH StV 1997, 169).

B. Abschlussverfügungen der Staatsanwaltschaft

– Lässt sich bei einer Vielzahl einzelner Handlungen der Schaden nicht der einzelnen Tat zuordnen, ist es zur Bestimmung des Schuldumfangs zulässig, einen rechnerisch bestimmten Teil des Gesamtgeschehens bestimmten strafrechtlich erheblichen Verhaltensweisen im Wege der Schätzung zuzuordnen (BGH NJW 1995, 1166).

Besonders in den Fällen, in denen mit Mindestzahlen von selbstständigen Taten gearbeitet werden muss, stellt sich die Frage, welche einzelne Handlung denn nun von der Anklage erfasst ist und welche nicht (vgl. insoweit unten zum Tatbegriff S. 138 f.). Die Problematik zeigt sich vor allem bei Sexualdelikten zum Nachteil von Kindern (siehe dazu BGH NStZ 1999, 520).

2. Surrogate der Anklageschrift

Der Anklagegrundsatz verlangt, wie oben S. 78 dargestellt, dass dem Angeschuldigten ein gerichtlicher Prozess nur gemacht werden kann, wenn die Tat angeklagt ist. Neben der Anklageschrift i. S. d. § 200 StPO gibt es noch weitere, besondere Formen der „Anklage".

a) Nachtragsanklage. Die Nachtragsanklage i. S. d. § 266 StPO ist erforderlich, wenn in eine laufende Hauptverhandlung eine nicht angeklagte Tat (im prozessualen Sinn – vgl. S. 138 ff.; gehört dagegen der neue Vorwurf noch zur gleichen prozessualen Tat, genügt ein Hinweis nach § 265 StPO) einbezogen werden soll. Diese Nachtragsanklage muss inhaltlich den Anforderungen des § 200 I StPO genügen (ein wesentliches Ermittlungsergebnis ist also nicht erforderlich). Im Gegensatz zur Anklage bedarf die Nachtragsanklage jedoch nicht der Schriftform, sondern kann **mündlich** erhoben werden (§ 266 II StPO). Eine Einbeziehung in das Verfahren ist nur möglich, wenn der Angeklagte **zustimmt,** **hinreichender Tatverdacht** besteht und das Gericht auch zur Verfolgung dieser Tat **sachlich zuständig** ist (§ 266 I StPO). Die Einbeziehung erfolgt durch in der Hauptverhandlung verkündeten Beschluss des Gerichts (nicht des Vorsitzenden) und hat die Wirkung eines Eröffnungsbeschlusses. Lehnt das Gericht die Einbeziehung ab (z. B. weil der neue Tatvorwurf noch die gleiche prozessuale Tat betrifft), so genügt diese Zurückweisung der Nachtragsanklage, ohne dass es noch einer Einstellung oder Nichteröffnung des Verfahrens bedarf.

Hinweis: Das Fehlen der Zustimmung zur Einbeziehung der Nachtragsanklage begründet zwar kein Verfahrenshindernis, ist aber revisibler Verfahrensfehler (BGH NStZ-RR 1999, 303).

b) Beschleunigtes Verfahren. Da die Strafe der Tat unmittelbar auf dem Fuße folgen sollte, sieht das Gesetz die Möglichkeit vor, das Verfahren insbesondere durch Ausschluss des Zwischenverfahrens (siehe unten S. 97 ff., 101) und durch eine Vereinfachung der Beweisaufnahme (§ 420 StPO) abzukürzen sowie durch eine Hauptverhandlungshaft (§ 127 b StPO) abzusichern. Im beschleunigten Verfahren **kann** die Anklage ebenfalls mündlich erhoben werden (§§ 417, 418 III StPO). Antrag auf Aburteilung in diesem besonderen Verfahren ist allerdings nur zulässig, wenn der Strafrichter oder das Schöffengericht sachlich zuständig und die Sache auf Grund des einfachen Sachverhalts oder der klaren Beweislage zur sofortigen Verhandlung geeignet ist. Liegen diese Voraussetzungen vor, hat der Staatsanwalt Antrag auf **Aburteilung im beschleunigten Verfahren** zu stellen. Die Verhängung von Freiheitsstrafe von mehr als einem Jahr (ab 6 Monaten notwendige Verteidigung vgl. § 418 IV StPO) und/oder von Maßregeln, außer der Entziehung der Fahrerlaubnis, ist in diesem Verfahren unzulässig (§ 419 I 2 StPO). Die Sache muss kurzfristig terminiert werden und darf, falls noch ein zweiter Termin erforderlich wird, höchstens für wenige Tage unterbrochen werden.

Hinweis 1: Streitig ist, wie lange die Staatsanwaltschaft den Antrag auf Entscheidung im beschleunigten Verfahren zurücknehmen kann (vgl. zu dieser Frage BayObLG NJW 1998, 2152), umso z. B. eine höhere Freiheitsstrafe zu erreichen, als dies nach § 419 I StPO zulässig wäre

Hinweis 2: In der Praxis kommt es häufig zu einer faktischen Ablehnung des Antrags auf Aburteilung im beschleunigten Verfahren, indem der Richter langfristig terminiert oder das Verfahren mit einem Normalverfahren verbindet. Hier wird im Einzelfall zu prüfen sein, ob nicht ein konkludent gefasster Eröffnungsbeschluss vorliegt. Ist dies zu verneinen, so ist streitig, ob in der fehlenden Eröffnungsbescheidung ein von Amts wegen zu berücksichtigendes Verfahrenshindernis gesehen werden muss (vgl. zum Gesamten BGH NStZ 2000, 442).

c) Strafbefehlsverfahren. Der Strafbefehlsantrag des Staatsanwalts ist eine weitere besondere Form der Erhebung der öffentlichen Klage (§ 407 I 4 StPO). An den Antrag sind zunächst die gleichen Anforderungen zu stellen wie an eine Anklage. Da der schriftliche Strafbefehlsantrag dem Strafbefehl des Richters entsprechen muss (vgl. § 408 III StPO), hat bereits der Antrag den Anforderungen des § 409 StPO zu entsprechen, das heißt, er muss bereits über den Anklagesatz im Sinn des § 200 I StPO hinaus die konkret zu verhängenden Rechtsfolgen enthalten (vgl. § 409 I Nr. 6 StPO).

Ein wesentliches Ergebnis der Ermittlungen ist im Strafbefehlsverfahren nicht erforderlich. Allerdings sollte in komplizierten Verfahren durch die Anfertigung eines für die Strafakten bestimmten Aktenvermerks eine dem Wesentlichen Ermittlungsergebnis entsprechende Aufbereitung des Prozessstoffes erfolgen.

3. Einstellungsverfügungen

a) Einstellung trotz Tatverdachts. Nur die Staatsanwaltschaft ist berechtigt, ein eingeleitetes Ermittlungsverfahren abzuschließen, allerdings muss sie es auch förmlich zum Abschluss bringen. Neben der Möglichkeit, Anklage zu erheben, kann die Staatsanwaltschaft auch bei (hinreichendem) Tatverdacht das Verfahren nach § 153 StPO oder § 153a StPO

B. Abschlussverfügungen der Staatsanwaltschaft

(vorläufig) einstellen – soweit erforderlich mit Zustimmung des für das Hauptverfahren zuständigen Gerichts –, wenn das Verschulden gering ist und gegebenenfalls das öffentliche Interesse an der Strafverfolgung durch bestimmte Weisungen oder Auflagen beseitigt werden kann. Das Verschulden ist gering, wenn es im Vergleich mit Vergehen gleicher Art nicht unerheblich unter dem Durchschnitt liegt. Das kann nur im Einzelfall entschieden werden, wobei insbesondere Art der Tatausführung, verschuldete Auswirkungen der Tat und das Maß der Pflichtwidrigkeit zu berücksichtigen sind. Die Frage, ob ein öffentliches Interesse an der Strafverfolgung besteht, wird durch viele Umstände beeinflusst, z. B. durch die seit der Tat verstrichene Zeit, die Stellung des Beschuldigten im öffentlichen Leben oder die Aufmerksamkeit, welche die Tat in der Allgemeinheit gefunden hat. Für die Einzelheiten zu geringer Schuld und öffentlichem Interesse vgl. *Meyer-Goßner* § 153 Rdnr. 4, 7. Ferner kann die Staatsanwaltschaft im Hinblick auf eine bereits erfolgte oder auf eine zu erwartende Bestrafung des Beschuldigten gemäß § 154 StPO von der Verfolgung einer weiteren prozessualen Tat absehen oder innerhalb einer prozessualen Tat die Verfolgung nach § 154a StPO auf die angeklagte(n) Gesetzesverletzung(en) beschränken. Wichtig ist, dass § 154 StPO immer dann zur Anwendung kommt, wenn es um die vorläufige Einstellung einer eigenen prozessualen Tat geht, während § 154a StPO die Beschränkung des Anklagestoffes innerhalb einer prozessualen Tat regelt. Außerdem ist stets darauf zu achten, dass bei einer Einstellung nach § 153a StPO mit der vollständigen Erfüllung der Auflage oder Weisung für diese prozessuale Tat Strafklageverbrauch eintritt, soweit es sich um Vergehen handelt. Im Übrigen sind die Einzelheiten der §§ 153ff. StPO aus dem Gesetz heraus verständlich, weshalb zunächst auf die nebenstehende Übersicht, im Übrigen auf die Lektüre des Gesetzes verwiesen sei.

b) Einstellung mangels Tatverdachts

• **Tenor**

Werden die Ermittlungen erst gar nicht aufgenommen, weil der angezeigte Sachverhalt nicht strafbar oder verfolgbar ist oder weil bereits jetzt feststeht, dass er sich nicht nachweisen lassen kann (kann er sich möglicherweise nachweisen lassen, aber steht schon fest, dass selbst dann das Verschulden gering sein wird, kommen bereits hier die §§ 153ff. StPO zum Zuge), wird im **Tenor** der Verfügung der Strafanzeige keine Folge gegeben, wie sich aus § 152 II i.V.m. § 171 StPO ergibt. Wurde bereits ermittelt, werden die *Ermittlungen* gemäß § 170 II StPO *eingestellt*.

Hinweis: Wie bereits oben S. 78 dargestellt, kommt eine Einstellung nach § 170 II StPO nur in Betracht, soweit es sich um eine eigenständige prozessuale Tat handelt. Da eine prozessuale Tat nicht gleichzeitig angeklagt und eingestellt werden kann, kommt innerhalb dieser Tat nur eine Beschränkung des Prozessstoffes nach § 154a StPO in Betracht, bzw. muss in der Anklage mitgeteilt werden, warum für diese Gesetzesverletzung eine Bestrafung nicht erfolgen kann.

Lässt sich die Straftat nicht nachweisen, bleibt aber der Verdacht einer Ordnungswidrigkeit, so wird wegen des eindeutigen Wortlauts des § 43 OWiG trotz des eben gemachten Hinweises das Verfahren – auch wenn es nur eine einzige Tat im prozessualen Sinn betrifft – wegen der Verfolgung der Straftat eingestellt und es im Übrigen zur Prüfung der Ordnungswidrigkeit an die zuständige Verwaltungsbehörde abgegeben. Die Formulierung in einem solchen Fall könnte etwa lauten: „Im Ermittlungsverfahren gegen Paul Müller wird das Ermittlungsverfahren gemäß § 170 II StPO eingestellt, soweit es den Vorwurf des Mietwuchers zum Gegenstand hat. Zur Prüfung der Frage, ob eine Ordnungswidrigkeit der Mietpreisüberhöhung vorliegt, wird das Verfahren gem. § 43 OWiG zuständigkeitshalber an das Landratsamt Esslingen abgegeben." Weitere Hinweise zu diesem Problemkreis finden Sie auf S. 271 ff.

Der Tenor der Einstellungsverfügung sollte keine Kostenentscheidung tragen, da dies nur zu Missverständnissen führt. Die Formulierung „auf Kosten der Staatskasse eingestellt" besagt nur die Selbstverständlichkeit, dass die beim Staat angefallenen Kosten dort verbleiben. Dagegen hat der Beschuldigte daraus keinen Anspruch auf Erstattung seiner Auslagen, da der die Erstattung von Kosten und Auslagen im Ermittlungsverfahren abschließend regelnde § 467a StPO Auslagenersatz nur für den Fall der Einstellung **nach Rücknahme** einer Anklage vorsieht.

• **Gründe**

Unter dieser Überschrift wird zunächst geschildert, was dem Beschuldigten von wem vorgeworfen worden ist. Sodann wird durch entsprechende Beweiswürdigung und gegebenenfalls Rechtsausführungen dargelegt, warum dies zwar, so wie angezeigt, möglicherweise geschehen, aber nicht strafbar (aus Rechtsgründen kein Tatverdacht) oder zwar strafbar, aber nicht nachweisbar ist (mangels Tatnachweises kein Tatverdacht). Der Aufbau entspricht insoweit den Gründen eines freisprechenden Urteils (vgl. hierzu S. 158 ff.).

c) Teileinstellungsverfügungen. Selbst wenn Anklage gegen den Beschuldigten erhoben wird, sind häufig weitere prozessuale Taten nicht nachweisbar. Insoweit bedarf es selbstverständlich auch einer Einstellung nach §§ 152 ff., 170 II StPO, die allerdings nicht in der Anklageschrift selbst, sondern in einer eigenständigen Verfügung erfolgen muss und die zur Klarstellung als Teileinstellungsverfügung bezeichnet werden sollte. Anders ist es bei der Beschränkung des Prozessstoffes nach § 154a StPO. Diese Beschränkung kann durch Vermerk in der Anklageschrift aktenkundig gemacht werden.

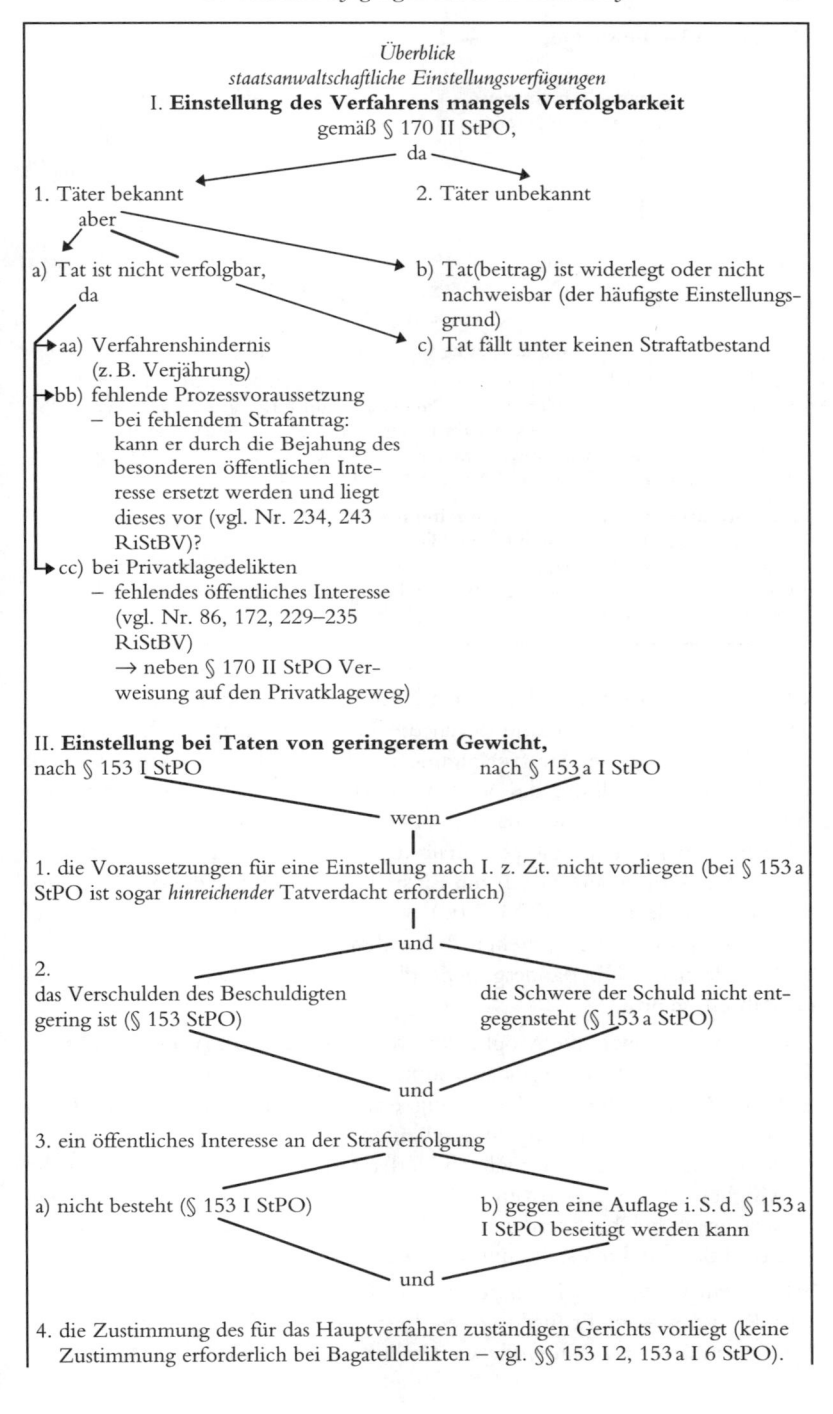

B. Abschlussverfügungen der Staatsanwaltschaft

Überblick
staatsanwaltschaftliche Einstellungsverfügungen
I. Einstellung des Verfahrens mangels Verfolgbarkeit
gemäß § 170 II StPO,
— da —

1. Täter bekannt aber
2. Täter unbekannt

a) Tat ist nicht verfolgbar, da
  → aa) Verfahrenshindernis (z. B. Verjährung)
  → bb) fehlende Prozessvoraussetzung
     – bei fehlendem Strafantrag: kann er durch die Bejahung des besonderen öffentlichen Interesse ersetzt werden und liegt dieses vor (vgl. Nr. 234, 243 RiStBV)?
  → cc) bei Privatklagedelikten
     – fehlendes öffentliches Interesse (vgl. Nr. 86, 172, 229–235 RiStBV)
     → neben § 170 II StPO Verweisung auf den Privatklageweg)

b) Tat(beitrag) ist widerlegt oder nicht nachweisbar (der häufigste Einstellungsgrund)
c) Tat fällt unter keinen Straftatbestand

II. Einstellung bei Taten von geringerem Gewicht,
nach § 153 I StPO   nach § 153 a I StPO
— wenn —

1. die Voraussetzungen für eine Einstellung nach I. z. Zt. nicht vorliegen (bei § 153 a StPO ist sogar *hinreichender* Tatverdacht erforderlich)

— und —

2. das Verschulden des Beschuldigten gering ist (§ 153 StPO)   die Schwere der Schuld nicht entgegensteht (§ 153 a StPO)

— und —

3. ein öffentliches Interesse an der Strafverfolgung

a) nicht besteht (§ 153 I StPO)   b) gegen eine Auflage i. S. d. § 153 a I StPO beseitigt werden kann

— und —

4. die Zustimmung des für das Hauptverfahren zuständigen Gerichts vorliegt (keine Zustimmung erforderlich bei Bagatelldelikten – vgl. §§ 153 I 2, 153 a I 6 StPO).

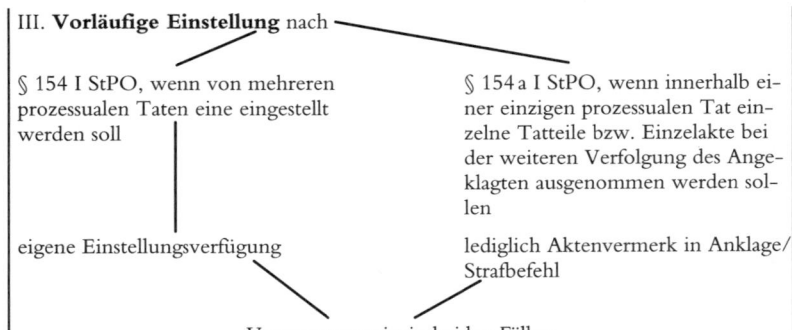

III. **Vorläufige Einstellung** nach

§ 154 I StPO, wenn von mehreren prozessualen Taten eine eingestellt werden soll	§ 154 a I StPO, wenn innerhalb einer einzigen prozessualen Tat einzelne Tatteile bzw. Einzelakte bei der weiteren Verfolgung des Angeklagten ausgenommen werden sollen
eigene Einstellungsverfügung	lediglich Aktenvermerk in Anklage/ Strafbefehl

Voraussetzung ist in beiden Fällen, dass die einzustellende(n) Tat(teile) bei der zu erwartenden Strafe/Maßregel nicht beträchtlich ins Gewicht fallen (§ 154 I Nr. 1, § 154 a I Nr. 1 u. 2 StPO) oder – falls insoweit ein Urteil in angemessener Frist nicht zu erwarten ist – dass die zu erwartende Strafe/Maßregel zur Einwirkung auf Angeklagten und zur Verteidigung der Rechtsordnung ausreicht (§ 154 I Nr. 2, § 154 a I 2 StPO).

IV. **Vorläufige Einstellung entsprechend § 205 StPO,**
wenn der namentlich bekannte Beschuldigte unbekannten Aufenthalts oder im Ausland nicht greifbar ist. Auch nach der vorläufigen Einstellung betreibt die Staatsanwaltschaft die Fahndung nach dem Beschuldigten, insbesondere die Ausschreibung zur Festnahme bzw. Aufenthaltsermittlung.

d) Begleitverfügung. Hat jemand Strafanzeige erstattet und dadurch nicht nur die Unterstützung durch die Polizei erlangen wollen, sondern auch Interesse an der Strafverfolgung des Beschuldigten bekundet, so ist er über die Einstellung des Verfahrens zu *informieren,* es sei denn, Geheimhaltungspflichten wie das Steuer- oder Sozialgeheimnis stünden dem entgegen. Er ist nicht zuletzt deshalb darüber zu informieren, um ihm die Möglichkeit zu geben, gegen die Einstellungsverfügung die fristgebundene Beschwerde nach § 172 I StPO oder die form- und fristlose Dienstaufsichtsbeschwerde zu erheben. In beiden Fällen wird von der Staatsanwaltschaft beim Oberlandesgericht die Richtigkeit der Einstellung des Verfahrens geprüft.

Da nur der Verletzte die Möglichkeit des **Klageerzwingungsverfahrens** i. S. d. § 172 StPO hat, ergibt sich somit folgende **Mitteilungspflicht:**
– Gemäß § 171 StPO ist der Anzeigeerstatter über die Einstellung durch Bekanntgabe der Gründe zu bescheiden
– ist der Anzeigeerstatter zugleich Verletzter, muss er außerdem über die Möglichkeit der Beschwerde als Voraussetzung des Klageerzwingungsverfahrens belehrt werden (§ 171 a. E. StPO). Zur Besonderheit bei Privatklagedelikten siehe unten S. 91.

Außerdem ist der Beschuldigte, der auf Grund von Ermittlungshandlungen Kenntnis vom Ermittlungsverfahren hat, ebenfalls über die Einstellung zu informieren, sinnvollerweise allerdings erst, wenn der Anzeiger-

B. Abschlussverfügungen der Staatsanwaltschaft

statter bereits Gelegenheit hatte, die Entscheidung erfolglos überprüfen zu lassen. Üblicherweise wird der Beschuldigte nur über die Tatsache der Einstellung ohne Mitteilung der Gründe informiert. Erfolgte im Ermittlungsverfahren eine Strafverfolgungsmaßnahme nach dem Strafrechtsentschädigungsgesetz (z. B. Untersuchungshaft, Durchsuchung, vorläufige Entziehung der Fahrerlaubnis), so ist der Beschuldigte über die Möglichkeit der Beantragung einer Entschädigung zu belehren, unabhängig davon, ob aus den Akten ersichtlich ist, dass dem Beschuldigten ein entschädigungsfähiger Schaden entstanden ist.

In der Begleitverfügung werden schließlich auch die sonstigen, mit dem (bestandskräftigen!) Abschluss des Verfahrens verbundenen Entscheidungen getroffen. Hierzu gehören z. B. Mitteilungen über den Ausgang des Verfahrens an Behörden nach der MiStra, ferner die Anordnung der Rückgabe von Beweismitteln oder die Rückgabe des sichergestellten Führerscheins, außerdem die Entscheidung über eine eventuelle Löschung gespeicherter Daten des Beschuldigten, die Anweisung über die Ausfüllung der Zählkarte (für die Statistik der Staatsanwaltschaft) und die Anordnung über das Weglegen der Handakte und deren Aufbewahrungsfrist.

Hinweis: Häufig werden Einstellungs- und Begleitverfügung in einer Verfügung zusammengefasst, indem unter I. die Einstellung erfolgt, hiervon auch Mehrfertigungen für Anzeigeerstatter, Polizei etc. angefertigt werden, während nur auf dem Original unter II, III etc. die weiteren Verfügungen angehängt werden (so auch in der unter 4 c abgedruckten Einstellungsverfügung. Die Ziffern II–VII stellen also der Begleitverfügung dar). Teilweise wird auch die Einstellung als Bescheid an den Anzeigeerstatter formuliert und in der Einstellungsverfügung zur Begründung auf diesen als Anlage beigefügten Bescheid Bezug genommen.

e) Privatklagedelikt. Auf einige Besonderheiten bei Privatklagedelikten (vgl. den abschließenden Katalog des § 374 StPO) sei besonders hingewiesen. So gibt es bei diesen Delikten kein Klageerzwingungsverfahren (vgl. § 172 II 3 StPO), weshalb auch eine Belehrungspflicht nach § 171 a. E. StPO entfällt.

Treffen Privatklagedelikt (als Beispiel Hausfriedensbruch gem. 123 StGB) und Offizialdelikt (als Beispiel Raub nach 249 StGB) in einer prozessualen Tat zusammen, so gilt: Ist nur das Offizialdelikt nachweisbar, erfolgt unproblematisch Anklage wegen Raubes. Eine Teileinstellungsverfügung ergeht nicht, da nur eine Tat vorliegt.

Ist nur das Privatklagedelikt nachweisbar, so erfolgt bei Bejahung des besonderen öffentlichen Interesses Anklage, sonst Einstellung nach § 170 II StPO *und* Verweisung auf den Privatklageweg. In diesem Fall kann der Anzeigeerstatter hinsichtlich der Ablehnung der Verfolgung des § 249 StGB das Klageerzwingungsverfahren betreiben (zur Geltendmachung auch des Privatklagedelikts vgl. *Meyer-Goßner* § 172 Rdnr. 2). Erhebt er Privatklage und ergibt sich dort doch hinreichender Tatverdacht für § 249 StGB, erfolgt nach der Einstellung durch das Gericht (§ 389

StPO) die Übernahme des Verfahrens durch die Staatsanwaltschaft (§ 377 StPO).

Sind beide Delikte nicht nachweisbar, stellt die Staatsanwaltschaft das Verfahren insgesamt nach § 170 II StPO ein. Auch hier kann wegen des Raubes das Klageerzwingungsverfahren und wegen des Hausfriedensbruchs das Privatklageverfahren betrieben werden.

Treffen Ordnungswidrigkeit und Privatklagedelikt zusammen, so kann die Staatsanwaltschaft den Verletzten wegen der Straftat auf den Privatklageweg verweisen und den Vorgang im Übrigen gem. § 43 OWiG (dazu unten S. 273f.) an die Verwaltungsbehörde abgeben. Wegen der strafklageverbrauchenden Wirkung des Urteils auch in Bußgeldsachen (vgl. § 84 II OWiG) muss der Richter aber in der Hauptverhandlung über den Einspruch gegen einen Bußgeldbescheid ins Strafverfahren überleiten, wenn er hinreichenden Verdacht für das Privatklagedelikt bejaht und zwar auch dann, wenn die Staatsanwaltschaft den Anzeigeerstatter auf den Privatklageweg verwiesen hatte.

4. Beispiel von Abschlussverfügungen
a) Anklage (Fassung wie z. B. in Niedersachsen und teilweise in Baden-Württemberg üblich)

Staatsanwaltschaft Stuttgart   Stuttgart, den 01. 04. 2003
151 Js 007/03
Die Ermittlungen sind abgeschlossen[2].

An das
Amtsgericht
– Schöffengericht –[1]   Eilt sehr! Haft
70 182 Stuttgart   Nächster Haftprüfungstermin
                                gemäß § 121 II StPO am
                                25. 08. 2003
Beil.: 1 VV
       1 Bd Ermittlungsakten Bl. 1–59

Anklageschrift

Der am 07. 07. 1960 in Kornwestheim geborene, in der Turmstraße 14, 70 173 Stuttgart wohnhafte, geschiedene Arbeiter
Albert Müller,
in dieser Sache in Untersuchungshaft in der Vollzugsanstalt Stuttgart-Stammheim seit dem 26. 02. 2003[3]
Verteidiger: Rechtsanwalt A. Klug, Chausseestraße 1, 70 193 Stuttgart (Vollmacht Bl. 49)[4]
wird angeschuldigt,
er habe[5]
in 2 tatmehrheitlichen Handlungen
1. eine fremde bewegliche Sache einem anderen in der Absicht weggenommen, dieselbe sich rechtswidrig zuzueignen,

B. Abschlussverfügungen der Staatsanwaltschaft

2. a) vorsätzlich ein Kraftfahrzeug geführt, obwohl er die dazu erforderliche Fahrerlaubnis nicht hatte, und tateinheitlich hiermit
b) fahrlässig im Verkehr ein Fahrzeug geführt, obwohl er infolge des Genusses alkoholischer Getränke nicht in der Lage war, das Fahrzeug sicher zu führen,
– wodurch er sich als ungeeignet zum Führen von Kraftfahrzeugen erwiesen hat.

Sachverhalt[6]
1. Der Angeschuldigte entwendete am 20. 02. 2003 gegen 23.00 Uhr in Stuttgart in der Gaststätte Bahnhof die Geldbörse des Zeugen Reich, die dieser neben sich auf den Tisch gelegt hatte. Der Angeschuldigte hatte es auf das darin befindliche Geld – 10 000 € in großen Scheinen – abgesehen, das er für sich behalten wollte.
2. Der Angeschuldigte befuhr am 14. 02. 2003 gegen 0.20 Uhr mit dem PKW des Zeugen Braun, amtliches Kennzeichen S-NU 777, in Stuttgart von der Gaststätte Rondo kommend die Rathausstraße Richtung Schlossallee. Dabei wusste er, dass er nicht im Besitz einer gültigen Fahrerlaubnis war. Außerdem hätte er bereits auf Grund des genossenen Alkohols und der an ihn zu stellenden Sorgfalt erkennen können, dass er alkoholbedingt nicht mehr fahrsicher war (Blutalkoholgehalt zurzeit der Blutentnahme um 1.30 Uhr 1,1‰).

Die Taten sind:[7]
1.1 Vergehen des Diebstahls gemäß § 242 I StGB
2.1 Vergehen des vorsätzlichen Fahrens ohne Fahrerlaubnis gemäß § 21 I Nr. 1 Straßenverkehrsgesetz, in Tateinheit – § 52 StGB – mit
1 Vergehen der fahrlässigen Trunkenheit im Verkehr gemäß § 316 I, II StGB;
Ziffern 1. und 2. in Tatmehrheit gemäß § 53 StGB

Beweismittel:[8]
I. Das teilweise Geständnis des Angeschuldigten (Bl. 40 ff.)
II. Zeugen:
  1. Richard Reich, Parkstr. 7, 70190 Stuttgart 80 (Bl. 10 ff.)
  2. Klaus Klar, Neue Straße 11, 70186 Stuttgart (Bl. 14 f.)
  3. Berthold Braun, Schlossallee 2, 70174 Stuttgart (Bl. 51 f.)
  4. PHM Maier, zu laden über die Landespolizeidirektion Stuttgart II, Badstr. 27, 70372 Stuttgart
III. Urkunden:
  1. Blutalkoholgutachten (Bl. 16, 17)
  2. Blutentnahmeprotokoll (Bl. 9)
  3. Strafantrag (Bl. 13)

Hinweis: Die Fußnotenziffern beziehen sich auf die Erläuterungen auf S. 80 ff.

Wesentliches Ergebnis der Ermittlungen[9]
A. Zur Person
Der Angeschuldigte wurde am 07. 07. 1960 in Kornwestheim geboren und wuchs in Stuttgart auf. Einen Beruf hat er nicht erlernt. Zuletzt war er als Gelegenheitsarbeiter auf dem Bau beschäftigt und verdiente monatlich ca. 900 € netto.
Er ist seit 1988 geschieden. Unterhaltspflichten bestehen nicht.
Der Angeschuldigte ist sowohl hinsichtlich der Verkehrsdelikte als auch hinsichtlich des Vermögensdelikts erheblich einschlägig vorbestraft. Insbesondere wurde

er vom Amtsgericht Ludwigsburg – B 1 Ls 111/99 – am 03. 02. 2000 wegen vorsätzlicher Straßenverkehrsgefährdung zu einer Freiheitsstrafe von 6 Monaten mit Bewährung verurteilt, ihm die Fahrerlaubnis entzogen und eine Sperrfrist für die Wiedererteilung von 2 Jahren angeordnet. Bereits am 15. 12. 1998 war er vom Amtsgericht Stuttgart – C 3 Ls 555/96 – wegen Betrugs und wegen Diebstahls zu einer Gesamtfreiheitsstrafe von 1 Jahr und 10 Monaten mit Bewährung verurteilt worden. Im Übrigen verweise ich auf den beigefügten Auszug aus dem Bundeszentralregister (Bl. I–III). Der Angeklagte wurde ferner vom Amtsgericht Nürtingen – 3 Ds 1234/02 – am 20. 03. 2003 wegen Handeltreibens mit Betäubungsmitteln zu einer Freiheitsstrafe von 1 Jahr und 10 Monaten verurteilt. Für diese noch nicht vollstreckte Freiheitsstrafe liegen die Voraussetzungen einer nachträglichen Gesamtstrafenbildung gemäß § 55 StGB vor. Die Strafakten sind angefordert und werden nachgereicht.

Der Angeschuldigte befindet sich in der vorliegenden Sache seit dem 26. 02. 2003 auf Grund des Haftbefehls des Amtsgerichts Stuttgart vom 25. 02. 2003 (Bl. 34) in Untersuchungshaft (Festnahmeprotokoll Bl. 35).

B. Zur Sache

Der Angeschuldigte bestreitet den Vorwurf des Diebstahls (Bl. 40 f.). Er wird in der Hauptverhandlung jedoch durch die Aussagen der Zeugen Reich und Klar überführt werden. Insbesondere der Zeuge Klar hat den Angeschuldigten beobachtet, wie dieser, während sich der Zeuge Reich kurz von seinem Platz entfernt hatte, sich rasch umsah, nach der Geldbörse griff und sie in seine Hosentasche steckte (Bl. 15).

Hinsichtlich des weiteren Tatvorwurfs räumt der Angeschuldigte den äußeren Tathergang ein – er besuchte mit dem Zeugen Braun nach der Gaststätte Bahnhof noch die Gaststätte Rondo, wo beide erheblich dem Alkohol zusprachen, Braun sich zu betrunken zum Fahren fühlte und sich deshalb vom Angeschuldigten nach Hause fahren lassen wollte. Er behauptet jedoch, sich noch fahrtüchtig gefühlt zu haben (Bl. 43). Da dem Angeschuldigten, der im Rahmen einer Verkehrskontrolle Ecke Opernplatz/Theaterstraße angehalten worden war, alkoholbedingte Fahrfehler nicht nachgewiesen werden können, ist im Hinblick auf den festgestellten Blutalkoholgehalt von 1,1 zu seinen Gunsten von einem fahrlässigen Verstoß auszugehen.

C. Sonstiges

Das Verfahren gegen Bertold Braun wegen Ermächtigens zum Fahren ohne Fahrerlaubnis wurde im Hinblick auf dessen Trunkenheit gemäß § 153 I StPO eingestellt.

Die Zuständigkeit des Schöffengerichts ergibt sich aus der Straferwartung. Aufgrund der erforderlichen Gesamtstrafenbildung mit der Freiheitsstrafe aus dem Urteil des Amtsgerichts Nürtingen vom 20. 03. 2003 liegt die zu erwartende Gesamtstrafe deutlich über 2 Jahren.

Es wird beantragt,[10] das Hauptverfahren zu eröffnen und Haftfortdauer anzuordnen.

...

Staatsanwalt

b) Anklage (Fassung wie z. B. in Bayern und jetzt auch teilweise in Baden-Württemberg üblich)

Staatsanwaltschaft Ingolstadt	Ingolstadt, den 01. 04. 2003
151 Js 1007/03	Haft!

Anklageschrift

in der Strafsache gegen
Mayer, Werner, geboren am 10. 06. 1950 in Ansbach, wohnhaft in Habermannstr. 9, 90768 Fürth, geschiedener Landwirt, in dieser Sache in Untersuchungshaft in der Vollzugsanstalt Nürnberg seit dem 26. 02. 2003[3]
Wahlverteidiger: Rechtsanwalt J. Wulde, Bahnhofstr. 1, 91126 Schwabach (Vollmacht Bl. 49)[4]

Die Staatsanwaltschaft legt dem Angeschuldigten auf Grund ihrer Ermittlungen folgenden Sachverhalt zur Last:[6]

1. Der Angeschuldigte entwendete am 20. 02. 2003 gegen 23.00 Uhr in Ingolstadt in der Bahnhofsgaststätte die Geldbörse des Zeugen Bald, die dieser neben sich auf den Tisch gelegt hatte. Der Angeschuldigte hatte es auf das darin befindliche Geld – 10000 € in großen Scheinen – abgesehen, das er für sich behalten wollte.

2. Der Angeschuldigte befuhr am 14. 02. 2003 gegen 0.20 Uhr mit dem PKW der Zeugin Hickl, amtliches Kennzeichen N-RZ 917, in Ingolstadt die Münchener Straße stadtauswärts. Dabei wusste er, dass er nicht im Besitz einer gültigen Fahrerlaubnis war. Außerdem hätte er bereits auf Grund des genossenen Alkohols und der an ihn zu stellenden Sorgfalt erkennen können, dass er alkoholbedingt nicht mehr fahrsicher war (Blutalkoholgehalt zurzeit der Blutentnahme um 1.30 Uhr 1,1‰).

Der Angeschuldigte wird daher beschuldigt, eine fremde bewegliche Sache einem anderen in der Absicht weggenommen zu haben, dieselbe sich rechtswidrig zuzueignen, sowie durch eine weitere rechtlich selbstständige Handlung vorsätzlich ein Kraftfahrzeug geführt zu haben, obwohl er die dazu erforderliche Fahrerlaubnis nicht hatte und gleichzeitig fahrlässig im Verkehr ein Fahrzeug geführt zu haben, obwohl er infolge des Genusses alkoholischer Getränke nicht in der Lage war, das Fahrzeug sicher zu führen,

und sich dadurch als ungeeignet zum Führen von Kraftfahrzeugen erwiesen zu haben;[5] also ein Vergehen des Diebstahls sachlich zusammentreffend mit einem Vergehen des vorsätzlichen Fahrens ohne Fahrerlaubnis in Tateinheit mit einem Vergehen der fahrlässigen Trunkenheit im Verkehr gemäß §§ 242 I, 316 I, II StGB, § 21 I Nr. 1 Straßenverkehrsgesetz, §§ 52, 53 StGB[7]

Wesentliches Ergebnis der Ermittlungen[9]
... *(entsprechend der Fassung in Niedersachsen)*
Ich erhebe Anklage zum Schöffengericht des Amtsgerichts Ingolstadt, beantrage diese zuzulassen und Termin zur Hauptverhandlung zu bestimmen.[10]

Ich beantrage Haftfortdauer, weil die Haftgründe fortbestehen.[10]
Als Beweismittel benenne ich[8]
    Johann Bald, Ewaldstr. 20, 85057 Ingolstadt (Bl. 10 ff.)
    Gertraud Hickl, Leerstraße 37, 90439 Nürnberg (Bl. 14 ff.)
    Stephan Fischer, Starenweg 78, 90765 Fürth (Bl. 51 f.)
    PHM Huber, zu laden über die Polizeidirektion Ingolstadt, Rathausplatz 19, 85049 Ingolstadt
als Zeugen

1. Teil. Ermittlungsverfahren

sowie folgende Urkunden:
Blutalkoholgutachten (Bl. 16, 17)
Blutentnahmeprotokoll (Bl. 9)
Strafantrag (Bl. 13)
Mit den Akten an das Amtsgericht Ingolstadt[1]

...
Staatsanwältin

c) Einstellungsverfügung

Staatsanwaltschaft Stuttgart
151 Js 1234/03
I. Einstellungsverfügung vom 01. 04. 2003
Das Ermittlungsverfahren
   gegen Claus Clemens
   wegen unerlaubten Entfernens vom Unfallort
wird gemäß § 170 II StPO
eingestellt.

Gründe:
Der Beschuldigte stand im Verdacht, am 20. 02. 2003 in Stuttgart auf der Seestraße mit dem PKW S-EX 11 einen Unfall mit 10 000 € Fremdsachschaden verursacht und sich dann in Kenntnis des Unfalls unerlaubt entfernt zu haben.

Die Ermittlungen haben den Tatverdacht nicht bestätigt. Sie ergaben vielmehr, dass das Fahrzeug vom Vater des Beschuldigten, der auch Halter des Fahrzeugs ist, gelenkt wurde. Insbesondere erkannte der Geschädigte bei einer Gegenüberstellung den Vater des Beschuldigten eindeutig als den Fahrer wieder.

Das Verfahren war deshalb gemäß § 170 II StPO einzustellen.
(Begleitverfügung:)
  II. Mitteilung von I. mit Gründen ohne Rechtsmittelbelehrung an den Anzeigerstatter Dieter Dattel, Badstr. 16, Stuttgart
 III. Mitteilung ohne Gründe mit Belehrung nach dem StrEG an den Beschuldigten (Anschrift Bl. 10) gegen Zustellungsurkunde
 IV. Rückgabe des beschlagnahmten Führerscheins des Beschuldigten zusammen mit III.
  V. Formblattmitteilung an Polizei
 VI. Zählkarte
VII. Weglegen

...
Staatsanwalt

2. Teil. Gerichtliches Verfahren bis zum Urteil

A. Zwischenverfahren und Vorbereitung der Hauptverhandlung

Die häufigsten Klausurprobleme aus dem Bereich des Zwischenverfahrens befassen sich mit der sachlichen Zuständigkeit des Gerichts – wer ist für das Hauptverfahren zuständig? – und mit den Fragen rund um den Eröffnungsbeschluss, da dessen Vorliegen als Prozessvoraussetzung im gesamten Verfahren von Amts wegen geprüft werden muss.

I. Allgemeines

Als Zwischenverfahren wird das Verfahrensstadium bezeichnet, das zwischen dem Ermittlungsverfahren und dem Hauptverfahren liegt. Das Ermittlungsverfahren endet mit Anklageerhebung, das Hauptverfahren beginnt mit dem Erlass des Eröffnungsbeschlusses.

1. Zwischenverfahren und Eröffnungsbeschluss

Mit der *Erhebung der Anklage* tritt **Anhängigkeit** des Verfahrens ein. Der Beschuldigte wird damit zum **Angeschuldigten** (§ 157 StPO).

Zunächst stellt der Vorsitzende die **Anklage zu** und **räumt eine Frist zur Stellungnahme** ein (§§ 201, 145a I, III StPO). Liegt ein Fall notwendiger Verteidigung (§ 140 StPO) vor, bestellt der Vorsitzende spätestens jetzt einen **Pflichtverteidiger,** wenn der Beschuldigte noch keinen Verteidiger hat.

Zur Vorbereitung der Entscheidung über die Eröffnung und zur Sicherung der Beweise für das Hauptverfahren kann das Gericht von Amts wegen **Beweis erheben** (§ 202 in Verbindung mit z. B. §§ 223, 224 StPO) und zwar entweder durch kommissarische Vernehmungen des beauftragten oder ersuchten Richters oder unter Vermittlung der Staatsanwaltschaft durch die Polizei.

Im Rahmen der Eröffnungsberatung prüft das Gericht zunächst seine **örtliche** und **sachliche Zuständigkeit**.

Verneint es seine örtliche Zuständigkeit (§§ 7 ff. StPO), so erklärt sich das Gericht durch Beschluss nur für *örtlich* unzuständig. Eine Abgabe an das örtlich zuständige Gericht erfolgt ebenso wenig wie eine Ablehnung der Eröffnung!

Falls es sich für *sachlich* unzuständig (§§ 1 ff. StPO in Verbindung mit GVG) hält, ist zu unterscheiden: Ist ein Gericht *höherer Ordnung* oder ein vorrangiger Spruchkörper zuständig, so erfolgt *Vorlage* an dieses Gericht/ Spruchkörper (§§ 209 II, 209a StPO). Ist dagegen ein Gericht *niedrigerer Ordnung* oder ein nachrangiger Spruchkörper zuständig, so wird „nach unten" vor dem niedrigeren Gericht/Spruchkörper *eröffnet* (§§ 209 I, 209a StPO).

Danach prüft das Gericht, ob **hinreichender Tatverdacht** besteht (§ 203 StPO). Dabei prüft es, ob ein **Verfahrenshindernis** besteht. Ist dies der Fall, so wird bei *vorübergehenden,* aber länger andauernden Verfahrenshindernissen gemäß § 205 StPO *vorläufig* eingestellt. Bei *nicht behebbaren* Verfahrenshindernissen wird die Eröffnung des Hauptverfahrens gemäß § 204 StPO *abgelehnt* (§ 206a StPO gilt erst nach Eröffnung), da hinreichender Tatverdacht voraussetzt, dass die Tat noch verfolgbar ist, also gerade keine nicht behebbaren Verfahrenshindernisse bestehen.

Hinweis: Bei Tatsachen, die ein Verfahrenshindernis begründen können, aber auch die angeklagte Tat selbst betreffen, erfolgt die Klärung nicht im Freibeweisverfahren, sondern in der Hauptverhandlung im Strengbeweisverfahren. Für die Eröffnung des Hauptverfahrens genügt insoweit die hinreichende Wahrscheinlichkeit, die Beweisaufnahme werde ein solches Verfahrenshindernis nicht ergeben (BGH NStZ 2002, 328).

Verneint das Gericht den **hinreichenden Tatverdacht** aus anderen Gründen, wird ebenfalls die **Eröffnung abgelehnt** (§ 204 StPO). **Bejaht** es den **hinreichenden Tatverdacht,** ergeht ein **Eröffnungsbeschluss** gemäß §§ 203, 206, 207 StPO). Wird die Hauptverhandlung vor der Strafkammer eröffnet, beschließt das Gericht im Eröffnungsbeschluss zugleich auch, ob es in der Hauptverhandlung – einschließlich des Vorsitzenden – mit zwei oder mit drei Berufsrichtern verhandeln wird (vgl. § 76 II GVG), wobei es insoweit zwar kein Ermessen, aber einen weiten Beurteilungsspielraum hat (BGH NJW 1999, 1644).

Hinweis 1: Da das Gericht die Tat im prozessualen Sinne immer umfassend zu prüfen hat, kommt nur bei mehreren prozessualen Taten (siehe dazu S. 138 ff.) eine teilweise Eröffnung und teilweise Ablehnung der Eröffnung i. S. d. § 207 II Nr. 1 StPO in Betracht.

Hinweis 2: Der Eröffnungsbeschluss ist schon deshalb schriftlich abzufassen, weil er gemäß § 218 I StPO dem Angeschuldigten zuzustellen ist. Dagegen wird bei einer Nachtragsanklage der Einbeziehungsbeschluss nicht schriftlich erlassen, sondern in der Hauptverhandlung verkündet und in das Hauptverhandlungsprotokoll aufgenommen (BGH StV 1996, 5).

Bejaht es zwar die Strafbarkeit der angeklagten prozessualen Tat, will es aber nicht der rechtlichen Würdigung der Staatsanwaltschaft folgen, so lässt es die Anklage mit der entsprechenden abweichenden rechtlichen Beurteilung zu (vgl. § 207 II Nr. 3 StPO).

Wird durch Beschluss die *Eröffnung des Hauptverfahrens abgelehnt,* so kann der Angeklagte diesen Beschluss ebenso wenig anfechten wie er die Eröffnung des Hauptverfahrens anfechten kann (fehlende Beschwer bei Nichteröffnung, ansonsten § 210 I StPO). Dagegen kann die **Staatsanwaltschaft** die Nichteröffnung mit der **sofortigen Beschwerde** ebenso anfechten, wie wenn das Gericht nur teilweise oder vor einem Gericht niederer Ordnung eröffnet (§ 210 II StPO). Der die Eröffnung ablehnende Beschluss erwächst nach Ablauf der Rechtsmittelfrist in **Rechtskraft** mit der Wirkung eines beschränkten Strafklageverbrauchs (vgl. § 211 StPO), das heißt bei neuer Sachlage (z.b. unerwartete Genesung des Beschuldigten und damit Wiederherstellung der Verhandlungsfähigkeit) kann das Verfahren durch eine neue Anklage wieder in Gang gebracht werden.

Hinweis: Trifft das Gericht keine Entscheidung über die Eröffnung und fördert es das Verfahren auch sonst nicht, kann dies der Ablehnung der Eröffnung des Hauptverfahrens gleichkommen und zur Zulässigkeit einer Untätigkeitsbeschwerde der Staatsanwaltschaft führen (vgl. OLG Frankfurt NJW 2002, 454).

2. Vorbereitung der Hauptverhandlung

Mit der Eröffnung des Hauptverfahrens wird der Angeschuldigte zum **Angeklagten.** Es tritt **Rechtshängigkeit** ein mit der Folge, dass wegen derselben prozessualen Tat keine weitere Anklage mehr erhoben werden kann (zur Ausnahme bei umfassenderer Prüfungsmöglichkeit vgl. BGH NJW 1953, 273; bei doppelter Rechtshängigkeit gebührt nach BGH NStZ-RR 2000, 332 der Vorrang grundsätzlich dem zuerst eröffnenden Gericht). Außerdem wird der Vorrang einer bestimmten Strafkammer (§ 6a StPO) und die örtliche *Zuständigkeit* (§ 16 StPO) nun *nicht mehr von Amts wegen geprüft*. Wird die örtliche Zuständigkeit von einem Verfahrensbeteiligten beanstandet, so erfolgt nunmehr bei begründeter Rüge die Einstellung des Verfahrens, und zwar in der Hauptverhandlung durch Urteil (§ 260 III StPO), ansonsten durch Beschluss (§ 206a StPO). Ist die Rüge unbegründet, wird der Antrag durch Beschluss abgelehnt. Gemäß § 305 StPO ist dieser Beschluss nur zusammen mit dem Urteil anfechtbar. Hält sich das Gericht nach Eröffnung für sachlich unzuständig, so kann es weiterhin „nach oben" vorlegen (§ 225a I StPO – in der Hauptverhandlung sogar bindend, § 270 StPO), während es für Verfahren „niedrigerer Ordnung" nunmehr zuständig bleibt (§ 269 StPO – für das Verhältnis der Strafkammern untereinander gilt allerdings § 270 I 2 StPO: hat der Angeklagte bis zu seiner Vernehmung zur Sache den Einwand der Unzuständigkeit gemäß § 6a StPO erhoben, kann an die zuständige Strafkammer verwiesen werden, unabhängig vom Rangverhältnis der Kammern untereinander).

Tipp: Wer in seiner Examensklausur im materiellrechtlichen Teil seines Gutachtens zu einer anderen Auffassung als die Anklage und der Eröffnungsbeschluss kommt, muss beim prozessualen Entscheidungsvorschlag an die Anwendung des § 270 StPO denken. Wenn bei einer Schöffengerichtssache nach Auffassung des Referendars versuchter Totschlag vorliegt, kann der Entscheidungsvorschlag nur auf bindende Verweisung nach oben, nicht aber auf Verurteilung wegen Totschlags lauten.

Nach Eröffnung bestimmt der Vorsitzende den **Termin** zur Hauptverhandlung (§ 213 StPO) und ordnet die erforderlichen Ladungen an. **Zu laden** sind die Staatsanwaltschaft, der Angeklagte und sein Verteidiger, sowie die Zeugen und Sachverständigen (§§ 214, 216, 218 StPO). Im Einzelfall sind weitere Personen zu laden, insbesondere der Nebenkläger (§§ 397 I 2, 385 II StPO), der Anwalt des Nebenklageberechtigten (§ 406g II StPO) und der Antragsteller im Sinne der §§ 403, 404 III StPO. Spätestens **mit der Ladung** ist dem Angeklagten der **Eröffnungsbeschluss zuzustellen** (§ 215 StPO – bei Verteidigung gilt § 145a I, III StPO). Der Staatsanwaltschaft wird der Eröffnungsbeschluss formlos mitgeteilt, es sei denn, die Eröffnung wurde teilweise abgelehnt, da dann eine Rechtsmittelfrist läuft (vgl. § 35 II StPO). Eventuell ist auch weiteren Verfahrensbeteiligten der Eröffnungsbeschluss mitzuteilen, vgl. § 397 I 2 in Verbindung mit §§ 385 I 2 und 35 II StPO, ferner §§ 435 II, 442 I, II 1 und 444 II 2 StPO. Der Staatsanwaltschaft und dem Angeklagten bzw. seinem Verteidiger sind mit der Ladung die geladenen Zeugen und Sachverständigen (§ 222 StPO) und die Besetzung des Gerichts (§ 222a StPO) bekannt zu geben (dies hat Konsequenzen für die Besetzungsrüge – siehe § 222b i. V. m. § 338 Nr. 1 StPO).

Hinweis: Eine Verletzung der Mitteilungspflicht nach § 222 StPO kann isoliert nicht gerügt werden. Das Urteil beruht darauf nämlich nicht, da der Verfahrensbeteiligte gemäß § 246 II und III StPO die Aussetzung beantragen kann. Erst die unzulässige Ablehnung der Aussetzung ist revisibel. Dies ist zum Beispiel von Bedeutung, wenn in der Anklage nur die Dienstanschrift von Polizeibeamten genannt ist (vgl. BGH NJW 1990, 1124).

Außerdem ist die 1-wöchige Ladungsfrist (§ 217 StPO) zu beachten. Ist sie nicht eingehalten, kann die Aussetzung des Verfahrens beantragt werden. Auf die Einhaltung der Frist können Angeklagter und Verteidiger verzichten.

II. Besonderheiten

1. Zuständigkeit bei Verbindung

Wie aus §§ 1 ff. StPO zu entnehmen ist, können mehrere Verfahren verbunden werden. Dabei ist zu beachten, dass §§ 1 ff. StPO nur die Verbindung erstinstanzlicher Verfahren untereinander regeln, also wenn ein Verfahren beim AG und ein weiteres beim LG – jeweils erstinstanzlich – nhängig ist. Zu denken ist auch an eine Verbindung mehrerer beim Landgericht anhängiger Verfahren, wovon das eine ein erstinstanzliches Verfahren, das andere eine Berufungssache betrifft. Dann ist zwischen der Verbindung nur zur *gemeinsamen Verhandlung* nach § 237 StPO und der Verhandlung der nach §§ 1 ff. StPO verbundenen Verfahren als ein erstinstanzliches Verfahren zu unterscheiden. Die hierzu auftretenden Probleme sind im Einzelnen bei den Rechtsmitteln – unten S. 227 – abgehandelt.

2. Verfahren ohne Eröffnungsbeschluss

Ein Eröffnungsbeschluss ist ausnahmsweise nicht erforderlich im *beschleunigten Verfahren* (§ 418 I StPO; vgl. auch § 419 III StPO) und im *Strafbefehlsverfahren* (§§ 407 ff. StPO). Auch hier erfolgt aber eine Überprüfung der Zuständigkeit und des hinreichenden Tatverdachts. Fehlt es hieran, wird die Aburteilung im beschleunigten Verfahren bzw. der Erlass des Strafbefehls abgelehnt.

3. Unwirksamkeit und Nachholung des Eröffnungsbeschlusses

a) Fehlerhafter Eröffnungsbeschluss. Da es auch beim Beschluss über die Eröffnung zu Verfahrensfehlern kommen kann, der Eröffnungsbeschluss als Prozessvoraussetzung jedoch das ganze Verfahren hindurch geprüft werden muss, ist von erheblicher Bedeutung, welche Konsequenzen ein fehlerhafter Eröffnungsbeschluss hat. Nichtig ist dieser Beschluss nur dann, wenn er unter offensichtlichen *und* schwerwiegenden Mängeln leidet. Dazu gehört aber z. B. nicht die Mitwirkung eines befangenen Richters. Diese macht den Beschluss nur fehlerhaft, jedoch nicht einmal anfechtbar wegen § 336 Satz 2 StPO. Wirkt die Fehlerhaftigkeit in der Hauptverhandlung allerdings fort, kann dies mit der Revision geltend gemacht werden. Z. B. führt die zu unbestimmte Anklage zu einem zu unbestimmten Eröffnungsbeschluss und mithin zu einer unzulässigen Einschränkung der Verteidigungsmöglichkeit des Angeklagten, es sei denn in der Hauptverhandlung wird die Konkretisierung durch einen Hinweis nach § 265 StPO nachgeholt.

b) Heilungsmöglichkeiten. Wurde versehentlich nicht über die Eröffnung beschlossen oder ist der Eröffnungsbeschluss wegen evidenter Fehler nichtig, so kann dieser Beschluss nachgeholt werden. Dies ist allerdings nur möglich, solange sich das Verfahren noch in der ersten Instanz befindet, da nur der erstinstanzliche Richter über die Eröffnung des Verfahrens befinden kann. Wird dieser Fehler während der Hauptverhandlung bemerkt und deshalb nachträglich die Eröffnung beschlossen, so kann die Hauptverhandlung nur fortgesetzt werden, wenn der Angeklagte und der Verteidiger auf die Einhaltung der Ladungsfrist im Sinne der §§ 217, 218 StPO verzichten, da mangels Eröffnungsbeschluss eine wirksame Ladung im Sinn dieser Vorschriften nicht vorliegen kann (§ 215 StPO – zur Nachholung des Eröffnungsbeschlusses vgl. BGHSt. 29, 225 ff. und BGH NStZ 1988, 236).

Davon zu unterscheiden ist der Fall, dass lediglich die Urkunde des tatsächlich ergangenen Beschlusses nicht mehr auffindbar ist. In diesem Fall genügt eine Rekonstruktion, z. B. aus Verteidiger- oder Staatsanwaltsakten.

c) **Beispiel eines Eröffnungsbeschlusses.** (Eröffnung nach unten mit abweichender rechtlicher Würdigung)

Landgericht Stuttgart, 1. Wirtschaftsstrafkammer

Beschluss vom 10. 03. 2003

In der Strafsache gegen
den am 01. 05. 1960 in Baden-Baden geborenen, in der Rathenaustr. 6, 70191 Stuttgart wohnhaften, geschiedenen Ingenieur
    Dieter Dora
    Verteidiger: Rechtsanwalt Juris, Stuttgart
    wegen Bankrotts u. a.
wird das Hauptverfahren
    eröffnet
und die Anklage der Staatsanwaltschaft Stuttgart vom 20. 09. 2002 – 151 Js 1/98 – zur Hauptverhandlung vor dem Schöffengericht des Amtsgerichts Stuttgart zugelassen,
jedoch mit der rechtlich abweichenden Würdigung, dass hinsichtlich des Sachverhalts Ziffer 3 des Anklagesatzes statt Bankrott Untreue zum Nachteil der Fa. Dora GmbH (§ 266 I StGB) vorliegt.
Der Haftbefehl des Amtsgerichts Stuttgart vom 04. 09. 2002 bleibt im Umfang dieses Eröffnungsbeschlusses aus den fortdauernden Gründen seines Erlasses aufrechterhalten.

Gründe:
I.
Die Wirtschaftsstrafkammer ist im vorliegenden Fall nicht zuständig, da zwar Katalogstraftaten nach § 74 c I GVG angeklagt sind, die Voraussetzungen des § 74 I in Verbindung mit § 24 I Ziffer 2, 3 GVG – besondere Bedeutung des Falles oder eine ungenügende Rechtsfolgenkompetenz des Amtsgerichts – jedoch nicht gegeben sind. Allein das Ausmaß und die Dauer der Ermittlungen, sowie der Umfang der Beweismittel rechtfertigen die Annahme eines Falles besonderer Bedeutung nicht.
II.
Da der Angeschuldigte im Verdacht steht, die unter Ziffer 3 des Anklagesatzes geschilderte Tat gegen die Interessen der Fa. Dora GmbH ausschließlich der eigenen Bereicherung wegen begangen zu haben, ist dies abweichend von der Anklage als Untreue im Sinn des § 266 StGB zu würdigen.

(Vors. Richter am LG)   (Richterin am LG)   (Richter)

B. Hauptverfahren

Die Hauptverhandlung ist von zentraler Bedeutung. Nicht nur, dass die gesamten Ermittlungen auf die Einführung der Beweismittel und den Tatnachweis in der Hauptverhandlung ausgerichtet sind. Erst hier gewinnt die Frage des so examensrelevanten Urkundenbeweises wirkliche Bedeutung, wirkt sich das nicht minder oft geprüfte Zeugnisverweigerungsrecht besonders stark aus. Auch die revisionsrechtlich ausgerichteten

Klausuren befassen sich selbstverständlich mit den in der Hauptverhandlung gemachten Fehlern.

I. Allgemeines

1. Gang der Hauptverhandlung

Der Ablauf der Hauptverhandlung ergibt sich im Wesentlichen aus §§ 243, 244, 257, 258 StPO. Im Folgenden sollen zunächst die einzelnen Stationen dargestellt werden:

a) Aufruf der Sache. Zunächst erfolgt der Aufruf der Sache und die Feststellung, ob die Beteiligten erschienen und die Beweismittel herbeigeschafft sind.

Fehlt der Angeklagte, so gilt der Grundsatz, dass ohne den Angeklagten eine Hauptverhandlung nicht stattfindet (vgl. die Ausnahmen in §§ 231 II, 231 a, b, 232, 233 StPO – beachte auch die Wiedereinsetzungsmöglichkeit in § 235 StPO). Dies bedeutet nicht nur eine Pflicht des Angeklagten zum Erscheinen, sondern gibt diesem auch ein Recht auf Anwesenheit. Dieses Recht wird zwar durch Vorschriften wie § 247 StPO eingeschränkt, jedoch sind deren Grenzen genau zu beachten (häufige Fehlerquelle, vgl. S. 250).

Die Zeugen müssen vor der weiteren Verhandlung gemäß § 243 II StPO den Sitzungssaal verlassen, und zwar nicht nur die geladenen Zeugen, sondern grundsätzlich auch der Zuhörer, der nach vorläufiger tatrichterlicher Auffassung als Zeuge in Betracht kommt (BGH StV 2002, 5 und 6). Dem Zeugen soll die Anwesenheit im Sitzungssaal bis zu seiner Vernehmung verwehrt sein, damit er ohne Kenntnis dessen aussagen kann, was der Angeklagte und die bereits gehörten anderen Zeugen erklärt haben.

b) Erörterung der persönlichen Verhältnisse. Da dies in der Regel vor der allgemeinen Belehrung über die Rechte des Angeklagten geschieht und diese Phase eigentlich nur der Identifizierung der Person des Angeklagten dient, sollten hier nur die Personalien abgefragt werden (vgl. OLG Köln NStZ 1989, 44). Alles weitere hat in der Regel bereits in irgendeiner Form mit der Verurteilung – und sei es nur für das Strafmaß – zu tun. Will der Richter aber bereits hier den Werdegang des Angeklagten besprechen, so muss er entsprechend belehren.

c) Verlesung des Anklagesatzes. Zwar wird es selten vorkommen, dass der Staatsanwalt vergisst, die Anklage zu verlesen, aber es kommt gelegentlich vor, dass dieser Vorgang nicht protokolliert wird mit der Wirkung des § 274 StPO (lesen!). Die Verlesung des Anklagesatzes ist ein wesentliches Verfahrenserfordernis, weil „der Zweck der Verlesung dahin geht, die Teilnehmer an der Hauptverhandlung mit dem Gegenstand der Verhandlung und mit den Grenzen, in denen sich diese und die Urteilsfindung zu bewegen hat, bekannt zu machen" (BGH NStZ 1986, 39 und 374). Ein Verstoß hiergegen begründet in der Regel – jedenfalls bei schwierigeren Sachverhalten – die Revision (vgl. BGH NStZ 2000, 214 und BGH NStZ 1995, 200, der im konkreten Einzelfall eine Auswirkung auf das Urteil verneinte).

d) Belehrung des Angeklagten über seine Rechte. Nach BGHSt. 25, 325 ist ein Verstoß gegen diese Belehrungspflicht revisibel, wenn der Hinweis im Einzelfall erforderlich war, um den Angeklagten über seine Verteidigungsmöglichkeiten zu unterrichten und wenn der Angeklagte nach Belehrung die Aussage verweigert hätte.

e) Angaben des Angeklagten/Schweigen des Angeklagten. Nach Verlesung der Anklage kann der Angeklagte Angaben machen, bevor Beweismittel in das Verfahren eingeführt werden. Er kann auch schweigen, ohne dass das gegen ihn verwendet werden dürfte. Widerruft der Angeklagte allerdings eine im Ermittlungsverfahren gemachte umfangreiche Aussage stellt dies eine – bewertbare – Angabe zur Sache und nicht lediglich ein pauschales Bestreiten dar (BGH NStZ 1998, 209). Macht der Angeklagte in der Hauptverhandlung Angaben zur Sache, ist das Gericht nur unter dem Gesichtspunkt der Aufklärungspflicht nach § 244 II StPO verpflichtet, auch eine vom Angeklagten in der Hauptverhandlung übergebene schriftliche Erklärung zu verlesen (BGH NStZ 2001, 439).

Angaben des Verteidigers in Anwesenheit des Angeklagten können i. d. R. als Einlassung des Angeklagten verwertet werden, vgl. dazu im Einzelnen unten S. 170.

f) Beweisaufnahme. Nach § 244 II StPO hat das Gericht den Sachverhalt von Amts wegen aufzuklären. Es ist nicht auf die vom Staatsanwalt oder dem Angeklagten benannten Beweismittel beschränkt.

Ob die besonderen Förmlichkeiten der StPO einzuhalten sind, hängt davon ab, ob Beweis zu Verfahrensfragen (Freibeweis) oder ob Beweis über Schuld und Strafe (Strengbeweis) zu erheben ist.

Der **Freibeweis** kann in jeder dem Gericht angemessen erscheinenden Form erhoben werden, der Strengbeweis nur durch die in der StPO vorgesehenen Beweismittel und unter Beachtung der jeweiligen Förmlichkeiten (*Meyer-Goßner* § 244 Rdnr. 6).

Beweismittel des **Strengbeweises** sind:

aa) Der Zeuge (§§ 48–71 StPO). Wie bereits dargelegt, wird die Frage, ob jemand Zeuge oder Angeklagter ist, rein formal beurteilt, nämlich danach, ob er in diesem Hauptverfahren angeklagt ist und gegen ihn verhandelt wird. Das heißt, der Mitangeklagte B wird zum Zeugen, wenn das Verfahren gegen ihn von dem Verfahren gegen den Angeklagten A

B. Hauptverfahren

abgetrennt worden ist und dies aus sachlichen Gründen – nicht nur willkürlich – geschehen ist.

bb) Der Sachverständige (§§ 72–80 StPO). Der Sachverständige baut sein Gutachten auf Anknüpfungstatsachen auf. Anknüpfungstatsachen teilen sich in Befund- und Zusatztatsachen.

Befundtatsachen sind die Umstände, die der Sachverständige auf Grund seiner Sachkunde erkennen kann. Diese werden durch eine gutachterliche Äußerung des Sachverständigen in den Prozess eingeführt.

Zusatztatsachen sind die Umstände, die das Gericht mit seinen eigenen Erkenntnismöglichkeiten feststellen kann. Sie müssen deshalb auch außerhalb des Sachverständigenbeweises erhoben werden und sei es durch Vernehmung des Sachverständigen als sachverständigen Zeugen.

cc) Der Urkundenbeweis (§§ 249–256 StPO). Dem Urkundenbeweis sind grundsätzlich alle Schriftstücke, nicht nur Urkunden i.S.v. § 267 StGB zugänglich (vgl. § 249 StPO), also auch Fotokopien (BGH NStZ 1986, 519 – davon zu unterscheiden ist die Überzeugungsbildung des Tatrichters von der Übereinstimmung der Kopie mit dem Original) und Urteile (zum Beweiswert vgl. BGH NStZ-RR 2001, 138). Eine Ausnahme macht insbesondere § 250 Satz 2 StPO, wonach die Verlesung eine Vernehmung nicht ersetzen darf (Einzelheiten siehe unten S. 121ff.). Eingeführt wird die Urkunde im Normalfall durch Verlesung (§ 249 I StPO). Möglich ist auch ein Verzicht auf Verlesung unter den Voraussetzungen des § 249 II StPO (sog. Selbstleseverfahren, dessen Einzelheiten im Hauptverhandlungsprotokoll als wesentliche Förmlichkeit festgehalten werden müssen; vgl. BGH NStZ 2000, 47). Schließlich ist – allerdings nur, wenn es nicht auf den Wortlaut der Urkunde ankommt – auch eine Einführung durch Bekanntgabe des wesentlichen Inhalts der Urkunde durch den Vorsitzenden möglich (BGHSt. 30, 10ff.). In all diesen Fällen liegt ein echter Urkundenbeweis vor.

Hiervon streng zu unterscheiden ist der Vorhalt. Es handelt sich hierbei lediglich um einen Vernehmungsbehelf. Der Beweiswürdigung zugänglich ist deshalb immer nur die Antwort auf den Vorhalt.

Die Auskunft aus dem Bundeszentralregister stellt eine Strafliste i.S.d. § 249 I 2 StPO dar und wird im Wege des Urkundenbeweises – i.d.R. ganz zu Beginn oder zum Ende der Beweisaufnahme – verlesen.

dd) Der Augenschein (§ 86 StPO). Dieses Beweismittel erfasst jede sinnliche, nicht nur die visuelle Wahrnehmung. Wie beim Urkundenbeweis können auch beim Augenschein Probleme mit dem allgemein aus § 250 StPO abzuleitenden Verbot, individuelle Zeugenwahrnehmungen durch andere Beweismittel zu ersetzen, auftreten, z.B. bei einer Unfallskizze.

g) Plädoyers und letztes Wort. Die Plädoyers und das letzte Wort sind in § 258 I und II StPO geregelt.

Die Verletzung des Rechts auf das letzte Wort ist revisibel. Entsprechende Verstöße sind nicht selten, da immer wieder nach vorläufiger Urteilsberatung nochmals in die Beweisaufnahme eingetreten wird (vgl. BGH NStZ 1986, 470; 1987, 36; NJW 1990, 1613; *Meyer-Goßner* § 258 Rdnr. 20 ff.).

h) Urteilsberatung und Urteilsverkündung. Nach dem letzten Wort zieht sich das Gericht zur **geheimen** (§ 193 GVG, §§ 43, 45 DRiG) Beratung zurück (zur nochmaligen Beratung nach Wiedereintritt in die Beweisaufnahme vgl. BGH NJW 1992, 3181 ff.). Sind die Entscheidungen mit den erforderlichen Mehrheiten (vgl. § 263 StPO in Verbindung mit §§ 196, 197 GVG) getroffen, wird das Urteil verkündet. Dies geschieht durch **Verlesung** der Urteils**formel** und mündlicher **Bekanntgabe** der Urteils**gründe** (§§ 260 I, 268 II StPO). Die Erteilung der Rechtsmittelbelehrung gehört nicht mehr dazu (*Meyer-Goßner* § 268 Rdnr. 8).

i) Unterbrechung der Hauptverhandlung. Die Hauptverhandlung kann sich über mehrere Tage oder Monate, in Ausnahmefällen sogar über Jahre erstrecken. Im Interesse einer Verfahrensbeschleunigung und um tatsächlich für das Urteil aus dem in der Hauptverhandlung gewonnenen Eindruck schöpfen zu können, darf die Verhandlung allerdings zwischen zwei Verhandlungstagen nicht beliebig lange, sondern im Regelfall nur für 10 Tage unterbrochen werden, muss also am Tag nach Ablauf dieser Frist wieder fortgesetzt werden (§ 229 I StPO; zur 30-Tage-Frist bei länger dauernden Verhandlungen vgl. § 229 II StPO). Auch bei Erkrankung des Angeklagten kann die Hauptverhandlung unterbrochen werden, wobei der Lauf der 10- bzw. 30-Tagesfrist während der Erkrankung für maximal 6 Wochen gehemmt ist (vgl. § 229 III StPO; die Vorschrift ist eng auszulegen und auf andere Verfahrensbeteiligte nicht entsprechend anwendbar). Eine Unterbrechung von bis zu 10 Tagen ordnet der Vorsitzende allein an, für eine längere Unterbrechung oder eine Aussetzung der Hauptverhandlung bedarf es eines Gerichtsbeschlusses (§ 228 I StPO).

2. Öffentlichkeit

Die Hauptverhandlung findet grundsätzlich öffentlich statt (§ 169 GVG). Hiervon ausgenommen sind die Verfahren gegen zur Tatzeit Jugendliche (§ 48 I, II JGG). Diese Verfahren werden unter Ausschluss der Öffentlichkeit verhandelt und entschieden. Davon zu unterscheiden ist der vorübergehende Ausschluss der Öffentlichkeit in einem an sich öffentlichen Verfahren gemäß §§ 171a, b 172 GVG. In diesem Fall ist jedenfalls das Urteil öffentlich zu verkünden (§ 173 GVG). Die Öffentlichkeit steht nicht zur Disposition des Richters, er kann also nicht alle Zuschauer bitten, den Saal „freiwillig" zu verlassen (BGH NStZ 1993, 450). Für die

B. Hauptverfahren

Einzelheiten zur Öffentlichkeit der Hauptverhandlung sei auf die Ausführungen zum absoluten Revisionsgrund des § 338 Nr. 6 StPO (S. 252f.) verwiesen.

3. Anwesenheit

a) Anwesenheit des Angeklagten. Wie bereits dargestellt, findet, von einzelnen Ausnahmen abgesehen, eine Verhandlung ohne den Angeklagten nicht statt. Um die Anwesenheitspflicht des Angeklagten durchzusetzen, kann das Gericht Haftbefehl gegen den unentschuldigt nicht erschienenen Angeklagten erlassen oder dessen Vorführung anordnen (§ 230 II StPO). Für den *Haftbefehl* in diesem Sinne genügt hinreichender Tatverdacht. Haftgrund ist das unentschuldigte Nichterscheinen. Daneben muss die Verhaftung selbstverständlich auch verhältnismäßig sein. Die Vorführung unterscheidet sich vom Haftbefehl durch die beschränkte Festhaltedauer. Aufgrund eines *Vorführungsbefehls* darf der Angeklagte nur bis zum Ende des Tages festgehalten werden, der dem Beginn der Vorführung folgt (§ 135 StPO). Die Vorführung bietet sich deshalb nur an, wenn der Aufenthalt des Angeklagten bekannt ist.

Hinweis: Findet die Hauptverhandlung auf Grund eines Einspruchs des Angeklagten gegen einen Strafbefehl statt, so ist der Einspruch bei unentschuldigtem Fehlen zu verwerfen (§ 412 in Verbindung mit § 329 I StPO – für die Abwesenheit im Berufungsverfahren s. u. S. 224f.). Die Verwerfung ist nicht möglich, wenn der Angeklagte durch einen Verteidiger i. S. d. § 411 II StPO vertreten ist. Soweit das Gericht zur Sachverhaltsaufklärung nicht ohne den (vertretenen) Angeklagten verhandeln kann, muss es sein – durch Vorführung oder Haftbefehl durchsetzbares – persönliches Erscheinen anordnen (§ 236 StPO).

Will sich der Angeklagte nach Beginn der Hauptverhandlung entfernen, so kann das Gericht dies verhindern (§ 231 I StPO), es kann aber, soweit er bereits zur Sache vernommen ist, auch ohne ihn zu Ende verhandeln, soweit es seine weitere Anwesenheit nicht mehr für erforderlich hält (§ 231 II StPO).

Hinweis: Blieb der Angeklagte zunächst einem Fortsetzungstermin schuldhaft fern, kann dann aber wegen einer Erkrankung am nächsten Verhandlungstag nicht teilnehmen, obwohl er es möchte, so kann das Gericht an diesem Tag nicht nach 231 II StPO verfahren, da der Angeklagte sein Recht auf Teilnahme nicht verwirkt. Dies tut er nur, wenn und solange er eigenmächtig fernbleibt (BGH NStZ 1999, 418).
In gleicher Weise kann das Gericht im Strafbefehlsverfahren unter Berufung auf § 411 II StPO nicht einfach mit dem Verteidiger, aber ohne den erkrankten Angeklagten verhandeln, da diese Vorschrift nur seine Pflicht zum Erscheinen einschränkt, nicht aber sein Recht auf Teilnahme.

In der Praxis wird der Angeklagte häufig vorübergehend von der Teilnahme an der Hauptverhandlung ausgeschlossen, weil zu befürchten ist, der Zeuge werde in seiner Anwesenheit keine wahrheitsgemäßen Angaben machen (§ 247 StPO – der auch angewandt werden kann, wenn der zeugnisverweigerungsberechtigte Zeuge erklärt, er werde bei Anwesenheit des Angeklagten von seinem Zeugnisverweigerungsrecht Gebrauch machen). Häufig wird dabei übersehen, dass der **Angeklagte** nur für die Dauer der **Vernehmung ausgeschlossen** werden darf. Zur Vernehmung gehört aber nicht mehr die Erörterung der Frage der Vereidigung des Zeugen und seiner Entlassung (BGH NStZ 1995, 557 – allerdings soll nach nicht unbestrittener Rechtsprechung die Verhandlung über die Entlassung des Zeugen keinen wesentlichen Teil der Hauptverhandlung darstellen und deshalb bei einem Verstoß auch kein absoluter Revisionsgrund vorliegen; vgl. die in StV 2000, 238 ff. abgedruckten divergierenden Entscheidungen des BGH). Auch darf in Abwesenheit des Angeklagten kein anderes Beweismittel als der Zeuge in die Hauptverhandlung eingeführt werden, also z. B. auch kein Augenschein durchgeführt werden. Geschieht dies doch, so muss der Augenschein unbedingt in Anwesenheit des Angeklagten vollständig wiederholt werden (BGH NStZ 1988, 469, vgl. auch BGH NStZ 1997, 402).

Hinweis: Anders ist es, wenn die Öffentlichkeit gemäß § 171 b GVG während der Vernehmung eines Zeugen ausgeschlossen wurde. Dieser Ausschluss ist bezogen auf die Erörterung bestimmter Umstände und schließt den dabei erforderlichen Augenschein ein.

Nach der Vernehmung des Zeugen ist der wieder anwesende Angeklagte vom wesentlichen Inhalt der bisherigen, in seiner Abwesenheit erfolgten Zeugenaussage zu unterrichten. Um das Informationsdefizit des Angeklagten möglichst gering zu halten, ist es unzulässig, diese Unterrichtung erst nach weiteren Vernehmungen vorzunehmen.

Der Ausschluss des Angeklagten nach § 247 StPO bedarf des Gerichtsbeschlusses, und zwar auch dann, wenn sämtliche Beteiligten einschließlich des Angeklagten mit der Anordnung einverstanden sind (BGH NStZ 2002, 44).

Die **Verhandlungsfähigkeit** des Angeklagten (= die Fähigkeit, seine Interessen innerhalb oder außerhalb der Hauptverhandlung vernünftig wahrzunehmen, seine Verteidigung in verständiger und verständlicher Weise zu führen und Prozesserklärungen abzugeben und entgegenzunehmen – *Meyer-Goßner* Einl. Rdnr. 97; zur Frage der Gesundheitsgefährdung bei Durchführung der Hauptverhandlung vgl. BVerfG NJW 2002, 51) ist allgemeine – stets von Amts wegen zu prüfende – Prozessvoraussetzung. Hat sich der Angeklagte allerdings schuldhaft in einen Zustand der Verhandlungsunfähigkeit versetzt und erscheint so zur Hauptverhandlung, so steht er einem nicht erschienenen Angeklagten gleich, so dass z. B. sein Einspruch nach § 412 StPO verworfen werden könnte.

Zu den Möglichkeiten der Beurlaubung nach § 231 c StPO und den damit verbundenen Gefahren sei auf BGH NStZ 1989, 219 sowie auf die Ausführungen zur Revision S. 250 verwiesen.

B. Hauptverfahren

Verwiesen sei schließlich auch noch auf die Möglichkeit, nach Anklageerhebung noch ins Strafbefehlsverfahren überzuleiten (§ 408a StPO). Der Antrag muss vom Sitzungsvertreter der Staatsanwaltschaft schriftlich (handschriftlich genügt) gestellt werden und inhaltlich den Anforderungen des § 409 StPO entsprechen (*Meyer-Goßner* § 408a Rdnr. 2 m.w.N.).

b) Anwesenheit der übrigen Beteiligten. Gemäß § 226 StPO hat die Hauptverhandlung in *ununterbrochener Gegenwart der Richter und Schöffen* zu erfolgen. Erkrankt ein Richter und muss deshalb ein Ersatzrichter hinzugezogen werden, so ist dies nur möglich, wenn dieser Ersatzrichter bereits bisher an der Hauptverhandlung ununterbrochen teilgenommen hat (ohne dass er allerdings bisher an Beschlüssen hätte mitwirken dürfen).

Demgegenüber genügt es nach § 226 StPO, dass die *Staatsanwaltschaft* vertreten und ein *Urkundsbeamter* anwesend sind, so dass z.B. eine Auswechslung des Sitzungsvertreters der Staatsanwaltschaft während des Prozesses durchaus möglich ist (vgl. auch § 227 StPO). Wird der Staatsanwalt als Zeuge gehört, so muss ein anderer Staatsanwalt die Sitzungsvertretung für diese Zeit übernehmen (und möglicherweise auch danach wegen der Befangenheit des als Zeuge vernommenen Staatsanwalts).

Die für den Staatsanwalt gemachten Ausführungen gelten entsprechend für den *Pflichtverteidiger,* dessen ständige Anwesenheit in den Fällen des § 140 I und II StPO erforderlich ist (§ 145 I 1 StPO), der sich aber auch vertreten lassen kann.

Zur Abwesenheit von Verfahrensbeteiligten vgl. auch die Ausführungen auf S. 249 ff.

4. Befangenheit

a) Befangenheit des Richters. Zu unterscheiden ist zwischen dem ausgeschlossenen und dem befangenen Richter. Der *ausgeschlossene Richter* ist von Gesetzes wegen gemäß §§ 22, 23 StPO von der Mitwirkung ausgeschlossen, ohne dass es insoweit eines Antrags bedürfte. Der Katalog der Ausschlussgründe in den §§ 22, 23 StPO ist abschließend. Typisches Beispiel ist der durch die Straftat selbst verletzte Richter (§ 22 Nr. 1 StPO) oder der Richter, der in dieser Sache bereits als Staatsanwalt tätig war (§ 22 Nr. 4 StPO; vgl. hierzu S. 247). Ein erkennender Richter ist allerdings nicht Zeuge i.S.d. § 22 Nr. 5 StPO, wenn er sich dienstlich über Vorgänge äußert, die den Gegenstand des bei ihm anhängigen Verfahrens betreffen und die er im Zusammenhang mit seiner amtlichen Tätigkeit in dieser Sache wahrgenommen hat (BGH NStZ 1998, 524). Um dem Missbrauch durch Benennung eines erkennenden Richters als Zeugen zu begegnen, ist dem als Zeugen benannten Richter das Recht eingeräumt, in einer dienstlichen Erklärung dazu Stellung zu nehmen, ob er zu der behaupteten Beweistatsache etwas bekunden kann. Diese dienstliche Äußerung darf allerdings dann nicht für die Schuld- oder Straffrage im Rahmen der Beweiswürdigung herangezogen werden (BGH NStZ 2002, 491).

Dagegen bedarf es beim *befangenen Richter* (§ 24 StPO) eines Ablehnungsantrags, den neben der Staatsanwaltschaft und dem Angeklagten auch der Privatkläger (§ 24 III StPO) und der Nebenkläger (§ 397 I 3 StPO) stellen können (vgl. zur Richterablehnung auch S. 248). Die Möglichkeit zur Antragstellung ist zeitlich befristet. Der Antrag ist nur bis zur Vernehmung des ersten Angeklagten zu seinen persönlichen Verhältnissen möglich (§ 25 I StPO). Treten die Umstände erst später auf oder werden später bekannt, so ist die Ablehnung unverzüglich nach Bekanntwerden geltend zu machen (§ 25 II StPO). Besorgnis der Befangenheit i.S.d. § 24 II StPO besteht, wenn vom Standpunkt des Ablehnenden aus ein Grund vorliegt, der geeignet ist, Misstrauen an der Unparteilichkeit des Richters zu rechtfertigen, ohne dass es darauf ankommt, ob der Richter objektiv befangen ist oder sich für befangen hält (*Meyer-Goßner* § 24 Rdnr. 8; zur Befangenheit wegen einer sogenannten Verständigung im Strafverfahren vgl. BGH NJW 1990, 3030; zur Zulässigkeit von solchen Absprachen siehe unten S. 112).

Abgelehnt werden können immer nur die einzelnen Richter, nie das Kollegialgericht als Ganzes. Der Ablehnungsgrund muss glaubhaft gemacht werden. Sonst ist der Antrag ebenso unzulässig, wie wenn er verspätet oder zur Prozessverschleppung oder zu verfahrensfremden Zwecken gestellt wurde (§ 26a StPO). Über die Verwerfung des Ablehnungsantrags als unzulässig entscheidet das Gericht unter Mitwirkung des abgelehnten Richters, während er an der Beratung über einen zulässigen Antrag nicht mitwirkt. Für die Einzelheiten sei auf die §§ 26a ff. StPO verwiesen. Wichtig ist § 29 StPO, wonach in der Hauptverhandlung nicht nur unaufschiebbare Handlungen (§ 29 I StPO) vorgenommen werden können, sondern die Hauptverhandlung bis zum Beginn des übernächsten Verhandlungstages fortgesetzt werden kann, soweit sie sonst unterbrochen werden müsste (§ 29 II StPO).

b) Befangenheit sonstiger Personen. Für *Schöffen, Urkundsbeamte und Sachverständige* gilt das für den Richter Gesagte entsprechend (§§ 31, 74 StPO). Bei Schöffen stellt sich die Frage der Befangenheit, wenn sie vom wesentlichen Ergebnis der Ermittlungen Kenntnis erlangen. Der BGH neigt wegen der grundsätzlichen Gleichbehandlung von Berufs- und Laienrichtern in einem solchen Fall dazu, nur in Ausnahmefällen einen Verstoß gegen die Grundsätze der Mündlichkeit und der Unmittelbarkeit anzunehmen (BGH NJW 1997, 1792; vgl. auch BGH NJW 1998 1164). Aus dem gleichen Grund wird man deshalb auch eine Befangenheit i.d.R. verneinen können.

Dagegen ist die *Befangenheit des Staatsanwalts* in der StPO nicht gesetzlich geregelt. Unabhängig von landesrechtlichen Vorschriften (z.B. bestimmt

§ 11 AG GVG von Baden-Württemberg, dass der Staatsanwalt, der selbst oder dessen Verwandter durch die Tat verletzt worden ist, keine Amtshandlungen vornehmen darf), besteht in der Rechtsprechung Einigkeit, dass es auch eine Befangenheit des Staatsanwalts gibt und dessen Mitwirkung einen revisiblen Verfahrensverstoß darstellen kann. Gesicherte Rechtsprechung ist auch, dass die Ablösung des befangenen Staatsanwalts ausschließlich Sache des Dienstvorgesetzten ist und das Gericht darauf keinen Einfluss hat, aber verpflichtet sein kann, auf eine Ablösung zu drängen. Streit besteht darüber, wann ein Staatsanwalt befangen ist. Jedenfalls in den Fällen, in denen ein Richter von der Mitwirkung ausgeschlossen wäre, ist auch der Staatsanwalt befangen. Wirkt er weiter an der Hauptverhandlung mit, kann dies gerügt werden (BGH NJW 1980, 845). Nach ständiger Rechtsprechung des BGH darf deshalb der Staatsanwalt, der als Zeuge vernommen worden ist, an dieser weiteren Hauptverhandlung und hier insbesondere an den Schlussvorträgen nur insoweit mitwirken, als es um Teile geht, die von seiner eigenen Aussage nicht beeinflusst sind (BGH NStZ 1990, 24; 1994, 194). Befangen ist auch, wer als Staatsanwalt in der Berufungsinstanz eine Sache vertritt, in der er in erster Instanz als Richter entschieden hat.

5. Leitung der Verhandlung

Nach § 238 I StPO leitet der Vorsitzende die Verhandlung. Nur soweit das Gesetz ausdrücklich vom „Gericht" spricht, ist der gesamte Spruchkörper – in der Hauptverhandlung also auch unter Mitwirkung der Schöffen – zur Entscheidung berufen.

Soweit der Vorsitzende handelt, unterscheidet die Rechtsprechung die formelle *Verhandlungsleitung* und die *Sachleitung*.

Zur formellen Verhandlungsleitung gehört nur der äußere Rahmen einer Verhandlung und auch dies nur, soweit die Maßnahme nicht im Einzelfall geeignet ist, in die Rechte eines Beteiligten einzugreifen. Typische Beispiele für die formelle Leitung durch den Vorsitzenden sind z.B. die Eröffnung und Schließung der Sitzung, kürzere Unterbrechungen, die Sitzordnung der Verfahrensbeteiligten, ferner sitzungspolizeiliche Maßnahmen (§§ 176, 177 GVG) wie z.B. Ordnungsgeld an störende Zuhörer oder Kontrollen auf Waffen (jedenfalls im Saal – im Gebäude sind der AG- oder LG-Präsident als Hausherr zuständig).

Bei der Sachleitung (§ 238 II StPO) entscheidet der Vorsitzende sozusagen vorab für das Gericht. Ist ein Verfahrensbeteiligter mit einer Sachleitungsmaßnahme nicht einverstanden, so kann er die Entscheidung des Gerichts zu dieser Frage verlangen. Typische Beispiele sind die Anordnung der Verlesung einer Urkunde nach § 249 StPO (nicht nach § 251 IV StPO – Gerichtsentscheidung!) oder die Entziehung des Fragerechts.

Hinweis: Diese Entscheidung des Gerichts über die Verfügung des Vorsitzenden nach § 238 II StPO ist Voraussetzung dafür, dass Maßnahmen der Sachleitung erfolgreich mit der Revision angefochten werden können.

In der Literatur ist die Unterscheidung Verhandlungs-/Sachleitung weitgehend aufgegeben worden und es wird lediglich darauf abgestellt, ob der Prozessbeteiligte, der sich an das Gericht wendet, schlüssig darlegen kann, dass die Maßnahme des Vorsitzenden ihn beschwert (vgl. dazu *Meyer-Goßner* § 238 Rdnr. 12, 13).

6. Verständigung im Strafverfahren

Nicht zuletzt die zunehmende Belastung der Justiz mit immer länger dauernden Verfahren hat dazu geführt, dass sich Gericht, Verteidigung und Staatsanwaltschaft über das Verfahren verständigen. Der BGH hat solche Absprachen nicht generell für unzulässig erklärt, steht ihnen aber wegen seiner offensichtlichen Anfälligkeit für Missverständnisse skeptisch gegenüber (vgl. BGH NJW 1996, 1763 und 3018). So ist eine Verständigung, die ein Geständnis des Angeklagten und die zu verhängende Strafe zum Gegenstand hat, nicht generell unzulässig. Nach BGH NStZ 1998, 31 sind folgende Voraussetzungen zu erfüllen:
- Die Absprache muss unter Mitwirkung aller Verfahrensbeteiligten in öffentlicher Hauptverhandlung stattfinden (was aber Vorgespräche außerhalb der Hauptverhandlung nicht ausschließt) und ihr Ergebnis ins Hauptverhandlungsprotokoll aufgenommen werden;
- das Gericht darf keine bestimmte Strafe zusagen, kann aber für den Fall des Geständnisses eine Strafobergrenze angeben, die es nicht überschreiten wird, es sei denn es würden sich bisher unbekannte, schwerwiegende Umstände zu Lasten des Angeklagten ergeben (zur Befangenheit, wenn sich das Gericht bereits vorbehaltlos festgelegt hat, siehe BGH NJW 2000, 965);
- auch bei zugesagter Strafobergrenze muss die Strafe schuldangemessen sein.

Die Vereinbarung eines Rechtsmittelverzichts mit dem Angeklagten vor der Urteilsverkündung ist allerdings unzulässig. Der dennoch absprachegemäß erklärte Rechtsmittelverzicht kann unwirksam und Grund für eine Wiedereinsetzung in den vorigen Stand nach Versäumung der Rechtsmittelfrist sein (BGH NJW 2000, 526 gegen BGH NStZ 1997, 611) Zu Recht hat der BGH (NStZ 2000, 386) einschränkend eine Unwirksamkeit nur angenommen, wenn der Verfahrensmangel zu einer unzulässigen Willensbeeinflussung bei Abgabe der Verzichtserklärung geführt hat (siehe auch unten S. 206).

Hinweis: Selbständige prozessuale Taten, die noch gar nicht bekannt und deshalb nicht bestimmbar sind, können nicht Gegenstand einer Absprache sein, da Gewicht und Schuldgehalt noch nicht beurteilt werden können (BGH NStZ 2000, 495).

II. Angaben des Angeklagten

Der Angeklagte hat nach Verlesung der Anklage Gelegenheit, zum Tatvorwurf Stellung zu nehmen. Er kann selbstverständlich auch hier schweigen und ist darüber zu belehren. Daraus, dass der Angeklagte bisher geschwiegen hat, dürfen keine Schlüsse zu seinen Lasten gezogen werden. Wäre das Schweigen der Beweiswürdigung zugänglich, so würde das Recht des Angeklagten leer laufen (vgl. BGH NStZ 1990, 26). Hiervon zu unterscheiden ist, wie bereits oben S. 21 ausgeführt, die Verwertbarkeit des sogenannten „beredten" Schweigens.

Hinweis 1: Schweigt der Beschuldigte gegenüber Privatpersonen, die ihm einen Strafvorwurf machen (z.B. Arbeitgeber beschuldigt Arbeitnehmer der Sabotage), so ist dieses Verhalten der Beweiswürdigung durch das Gericht durchaus zugänglich (vgl. OLG Karlsruhe NStZ 1989, 287).

Hinweis 2: Macht der Angeklagte, der sich zunächst zur Anklage nicht geäußert hat, im Laufe der Hauptverhandlung doch noch Angaben zur Sache, ist diese Tatsache als wesentliche Förmlichkeit im Sinne des § 273 I StPO in die Sitzungsniederschrift aufzunehmen (mit der Folge der positiven und negativen Beweiskraft nach § 274 StPO). Das gilt auch, wenn die Einlassung im Rahmen einer Äußerung nach § 257 StPO oder nach § 258 StPO erfolgt.

III. Zeugenbeweis

1. Verfahrensbeteiligte als Zeugen

Wie bereits dargelegt, gilt der formale Zeugenbegriff, das heißt der Mitangeklagte B kann in diesem Verfahren auch dann kein Zeuge sein, wenn er zu einer nur dem A vorgeworfenen, weiteren Tat vernommen werden soll. Allerdings lässt die Rechtsprechung zu, dass das Gericht das Verfahren gegen A vorübergehend abtrennt und B als Zeugen hört, da dieses Vorgehen zur Erhaltung einer wahrheitsgemäßen Aussage geboten sein kann und die Verteidigungsmöglichkeit des B dadurch nicht eingeschränkt wird. Umgekehrt ist B bei getrennten Prozessen auch dann Zeuge, wenn er zu der gemeinsam begangenen Tat aussagen soll.

Hinweis: Die unmittelbare Befragung eines Angeklagten durch einen Mitangeklagten ist unzulässig (§ 240 II StPO). Der Angeklagte muss seine Fragen über den Vorsitzenden oder durch seinen Verteidiger stellen lassen.

Der an der Hauptverhandlung mitwirkende *Richter* kann nicht zugleich Zeuge sein (§ 22 Nr. 5 StPO). Sollte seine Vernehmung erforderlich werden, so muss der Prozess neu ohne diesen Richter begonnen werden. Der *als Zeuge vernommene Staatsanwalt* kann, wie bereits zur Befangenheit ausgeführt (oben S. 110), nur noch bedingt an der weiteren Hauptverhandlung mitwirken, während es eine entsprechende Befangenheit des Verteidigers nicht gibt. Bei notwendiger Verteidigung muss allerdings während der Zeugenvernehmung des Verteidigers ein anderer (Pflicht-)Verteidiger zugegen sein.

2. Belehrung der Zeugen

Zeugen müssen über ihre Wahrheitspflicht gemäß § 57 StPO, Zeugnisverweigerungsberechtigte i. S. d. § 52 StPO darüber hinaus über ihr Zeugnisverweigerungsrecht und soweit sie dennoch aussagen, über ihr Eidesverweigerungsrecht (§ 63 StPO) belehrt werden. Gegebenenfalls ist auch ein Hinweis nach § 55 StPO erforderlich, dessen Unterlassen jedoch vom Angeklagten nicht angefochten werden kann (Rechtskreistheorie BGHSt. 11, 213; siehe unten S. 258). Die Belehrung darf – auch außerhalb der Hauptverhandlung – nicht dem Sachverständigen überlassen werden (BGH NJW 1991, 2432).

3. Zeugnisverweigerungsrecht

Wie bereits dargelegt, kann der Ehegatte des (noch nicht verstorbenen) A im jetzt allein gegen B geführten Strafverfahren die Aussage nach § 52 I Nr. 2 StPO verweigern, wenn die Ermittlungen früher einmal gemeinsam in *einem* Verfahren gegen A *und* B geführt worden sind, solange das gegen A abgetrennte Verfahren noch nicht rechtskräftig abgeschlossen ist. Auch wurde bereits ausgeführt, dass der Zeuge, der ein Zeugnisverweigerungsrecht hat, die Aussage von Anfang an verweigern, jedoch auch zunächst mit der Aussage beginnen und dann jederzeit abbrechen kann, ohne dass die Geltendmachung des Zeugnisverweigerungsrechts negative Schlüsse zuließe (vgl. z. B. BGH StV 1997, 171).

Hinweis 1: Was der Zeuge *in der Hauptverhandlung* bisher gesagt hat, bleibt aber verwertbar.

Hat der Zeuge *im Ermittlungsverfahren* Angaben gemacht und verweigert jetzt in der Hauptverhandlung die Aussage, so bewirkt § 252 StPO ein über den Wortlaut hinausgehendes *Verwertungsverbot* (siehe unten S. 122).

Hinweis 2: Macht der Zeuge nach Beginn seiner Aussage von seinem Zeugnisverweigerungsrecht Gebrauch, so kommt eine Vereidigung nicht in Betracht, weil der Zeuge mit dem Eid versichert, vollständige Angaben gemacht zu haben, was hier nicht zutreffen kann. § 63 StPO – Eidesverweigerungsrecht – kommt also nur in Betracht, wenn der Zeuge von seinem Zeugnisverweigerungsrecht keinen Gebraucht gemacht hat.

Tipp: Bei minderjährigen Zeugen, die ein Zeugnisverweigerungsrecht haben, ist an die Bestellung eines Pflegers zu denken, wenn der Angeklagte (mit) sorgeberechtigt ist und der Zeuge die Bedeutung des Zeugnisverweigerungsrechts noch nicht voll erfassen kann (vgl. § 52 II 2 StPO).

4. Zeugenaussage

Zeugen unterliegen der Wahrheitspflicht. Sie müssen also vollständig und wahrheitsgemäß aussagen. Zu ihren Sorgfaltspflichten gehört es deshalb auch, sich auf die Vernehmung vorzubereiten. Es ist deshalb, obwohl gelegentlich von der Verteidigung – zu Unrecht – gerügt, Pflicht des Polizeibeamten, den Ermittlungsvorgang vor seiner Vernehmung nochmals durchzulesen. Während der Vernehmung darf der Zeuge durchaus auf seine Handakten zurückgreifen und etwas zu seiner Erinnerung nachblättern. Allerdings sollte versucht werden, den Zeugen zu einer Vernehmung im Zusammenhang ohne Zuhilfenahme von Unterlagen zu veranlassen, um zu erfahren, was der Zeuge noch in eigener Erinnerung hat. Das Vorgehen im Einzelnen gehört zur Sachleitung des Vorsitzenden.

5. Vereidigung

Nach dem Willen des Gesetzgebers sind die in der Hauptverhandlung vernommenen Zeugen grundsätzlich zu vereidigen. In der Praxis werden allerdings nur noch die wenigsten Zeugen vereidigt, während überwiegend auf die Vereidigung verzichtet wird (§ 61 Nr. 5 StPO). Ob ein Zeuge vereidigt wird oder nicht, ist zunächst eine Entscheidung des Vorsitzenden (BGH NStZ 1984, 371 – obwohl das Gesetz bei § 61 StPO vom Ermessen des Gerichts spricht), gegen die ein Beschluss der Strafkammer beantragt werden kann (§ 238 II StPO).

Im Einzelnen ist zu unterscheiden zwischen den **Vereidigungsverboten** (§ 60 StPO) – der Zeuge darf nicht vereidigt werden – und dem **Absehen von der Vereidigung** (§ 61 StPO), das im Ermessen des Gerichts steht. Von Klausurbedeutung sind unter den Vereidigungsverboten vor allem die Vernehmung eines an der Tat Beteiligten i. S. d. § 60 Nr. 2 StPO.

Für ein Vereidigungsverbot nach § 60 Nr. 2 StPO genügt schon ein ganz geringer Verdacht der Beteiligung (= Mitwirkung in derselben Richtung in an sich strafbarer Weise) an der Tat im prozessualen Sinn (zur Teilvereidigung bei mehreren prozessualen Taten vgl. BGH StV 1997, 114). Ein Verdacht, der noch unterhalb des Anfangsverdachts liegen und selbst dann noch gegeben sein kann, wenn der Zeuge in einem gegen ihn gerichteten Verfahren freigesprochen worden ist. Der Beteiligungsverdacht muss allerdings noch im Zeitpunkt der Urteilsberatung gegen den Zeugen bestehen (BGH NStZ 1993, 341).

Soweit der Verdacht der Begünstigung oder der Strafvereitelung die Vereidigung verbieten soll, bedarf es der Strafbarkeit des Zeugen schon *vor* der Hauptverhandlung. Macht der Zeuge in der Hauptverhandlung falsche Angaben, um den Angeklagten vor einer Verurteilung zu schützen, so greift § 60 Nr. 2 StPO auch dann nicht, wenn der Zeuge die falsche Aussage vor der Hauptverhandlung versprochen hat. Das Versprechen einer uneidlichen Aussage stellt nämlich noch eine straflose Vorbereitungshandlung für die §§ 257, 258 StGB dar. Auch eine entsprechende Anwendung scheidet aus, da die von § 60 Nr. 2 StPO vorausgesetzte Zwangslage nicht vorliegt: Das Versprechen einer eidlichen Aussage ist zwar nach § 30 StGB strafbar. Jedoch kann der Zeuge noch über § 31 StGB Straffreiheit erlangen (vgl. BayObLG NStZ 1991, 203).

Hinweis: Hatte der Zeuge bereits früher, z. B. gegenüber der Polizei, zum Schutz des Angeklagten bewusst falsch ausgesagt und korrigiert er vor Gericht seine Aussage, so darf er dennoch wegen § 60 Nr. 2 StPO nicht vereidigt werden. Dasselbe gilt für die

Vereidigung im Berufungsverfahren bei einer falschen Aussage in der 1. Instanz. Auch ein freiwilliger Rücktritt von einer versuchten Strafvereitelung durch eine Falschaussage lässt das Vereidigungsverbot nicht entfallen (BGH NStZ-RR 1998, 335).

Tipp 1: Achten Sie bei einer Klausur auch auf das angegebene Alter des Zeugen. Ist dieser noch nicht 16 Jahre alt, darf er nicht vereidigt werden (§ 60 Nr. 1 1. Alt StPO).

Tipp 2: Beachten Sie für das materielle Recht: Der Verstoß gegen ein Vereidigungsverbot lässt die Strafbarkeit wegen Meineids unberührt, begründet aber regelmäßig einen minder schweren Fall.

Unter den Voraussetzungen, von der Vereidigung absehen zu können, ist § 61 Nr. 5 StPO die am häufigsten angewandte Vorschrift, nämlich wenn Angeklagter, Verteidiger und Staatsanwalt auf die Vereidigung verzichten. Dies kann auch konkludent durch Schweigen auf die „im allseitigen Einvernehmen" verfügte Nichtvereidigung geschehen. Der Verzicht des Nebenklägers ist nicht erforderlich (*Meyer-Goßner* § 61 Rdnr. 23).

Hinweis 1: Wurde die Entscheidung über die Vereidigung insgesamt unterlassen, bedarf es keines Gerichtsbeschlusses nach § 238 II StPO, um dies mit der Revision rügen zu können. Wird mit der Revision dagegen geltend gemacht, der Zeuge sei als Geschäftsführer der geschädigten GmbH nicht selbst Geschädigter i.S.d. § 61 Nr. 2 StPO (vgl. dazu BGH NStZ 1988, 210) und deshalb zu Unrecht unvereidigt geblieben, so hat die Revision nur dann Aussicht auf Erfolg, wenn bereits in der Hauptverhandlung diese Verfügung des Vorsitzenden beanstandet und ein Gerichtsbeschluss nach § 238 II StPO herbeigeführt worden ist (siehe unten S. 258).

Hinweis 2: Nach § 64 StPO muss grundsätzlich nur das Absehen von der Vereidigung begründet werden. Ausnahmsweise ist aber auch die Entscheidung, den Zeugen zu vereidigen, jedenfalls dann zu begründen, wenn der Verdacht, der Zeuge sei an der angeklagten Tat beteiligt, nach den Gesamtumständen so nahe liegt, dass ohne Begründung nicht auszuschließen wäre, dass das Gericht das Vereidigungsverbot verkannt hat (BGH NStZ 2000, 494).

6. Zeugenschutz in der Hauptverhandlung

Zeugen können in der Hauptverhandlung neben dem Schutz vor überflüssigen ehrenrührigen Erörterungen (vgl. § 68a StPO – wegen der Aufklärungspflicht eng auszulegen, siehe BGH NStZ 1990, 400) vor allem durch folgende Maßnahmen geschützt werden:

a) Ausschluss des Angeklagten. Der Ausschluss des Angeklagten nach § 247 StPO ist, wie bereits erwähnt, nur für die Dauer der Zeugenvernehmung möglich und hat durch *Beschluss der Strafkammer* zu erfolgen. Ein Ausschluss kommt in Betracht, wenn für den Fall der Vernehmung in Anwesenheit des Angeklagten die konkrete Gefahr besteht, der Zeuge (oder Mitangeklagte) werde nicht die Wahrheit sagen (Satz 1), oder wenn die dringende Gefahr erheblicher gesundheitlicher Nachteile für den Zeugen besteht (Satz 2 2. Alt). Bei Zeugen unter 16 Jahren kann der Angeklagte darüber hinaus bereits dann ausgeschlossen werden, wenn Nachteile für das Wohl des Zeugen zu befürchten sind (Satz 2 1. Alt). Der Vollständigkeit halber sei erwähnt, dass der Angeklagte auch zu sei-

B. Hauptverfahren

nem eigenen Schutz nach § 247 Satz 3 StPO während bestimmter Erörterungen ausgeschlossen werden kann.

Die Gefährdung der Wahrheit i.S.d. § 247 S. 1 StPO liegt auch dann vor, wenn der Zeuge erklärt, bei Vernehmung in Anwesenheit des Angeklagten von seinem Zeugnisverweigerungsrecht Gebrauch zu machen, oder wenn der oberste Dienstherr des beamteten Zeugen diesem aus zulässigen Erwägungen heraus Aussagegenehmigung (vgl. § 54 StPO) nur für den Fall der Abwesenheit des Angeklagten während der Zeugenvernehmung erteilt (*Meyer-Goßner* § 247 Rdnr. 4).

b) Räumlich getrennte Videovernehmung (§ 247a StPO). Unter den in § 247a StPO genannten Voraussetzungen, insbesondere bei dringender Gefahr eines schwerwiegenden Nachteils für das Wohl des Zeugen, muss dieser nicht mehr unbedingt im Sitzungssaal aussagen, sondern es kann ihm erlaubt werden, sich während der Vernehmung an einem anderen Ort aufzuhalten. Die Aussage wird dann zeitgleich in das Sitzungszimmer übertragen. Dies bedeutet, dass auch die Mitglieder des erkennenden Gerichts im Sitzungssaal verbleiben. Ob dies gerade bei kindlichen Zeugen eine besonders schonende Form der Vernehmung darstellt, wenn nicht einmal der Vorsitzende als reale Person dem Zeugen gegenüber sitzt, mag man bezweifeln. Der Gesetzgeber folgte insoweit dem österreichischen und englischen Vorbild.

Hinweis: Die Entfernung des Angeklagten nach § 247 StPO geht einer audiovisuellen Vernehmung nach § 247a StPO vor (BGH NStZ 2001, 261). Ob es in einem solchen Fall geboten wäre, dem ausgeschlossenen Angeklagten die Möglichkeit zu geben, durch eine Videosimultanübertragung der Vernehmung des Zeugen mitzuverfolgen, ist, da im Gesetz nicht vorgesehen, streitig; der BGH hat dies in NStZ 2001, 608 noch offen gelassen. Zu den weiteren revisionsrechtlich bedeutsamen Fallgestaltungen sei auf den Aufsatz von Diemer in der NStZ 2001, 393 ff. verwiesen.

c) Zeugenbeistand (§ 68b StPO). Es besteht auch die Möglichkeit (unter bestimmten Voraussetzungen sogar die Verpflichtung, vgl. § 68b I 2 StPO), einem schutzbedürftigen Zeugen für den Zeitraum seiner Vernehmung einen Zeugenbeistand zu bestellen. Dies gilt auch für staatsanwaltschaftliche und richterliche Vernehmungen im Ermittlungsverfahren vor Anklageerhebung.

d) Ausschluss der Öffentlichkeit. Die Regelungen über den Ausschluss der Öffentlichkeit (§§ 171a ff. GVG) dienen in erster Linie dem Schutz des Zeugen.

e) Nichtangabe des Wohnorts. Jeder Zeuge ist nach § 68 StPO grundsätzlich verpflichtet, seine *Identität* preiszugeben. Durch das OrgKG wurden einige Regelungen in diese Vorschrift aufgenommen, um den Schutz gefährdeter Personen zu verbessern. Die Regelungen sind nicht abschließend. Es ist deshalb weiterhin möglich, Zeugen über § 96 StPO analog zu sperren (siehe weiter unten).

Der Zeuge muss grundsätzlich seinen Wohnort angeben. Nach § 68 I 2 StPO genügt bei Zeugen, die ihre Wahrnehmungen in amtlicher Eigenschaft gemacht haben (z.b. der zur Unfallaufnahme herbeigerufene Polizeibeamte) die Angabe des Dienstortes. Dies gilt allerdings nicht, wenn der Zeuge wie jede Privatperson Wahrnehmungen gemacht hat (z.B. der Polizeibeamte, der außerhalb seines Dienstes zufällig Zeuge eines Ladendiebstahls geworden ist). Gem. § 68 II 1 StPO kann ein Zeuge statt seines Wohnorts eine andere ladungsfähige Anschrift angeben, wenn zu besorgen ist, dass durch die Angabe des Wohnorts der Zeuge oder eine andere Person gefährdet wird. Dies ist für jede einzelne Vernehmung gesondert zu prüfen und ist auf jeden Zeugen, nicht nur Amtsträger anwendbar. Reicht auch dies nicht aus, den Zeugen zu schützen, kann der Vorsitzende ihm in der Hauptverhandlung gestatten, weder Wohnort noch sonstige ladungsfähige Adresse zu nennen (§ 68 II 2 StPO). Noch weitergehend gibt § 68 III StPO die Möglichkeit, dem Zeugen zu gestatten, keine Angaben zur Person oder nur Angaben über seine frühere Identität zu machen, wenn Maßnahmen nach Abs. 1 und 2 nicht ausreichend erscheinen, Leben, Leib oder Freiheit des Zeugen oder einer anderen Person zu schützen. Er muss allerdings angeben, in welcher Eigenschaft er seine Wahrnehmungen gemacht hat, also z.b. offenbaren, dass er als „verdeckter Ermittler" gehandelt hat (§ 68 III 2 StPO).

Auch nach der Neuregelung des § 247a StPO ist es weiterhin zulässig, die Identität eines Zeugen dadurch zu schützen, dass er mittels Maskenbildner persönlichkeitsfremd hergerichtet wird, um ein Wiedererkennen zu vermeiden.

Vielfach schützt die Polizei ihren Informanten dadurch, dass dieser von einem Polizeibeamten P vernommen wird. Die Identität des Informanten wird nicht preisgegeben (analog § 96 StPO – zur Anfechtbarkeit dieser Sperrerklärung siehe oben S. 34). Vernimmt in diesem Fall die Strafkammer den Polizeibeamten P und verweigert dieser unter Berufung auf seine eingeschränkte Aussagegenehmigung Angaben zu der Identität des Informanten, so ist dies kein Problem des § 68 StPO, sondern der Aufklärungspflicht. Es handelt sich um eine Vernehmung eines Zeugen vom Hörensagen und es ist eine Frage des § 244 II StPO, inwieweit sich das Gericht um eine Erweiterung der Aussagegenehmigung bemühen muss (vgl. BGH NJW 1989, 3291).

Hinweis: Für besonders gefährdete Zeugen gibt es sogenannte Zeugenschutz-Programme. Wer sich für dieses kaum examensrelevante Gebiet interessiert, sei auf den ausführlichen Aufsatz von Soiné/Engelke in der NJW 2002, 470 ff. verwiesen.

IV. Sachverständigenbeweis

1. Aufgabe

Der Sachverständige übermittelt Sachkunde und/oder wendet sie an. Seine Arbeit kann sich in einer bloßen Verrichtung erschöpfen, z.B. der Durchführung einer Blutentnahme. Sie kann in der Bekundung von Tatsachen (= Befundtatsachen) bestehen, z.B. der Auswertung einer Blutprobe auf Blutalkoholgehalt, oder im Vermitteln von Fachwissen, z.B. die allgemeinen Auswirkungen des Alkohols auf die Fahrtüchtigkeit. In der Regel liegt die Aufgabe jedoch in der Erstattung eines Gutachtens, in dem der Sachverständige sein besonderes Wissen auf einen Sachverhalt anwendet.

Die Aufteilung der Anknüpfungstatsachen in **Befund- und Zusatztatsachen** wurde bereits oben dargelegt. Probleme treten insbesondere dann auf, wenn der Sachverständige Beschuldigte oder Zeugen zur Vorbereitung seines Gutachtens befragt hat und diese sich dabei zum Tatvorwurf geäußert haben. Will das Gericht diese Angaben zur Sache in die Hauptverhandlung einführen, so ist dies nicht über das Sachverständigengutachten, sondern – da es sich um Zusatztatsachen handelt – allenfalls über die Vernehmung des Sachverständigen als Zeugen möglich. Im Einzelnen gilt hier folgendes:

Soweit ein **Arzt** als vom Gericht bestellter Sachverständiger tätig geworden ist, gilt das Zeugnisverweigerungsrecht des § 53 StPO für ihn nicht. Er muss Angaben machen, auch wenn ihn der Angeklagte/Zeuge nicht entbindet.

Macht der Beschuldigte gegenüber dem Arzt Angaben zur Sache, so können diese in die Hauptverhandlung eingeführt werden, auch wenn der Beschuldigte nicht belehrt worden ist. Eine Vernehmung i.S.d. § 136 StPO liegt nicht vor.

Macht ein Zeuge gegenüber dem Sachverständigen Angaben, so können diese durch Vernehmung des Sachverständigen eingeführt werden, es sei denn, der Zeuge hat ein Zeugnisverweigerungsrecht i.S.d. § 52 StPO. Für diesen Fall sind seine Angaben zu den Zusatztatsachen nur verwertbar, wenn der Angehörige vor seiner Anhörung durch den Sachverständigen von einem Richter über sein Zeugnisverweigerungsrecht belehrt worden ist und wenn feststeht, dass der Angehörige, wäre er in der Hauptverhandlung als Zeuge vernommen worden, von seinem Zeugnisverweigerungsrecht keinen Gebrauch gemacht hätte (BGH StV 1995, 564). Ist der Zeuge jedoch im Laufe des Verfahrens einmal von einem Richter über sein Zeugnisverweigerungsrecht belehrt worden, dürfen die nachfolgenden Äußerungen des Zeugen gegenüber dem Sachverständigen selbst dann verwertet werden, wenn der Zeuge in der Hauptverhandlung das Zeugnis verweigert (vgl. BGH mit Anm. *Wohlers* StV 1996, 192). An die Belehrung durch den Richter sind strenge Anforderungen zu stellen

(BGH NJW 1991, 2432). Die Befundtatsachen bleiben stets verwertbar, es sei denn, der Zeuge wurde nicht ordnungsgemäß über sein Untersuchungsverweigerungsrecht nach § 81c III StPO belehrt (vgl. dazu oben S. 73). Äußert sich der Untersuchte zu Befundtatsachen, so sind diese Wahrnehmungen des Sachverständigen auch dann im Wege des Gutachtens und nicht des Zeugenbeweises einzuführen, wenn er die Wahrnehmungen bereits auf Grund einer früheren gutachterlichen Tätigkeit mit gleichem Auftrag gemacht hat (BGH NStZ 1995, 44).

2. Vereidigung

Anders als beim Zeugen ist beim Sachverständigen die Vereidigung auch von Gesetzes wegen die Ausnahme. Sie steht im Ermessen des Gerichts, es sei denn ein Beteiligter beantragt die Vereidigung (§ 79 StPO). Ist ein Sachverständiger auch als Zeuge zu Zusatztatsachen gehört worden, bedarf es insoweit einer gesonderten Entscheidung über die Vereidigung, ebenso wie auch bereits eine spezifische Zeugenbelehrung erforderlich war.

V. Urkundenbeweis

1. Allgemeines

Dem Urkundenbeweis sind, wie bereits erwähnt, alle Schriftstücke zugänglich, soweit es auf den gedanklichen Inhalt ankommt. Ist entscheidend allein der durch bloßes Ansehen erfassbare visuelle Eindruck, so ist ein Augenschein das richtige Beweismittel. Kommt es also allein auf die Echtheit der Unterschrift unter einen Kaufvertrag an, so ist die Unterschrift in Augenschein zu nehmen. Kommt es dagegen auf die Vertragsklauseln an, so können diese durch bloßes Ansehen nicht erfasst werden, also muss der Vertrag im Urkundenbeweis verlesen werden.

Soweit es um die Verlesung von Protokollen geht, ist die Unterscheidung zwischen richterlichen und nichtrichterlichen Protokollen, die das Gesetz vornimmt, genau zu beachten. Dabei ist darauf hinzuweisen, dass nur das auf Grund ordnungsgemäßer Vernehmung korrekt errichtete Protokoll ein richterliches Protokoll sein kann. Hat ein ausgeschlossener Richter die Vernehmung durchgeführt oder fehlt es an der Unterschrift des Richters oder des Urkundsbeamten oder ist der Beschuldigte unzulässigerweise nicht vom Vernehmungstermin benachrichtigt worden, so liegt kein verlesbares richterliches Protokoll vor.

Tipp: Prüfen Sie in einem solchen Fall aber immer auch noch, ob die Voraussetzungen für die Verlesung eines nichtrichterlichen Protokolls vorliegen. In diesem Fall wird das Protokoll in der Regel als nichtrichterliches Protokoll – das keinen besonderen Formerfordernissen unterliegt – verlesen werden können.
Denken Sie auch an eine eventuelle Heilung der fehlenden Unterschrift des *beauftragten* Richters, der an der Hauptverhandlung mitwirkt und mit Verlesung den Inhalt konkludent genehmigt.

B. Hauptverfahren   121

Im Normalfall wird die Verlesung im Urkundenbeweis als Sachleitungsmaßnahme vom Vorsitzenden angeordnet und von ihm oder einem Beisitzer ausgeführt. Nur in den im Gesetz ausdrücklich genannten Fällen – § 251 IV in Verbindung mit I, II StPO – erfolgt die Anordnung der Verlesung auf Grund Gerichtsbeschlusses.

2. Urkundenbeweis und Zeugenwissen

§ 250 Satz 2 StPO macht eine wichtige Ausnahme von dem Grundsatz, dass alle Schriftstücke verlesen werden können: Die Verlesung von Protokollen oder schriftlichen Erklärungen (das sind nur die, die von vornherein zu Beweiszwecken verfasst worden sind) darf nämlich Zeugenaussagen oder Sachverständigenangaben nicht *ersetzen*. Nach BGH NJW 1987, 1093 enthält diese Vorschrift kein vollständiges Verbot des Urkundenbeweises, sondern nur der Ersetzung einer Vernehmung durch Verlesung. Die Ergänzung der Vernehmung durch Verlesung ist zulässig. Sagt ein Zeuge unter Berufung auf sein Auskunftsverweigerungsrecht nach § 55 StPO nicht zur Sache aus, ist die Verlesung der Niederschriften über frühere Vernehmungen ausgeschlossen. Die bisherigen Angaben sind vielmehr durch Vernehmung der Verhörperson in die Hauptverhandlung einzuführen (BGH NStZ 1996, 96). Diese Rechtsprechung ist allerdings innerhalb des BGH nicht mehr unumstritten. Der 2. Senat hat jedenfalls dann, wenn der Zeuge von seinem umfassenden Auskunftsverweigerungsrecht Gebrauch macht, Gründe der Aufklärungspflicht der Verlesung nicht entgegenstehen, alle Verfahrensbeteiligten mit der Verlesung einverstanden sind und auf die Vernehmung der Verhörperson verzichten, eine Verlesung eines richterlichen Vernehmungsprotokolls für zulässig gehalten (lesenswert BGH NJW 2002, 309).

Hinweis: Nicht unter das Verbot des § 250 Satz 2 StPO fällt auch die Verlesung zum Beweis der Existenz der Urkunde oder die Verlesung zur Feststellung ihres strafbaren Inhalts (z. B. eines beleidigenden Briefes, einer falschen Aussage). Es handelt sich hier um sogenannte Konstitutivurkunden.

a) Eine Ausnahme vom Grundsatz des § 250 Satz 2 StPO macht § 251 I–III StPO. Insbesondere dann, wenn die Vernehmung des Zeugen durch das Gericht nicht in absehbarer Zeit möglich oder zumutbar ist, soll die Einführung des Zeugenwissens durch Urkundenbeweis möglich sein. Dies gilt nicht nur bei Gebrechlichkeit oder unbekanntem Aufenthalt, sondern auch, wenn der beamtete Zeuge keine Aussagegenehmigung i. S. d. § 54 StPO erhält. Die Zeitdauer, für die das Vernehmungshindernis besteht, ist ausschließlich danach zu bemessen, wann der Zeuge erscheinen kann, nicht danach, wann das Gericht aus Gründen, die aus der Belastung der Kammer herrühren, die wegen der Vernehmung ausgesetzte Hauptverhandlung neu beginnen kann. Ob die Frist noch absehbar ist, bestimmt sich wesentlich nach Umfang und Bedeutung des Verfahrens. Zu beachten ist, dass Absatz 1 des § 251 StPO nur die Verlesung *richterlicher* Protokolle, Absatz 2 auch die von nichtrichterlichen Protokollen betrifft.

Hinweis: Trotz des – als wesentliche Förmlichkeit zu protokollierenden – *Einverständnisses* von Staatsanwalt, Angeklagtem und Verteidiger gemäß § 251 II 1 StPO (auch hier ist die Zustimmung des Nebenklägers nicht erforderlich) kann sich aus **§ 244 II** StPO die Notwendigkeit der Zeugenvernehmung statt der Verlesung ergeben. Dies gilt insbesondere bei Verlesung der Aussage des einzigen Belastungszeugen, wenn der Angeklagte die Tat bestreitet.

Tipp: Unterscheiden Sie die **Unerreichbarkeit** i. S. d. § 251 I StPO von der des § 244 III StPO. Ist der im Ausland lebende Zeuge nicht bereit, zu einer Vernehmung nach Deutschland zu kommen, so ist dies auch dann ein *Hinderungsgrund* i. S. d. § 251 I Nr. 2 StPO, wenn das Gericht die Möglichkeit hätte, den Zeugen im Ausland zu vernehmen bzw. durch eine zeitgleiche Bild- und Tonübertragung vernehmen zu lassen, weil § 251 StPO auf das körperliche Erscheinen vor dem Gericht – an dessen Sitz – abstellt. Ob es dies trotzdem tun muss, oder ob es sich mit der Verlesung nach § 251 StPO begnügen kann, hängt davon ab, ob ein entsprechender Beweisantrag gestellt ist (Ablehnung eventuell als ungeeignet oder als unerreichbar) oder ob die Amtsaufklärungspflicht gemäß § 244 II StPO dies verlangt. Besonders deutlich wird dies in der Entscheidung des BGH in NJW 2000, 2517.

Von der Regelung des § 251 StPO gibt es wiederum eine höchst klausurbedeutsame Ausnahme, den § 252 StPO, der ein über den Wortlaut hinausgehendes und der Disposition der Verfahrensbeteiligten entzogenes Verwertungsverbot enthält. Hat der Zeuge im Zeitpunkt seiner Vernehmung in der Hauptverhandlung ein Zeugnisverweigerungsrecht und macht er davon Gebrauch, so ist das, was er bisher gesagt hat, nicht verlesbar *(Verlesungsverbot)*. Darüber hinaus dürfen bei einem Zeugnisverweigerungsrecht nach § 52 StPO nicht einmal die Vernehmungsbeamten dazu gehört werden, was der Zeuge damals angegeben hat *(Beweisverwertungsverbot)*. Die einzige Ausnahme, welche die Rechtsprechung aus kriminalpolitischen Gründen zulässt, ist die *Vernehmung* des Richters, *nicht die Verlesung eines richterlichen Protokolls*. Die Vernehmung des Richters ist aber nur zulässig, wenn der Zeuge vom Richter über sein Zeugnisverweigerungsrecht ordnungsgemäß belehrt worden war. Stand ihm bei der Vernehmung noch kein Zeugnisverweigerungsrecht zu, wohl aber im Zeitpunkt der Hauptverhandlung, so gilt § 252 StPO auch für diesen Fall (z. B. nach richterlicher Vernehmung im Ermittlungsverfahren heiratet die Zeugin den Angeklagten). Mangels Belehrung kann der Richter dann nicht vernommen werden! In einer lesenswerten Entscheidung stellt der BGH allerdings diese bisherige Rechtsprechung, die für das Verwertungsverbot allein auf die Angehörigeneigenschaft im Zeitpunkt der Hauptverhandlung abstellt, in Frage, lässt die Entscheidung aber letztlich noch offen, da das Verwertungsverbot des § 252 StPO jedenfalls dann nicht gelte, wenn die Angehörigeneigenschaft gezielt zur Vereitelung der Wahrheitsermittlung im Strafverfahren aus prozesstaktischen Gründen herbeigeführt wurde (BGH NJW 2000, 1274).

B. Hauptverfahren

Hinweis 1: Die Geltendmachung des Zeugnisverweigerungsrechts hindert den Zeugen nicht, nach ordnungsgemäßer Belehrung die Verwertung der bei einer nichtrichterlichen Vernehmung gemachten Aussage zu gestatten (BGH NJW 2000, 596).

Hinweis 2: Solange Ungewissheit darüber besteht, ob der Zeuge von seinem Weigerungsrecht Gebrauch machen wird, dürfen Vorhalte aus dem nichtrichterlichen Vernehmungsprotokoll grundsätzlich nicht gemacht werden (BGH NStZ-RR 2000, 210).

Hinweis 3: War der jetzt zeugnisverweigerungsberechtigte Zeuge damals als Beschuldigter vernommen worden, so hindert das die Verlesung seiner Angaben und die Vernehmung des Richters und zwar auch dann, wenn der Richter ihn – unzulässigerweise – zusätzlich zu § 136 StPO auch nach § 52 StPO belehrt hat. Anderes soll nur gelten, wenn der Mitangeklagte B flüchtig ist. Hätte er sich nämlich dem Verfahren gestellt, so hätten seine Angaben nach § 254 StPO verlesen und gegen den Mitangeklagten A auch dann verwertet werden können, wenn dieser zu B im Verwandtschaftsverhältnis nach § 52 StPO steht (BGHSt. 27, 139 – *Meyer-Goßner* § 252 Rdnr. 11). Denn es führt nicht zu einem Verwertungsverbot nach § 252 StPO, wenn ein *mitangeklagter* Verwandter in einer früheren Vernehmung von seinem Aussageverweigerungsrecht keinen Gebrauch gemacht hat.

Verstirbt der Zeuge vor der Hauptverhandlung, so ist seine Aussage nach § 251 I Nr. 1 StPO verlesbar, es sei denn, der Zeuge hätte bereits verbindlich seine Zeugnisverweigerung für die Zukunft erklärt.

Tipp: Grenzen Sie die sogenannten spontanen Äußerungen ab. Unter das Verwertungsverbot des § 252 StPO fällt nämlich nur, was der Zeuge im Rahmen einer Vernehmung angegeben hat. Dabei ist der Begriff der Vernehmung weit auszulegen (vgl. dazu z.B. BGH NJW 1983, 1132). Damit fallen insbesondere nicht unter das Verwertungsverbot die sogenannten *spontanen Äußerungen* anlässlich eines primär polizeirechtlichen Einsatzes (die Zeugin ruft die Polizei um Hilfe und teilt mit, was vorgefallen ist – vgl. z.B. BGH NStZ 1986, 232) und die schriftlich erstattete Strafanzeige.

Hinweis: Das Verlesungsverbot nach § 252 StPO gilt im Falle der §§ 53, 53a StPO nur, wenn schon bei der früheren Vernehmung ein Zeugnisverweigerungsrecht bestanden hat, nicht aber, wenn der Zeuge damals nach §§ 53 II, 53a II StPO von der Schweigepflicht entbunden war (NStZ 1997, 332).

b) Eine weitere Ausnahme vom Grundsatz des § 250 Satz 2 StPO macht § 256 StPO, der die Verlesung bestimmter Ärzte- und Behördenerklärungen erlaubt. Häufigster Fall ist die Verlesung des Gutachtens über den Blutalkoholgehalt einer Blutprobe.

Tipp: Eine **typische Klausurfalle** ist die Verlesung eines ärztlichen Attests über eine leichte Körperverletzung, die z.B. bei einem Raubüberfall entstand. Die Verlesung nach § 256 StPO ist unzulässig, da die Verlesung auch dem Nachweis des Raubes und des Ausmaßes der damit verbundenen Gewalt dienen soll.

Auch lassen sich über § 256 StPO bei Gutachten nur die Befundtatsachen durch Verlesung einführen, nicht auch die Zusatztatsachen.

c) § 420 I–III StPO schränkt für das **beschleunigte Verfahren** (§§ 417 ff. StPO) und die Hauptverhandlung nach Einspruch gegen einen **Strafbefehl** (vgl. § 411 II 2 StPO) den Grundsatz des § 250 S. 2 StPO ein und erweitert die Anwendbarkeit des § 256 StPO.

d) Protokolle über frühere Vernehmungen dürfen unter den in § 253 StPO genannten Umständen verlesen werden, nämlich zur Gedächtnisunterstützung (Absatz 1) oder zur Behebung von Widersprüchen (Absatz 2). Auch dies ist eine Ausnahme von § 250 Satz 2 StPO, da durch diese Verlesung die Vernehmung des Verhörsbeamten ersetzt wird. Ist allerdings der Widerspruch bereits durch die Vernehmung der Verhörsperson in der Hauptverhandlung aufgeklärt, soll nach BGH StV 2002, 11 eine Verlesung des Vernehmungsprotokolls nach § 253 StPO nicht mehr zulässig sein. Auch ist die Verlesung nach § 253 StPO unzulässig, wenn die Aufklärungspflicht nach § 244 II StPO die Vernehmung der Verhörsperson gebietet.

Hinweis: Ein immer wieder gemachter, ärgerlicher Fehler ist die **unzulässige Anwendung** des § 253 StPO auf den **Vernehmungsbeamten.** § 253 StPO gilt nur zur Ergänzung der Aussage des „Vernommenen". Erinnert sich der Richter, der die das Zeugnis jetzt verweigernde Tochter T vernommen hat, nicht an das, was die Zeugin damals ausgesagt hat, so kann ihm die Aussage zwar vorgehalten werden (verwertbar ist dann nur seine Antwort), eine Verlesung ist dagegen nicht möglich. Anders wäre es, wenn die Zeugin T aussagebereit ist, sich in der Hauptverhandlung aber an Einzelheiten nicht mehr erinnern kann. Zur Ergänzung der Vernehmung der Zeugin T wäre dann gemäß § 253 StPO die Verlesung zulässig, mit dem Ergebnis, dass auch dann, wenn sich die Zeugin trotz Verlesung nicht mehr erinnert, der *Inhalt* ihrer Aussage in die Verhandlung eingeführt und der Beweiswürdigung zugänglich ist.

Tipp: Unterscheiden Sie also immer zwischen *Vorhalt* und *Verlesung*. Beim Vorhalt wird verwertbar nur die Antwort des Zeugen oder Angeklagten (antwortet der Zeuge auf den Vorhalt eines Protokolls, er könne sich nicht erinnern, aber er protokolliere immer korrekt, so ist in die Hauptverhandlung nur eingeführt, dass er immer korrekt protokolliert, nicht aber, was der Zeuge damals ausgesagt hat und auch nicht, was damals ins Protokoll gekommen ist). Ist dagegen die Verlesung – z. B. nach § 253 StPO – zulässig, so ist mit der Verlesung eben dieser Inhalt des Protokolls in die Hauptverhandlung eingeführt.

e) § 254 StPO. Protokolle über Vernehmungen des Angeklagten sind verlesbar, soweit es sich um *richterliche* Protokolle handelt. § 254 StPO gilt auch, wenn der Angeklagte im anderen Verfahren als Zeuge vernommen worden war. Entscheidend für die Anwendung des § 254 StPO ist nur seine jetzige Verfahrensposition. Der Begriff des Geständnisses in diesem Sinn ist sehr weit auszulegen. Er umfasst das Einräumen der Tat oder einzelner Tatteile, die für die Schuld- oder Rechtsfolgenfrage erheblich sein können, unabhängig davon, ob sie belastend oder entlastend sind. Die Aussage kann sogar mit der Zielrichtung verlesen werden, festzustellen, dass der Angeklagte ein Geständnis nicht abgelegt hat (*Meyer-Goßner* § 254 Rdnr. 2).

Hinweis: Anders als § 252 StPO begründet § 254 StPO nur ein *Verlesungsverbot*. Das polizeiliche Protokoll über die Vernehmung des Beschuldigten darf deshalb nicht verlesen, wohl aber darf der Polizeibeamte als Zeuge gehört werden. Gerade bei ihm aber stellt sich das Problem von Erinnerungslücken, die *nicht* durch ergänzende Verlesung nach § 253 StPO gefüllt werden können.

B. Hauptverfahren

Übersicht zum Urkundenbeweis

Grundsatz: Urkunden sind verlesbar (§ 249 StPO)
Ausnahmen:
§ 250 S. 2 StPO: Verlesung darf bei persönlichen Wahrnehmungen die Vernehmung nicht ersetzen

davon **Ausnahmen:**
a) § 420 I, II StPO – beschleunigtes Verfahren und Hauptverhandlung nach Einspruch gegen Strafbefehl (soweit Zustimmung nach § 420 III StPO vorliegt)
b) § 256 StPO (insbesondere Blutalkoholgutachten)
c) § 251 I, II StPO – (i. d. R. wenn Vernehmung in absehbarer Zeit nicht möglich)
  davon Ausnahmen: § 252 bei ausgeübtem *Zeugnisverweigerungsrecht* besteht ein Verlesungsverbot
  bei § 52 StPO sogar ein allgemeines *Verwertungsverbot*
  davon Ausnahme: Vernehmung des Vernehmungsrichters
d) § 253 StPO *Ergänzende* Verlesung von Protokollen bei Zeugen
e) § 254 StPO – Verlesung nur von *richterlichen* Beschuldigtenvernehmungs*protokollen*

VI. Augenschein

Anders als beim Zeugenbeweis gilt der Grundsatz der Unmittelbarkeit für den Augenschein nicht. Das Gericht kann deshalb einen Dritten, z.b. einen Polizeibeamten, als Augenscheinsgehilfen einsetzen, um z. B. einen bestimmten Straßenverlauf festzustellen. Das Ergebnis wird durch Zeugenvernehmung des Polizisten eingeführt. Der Grundsatz des § 250 Satz 2 StPO gilt aber auch für den Augenschein, soweit es um die Ersetzung der Vernehmung zu persönlichen Wahrnehmungen eines Zeugen geht (Vorrang des Personalbeweises vor dem Augenscheinsbeweis – *Meyer-Goßner* § 86 Rdnr. 12). Deshalb ist es z.B. unzulässig, die Wahrnehmungen des die Unfallsituation aufnehmenden Polizisten – Länge der Bremsspur, Endstand der Fahrzeuge etc. – durch In-Augenscheinnahme der vom Polizisten gefertigten Unfallskizze einzuführen, statt ihn zu hören.

Aus dem gleichen Grund ist bei erlaubten Tonbandmitschnitten von polizeilichen Vernehmungen der Augenschein nur zulässig, soweit es um sinnliche Eindrücke wie Sprachfehler oder Akzent des Vernommenen geht, dagegen ist es unzulässig, durch Vorspielen des Tonbandes den Inhalt der Vernehmung einzuführen.

Der Mitschnitt eines Telefongesprächs über den Polizeinotruf ist zulässig und auch dann verwertbar, wenn der Anrufer später von einem Zeugnisverweigerungsrecht Gebrauch macht, da es sich insoweit, wie oben (S. 123) bereits erwähnt, nicht um eine Vernehmung im Sinn des § 252 StPO handelt.

Für **ungenehmigte Tonbandmitschnitte** gilt zu der Verwertbarkeit Folgendes:

Stimmt der Angeklagte der Verwertung zu, sind die Tonbänder unproblematisch verwertbar.

Stimmt er nicht zu, so sind unzulässigerweise aufgezeichnete Gesprächs- oder Telefonmitschnitte der Polizei (vgl. zur Zulässigkeit oben S. 64) unverwertbar, das heißt, die Tonbänder können nicht als Beweismittel in die Hauptverhandlung eingeführt werden. Die gewonnenen Erkenntnisse können allerdings Anlass für weitere Ermittlungen sein (also keine Fernwirkung).

Die von Privatpersonen mitgeschnittenen (Telefon-) Gespräche können auch dann als Beweismittel verwertbar sein, wenn sie unzulässigerweise aufgezeichnet wurden und der Angeklagte einer Verwertung widerspricht. Insoweit ist allerdings eine Abwägung vorzunehmen zwischen den Interessen des Angeklagten an der Wahrung seiner Intimsphäre und dem Interesse der Allgemeinheit an der Verfolgung von Straftaten, insbesondere im Bereich der Schwerkriminalität.

Ist der Augenschein unzulässig, so dürfen aus den Tonbandprotokollen (= schriftliche Wiedergabe des Tonbandinhalts) auch keine Vorhalte gemacht werden.

Diese für Telefonmitschnitte entwickelten Grundsätze sind nun auch auf das sonstige Abhören und Aufzeichnen i. S. d. § 100c I Nr. 2 StPO entsprechend anzuwenden.

Hat der beauftragte Richter einen Zeugen als „Auskunftsperson" (z. B. wegen des „wer stand zur Tatzeit wo?") zum Augenschein zugezogen, so können dessen Erläuterungen zum besseren Verständnis ins Protokoll über den richterlichen Augenschein aufgenommen und in der Hauptverhandlung auch verlesen werden. Kommt es für die Überzeugungsbildung des Gerichts allerdings auf diese Angaben zum Tathergang an, so ist der Zeuge dazu förmlich in der Hauptverhandlung zu vernehmen (BGH NJW 1986, 390).

VII. Form und Umfang der Beweiserhebung/Beweisaufnahme

1. Unterscheidung Freibeweis/Strengbeweis

Ob die besonderen Förmlichkeiten für die Beweisaufnahme in der Hauptverhandlung (!) einzuhalten sind, hängt davon ab, ob Beweis zu Verfahrensfragen **(Freibeweis)** oder ob Beweis über Schuld und Strafe **(Strengbeweis)** zu erheben ist. Außerhalb der Hauptverhandlung gilt immer der Freibeweis. Der Freibeweis kann in jeder dem Gericht angemessen erscheinenden Form erhoben werden, also auch durch schriftliche oder telefonische Auskünfte. Dagegen erlaubt der Strengbeweis nur die in der StPO vorgesehenen Beweismittel und unter Beachtung der jeweiligen Förmlichkeiten (§§ 244 bis 256 StPO, Grundsätze der Mündlichkeit und Öffentlichkeit). Ob es sich um eine Beweiserhebung zu einer Verfahrensfrage handelt, lässt sich nicht danach unterscheiden, ob davon letztlich die Verurteilung abhängt. Geht es darum, festzustellen, ob bei der Vernehmung des Beschuldigten unerlaubte Vernehmungsmethoden angewandt worden sind, so ist dies eine Frage der Anwendung des § 136a StPO, mithin eine Verfahrensfrage (vgl. BGHSt. 16, 164). Dies gilt auch, wenn es ohne ein verwertbares Geständnis mangels weiterer verfügbarer Beweismittel notwendig zum Freispruch kommt. Es bedarf zur Klärung dieser Frage also keiner förmlichen Beweisaufnahme, so dass z. B. eine schriftliche dienstliche Äußerung des Vernehmungsbeamten genügen mag, wenn auch im Einzelfall die Aufklärungspflicht (§ 244 II StPO – siehe nachfolgende Ausführungen) seine Vernehmung in der Hauptverhandlung gebieten kann.

2. Aufklärungspflicht

Nach § 244 II StPO hat das Gericht den Sachverhalt *von Amts wegen* aufzuklären. Es darf sich also nicht auf die von den Verfahrensbeteiligten angebotenen Beweismittel beschränken, sondern muss die zur Klärung notwendigen Beweise erheben. Die Pflicht reicht so weit, wie die Umstände (die dem Gericht bekannt sind oder auf Grund der Akte (!) oder des Verfahrensablaufs bekannt sein müssten) zum Gebrauch eines bestimmten weiteren Beweismittels drängen oder ihn nahe legen (BGH NJW 1978, 113). Ergibt sich z. B. aus den Ermittlungsakten, dass sich der Angeklagte früher in einer Psychiatrischen Landesanstalt befunden hat, so kann sich dem Gericht die Klärung der Schuldfähigkeit zur Tatzeit aufdrängen, auch wenn kein entsprechender Beweisantrag gestellt ist.

Dies bedeutet auch, dass das Gericht selbst dann, wenn es auf Grund der durchgeführten Beweisaufnahme bereits eine Überzeugung von dem zu beurteilenden Sachverhalt gewonnen hat, weitere Beweismittel nicht ungenutzt lassen darf, wenn nur die entfernte Möglichkeit einer Änderung der durch die vollzogene Beweisaufnahme begründeten Vorstellung von dem Sachverhalt in Betracht kommt (*Meyer-Goßner* § 244 Rdnr. 12). Das gilt sogar dann, wenn der Angeklagte, der Verteidiger und die Staatsanwaltschaft auf das Beweismittel verzichtet haben (BGH NStZ 1981, 361, NStZ 1988, 37).

Tipp: Prüfen Sie in Gutachten zur Begründung einer Revision also nicht nur die Frage, ob Beweisanträge ordnungsgemäß abgelehnt worden sind, sondern klären Sie auch, ob das Gericht nicht Anlass gehabt hätte, von Amts wegen den Sachverhalt weiter aufzuklären. Dann müsste nämlich die Aufklärungsrüge erhoben werden (dazu unten zur Revision S. 259).

Die Aufklärungspflicht kann im Einzelfall eine an sich erlaubte Verlesung zur Ersetzung einer Vernehmung unzulässig machen. So kann eine grundsätzlich nach § 251 II StPO zulässige Verlesung des Protokolls anstatt der Vernehmung des Zeugen einen Verstoß gegen die Aufklärungspflicht bedeuten, z. B. wenn es sich um den Hauptbelastungszeugen handelt und der Angeklagte die Tat bestreitet. Auch verlangt die Aufklärungspflicht, einen Zeugen zu vernehmen trotz der Möglichkeit der Verlesung nach § 325 StPO, wenn das Berufungsgericht die Glaubwürdigkeit des Zeugen anders als die Vorinstanz beurteilen will (BayObLG StV 1992, 152).

Hinweis: Hat das Gericht während, aber außerhalb der Hauptverhandlung verfahrensbezogene Ermittlungen angestellt, ist es auch dann verpflichtet, die Verfahrensbeteiligten hiervon zu unterrichten und ihnen Gelegenheit zu geben, sich von dem Ergebnis dieser Ermittlungen eigene Kenntnis zu verschaffen, wenn das Gericht dieses Ergebnis für nicht entscheidungserheblich hält (BGH StV 2001, 4).

3. Der Beweisantrag

a) Begriff. Ein Beweisantrag ist ein in der Hauptverhandlung gestellter Antrag an das Gericht, zu einer bestimmten Beweistatsache ein bestimmtes Beweismittel einzuholen. Die zu beweisende Tatsache ist bestimmt zu behaupten unter Angabe eines *konkreten Beweismittels*. Bei Zeugen sind deshalb in der Regel Name und Anschrift anzugeben, damit die Identität und Auffindbarkeit gewährleistet ist. Es reicht also nicht aus, die Vernehmung „eines Nachbarn" zu beantragen. Die bloße Namensnennung mit Angabe des Wohnorts genügt ebenfalls nicht. Erforderlich ist die Unterscheidbarkeit des Zeugen von anderen Personen durch ihn eingrenzende Merkmale, sei es die genaue Anschrift, sei es der CB-Funkname in Verbindung mit dem früheren Arbeitgeber des Zeugen oder ähnliches (BGH NStZ 1994, 247 und NStZ 1995, 246). Es reicht deshalb aus, wenn beantragt wird, zum Beweis der Tatsache ... als Zeugen Herrn Max Müller, zurzeit Hotel Zeppelin, Stuttgart, zu vernehmen. Für den Urkundenbeweis kommen immer nur einzelne Schriftstücke in Betracht, nicht eine Sammlung von Urkunden. Für § 244 III StPO genügt deshalb nicht, zu beantragen, „die Krankenunterlagen der Zeugin A" beizuziehen und zu verlesen, da diese aus Untersuchungsbefunden, Berichten, Attesten, Notizen etc. bestehen können (vgl. BGH NStZ 1997, 562; NStZ-RR 1998, 276).

Beweistatsachen sind nur diejenigen Tatsachen, die mit dem Beweismittel unmittelbar bewiesen werden sollen. Wird also ein Zeuge als Beweismittel benannt, müssen die im Beweisantrag genannten bestimmten Beweistatsachen dem Zeugenbeweis überhaupt zugänglich sein und mit ihm unmittelbar bewiesen werden. Soll aus den Wahrnehmungen des Zeugen auf ein bestimmtes weiteres Geschehen geschlossen werden, ist nicht dieses weitere Geschehen, sondern nur die Wahrnehmung des Zeugen tauglicher Gegenstand des Zeugenbeweises, da der Zeuge grundsätzlich nur über seine eigenen Wahrnehmungen vernommen werden kann. Die Schlüsse aus den Wahrnehmungen hat dann das Gericht selbst zu ziehen. Es ist deshalb für einen Antrag auf Zeugenvernehmung die Angabe dessen unverzichtbar, was der Zeuge im Kern bekunden soll (BGH StV 1993, 454). Es genügt also nicht, den Zeugen B „für die Glaubwürdigkeit des Zeugen A" zu benennen. Wird aber keine konkrete Tatsache behauptet, sondern nur eine Vermutung geäußert, eine Wertung unter Beweis gestellt oder wird kein konkretes Beweismittel benannt, so handelt es sich um einen *Beweisermittlungsantrag,* für den nicht die eingeschränkte Ablehnungsmöglichkeit nach § 244 III, IV StPO gilt, sondern nur die Aufklärungspflicht nach § 244 II StPO.

B. Hauptverfahren

Hinweis 1: Ein auf die Vernehmung eines Zeugen gerichteter Beweisantrag verlangt neben der konkreten Beweistatsache auch die Behauptung, dass der Zeuge diese Tatsache aus eigener Wahrnehmung bekunden kann. Ferner muss erkennbar sein, weshalb der Zeuge überhaupt etwas zu dem Beweisthema bekunden können soll. Soweit sich dieser Zusammenhang nicht von selbst versteht, ist die Konnexität zwischen Beweistatsache und Beweismittel näher darzulegen (BGH NStZ 2000, 437; BGH NStZ 1999, 522 und BGH NStZ 2002, 383).

Hinweis 2: In der Regel liegt keine konkrete Beweistatsache vor, wenn lediglich behauptet wird, ein bestimmtes Ereignis habe nicht stattgefunden, da mit der behaupteten *Negativtatsache* keine Umstände oder Geschehnisse benannt werden, die unmittelbar mit dem Beweismittel bewiesen werden könnten, sondern es werden lediglich Beweisziele angegeben (z. B. kann der Zeuge nicht aussagen, das Opfer sei nicht geschlagen worden, sondern nur, dass er derartiges nicht wahrgenommen habe). Es ist aber genau zu prüfen, ob hier nicht eine Auslegung helfen kann. Diese scheitert jedoch, wenn nicht einmal die Verbindung zwischen Beweistatsache und Beweismittel erkennbar ist, also unklar bleibt, warum der Zeuge dazu etwas bekunden kann (den Ausnahmefall einer zulässig unter Beweis gestellten Negativtatsache behandelt BGH NStZ 2000, 267).

Hinweis 3: Ein Beweisantrag liegt vor, auch wenn der Antragsteller noch nicht sicher weiß, was die Zeugen aussagen werden. Benennt er also 7 Personen, die sich zur Tatzeit in einer bestimmten Gaststätte befunden haben, zum Beweis dafür, dass sich zu dieser Zeit auch der Angeklagte dort befunden hat, so ist dies auch dann ein Beweisantrag, wenn er nicht weiß, ob und welcher der Zeugen den Angeklagten bemerkt hat (BGH NJW 1988, 1859). Stellt der Antragsteller aber nur Vermutungen an, von denen er hofft, dass Nachforschungen darüber zu seinen Gunsten sprechende Tatsachen ergeben, so fehlt es an einer bestimmten Tatsachenbehauptung, z. B. wenn er nur ins Blaue hinein behauptet, dass die benannten Zeugen überhaupt in der Gaststätte waren. Entscheidend für die Abgrenzung ist nicht der Wortlaut des Antrags. Gegebenenfalls ist sein Inhalt durch Auslegung zu ermitteln (vgl. zum Gesamten BGH NStZ 1993, 248; zum Schein-Beweisantrag vgl. auch BGH NJW 1997, 2762).

Hinweis 4: Wird beantragt, eine Beweisaufnahme zu wiederholen, so ist dies grundsätzlich nur ein Beweisermittlungsantrag. Der Antrag, einen in der bisherigen Hauptverhandlung bereits vernommenen Zeugen erneut zu laden, ist nur dann als Beweisantrag nach § 244 VI StPO zu bescheiden, wenn der Zeuge zum Beweis einer neuen Behauptung benannt ist, zu der er bei der ersten Vernehmung noch gar nicht gehört werden konnte (BGH StV 1995, 566).

Ein **Hilfsbeweisantrag/Eventualbeweisantrag** liegt vor, wenn ein Verfahrensbeteiligter (in der Regel der Angeklagte oder sein Verteidiger) einen Beweisantrag für den Fall stellt, dass eine bestimmte Bedingung nicht eintritt (in der Regel für den Fall, dass das Gericht nicht freispricht). Nur für diesen Fall soll der Antrag gestellt sein. Die Besonderheit liegt darin, dass das Gericht diesen Antrag nicht notwendigerweise in der Hauptverhandlung bescheiden muss, sondern dass es den Hilfsbeweisantrag auch in den Urteilsgründen aus den in § 244 III, IV StPO genannten Gründen ablehnen kann und der Antragsteller insoweit auf weiteres rechtliches Gehör verzichtet. Ein Hilfsbeweisantrag kann auch noch nach dem letzten Wort entgegen genommen werden, ohne dass dies einen Wiedereintritt in die Verhandlung darstellen würde (BGH NStZ-RR 1999, 14).

Hinweis: Hilfsbeweisanträge, die sich nach der zu beweisenden Behauptung gegen den Schuldspruch richten, aber nur für den Fall einer bestimmten Rechtsfolgenentscheidung als gestellt gelten sollen, sind unzulässig (als unzulässiges Angebot auf eine Verfahrensabsprache, so BGH NStZ 1995, 246; oder wegen seiner inneren Widersprüchlichkeit, so BGH NStZ 1995, 144; vgl. aber auch BGH NStZ 1998, 209).

b) Form und Frist des Antrags. Der Beweisantrag muss *mündlich* **gestellt werden.** Die Stellung dieses Antrags muss als *wesentliche Förmlichkeit* ins Hauptverhandlungsprotokoll (§ 273 StPO).

Hinweis: Es ist üblich, dass Beweisanträge schriftlich vorgelegt, verlesen und dann als Anlage zum Protokoll genommen werden. Jedenfalls bei zahlreichen Beweisanträgen und einer mehrtägigen Hauptverhandlung kann das Gericht dies auch verlangen (vgl. § 257a S. 1 StPO und zu dessen einschränkender Auslegung *Meyer-Goßner* § 257a Rdnr. 2), muss den Antrag dann aber selbst verlesen (§ 257a S. 3 i.V.m. § 249 StPO).

Der Antrag kann vom Beginn der Hauptverhandlung bis zum Beginn der Urteilsverkündung (BGH NStZ 1992, 346) gestellt werden. Vor Beginn der Hauptverhandlung gestellte Beweisanträge müssen in ihr erneut gestellt werden (allerdings kann sich die Verpflichtung zur Beweiserhebung für das Gericht dann auch ohne erneute Stellung aus der Aufklärungspflicht nach § 244 II StPO ergeben).

Hinweis 1: Ob und wann der Angeklagte einen Beweisantrag stellt, ist – wie jedes zulässige prozessuale Verhalten – grundsätzlich der Würdigung des Gerichts entzogen (lesenswert BGH NStZ 2002, 161).
Hinweis 2: Nach Beginn der Urteilsverkündung ist es Sache des Vorsitzenden, darüber zu befinden, ob auf einen erst jetzt gestellten Antrag hin wieder in die Verhandlung eingetreten werden soll. Die bloße Entgegennahme des Antrags ist auch hier noch kein Eintritt in die Verhandlung. Maßstab für die Entscheidung des Vorsitzenden ist die Aufklärungspflicht. Einer besonderen Begründung bedarf die Entscheidung nicht (BGH NStZ 1986, 182).

Antragsberechtigt sind neben Staatsanwalt, Angeklagtem und Verteidiger (aus eigenem Recht – auch gegen den Willen des Angeklagten!) insbesondere auch der Nebenkläger im Rahmen seiner Anschlussberechtigung (vgl. §§ 395, 397 StPO) sowie der Privatkläger.

4. Die Ablehnung eines Beweisantrags

a) Die Ablehnungsgründe. Im beschleunigten Verfahren und in der Hauptverhandlung nach Einspruch gegen einen Strafbefehl (vgl. § 411 II StPO) entscheidet sich die Frage, ob einem Beweisantrag nachzugehen ist, gemäß § 420 IV StPO bei der Verhandlung *vor dem Strafrichter* allein nach § 244 II StPO. Ansonsten sind die Gründe, aus denen heraus ein Beweisantrag abgelehnt werden kann, abschließend geregelt in den §§ 244 III–V, 245 I, II StPO. Es ist zwar denkbar, dass ein Antrag auch dann abgelehnt werden kann, wenn ein grober Missbrauch der verfahrensrechtlichen Befugnis vorliegt. Bislang wurde aber in der Praxis das Vorliegen des Missbrauchs im Einzelfall stets verneint. Insbesondere reicht eine sehr späte Stellung des Beweisantrags nicht aus, da dieser Fall schon von der Ablehnung wegen Prozessverschleppung erfasst ist (vgl. BGH NStZ 1986, 371). Allerdings billigte der BGH (NJW 1992, 1245) in einem Ausnahmefall die Anordnung eines Gerichts, wonach der exzessiv Beweisanträge stellende Angeklagte diese nur noch über seinen Verteidiger stellen durfte. Als unzulässig abgelehnt wird regelmäßig ein Beweisantrag auf Vernehmung eines der Richter des erkennenden Gerichts, falls dieser in einer dienstlichen Erklärung angegeben hat, er könne zu der unter Beweis gestellten Tatsache nichts bekunden (vgl. dazu oben S. 109).

Die Ablehnungsgründe im Einzelnen:

aa) Unzulässigkeit der Beweiserhebung (§ 244 III 1 StPO). Das Gesetz gibt dem Gericht kein Ermessen. Ein Antrag ist abzulehnen, wenn bereits die Durchführung der beantragten Beweisaufnahme gesetzlich verboten ist. Dies ist z.B. der Fall bei der Vernehmung eines Zeugen, der keine Aussagegenehmigung nach § 54 StPO erhalten hat oder wenn die Verlesung eines Vernehmungsprotokolls beantragt wurde, obwohl der Zeuge nach § 52 StPO das Zeugnis verweigert hat. Eine Beweiserhebung ist auch dann unzulässig, wenn sie Tatsachen in Frage stellt, denen im Rahmen horizontaler Teilrechtskraft (dazu unten S. 210) Bindungswirkung zukommt.

bb) Für die Entscheidung ohne Bedeutung (§ 244 III 2 StPO). Aus *tatsächlichen* Gründen ist eine behauptete Beweistatsache in diesem Sinne bedeutungslos, wenn sie – ihre Richtigkeit gedanklich als erwiesen behandelt – nicht geeignet ist, die Entscheidung in irgend einer rechtlich relevanten Weise zu beeinflussen und sei es auch nur im Strafmaß. Das ist insbesondere dann der Fall, wenn die Beweistatsache keine Beziehung zum Prozessgegenstand hat. Aus *Rechtsgründen* ohne Bedeutung ist eine Tatsache, wenn sie zwar auf der Tatsachenebene erheblich wäre, es aber darauf nicht ankommt, weil außerhalb dieser Ebene liegende Rechtsgründe, insbesondere Rechtfertigungs-, Schuldausschließungs- und Strafaufhebungsgründe, der Beweistatsache ihre rechtliche Wirksamkeit nehmen.

Die Bedeutungslosigkeit muss sich aus der unter Beweis gestellten Tatsache selbst ergeben. Eine Abwägung mit dem bisherigen Ermittlungsergebnis ist also unzulässig (verbotene vorweggenommene Beweiswürdigung). Auch bei einer unter Beweis gestellten *Indiz*tatsache ist für die Beweisbehauptung selbst deren uneingeschränkte Bestätigung durch das angegebene Beweismittel zu unterstellen, ohne dass dies durch das bisherige Beweisergebnis relativiert werden dürfte. Lediglich für die Frage, ob das Gericht auch aus der als erwiesen anzusehenden Indiztatsache keinen für das Urteil relevanten Schluss ziehen würde, kann das bisherige Beweisergebnis herangezogen werden (BGH NJW 1997, 2762 ff. – sehr lesenswert).

Auch ist es unzulässig, die beantragte Beweiserhebung im Freibeweisverfahren (z.B. Telefongespräch im Beratungszimmer) durchzuführen und anschließend die Beweiserhebung abzulehnen mit der Begründung, die Beweisfrage sei schon im Freibeweisverfahren geklärt (BGH StV 1995, 339).

Hinweis: Eine unzulässige vorweggenommene Beweiswürdigung liegt allerdings nicht vor, wenn das Gericht einen auf eine Hilfstatsache (Indiz) gerichteten Beweisantrag mit der Begründung ablehnt, dass es der Tatsache selbst für den Fall ihres Erwiesenseins deshalb keine Bedeutung beimisst, weil es den vom Antragsteller erstrebten Schluss nicht ziehen will (BGH NStZ 1985, 516).

cc) Offenkundig (§ 244 III 2 StPO). Offenkundig sind sowohl *allgemein bekannte* als auch *gerichtsbekannte* Tatsachen, gleichviel ob die Beweistatsache selbst oder ihr Gegenteil in Frage steht. Allgemein bekannt sind Umstände, von denen der verständige und erfahrene Mensch regelmäßig ohne weiteres Kenntnis hat oder sich aus allgemein zugänglichen zuverlässigen Quellen unschwer verschaffen kann. Gerichtsbekannt sind Umstände, die der Richter in seiner amtlichen Tätigkeit zuverlässig in Erfahrung gebracht hat. Die Merkmale des gesetzlichen Tatbestandes und andere unmittelbar beweiserhebliche Tatsachen dürfen nicht als offenkundig behandelt werden.

Hinweis: Auch offenkundige Tatsachen sind in der Hauptverhandlung zum Gegenstand der Verhandlung zu machen. Z.B. ist die planmäßige Abfahrt eines bestimmten Zuges – da aus dem Kursbuch der Deutschen Bahn AG zu entnehmen – allgemein bekannt. Dennoch ist der Zeitpunkt, den das Gericht aus dem Kursbuch entnommen hat, in der Hauptverhandlung bekannt zu geben, damit er im Urteil verwertbar ist.

dd) Schon erwiesen (§ 244 III 2 StPO). Abgelehnt werden kann nur, weil die Tatsache schon erwiesen ist, nicht, weil ihr Gegenteil schon erwiesen sei (unzulässige vorweggenommene Beweiswürdigung).

ee) Die Wahrunterstellung (§ 244 III 2 StPO). Sie setzt das kumulative Vorliegen folgender Umstände voraus: Die unter Beweis gestellte Tatsache muss *beweiserheblich* sein und sich *zu Gunsten* des Angeklagten auswirken; ferner darf der Sachverhalt *voraussichtlich nicht weiter aufklärbar* sein.

Bei diesem in der Praxis am häufigsten angewandten Ablehnungsgrund ist vor allem zu beachten, dass die als wahr unterstellte Tatsache als erwiesen und damit feststehend behandelt werden muss (aber nur die Tatsache, nicht die Schlussfolgerungen, die der Antragsteller damit verbindet – will das Gericht von dieser Schlussfolgerung abweichen, muss es aber in der Beweiswürdigung des schriftlichen Urteils auf die Wahrunterstellung eingehen; vgl. dazu BGH NStZ 1993, 447).

Hinweis: Ob eine zu Gunsten als wahr unterstellte Tatsache sich gleichzeitig auch zu Lasten des Angeklagten auswirken darf, ist streitig. Im Zweifel hat jedenfalls der Grundsatz „in dubio pro reo" Vorrang (BGH NJW 1976, 1950).

B. Hauptverfahren

Der BGH lässt die Wahrunterstellung auch dann zu, wenn dadurch die Aussage des Hauptbelastungszeugen H in einem Punkt widerlegt werden soll. Die beantragte Vernehmung des weiteren Zeugen und gegebenenfalls die erneute Vernehmung des H kann aus der Aufklärungspflicht heraus jedoch geboten sein. Wird durch die Unwahrheit in einem Punkt die Zuverlässigkeit der Bekundungen des H im Übrigen nicht in Frage gestellt, so besteht allerdings keine Verpflichtung des Gerichts, den Zeugen H nochmals zu hören (BGH NStZ 1988, 423).

Können nicht feststehende Umstände, die von der Beweisbehauptung nicht umfasst werden, über die Tragweite einer als wahr unterstellten Tatsache entscheiden, dann darf eine dem Angeklagten günstige Schlussfolgerung nicht allein mit der Begründung abgelehnt werden, mit Rücksicht auf solche Umstände sei eine andere Schlussfolgerung möglich. Die Behandlung als wahr ist hier deshalb nicht geeignet, die Sachaufklärung vorrangig (BGH NStZ 1989, 129).

ff) Ungeeignet (§ 244 III 2 StPO). Ungeeignet ist ein Beweismittel, wenn sich mit ihm das im Beweisantrag in Aussicht gestellte Ergebnis nach sicherer Lebenserfahrung nicht erzielen lässt und zwar ohne jede Berücksichtigung des bisherigen Beweisergebnisses. So z. B. beim Antrag auf Sachverständigengutachten, wenn jegliche Anknüpfungstatsachen für das Gutachten fehlen.

Hinweis: Ein Sachverständiger ist schon dann kein ungeeignetes Beweismittel, wenn er zwar ganz sichere und eindeutige Schlüsse nicht ziehen kann, wenn seine Folgerungen die unter Beweis gestellte Behauptung aber doch als mehr oder weniger wahrscheinlich erscheinen lassen und deshalb unter Berücksichtigung des sonstigen Beweisergebnisses Einfluss auf die Überzeugungsbildung erlangen können.

Wenn zur Beurteilung der Frage, ob ein Sachverständiger genügend Anknüpfungstatsachen für sachdienliche Erkenntnisse hat oder zu gewinnen vermag, die eigene Sachkunde des Gerichts nicht ausreicht, ist es gehalten, zur Beurteilung dieser Vorfrage im Wege des *Freibeweises* sachkundigen Rat einzuholen (BGH NStZ 1983, 180).

gg) Unerreichbar (§ 244 III 2 StPO). Unerreichbarkeit liegt erst vor, wenn das Gericht alle Erfolg versprechenden Versuche unternommen hat, das Beweismittel der Verwertung zugänglich zu machen.

Hinweis: Das Gericht muss sich also bemühen, den Aufenthalt des Zeugen festzustellen und seine Vernehmung zu erreichen. Bei Auslandsaufenthalt heißt das, dass das Gericht, soweit möglich und erforderlich, freies Geleit zusichern muss oder dass es versuchen muss, den Zeugen im Ausland vernehmen zu lassen (es sei denn, der unmittelbare Eindruck des Gerichts sei für die Urteilsfindung erforderlich). Vgl. für den Auslandszeugen auch § 244 V StPO (siehe unten S. 135).

Dazu gehört auch der Fall der Sperrerklärung, dass sich also die oberste Dienstbehörde entsprechend § 96 StPO endgültig weigert, den Namen und die Anschrift eines V-Mannes preiszugeben (vgl. dazu BGHSt. 32,

115). Damit in Zusammenhang steht wiederum die von BGH NStZ 1986, 130 bejahte Frage, ob unter diesen Umständen das polizeiliche (!) Protokoll über die Vernehmung des V-Mannes nach § 251 II StPO gegen den Willen des Angeklagten verlesen werden kann.

hh) Prozessverschleppung (§ 244 III 2 StPO). Sie liegt vor, wenn der Antragsteller ausschließlich eine Verzögerung des Verfahrens auf unbestimmte (streitig – vgl. *Meyer-Goßner* § 244 Rdnr. 67) Zeit bezweckt. Der Antragsteller muss sich bei Antragstellung der *Unmöglichkeit bewusst* sein, durch die beantragte Beweiserhebung eine für ihn günstige Wendung des Verfahrens herbeiführen zu können (BGH NJW 1992, 2711 – lesenswert!). Ferner muss das verlangte Beweismittel objektiv geeignet sein, das Verfahren zu *verzögern*. Schließlich darf aus der Sicht des Gerichts die beantragte Beweiserhebung die Wahrheitsfindung in keiner Weise mehr fördern können. Dies ist also eine Durchbrechung des Grundsatzes des Verbots der vorweggenommenen Beweiswürdigung!

Ist der Verteidiger der Antragsteller, so kommt es auf die Absicht des Verteidigers an, das Verfahren zu verschleppen, selbst wenn er den Antrag „namens seines Mandanten" gestellt hat (BGH NJW 2001, 1956).

Hinweis: Die Ablehnung eines Hilfsbeweisantrags wegen Prozessverschleppung *im Urteil* ist unzulässig, damit der Antragsteller den Vorwurf noch in der Hauptverhandlung entkräften kann (BGH NStZ 1986, 372).

ii) Eigene Sachkunde des Gerichts (§ 244 IV StPO). § 244 IV StPO gibt erweiterte Ablehnungsmöglichkeiten bei einem Antrag auf Einholung eines Sachverständigengutachtens und ergänzt insoweit § 244 III StPO.

Soweit noch kein Sachverständiger gehört worden war, kann das Gericht den Antrag ablehnen (1. Alt des § 244 IV), wenn es selbst die erforderliche Sachkunde besitzt *und* die Anhörung eines Sachverständigen nicht vorgeschrieben ist (so aber z. B. bei § 81 StPO).

Hinweis: Für die eigene Sachkunde des Gerichts ist es unerheblich, ob diese privat oder beruflich erlangt ist. Bei Kollegialgerichten reicht die Sachkunde eines Mitglieds aus, wenn er seine Sachkunde den anderen vermittelt.

Soweit bereits ein Sachverständiger gehört worden ist, kann die Ablehnung auch mit der Begründung erfolgen (2. Alt. des § 244 IV StPO), das Gegenteil sei bereits *durch Sachverständigengutachten bewiesen* (soweit mit der Begründung abgelehnt wird, die unter Beweis gestellte Tatsache sei bereits erwiesen, fällt dies unter § 244 III StPO).

Eine Ablehnung ist allerdings nicht zulässig, wenn das bereits erstattete Gutachten hinsichtlich der Sachkunde des Sachverständigen zweifelhaft ist oder es von unzutreffenden tatsächlichen Feststellungen ausgeht oder in sich *widersprüchlich* ist (zu den wissenschaftlichen Anforderungen an sogenannte Glaubwürdigkeitsgutachten vgl. BGH NJW 1999, 2746; zur Er-

B. Hauptverfahren   135

forderlichkeit, solche Glaubwürdigkeitsgutachten einzuholen, vgl. die Entscheidungen des BGH in StV 2001, 550 ff.). Entscheidend ist nur das mündlich vorgetragene Gutachten, nicht das zur Vorbereitung übersandte schriftliche Gutachten.

Unzulässig ist die Ablehnung des Antrags auch, wenn der neue Sachverständige über *Forschungsmittel* verfügt, die denen des früheren Gutachters *überlegen* sind. Dies gilt aber nur für Forschungsmittel (!), nicht aber für die höhere Reputation oder größere Berufserfahrung (bei Ablehnung aber eventuell ein Verstoß gegen § 244 II StPO).

Hinweis: Auch hier kann die Ablehnung mit der Begründung erfolgen, das Gericht verfüge über entsprechende eigene Sachkunde, eventuell sogar auf Grund des erstatteten anderen Gutachtens, das dann aber nicht an einem der oben genannten Fehler leiden darf.

kk) Ablehnung bei Augenschein und bei Auslandszeugen (§ 244 V StPO). § 244 V StPO gibt eine *zusätzliche* Möglichkeit der Ablehnung eines Antrags auf Einholung eines Augenscheins. Die Ablehnung ist bereits dann zulässig, wenn nach pflichtgemäßem Ermessen des Gerichts der Augenschein zur Erforschung der Wahrheit nicht erforderlich ist. Dies kann der Fall sein, wenn die Beschaffenheit des Beweisgegenstandes schon auf Grund der in der Hauptverhandlung erhobenen Beweise zur Überzeugung feststeht, aber auch, wenn das, was durch den Augenschein bewiesen werden soll, bereits widerlegt ist. Soll durch den Augenschein allerdings gerade eine Zeugenaussage widerlegt werden, ist seine Einholung i. d. R. erforderlich.

Unter den gleichen Voraussetzungen kann auch ein Beweisantrag auf Vernehmung eines Zeugen abgelehnt werden, dessen Ladung im Ausland zu bewirken wäre. Die von der Rechtsprechung für die Ablehnung eines Augenscheins entwickelten Grundsätze sind auch hier anwendbar (BGH NStZ 1994, 554; vgl. auch BVerfG NJW 1997, 999).

Hinweis: Zu beachten ist aber § 247 a StPO, der es dem Tatrichter ermöglicht, auch einen im Ausland aufenthältlichen Zeugen in der Hauptverhandlung durch eine zeitgleiche Bild- und Tonübertragung zu vernehmen, weshalb unter Umständen der Zeuge nicht unerreichbar ist und auch die Aufklärungspflicht seine audiovisuelle Vernehmung verlangt (zu den Einzelheiten vgl. BGH NJW 1999, 3788; davon zu unterscheiden ist aber die Frage der Verlesbarkeit eines schon vorhandenen richterlichen Protokolls nach § 251 I Nr. 2 StPO, auch wenn die Möglichkeit dieser audiovisuellen Vernehmung bestünde – vgl. dazu BGH NJW 2000, 2517).

ll) Einschränkung bei präsenten Beweismitteln (§ 245 StPO). Die Möglichkeiten der Ablehnung von Beweisanträgen sind allerdings dann erheblich eingeschränkt, wenn es sich um präsente Beweismittel handelt. Logischerweise können Beweisanträge in diesem Fall nicht mit der Unerreichbarkeit des Beweismittels begründet werden, aber auch die Wahrunterstellung und die Ablehnung nach § 244 IV und V StPO sind ausgeschlossen. Statt der Ablehnung wegen Unerheblichkeit gibt es nur die

Ablehnung wegen fehlenden Zusammenhangs zur zu beweisenden Tatsache und dem Gegenstand der Untersuchung.

Präsent ist ein Beweismittel nur, wenn es *förmlich geladen* (vgl. §§ 220, 38 StPO) und *erschienen* ist. Sonst ist es ein „in die Sitzung gestelltes Beweismittel", für das ganz normal die Absätze III–V des § 244 StPO gelten.

Hinweis: Fotokopien von Urkunden sind zum Nachweis der Existenz und des Inhalts der *Original*urkunden keine präsenten Beweismittel (BGH NStZ 1994, 593), da die Übereinstimmung mit dem Original Voraussetzung ihrer Verwertbarkeit ist.

Tipp: Auch beim präsenten Beweismittel bedarf es des Beweisantrags, insbesondere also der Angabe der konkreten Beweistatsache.

b) Die Entscheidung des Gerichts. Soll dem Antrag stattgegeben werden, so entscheidet der Vorsitzende allein, das heißt er verfügt z. B. die Verlesung der Urkunde oder die Ladung des Zeugen. Ist allerdings dazu eine Aussetzung oder längere Unterbrechung i. S. d. § 229 II StPO erforderlich, so ist die Entscheidung des Gerichts notwendig (vgl. § 228 I StPO).

Ist ein Verfahrensbeteiligter mit der Verfügung des Vorsitzenden, einem Beweisantrag nachzugehen, nicht einverstanden, kann er gemäß § 238 II StPO die Entscheidung des Gerichts herbeiführen.

Soll der Beweisantrag **abgelehnt** werden, so bedarf es eines Gerichtsbeschlusses (§ 244 VI StPO). Auch der ablehnende Beschluss im beschleunigten Verfahren (§ 420 IV StPO) ist wenigstens kurz zu begründen.

Die Entscheidung über den Antrag und ihre Bekanntgabe kann zunächst zurückgestellt werden. Sie muss jedoch spätestens vor Schluss der Beweisaufnahme bekannt gegeben werden, damit entsprechende weitere Anträge gestellt werden können. Eine Ausnahme bilden insoweit die bereits erwähnten Hilfsbeweisanträge, die im Urteil beschieden werden können.

Im **Ablehnungsbeschluss** sind der Grund und die dafür erforderlichen Tatsachen genau anzugeben. Die Wiederholung des Gesetzeswortlauts genügt nicht (außer bei § 244 V StPO). Auch der ablehnende Beschluss im beschleunigten Verfahren (§ 420 IV StPO) ist wenigstens kurz zu begründen.

Wird z. B. wegen Bedeutungslosigkeit abgelehnt, so ist konkret zu begründen, warum die Tatsache unerheblich ist, insbesondere ob aus rechtlichen oder aus tatsächlichen Gründen. Bei Ablehnung wegen Prozessverschleppung müssen die Umstände dargelegt und gewürdigt werden, die für die geforderte Absicht sprechen und zwar bei mehreren Beweisanträgen für jeden einzelnen Antrag und jede einzelne Beweisfrage. Bei Unerreichbarkeit muss gegebenenfalls dargetan werden, welche Anstrengungen das Gericht unternommen hat, das Beweismittel herbeizuschaffen.

Hinweis: Der als Zeuge benannte Richter des erkennenden Gerichts wirkt an der Ablehnungsentscheidung mit, soweit er erklärt hat, er könne zur Beweistatsache nichts bekunden (BGHSt. 7, 330). Sonst könnte auf diese Weise jederzeit ein unliebsamer Richter „aus dem Verfahren geschossen" werden (vgl. auch *Michel* MDR 1992, 1026).

Der Gerichtsbeschluss, mit dem ein Beweisantrag abgelehnt worden ist, kann nicht isoliert während des Verfahrens, sondern nur zusammen mit dem Urteil angefochten werden (typischer Fall des § 305 StPO, siehe unten zur Beschwerde S. 217 f.).

5. Besonderheiten

a) Austausch von Beweismitteln. Ein Austausch des beantragten Beweismittels ist beim Sachverständigen (§ 73 I 1 StPO) und beim Augenschein (§ 244 V StPO) zulässig. Ansonsten darf das Gericht ein besseres oder gleichwertiges Beweismittel statt des beantragten verwenden. Beim Zeugenbeweis ist nach BGHSt 22, 347 ein Beweismittelaustausch allerdings nur zulässig, wenn es um die Feststellung einer bestimmten, in der Außenwelt wahrnehmbaren und deshalb jederzeit nachprüfbaren objektiven Gegebenheit geht. Er ist unzulässig, wenn individuelle Wahrnehmungen des Zeugen festgestellt werden sollen.

Immer dann, wenn anstelle des benannten Beweismittels ein schlechteres Beweismittel verwendet wird oder ein unzulässiger Tausch vorgenommen wurde, liegt eine (teilweise) Ablehnung eines Beweisantrags vor, die gemäß § 244 VI StPO begründet werden muss.

b) Austausch von Ablehnungsgründen. Das Gericht kann jederzeit seine Entscheidung der Ablehnung des Beweisantrags überprüfen und die Gründe abändern oder ergänzen. Dies geschieht insbesondere im Zusammenhang mit der Urteilsberatung. So ist das Gericht nicht gehindert, im weiteren Verlauf der Hauptverhandlung von der im Ablehnungsbeschluss erfolgten Wahrunterstellung abzurücken und die unter Beweis gestellte Tatsache als bedeutungslos zu behandeln. Es muss aber die Verfahrensbeteiligten vor der Urteilsverkündung auf diese Änderung hinweisen, umso deren irrige Vorstellung zu beseitigen und ihnen Gelegenheit zu geben, sich auf die veränderte Sachlage einzustellen. Tut es dies nicht, verstößt es gegen § 244 III StPO und die Grundsätze des fairen Verfahrens (vgl. BGHSt. 30, 383).

6. Beispiel eines Ablehnungsbeschlusses

> **Anlage 3 zum Hauptverhandlungsprotokoll vom 15. 02. 2003**
>
> **Beschluss**
>
> Der Antrag des Verteidigers des Angeklagten Müller, Rechtsanwalt Klug, das Protokoll über die Vernehmung der Zeugin Müller vom 11. 11. 2002 zu verlesen, wird abgelehnt,
> da die Beweiserhebung unzulässig ist (§ 244 III Satz 1 StPO). Die Zeugin hat in der heutigen Hauptverhandlung als Mutter des Angeklagten von ihrem Zeugnisverweigerungsrecht Gebrauch gemacht. Gemäß § 252 StPO scheidet damit eine Verlesung des Protokolls über ihre frühere Vernehmung aus.

Anmerkung zu diesem Beschluss: Da die Unterzeichnung von Beschlüssen durch alle mitwirkenden Richter nicht vorgeschrieben ist (vgl. *Meyer-Goßner* Vor § 33 Rdnr. 6) genügt hier, dass der Beschluss mit Begründung mündlich verkündet und in das Hauptverhandlungsprotokoll – in der Regel als Anlage – aufgenommen worden ist.

VIII. Gegenstand des Urteils

1. Tatbegriff

Das Gericht hat nach § 264 StPO über *die Tat* als das angeklagte geschichtliche Geschehen zu entscheiden. Dabei ist es an die tatsächliche und rechtliche Beurteilung der Staatsanwaltschaft nicht gebunden.

Der Begriff der prozessualen Tat im Sinne der §§ 155, 264 StPO ist deshalb von zentraler Bedeutung. Er ist nicht identisch mit dem Tatbegriff der §§ 52 ff. StGB. Die prozessuale Tat ist die „Tat als das in der Anklage bezeichnete geschichtliche Vorkommnis, soweit es nach der Auffassung des Lebens – ohne Rücksicht auf die rechtliche Einordnung – einen einheitlichen Vorgang bildet" (BVerfG NJW 1978, 414; BGHSt. 25, 72 *Meyer-Goßner* § 264 Rdnr. 1 f.).

Entscheidend ist, dass es sich um einen **einheitlichen Lebenssachverhalt** handelt, dessen einzelne Teile nicht gesondert betrachtet werden können, ohne diesen Lebenssachverhalt **unnatürlich aufzuspalten**. Die Handlungen müssen also nicht nur äußerlich ineinander übergehen, sondern auch innerlich derart miteinander verknüpft sein, dass der Unrechts- und Schuldgehalt der einen nicht ohne die Umstände, die zu der anderen Handlung geführt haben, gewürdigt werden kann.

Kriterien bei der Abgrenzung können insbesondere sein: Ort und Zeit der Tat, die dem Täterverhalten innewohnende Zielrichtung, das Tatobjekt und der Taterfolg, auf den sich das Täterverhalten bezieht.

Die Entscheidung der Frage, ob *eine* prozessuale Tat vorliegt oder mehrere Taten, kann sehr weitreichende Folgen haben. Dies gilt vor allem bei der Rechtskraftwirkung von Entscheidungen (ne bis in idem! Aufgrund von Art. 54 des Schengener Durchführungsübereinkommens gilt diese Rechtskraftwirkung auch für Urteile ausländindischer Gerichte im Schengener Rechtsraum, vgl. z.B. BGH NJW 2001, 2270), wenn also z.b. zu entscheiden ist, ob trotz Verurteilung wegen unerlaubten Besitzes einer Waffe der Täter noch wegen des mit dieser Waffe begangenen Mordes verurteilt werden kann. Von erheblicher Bedeutung ist der Begriff der Tat auch bei der Frage, was noch Gegenstand der gerichtlichen Untersuchung sein darf (vgl. § 264 StPO), ob also das Gericht z.b. ohne neue Anklage verurteilen darf, wenn ein am 12. 8. 2002 begangener Diebstahl einer Uhr vorgeworfen wurde, aber deren Unterschlagung am 2. 10. 2002 nachweisbar ist.

Die Frage, ob eine prozessuale Tat vorliegt, kann sich stellen bei Änderungen der *Tatzeit* (vgl. BGH NJW 2000, 3293), bei Änderung des *Tatorts*, des *Tatobjekts* (z.B. nicht B ist beraubt worden, wie in der Anklage behauptet, sondern ein unbekannter Dritter), Änderung der *Tathandlung* (z.B. nicht die betrügerische Erlangung, sondern die zeitlich später liegende veruntreuende Unterschlagung ist nachweisbar), sowie schließlich eine Änderung in der *rechtlichen Beurteilung* (z.B. statt Tateinheit zwischen Diebstahl und Hausfriedensbruch Tatmehrheit zwischen beiden). Die Änderung des *Tatsubjekts* (nicht der Angeklagte ist der Täter, sondern der Zeuge X) ist dagegen kein Problem der prozessualen Tat, da Anklage immer nur gegen die in der Anklageschrift bezeichnete Person erhoben ist.

Nach der ständigen Rechtsprechung des BGH gilt als Grundsatz, dass immer dann, wenn materiell-rechtlich eine Tat vorliegt, auch eine Tat im prozessualen Sinn gegeben ist. Ausnahmen ließ der BGH für den Fall der Mitgliedschaft in einer kriminellen oder terroristischen Vereinigung und den im Rahmen dieser Vereinigung begangenen Straftaten zu (BGHSt. 29, 288; 43, 312) und wendet diese Grundsätze auch für das Organisationsdelikt des § 20 I Nr. 1 VereinsG an (BGH NJW 2001, 2643).

Dagegen kann trotz **Tatmehrheit** im materiell-rechtlichen Sinn dennoch insgesamt nur eine prozessuale Tat vorliegen. Klassisches **Beispiel** dafür ist der alkoholbedingte Verkehrsunfall:
Ist eine Straßenverkehrsgefährdung gemäß § 315c I Nr. 1a StGB durch Trunkenheitsfahrt und Unfall in X-Stadt angeklagt und stellt sich in der Hauptverhandlung heraus, dass der Angeklagte sofort nach dem Unfall mit dem Auto weitergefahren ist und nach 20 km Fahrtstrecke in Y-Stadt einen weiteren Unfall verursacht hat, für den er schon einen rechtskräftigen Strafbefehl wegen § 315c I Nr. 1a StGB erhalten hat, so stellt sich wegen des Strafklageverbrauchs die Frage, ob der Unfall in X-Stadt noch verfolgt werden kann. Obwohl materiell-rechtlich zwischen dem ersten Unfall und dem unerlaubten Entfernen Tatmehrheit besteht, da der Unfall eine Zäsur bildet (anders z.B. im Fall der Polizeiflucht), ist der Unfall

zentrales Ereignis sowohl für die Straßenverkehrsgefährdung als auch für das unerlaubte Entfernen, so dass trotzdem für das Geschehen in X-Stadt insgesamt eine prozessuale Tat vorliegt. Das unerlaubte Entfernen und der Unfall in Y-Stadt stehen dann materiell-rechtlich in Tatmehrheit, wenn das unerlaubte Entfernen auf Grund der zurückgelegten Fahrtstrecke abgeschlossen ist. In diesem Fall soll trotz des die gesamte Handlung durchziehenden § 316 StGB (der als minder schweres Delikt nicht zu klammern vermag) keine Tatidentität zwischen dem Geschehen in X-Stadt und in Y-Stadt bestehen. Das bedeutet, dass eine Verurteilung wegen des Unfalls in X-Stadt trotz der Rechtskraft des Strafbefehls noch möglich wäre (vgl. die grundlegende Entscheidung BGHSt. 23, 141).

Hinweis: Auch bei Dauerdelikten stellt sich die Frage der Tatidentität. Besitzt A eine Schusswaffe, aber keinen Waffenschein und begeht er mit dieser Waffe einen Mord, so ist die Frage nach dem Strafklageverbrauch einer Verurteilung wegen unerlaubten Waffenbesitzes zunächst eine Frage des materiellen Rechts: Nur wer hier Tateinheit zwischen dem Dauerdelikt und dem Kapitaldelikt annimmt (wie z.B. OLG Hamm NStZ 1986, 278), ist gezwungen, sich Gedanken zu machen, ob trotz Tateinheit aus Gerechtigkeitserwägungen heraus mehrere prozessuale Taten vorliegen können. Nimmt man mit dem BGH (NJW 1989, 1810) Tatmehrheit an, kann man auch unproblematisch zwei prozessuale Taten annehmen.

Tipp: Prüfen Sie also immer zuerst die materielle Rechtslage. Bei Tateinheit haben Sie dann auch Tatidentität (Ausnahme: sogenannte Organisationsdelikte wie § 129 StGB). Denken Sie beim materiellen Recht aber auch daran, dass Delikte auch dann klammern können, wenn sie wegen fehlendem Strafantrag nicht angeklagt oder aus anderen Gründen vorläufig eingestellt sind.

Tipp: Liegt nur eine prozessuale Tat vor, so kommt eine Teileinstellung der nicht nachweisbaren Handlung nach § 170 II StPO auch dann nicht in Betracht, wenn diese zum angeklagten Tatbestand in Tatmehrheit steht. Es wird vielmehr im wesentlichen der Ermittlungen mitgeteilt, dass die Tat insoweit nicht nachweisbar ist. Im Urteilstenor dagegen wird nur nach Tatmehrheit unterschieden. Deshalb kann es bei Tatmehrheit auch innerhalb einer prozessualen Tat zu einem Teilfreispruch kommen. Eine Abtrennung des Verfahrens hinsichtlich einer der tatmehrheitlichen Handlungen in der Hauptverhandlung ist allerdings auch in diesem Fall nicht möglich (vgl. BGH NStZ 2002, 105).

Ein Problem der Tatidentität ist auch die Klärung der Frage, ob der wegen Hehlerei Angeklagte wegen des als Vortat zugrunde liegenden Raubes verurteilt werden kann (vgl. BGH NJW 1988, 1742 – in der Regel keine Tatidentität – Besitz an der Sache reicht nicht zur Herstellung eines untrennbaren Zusammenhanges – relativierend jetzt leider BGH NStZ 1999, 523). Gleiches gilt für das Verhältnis Begünstigung und Vortat (vgl. BGH NStZ 1989, 37 – Tatidentität dürfte jedenfalls noch gegeben sein, solange nach der Rechtsprechung statt Begünstigung noch Beihilfe möglich wäre, also zwischen Vollendung und Beendigung des Diebstahls). BGH NJW 1988, 3108 stellt klar, dass auch bei Diebstahl und Hehlerei im Einzelfall Tatidentität vorliegen kann.

Hinweis: Beachten Sie, dass somit die Frage, ob Wahlfeststellung zulässig ist, nicht mit der Frage der prozessualen Tat identisch ist und zusätzlich Probleme auftauchen,

B. Hauptverfahren

wenn bei rechtlich möglicher Wahlfeststellung nur der eine Teil angeklagt ist, der andere aber eine eigene prozessuale Tat darstellen würde. Beispiel: 2 sich widersprechende Zeugenaussagen in 2 Verfahren; angeklagt wird aber nur die 1. Aussage als falsch (vgl. zu diesem Problemkreis auch OLG Celle NJW 1988, 1225). Problematisch ist auch, ob der als Mittäter Angeklagte ohne Nachtragsanklage wegen Strafvereitelung verurteilt werden kann, wenn das Nachtatverhalten im Anklagesatz erwähnt ist (dazu BGH NStZ-RR 1999, 48).

Manche Fälle, die früher über eine fortgesetzte Handlung gelöst wurden, werden jetzt unter dem Begriff der natürlichen Handlungseinheit als materiellrechtlich eine Tat behandelt. Auch hier liegt immer nur eine prozessuale Tat vor, selbst wenn sie mehrere Einzelakte umfasst. Da es sich um eine prozessuale Tat handelt, ist das Gericht verpflichtet (§ 244 II StPO), die weiteren Einzelakte auch dann aufzuklären, wenn diese im Zeitpunkt der Anklageerhebung noch nicht bekannt waren. Eine Nachtragsanklage ist dann unzulässig.

Tipp: Auch für das materielle Recht hat der prozessuale Tatbegriff Bedeutung: Die Unterbrechung der Verjährung nach § 78 c StGB bezieht sich sachlich auf die Tat im prozessualen Sinn.

2. Hinweispflicht bei Umgestaltung der Strafklage (§ 265 StPO)

Nach dem eben Gesagten ist es also zum einen denkbar, dass das Gericht in der Hauptverhandlung zu einer anderen rechtlichen Beurteilung kommt als im Zeitpunkt der Eröffnung, zum anderen, dass es wegen eines Sachverhalts verurteilen will, der so gar nicht angeklagt war. Ein faires Verfahren ist in beiden Fällen jedoch nur gewährleistet, wenn sich der Angeklagte darauf einstellen und sich auch gegen die Vorwürfe in der neuen Form wehren kann. Geregelt ist dies in § 265 StPO. Nach Absatz 1 ist das Gericht verpflichtet, den Angeklagten auf Änderungen in der rechtlichen Beurteilung der Strafbarkeit hinzuweisen und gemäß Absatz 4 – soweit dies zur Vorbereitung für den Angeklagten erforderlich ist – das Verfahren auszusetzen. Bei Strafrahmenverschiebungen gilt Absatz 2, bei Nebenfolgen und Nebenstrafen ist Absatz 2 entsprechend anzuwenden. § 265 I, IV StPO wird auf den Fall, dass sich nicht das angewandte Gesetz, sondern der vorgeworfene Sachverhalt gegenüber der Anklage und Eröffnung geändert hat, entsprechend angewandt (BGH NJW 1979, 663).

Tipp: Ein entsprechender Hinweis ist in der Regel auch beim Wechsel von Vorsatz auf Fahrlässigkeit, von Vollendung auf Versuch, von Täterschaft auf Beihilfe, von eindeutiger Verurteilung auf Wahlfeststellung, bei einer Änderung des Konkurrenzverhältnisses oder des Tatzeitraums erforderlich. Prüfen Sie also in revisionsrechtlichen Klausuren anhand des Protokolls, ob ein entsprechender Hinweis (als wesentliche Förmlichkeit zu protokollieren!) erfolgt ist. Fehlt dieser, ist allerdings noch zu prüfen, ob das Urteil auf diesem Fehler beruht, was ausnahmsweise dann nicht der Fall ist, wenn sich der Angeklagte auf Grund entsprechender Befragung auch ohne förmlichen Hinweis ausreichend verteidigen konnte oder er sich bei Hinweis auch nicht anders hätte verteidigen können.

In schwieriger gelagerten Fällen empfiehlt es sich, die veränderte Sach- und/oder Rechtslage schriftlich zu fixieren und bekannt zu geben.

Hinweis 1: Verfahrensfehler lassen sich teilweise heilen. So kann die unzulässige Vereidigung dadurch geheilt werden, dass die Aussage im Urteil als unvereidigte Aussage, oder dass die zu Unrecht als wahr unterstellte Tatsache als bedeutungslos behandelt wird. In all diesen Fällen ist aber entsprechend § 265 StPO der Hinweis auf die jetzt abweichende Behandlung erforderlich.

Hinweis 2: Eine Hinweispflicht besteht grundsätzlich nur bei einer Abweichung von solchen Tatsachen, die den gesetzlichen Tatbestand betreffen, nicht für von der Anklageschrift abweichende Feststellungen, die sich nur auf die Phase der Tatplanung und Tatvorbereitung beziehen (BGH NStZ 2000, 48).

3. Nachtragsanklage gemäß § 266 StPO

Soll ein Prozessstoff mitverhandelt werden, der nicht unter die angeklagte Tat im prozessualen Sinn fällt, so bedarf es wegen des Anklagemonopols der Staatsanwaltschaft einer weiteren Anklage. In der Praxis geschieht dies in aller Regel, indem außerhalb der Hauptverhandlung eine weitere Anklage erhoben und nach Eröffnung zum bereits anhängigen Verfahren dazuverbunden wird. Das Gesetz sieht allerdings auch die Möglichkeit vor, dass die Staatsanwaltschaft in der Hauptverhandlung schriftlich oder mündlich (vgl. § 266 II StPO) Nachtragsanklage erhebt, wenn insoweit hinreichender Tatverdacht besteht und das Gericht sachlich zuständig ist. In der Praxis scheitert dies häufig daran, dass der Angeklagte die erforderliche Zustimmung zur Nachtragsanklage (§ 266 I StPO) verweigert oder eine Unterbrechung der Hauptverhandlung (§ 266 III StPO) verlangt.

Wird die Nachtragsanklage erhoben und in das Verfahren einbezogen, so entfällt hier das Zwischenverfahren (vergleiche § 266 I StPO). Dem Einbeziehungsbeschluss kommt die Wirkung eines Eröffnungsbeschlusses zu. Der neue Sachverhalt ist damit ebenfalls rechtshängig.

IX. Besondere Verfahrensarten

1. Das Strafbefehlsverfahren

a) Voraussetzungen. Voraussetzung für den Erlass eines Strafbefehls ist zunächst ein schriftlicher *Antrag* der Staatsanwaltschaft. Beim Übergang von der Anklage ins Strafbefehlsverfahren in der Hauptverhandlung nach § 408 a StPO muss der Sitzungsvertreter der Staatsanwaltschaft einen schriftlichen (handschriftlich genügt) Antrag stellen, der inhaltlich den Anforderungen des § 409 StPO entspricht (*Meyer-Goßner* § 408 a Rdnr. 2 m.w.N.).

Für die Entscheidung muss das Amtsgericht örtlich und sachlich zuständig sein, wobei ein Strafbefehlsantrag nur zum Strafrichter und nicht auch zum Schöffengericht gestellt werden kann, da die Strafgewalt des Strafrichters ausreicht.

Bei der vorgeworfenen Tat muss es sich um ein Vergehen handeln.

B. Hauptverfahren

Wie bei einer Anklage muss hinreichender Tatverdacht (§ 408 II StPO) bestehen; Prozessvoraussetzungen dürfen nicht fehlen.

Als *Sanktionen* können insbesondere Geldstrafe, Fahrverbot und die Entziehung der Fahrerlaubnis mit Sperrfrist bis 2 Jahre verhängt werden, sowie einige weniger wesentliche Sanktionen (vgl. § 407 II StPO). Nicht verhängt werden kann insbesondere Freiheitsstrafe über einem Jahr oder Jugendstrafe. Eine Freiheitsstrafe bis zu 1 Jahr kann im Strafbefehlsverfahren angeordnet werden, wenn der (zur Tatzeit erwachsene – vgl. § 109 III JGG) Beschuldigte einen Verteidiger hat – oder zuvor bestellt bekommt (§ 408 b StPO) – und die Vollstreckung der Strafe zur Bewährung ausgesetzt wird (§ 407 II 2 StPO).

b) Inhalt. Der Inhalt des Strafbefehls entspricht zunächst dem Inhalt einer Anklageschrift (vgl. § 407 I 4 StPO), allerdings ohne wesentliches Ermittlungsergebnis. Statt des Antrags auf Eröffnung des Hauptverfahrens wird Antrag auf Erlass des Strafbefehls gestellt. Es wird allerdings „angeklagt", nicht „angeschuldigt", da bereits der Erlass des Strafbefehls der Eröffnung des Hauptverfahrens gleichsteht.

Zusätzlich ist die konkrete Rechtsfolge anzugeben (§ 407 I 3 StPO), also Zahl und Höhe der Tagessätze, Dauer des Fahrverbots etc. sowie eine Kostenentscheidung zu treffen.

c) Verfahren. Der Amtsrichter prüft nach Eingang des Strafbefehlsantrags zunächst seine sachliche und örtliche Zuständigkeit sowie den hinreichenden Tatverdacht. Fehlt es daran, wird er den Erlass eines Strafbefehls ablehnen.

Hat der Amtsrichter *Bedenken,* im Strafbefehlsverfahren zu entscheiden, weil
- weitere Aufklärung für die Strafe geboten ist,
- die beantragte Rechtsfolge ihm zu hoch oder zu niedrig erscheint,
- er die rechtliche Würdigung der Staatsanwaltschaft nicht teilt, so muss er gemäß § 408 III 2 StPO Termin zur Hauptverhandlung bestimmen. Dies steht der Eröffnung des Hauptverfahrens gleich.

Bestehen keine dieser Bedenken, muss er den Strafbefehl erlassen. Dieser wird dem Angeklagten zugestellt (vgl. § 410 StPO).

Gegen den Strafbefehl kann der Angeklagte **binnen 2 Wochen nach Zustellung Einspruch** einlegen (§ 410 StPO). Der Einspruch kann auch schon vor Zustellung, nicht aber vor Erlass des Strafbefehls eingelegt werden. Der Einspruch muss nicht begründet werden. Er kann auch beschränkt werden auf einzelne Beschwerdepunkte (§ 410 II StPO – zur Beschränkbarkeit siehe S. 207 ff.).

Hinweis: Der Einspruch ist Rechtsbehelf, nicht Rechtsmittel, da er keinen Devolutiveffekt hat (das heißt, das gleiche Gericht, das den Strafbefehl erlassen hat, entscheidet auch über den Einspruch). Die Entscheidung kann deshalb auch zu seinem Nachteil vom Strafbefehl abweichen!

Ist der Einspruch verspätet, wird er durch Beschluss verworfen (§ 411 I StPO). Gegen diesen Beschluss gibt es die sofortige Beschwerde. Gegebenenfalls kann der Angeklagte auch Wiedereinsetzung gegen die Fristversäumung beantragen.

Bei rechtzeitiger Einspruchseinlegung wird Termin zur Hauptverhandlung bestimmt. Für die Beweisaufnahme gelten die Grundsätze des beschleunigten Verfahrens (§ 411 II 2 i. V. m. § 420 StPO). Außerdem sind die §§ 411, 412 StPO zu beachten:

Der Angeklagte kann sich in der Hauptverhandlung durch einen Verteidiger vertreten lassen und muss dann selbst nicht erscheinen (§ 411 II StPO). Er hat aber weiterhin ein *Recht* auf Anwesenheit. Für die Vertretung bedarf es einer ausdrücklichen Vollmacht. Die allgemeine Verteidigervollmacht, die diesen Passus nicht enthält, kann diese Vollmacht nicht ersetzen. Das Gericht kann allerdings das persönliche Erscheinen anordnen (§ 236 StPO) und durch Vorführungs- oder Haftbefehl erzwingen.

Erscheint der Angeklagte nicht und ist er auch nicht vertreten i. S. d. § 411 II StPO, so wird sein Einspruch durch Urteil verworfen (§ 412 i. V. m. § 329 StPO). Ist er allerdings wirksam vertreten, so kann das Gericht nicht verwerfen, auch wenn es das persönliche Erscheinen angeordnet hatte.

Gegen das Verwerfungsurteil kann der Angeklagte Wiedereinsetzung beantragen, wenn er Umstände vorträgt, die das Gericht in seiner Entscheidung noch nicht berücksichtigt hatte. Ansonsten kann er Berufung oder Revision einlegen mit der Begründung, eine Säumnis habe nicht vorgelegen.

Der Einspruch kann bis zur Urteilsverkündung **zurückgenommen** werden, allerdings ab Vernehmung des Angeklagten zur Sache nur noch mit Zustimmung der Staatsanwaltschaft (§ 411 III in Verbindung mit § 303 StPO).

Im gleichen Umfang kann der Einspruch auch nachträglich beschränkt werden.

Auch die Anklage, die in dem Strafbefehlsantrag zu sehen ist, kann noch bis zur Urteilsverkündung – ab Vernehmung des Angeklagten zur Sache aber nur mit dessen Zustimmung – zurückgenommen werden.

Im Verfahren nach § 408 a StPO ist eine Klagrücknahme nicht mehr möglich (§ 411 III 3 StPO – auch zuvor war sie ja bereits nicht mehr rücknehmbar wegen § 156 StPO).

Hat der Angeklagte den Einspruch beschränkt, kommt eine Klagrücknahme der Staatsanwaltschaft bezüglich dieser prozessualen Tat nicht mehr in Betracht (vgl. § 411 IV StPO).

Selbst für den Fall, dass der Angeklagte mit seinem Einspruch in vollem Umfang „Erfolg" hat, z. B. weil er sich nur gegen das im Strafbefehl ver-

B. Hauptverfahren

hängte Fahrverbot gewandt hatte und dies im Urteil nicht ausgesprochen wurde, hat er die **Kosten** des Verfahrens und seine Auslagen zu tragen, auch soweit sie nach Einspruchseinlegung entstanden sind. § 473 I StPO ist nicht anwendbar, da der Einspruch kein Rechtsmittel ist und die §§ 464 ff. StPO eine abschließende Regelung darstellen (streitig – vgl. OLG Stuttgart NStZ 1989, 589 gegen OLG München NStZ 1988, 241).

d) Rechtskraft. Der Strafbefehl hat volle Rechtskraftwirkung, allerdings kann die Wiederaufnahme zu Ungunsten des Angeklagten betrieben werden, um eine Verurteilung wegen eines Verbrechens zu erreichen.

2. Nebenklage

Die Nebenklage ist kein eigenständiges Verfahren, sondern schafft dem Verletzten in bestimmten Fällen die Möglichkeit, sich dem Verfahren anzuschließen.

Der Katalog der Nebenklageberechtigten (§ 395 I–II StPO) ist abschließend, wobei die Nebenklagebefugnis auch besteht, wenn das Nebenklagedelikt in Tateinheit oder Gesetzeskonkurrenz mit einem anderen begangen worden ist, das nicht zur Nebenklage berechtigt. Bei Antragsdelikten ist nicht erforderlich, dass derjenige rechtzeitig Strafantrag gestellt hat, der sich als Nebenkläger anschließen will (streitig – vgl. OLG Nürnberg NJW 1991, 712).

Die Anschlusserklärung ist schriftlich einzureichen, eine gegenüber den Ermittlungsbehörden abgegebene Erklärung wird mit Anklageerhebung wirksam (vgl. § 396 StPO). Das Gericht der Hauptsache entscheidet über die Berechtigung zur Nebenklage (§ 396 II StPO). Diese Zulassung der Nebenklage ist deklaratorisch, lediglich im Fall der Nebenklage wegen fahrlässiger Körperverletzung wirkt die Zulassung konstitutiv.

Der Nebenkläger ist in der Hauptverhandlung zur ständigen Anwesenheit berechtigt (zur Anwesenheit des Nebenklägervertreters bei Vernehmungen im Ermittlungsverfahren und außerhalb der Hauptverhandlung vgl. § 406 g II StPO und oben S. 15) und zwar auch, wenn er später noch als Zeuge vernommen werden soll. Er kann sich auch eines Rechtsanwalts als Beistand bedienen oder sich durch diesen vertreten lassen (§§ 397 I, 378 StPO), unter bestimmten Voraussetzungen ist ihm sogar auf Antrag ein Rechtsanwalt als Beistand zu bestellen (§ 397 a StPO). Der Nebenkläger hat aber keine Anwesenheitspflicht, die über seine eventuelle Zeugenpflicht hinausgeht.

Der Nebenkläger ist zur Hauptverhandlung zu laden und kann in dieser Richter und Sachverständige ablehnen, Fragen an Angeklagte, Zeugen und Sachverständige stellen, Maßnahmen des Vorsitzenden nach § 238 II StPO beanstanden und im Rahmen seiner Anschlussberechtigung auch Beweisanträge stellen (§ 397 StPO). Er ist wie der Staatsanwalt vor Entscheidungen anzuhören und über Entscheidungen zu unterrichten, auch kann er über seinen Anwalt Akteneinsicht nehmen (§§ 397, 385 StPO).

Unabhängig von der Staatsanwaltschaft kann der Nebenkläger die Entscheidung des Gerichts anfechten, soweit er in seiner Stellung als Nebenkläger beschwert ist (Einzelheiten unten S. 198 ff.).

3. Teil. Das Urteil erster Instanz

A. Bedeutung für das Examen

Die Zweite juristische Staatsprüfung ist ein praxisorientiertes Examen. Der Kandidat soll zeigen, dass er nicht nur theoretisches Wissen angehäuft hat, sondern dies auch in die Praxis umsetzen kann und die Aufgaben, welche die Praxis mit sich bringt, zu bewältigen weiß. Eines der Kernstücke der strafgerichtlichen Praxis ist die Absetzung des schriftlichen Urteils. Diese Fähigkeit muss der Praktiker unbedingt beherrschen, nicht zuletzt, weil das schriftliche Urteil die Grundlage für die revisionsgerichtliche Nachprüfung bildet und weil es häufig von den Gründen des erstinstanzlichen Urteils abhängt, ob ein dagegen gerichtetes Rechtsmittel wirksam beschränkt werden kann, etwa auf den Rechtsfolgenausspruch. Im Examen wird daher häufig die Fertigung eines vollständigen Urteils mit all seinen Bestandteilen verlangt, wobei als Vorgabe in der Regel eine Anklage sowie ein Protokoll der mündlichen Verhandlung zur Verfügung stehen. Sie sollten sich daher die Fertigkeit, Urteile niederzuschreiben, schon frühzeitig aneignen und die strafrechtlichen Stationen dazu nutzen, möglichst viele Urteilsentwürfe zu fertigen und mit den Ausbildern zu besprechen. Auf diese Weise lernen Sie es am wirkungsvollsten und nachhaltigsten.

Tipp: Kollegen mit Praxisrückstand wird dringend zur Lektüre empfohlen: *Wolters* und *Gubitz* „Das Strafurteil in der Assessorklausur" JuS 1998, 737 sowie *Eschelbach* „Sachlich-rechtliche Fehler in Strafurteilen nach aktueller BGH-Rechtsprechung" JA 1998, 498.

B. Übersicht

I. Arten der Verfahrensbeendigung

Das Urteil ist das regelmäßige Produkt der Hauptverhandlung. Dies bedeutet nicht, dass jede Hauptverhandlung im ersten Rechtszug auch mit einem Urteil enden müsste. Sie kann auch mit Einstellungsbeschlüssen nach §§ 153 II, 153a II i.V. mit § 467 V und § 154 II StPO schließen. Diese sind regelmäßig ebenso unanfechtbar wie die Kosten- und Auslagenentscheidungen, mit denen sie versehen werden müssen (vgl. § 464 III Satz 1 Halbsatz 2 StPO) und beenden das Verfahren. Eine Verfahrensbeendigung „von selbst" gibt es nicht mehr, seit der BGH in Abkehr von seiner früheren Rechtsprechung (NStZ 1987, 336) den Tod des Angeklagten vor rechtskräftigem Abschluss des Verfahrens als ein Prozesshindernis ansieht, das zur Einstellung des Verfahrens nebst Kosten- und Auslagenentscheidung zwingt (BGH NJW 1999, 3644; OLG Celle NJW 2002, 3720; OLG Frankfurt NStZ-RR 2002, 246).

II. Arten von Urteilen

1. **Das Einstellungsurteil**
Stellt sich in der Hauptverhandlung ein Verfahrenshindernis heraus oder fehlt es an einer Prozessvoraussetzung, ist das Verfahren durch Urteil einzustellen, sofern nicht (vgl. nachfolgend S. 152) ein freisprechendes Urteil Vorrang hat. Das Einstellungsurteil ist Prozessurteil und ergeht ohne sachliche Prüfung des Anklagevorwurfs, wie z.B. auch im Strafbefehlsverfahren das Verwerfungsurteil nach § 412 StPO. Das Einstellungsurteil beendet das Strafverfahren und ist der formellen Rechtskraft fähig. Ob es die Strafklage endgültig verbraucht, richtet sich nach der Art des im Urteil festgestellten Prozesshindernisses (Frage der Behebbarkeit oder Nichtbehebbarkeit; vgl. dazu *Meyer-Goßner* § 260 Rdnr. 47, 48).
2. Das **Sachurteil** befindet darüber, ob der gegen den Angeklagten erhobene Schuldvorwurf berechtigt ist oder nicht. Das Sachurteil lautet auf Verurteilung, Freispruch oder – bei unterschiedlicher Beurteilung der Tatvorwürfe – beides (sogenannte gemischte Entscheidung). Selbstverständlich gibt es auch die Kombination von Sachurteil und Prozessurteil (vgl. mit anschaulichen Beispielen *Mürbe* JuS 1989, 563 ff.; *Huber* JuS 1990, 555 ff.).

C. Einzelheiten

I. Das Rubrum

Was im Urteilskopf (Rubrum) zu stehen hat, regelt § 275 III StPO. Es soll den Angeklagten mit seinen „Rohpersonalien" kennzeichnen (Strafsache gegen den verh. Maurer Anton Maier, geb. am ... in ..., wohnhaft in ...). Ferner sind die Richter und Schöffen namentlich aufzuführen wie auch sämtliche – und sei es nur zeitweise – mitwirkenden Beamten der Staatsanwaltschaft und alle Verteidiger, egal, ob sie nebeneinander oder sukzessive mitgewirkt haben. Die Benennung von Nebenklägern und Nebenbeteiligten samt deren Vertretern ist zweckmäßig. Von den Urkundsbeamten ist nur derjenige zu nennen, der bei Urteilsverkündung anwesend war. Hat die Verhandlung mehrere Tage in Anspruch genommen, genügt die Bezeichnung des zeitlichen Rahmens unter Hervorhebung des Tages der Urteilsverkündung. Beim „Betreff" („wegen" ...)

C. *Einzelheiten* 149

sollte nur die Straftat genannt werden, deretwegen verurteilt wurde, bei mehreren Straftaten die signifikanteste mit dem Zusatz „u. a.". Die Angaben im Rubrum zählen aber nicht zu den Feststellungen. Aus fehlenden oder fehlerhaften Angaben können daher keine Anfechtungsgründe hergeleitet werden.

II. Die Urteilsformel (der Tenor)

1. Formelle Erfordernisse

a) Bei Verurteilung. Die Fassung des Urteilstenors regelt § 260 IV StPO nur knapp. Sie sind insoweit nicht in ein festes Schema gedrängt, müssen aber bestimmte Grundsätze beherrschen. Verwenden Sie auf die Fassung der Urteilsformel jedenfalls größte Sorgfalt, weil die hier begangenen Fehler dem Prüfer sofort ins Auge fallen und in aller Regel in den Gründen ihre Fortsetzung finden. Der Tenor soll knapp, übersichtlich und klar sein. Ein Negativbeispiel soll vorangestellt werden:

Der Angeklagte wird wegen eines Vergehens des teils versuchten, teils vollendeten gemeinschaftlichen Diebstahls in einem besonders schweren Fall, begangen im Zustand verminderter Zurechnungsfähigkeit, zu ... verurteilt.

Hieran ist fast alles überflüssig. Die Deliktskategorie (Verbrechen oder Vergehen) erscheint im Tenor nicht, ebenso wenig die Begehungsweise (gemeinschaftlich), der besonders schwere Fall und § 21 StGB als Strafzumessungsgründe (BGH NStZ 1999, 205). Ist schließlich eine Tat – z.B. im Rahmen einer natürlichen Handlungseinheit – teils versucht, teils vollendet, ist sie insgesamt vollendet. Es wäre also richtig gewesen und hätte genügt, schlicht „wegen Diebstahls" zu schreiben (vgl. auch die knappe und instruktive Darstellung von Michel MDR 1992, 432). Zu kennzeichnen sind dagegen die Teilnahmeform (Anstiftung, Beihilfe), der Versuch sowie jene Qualifikationsmerkmale, die einen eigenständigen Straftatbestand begründen (echte Qualifikationstatbestände) wie Diebstahl mit Waffen, Wohnungseinbruchsdiebstahl (§ 244 I Nr. 3 StGB), gewerbsmäßige Hehlerei, schwerer Raub, gewerbsmäßiger Bandenbetrug (neuer Verbrechenstatbestand, § 263 V StGB), Körperverletzung im Amt. Zu vermeiden sind die Bezeichnung als historische Begebenheit (wegen Diebstahls eines Bildes am 24. März 2002) oder nach Gesetzesparagraphen. Nach Möglichkeit soll die gesetzliche Überschrift des Straftatbestandes („Störung des öffentlichen Friedens durch Androhung von Straftaten", vgl. § 126 StGB) verwendet werden, bei verschiedenen Überschriftsalternativen (vgl. etwa § 132a StGB) die jeweils passende. Fehlt eine gesetzliche Überschrift, wie häufig im Nebenstrafrecht, so ist eine möglichst genaue und verständliche Wortbezeichnung zu gebrauchen (z.B. bei einer Verurteilung nach § 52 I Nr. 2b WaffG „wegen unerlaubten Führens einer halbautomatischen Kurzwaffe" statt „wegen Verstoßes gegen das Waffengesetz", vgl. *Meyer-Goßner* NStZ 1988, 530). Bei Verurteilung nach § 30 StGB wird die Art des verabredeten Verbrechens in die Urteilsformel aufgenommen („wegen Verabredung zum Mord"). Beim Vollrausch (§ 323a StGB) unterbleibt die Benennung der im Rausch begangenen Tat. Tenoriert wird also „wegen vorsätzlichen Vollrausches".

Dies führt zum Hinweis auf einen in Prüfung und Praxis besonders häufig begangenen Fehler: Stellt das Gesetz sowohl vorsätzliche als auch fahrlässige Begehungsweise unter Strafe, ist die Angabe der Schuldform im Tenor unerlässlich. Es genügt also nicht zu schreiben „wegen Trunkenheit im Verkehr", wegen „Straßenverkehrsgefährdung", wegen „Fahrens ohne Fahrerlaubnis", sondern es muss stets angegeben werden, ob dies vorsätzlich oder fahrlässig geschah. Von besonderer praktischer Bedeutung ist dies auch im weiten Feld der Verkehrsordnungswidrigkeiten. Eine sorgfältige diesbezügliche Bearbeitung des Tenors in der Prüfung lohnt sich auch deshalb, weil sie dazu zwingt, auch in den Gründen die notwendigen inneren Tatsachen zur Schuldform mitzuteilen.

Das **Konkurrenzverhältnis** ist im Urteilstenor offen zu legen. Bei § 52 StGB empfiehlt sich die Wendung „in Tateinheit mit" oder „rechtlich zusammentreffend mit". Tatmehrheitlich (§ 53 StGB) begangene Delikte werden üblicherweise mit „und", „sowie" oder „ferner" verbunden. Der Hinweis „rechtlich selbstständig" ist regelmäßig überflüssig. Die **Wahlfeststellung** wird in der Weise kenntlich gemacht, dass die in Betracht gezogenen Tatbestände genannt und durch „oder" verbunden werden („wegen Diebstahls oder Unterschlagung").

Hinweis: Ist eine Handlung gleichzeitig Straftat und Ordnungswidrigkeit, so wird nur das Strafgesetz angewendet (§ 21 I Satz 1 OWiG). Bei fahrlässiger Körperverletzung im Straßenverkehr wird also nur diese im Tenor erwähnt, nicht die gleichzeitig verwirklichte Verkehrsordnungswidrigkeit. Allerdings kann auf Nebenfolgen (etwa Fahrverbot) erkannt werden, die sich **nur** aus dem OWi-Tatbestand herleiten lassen (§ 21 I Satz 2 OWiG).

b) Bei Freispruch. Spricht das Gericht frei, lautet sein Spruch: „Der Angeklagte wird freigesprochen". Freispruch erster und zweiter Klasse (wegen „erwiesener Unschuld" oder „mangels Beweises") gibt es nicht. Entsprechende Zusätze sind daher zu unterlassen. Die rechtliche Bezeichnung des Tatvorwurfs, von dem freigesprochen wird, unterbleibt. Bei Teilfreispruch (bezeichnet gewöhnlich mit Freispruch „im Übrigen") gilt gleiches. Knapp und anschaulich zur Urteilsformel bei Freispruch und Einstellung *Michel* MDR 1993, 110; zum ganzen auch *Martis* JA 1996, 416 ff. und 494 ff. sowie *Mansdörfer* und *Timmerbeil* JuS 2001, 1102 ff. und *Münzenberg* JA 2001, 425 ff.

2. Erschöpfende Erledigung des Eröffnungsbeschlusses

In sachlicher Hinsicht muss der Tenor den Eröffnungsbeschluss (EB) erschöpfend erledigen. Ob dies geschehen ist, erschließt ein Vergleich der

C. Einzelheiten

zugelassenen Anklage mit dem Urteilstenor. Die wichtigsten Fallgestaltungen werden nachfolgend aufgelistet:

a) EB geht von Tateinheit aus; nicht wegen aller Taten wird verurteilt: Kein Teilfreispruch. Der in der teilweisen Nichtverurteilung liegende „unechte Teilfreispruch" hat allenfalls kostenrechtliche Bedeutung (§ 465 II StPO). Echter Teilfreispruch aber dann, wenn Annahme von Tateinheit von vornherein verfehlt war und eine der Taten nicht erwiesen werden kann. Kein Teilfreispruch auch dann, wenn bei identischem Sachverhalt nur ein vom EB abweichender Straftatbestand angenommen wird (Diebstahl statt Betrugs).

b) EB geht von Tatmehrheit aus. Gericht folgt dem. Eine der Taten kann nicht nachgewiesen werden: Teilfreispruch.

c) EB geht von Tatmehrheit aus. Urteil nimmt Tateinheit an und kann eine der Taten nicht nachweisen: Teilfreispruch, denn nur so wird der EB erschöpft. Geht EB von Tatmehrheit aus, das Urteil aber von Tateinheit bei vollem Tatnachweis: Kein Teilfreispruch (BGH NJW 1999, 69), denn hier wird der EB erschöpft, was sich freilich erst aus den Gründen erschließt; vgl. aber zum Teilfreispruch bei Wegfall von Tatmehrheit durch Annahme von Bewertungseinheit BGH NStZ 1997, 90.

d) EB geht von Vergehen aus (§ 316 StGB). Urteil nimmt lediglich eine nicht tatmehrheitlich verwirklichte Verkehrs-OWi an (§ 24a StVG oder Geschwindigkeitsüberschreitung). Es wird nur wegen der Ordnungswidrigkeit verurteilt ohne Freispruch, beachten Sie aber § 465 II StPO, gegebenenfalls das StrEG.

e) Wie zu **d)**; die Ordnungswidrigkeit ist aber verjährt. Freispruch, nicht Einstellung (OLG Düsseldorf JMBlNW 1990, 107 m.w.N.).

f) EB nimmt Dauerstraftat (z.B. Unterhaltspflichtverletzung) an. Der vom EB erfasste Tatzeitraum ist in der Hauptverhandlung nicht erweislich, wohl aber ein anderer, nach Anklageerhebung liegender Tatzeitraum, der mit den vom EB erfassten Zeitraum, wäre er erweislich gewesen, eine einheitliche Dauerstraftat gebildet hätte: Freispruch, keine Verurteilung wegen des vom EB nicht erfassten Zeitraums (BGHSt. 27, 115, 116).

g) Bußgeldbescheid nimmt Ordnungswidrigkeit nach § 24a StVG bei einer Rückfahrt vom Einkauf (Einkaufsdauer 1 Stunde) an. In der Hauptverhandlung sind 0,5 Promille oder mehr für die Rückfahrt nicht erweislich, wohl aber für die vom Bußgeldbescheid nicht erfasste Hinfahrt: Freispruch (OLG Köln VRS 75, 336).

Hinweis: Stehen die Sachverhalte f und g nach fehlerhafter Verurteilung durch das Amtsgericht in der Revisions- bzw. Rechtsbeschwerdeinstanz zur Entscheidung: Freispruch durch das Rechtsmittelgericht jeweils ohne Einstellung wegen der vom Vorderrichter zu Unrecht einbezogenen Tatteile bzw. Taten, weil das Rechtsmittelgericht grundsätzlich die Entscheidung herzustellen hat, die bei richtiger Sachbehandlung durch den Vorderrichter zu treffen gewesen wäre (OLG Köln VRS 75, 336; BayObLG DAR 1980, 272). An der Erhebung einer neuen Anklage bzw. Erlass eines neuen Bußgeldbescheides hindert in beiden Fällen, solange nicht Verfolgungsverjährung eingetreten ist, nichts.

h) Sind mehrere tateinheitlich zusammentreffende Straftaten teils nicht erwiesen (Freispruchreife), teils wegen unbehebbarer Verfahrenshindernisse „einstellungsreif", so bestimmt der nach der gesetzlichen Strafdrohung schwerer wiegende Vorwurf einheitlich den Urteilsspruch, bei Gleichwertigkeit wird eingestellt.

i) Einstellung erfolgt aber auch dann, wenn das schwerere Delikt freispruchreif ist und das weniger schwere **derzeit** (wegen eines noch behebbaren Verfahrenshindernisses) nicht verfolgbar ist. Denn ein Freispruch würde hier die Strafklage im ganzen verbrauchen und das Hindernis gleichsam unbehebbar machen.

Beispiel: Ist die angeklagte Tat (Einbruchdiebstahl) nicht erweislich und wegen der erwiesenen Tat (Sachbeschädigung) entweder ein Strafantrag noch möglich oder eine Erklärung der Staatsanwaltschaft über die Annahme des besonderen öffentlichen Interesses nicht abgegeben, so verletzt der Freispruch sachliches Recht. Ein Einstellungsurteil hält die weitere Verfolgung wegen Sachbeschädigung offen. Sachdienlicher ist allerdings die Aussetzung oder Unterbrechung der Hauptverhandlung (BayObLG NJW 1991, 3292).

j) Auf Freispruch ist auch zu erkennen, wenn zwar ein Verfahrenshindernis erkennbar wird, die Sache aber bis zur Freispruchreife gediehen ist. Dann hat der Freispruch den Vorrang. Der Vorrang des Freispruchs vor der Einstellung gilt aber dann nicht, wenn vom Vorwurf einer gar nicht angeklagten Tat freigesprochen wurde (BGH NJW 2000, 3239; vgl. zum ganzen *Meyer-Goßner* § 260 Rdnr. 44 bis 46).

k) Sind Taten alternativ angeklagt (etwa schwerer Bandendiebstahl oder gewerbsmäßige Bandenhehlerei) und wird der Angeklagte nur einer der Alternativen schuldig gesprochen, ist er vom Vorwurf der anderen Tat freizusprechen (BGH NStZ 1998, 635).

Frühere Auflagen enthielten einige weitere Tenorierungsbeispiele, die das Verhältnis Fortsetzungszusammenhang/Tatmehrheit zum Gegenstand hatten. Sie werden hier nicht mehr wiedergegeben, weil es, folgt man BGH NJW 1994, 1663 und der danach ergangenen umfangreichen Rechtsprechung zum Wegfall der fortgesetzten Handlung, zumindest im examensrelevanten Bereich keine Anklagen, Eröffnungsbeschlüsse und Urteile mehr geben dürfte, die von Fortsetzungszusammenhang ausgehen. Der angesprochene Bereich enthält keine Straftatbestände, bei denen es zur Gesamterfassung des verwirklichten Unrechts der verpönten Rechtsfigur bedürfte. Die Veröffentlichungspraxis zeigt auch, dass der Fortsetzungszusammenhang praktisch tot ist und die Praxis mit seinem Ableben zurechtkommt. Auch scheint die Abwicklung von Alt- und Übergangsfällen längst abgeschlossen.

C. Einzelheiten

3. Rechtsfolgenausspruch

a) Der Urteilstenor muss auch den Rechtsfolgenausspruch enthalten. Hierzu nur einige „grobe" Hinweise: Bei der **Geldstrafe** wird nur die Zahl der Tagessätze und die Tagessatzhöhe aufgenommen, nicht die Gesamtsumme. Zur **Freiheitsstrafe** ist in § 39 StGB das Nötige geregelt. Zulässig ist, eine Freiheitsstrafe von sechs Wochen oder 16 Monaten zu verhängen. Wird Strafaussetzung zur **Bewährung** bewilligt, heißt es: „Die Vollstreckung der Strafe wird zur Bewährung ausgesetzt". Alles andere (Bewährungszeit, Auflagen, Weisungen) gehört in den gesonderten Beschluss nach § 268a StPO. Bei der **Gesamtstrafe** wird nur diese in den Tenor aufgenommen, die Einzelstrafen erscheinen nur – aber zwingend – in den Gründen.

b) Aufzunehmen sind ferner Nebenstrafen, **Verfall, Einziehung** sowie **Maßregeln** der Besserung und Sicherung. Bezüglich letzterer hat die Entziehung der **Fahrerlaubnis** die größte praktische Bedeutung. Der Ausspruch lautet: „Dem Angeklagten wird die Fahrerlaubnis entzogen. Sein Führerschein wird eingezogen. Die Verwaltungsbehörde darf dem Angeklagten vor Ablauf von sieben Monaten keine neue Fahrerlaubnis erteilen". Auch ein **Fahrverbot** nach § 44 StGB oder § 25 StVG gehört in den Tenor; dies auch dann, wenn es, was klarzustellen ist, durch die vorläufige Entziehung der Fahrerlaubnis als verbüßt gilt. Unnötig und untunlich ist der in Bezug auf die Fahrerlaubnissperre oft gelesene und vielfach formularmäßig verwendete Zusatz „ab Rechtskraft dieses Urteils". Dieser Zusatz ist zwar gut gemeint und soll § 69a V Satz 1 StGB Ausdruck geben, wonach die Sperre mit der Rechtskraft des Urteils beginnt, erweckt aber den in aller Regel falschen Eindruck, die bestimmte Sperrfrist sei unverkürzt ab diesem Zeitpunkt zu berechnen. In Wahrheit ist die Zeit der regelmäßig schon angeordneten oder gleichzeitig mit dem tatrichterlichen Urteil anzuordnenden vorläufigen Maßnahme nach § 69a V Satz 2, VI StGB ab der (letzten) tatrichterlichen Entscheidung in die Frist einzurechnen. Diese gesetzlich zwingend vorgeschriebene Einrechnung steht nicht zur richterlichen Disposition; sie ist Sache der Vollstreckung (OLG Düsseldorf JMBlNW 1967, 91). Demgemäß haben Feststellungen im Urteilstenor über den Beginn der Frist ganz zu unterbleiben (OLG Köln, NJW 1967, 361).

c) Der Ausspruch über das **Fahrverbot** (§ 44 StGB) lautet im Normalfall: „Dem Angeklagten wird für die Dauer von ... Monaten verboten, Kraftfahrzeuge jeder Art im Straßenverkehr zu führen". Auch hier sind vollstreckungsrelevante Zusätze wie „Das Fahrverbot ist im Jahresurlaub des Angeklagten anzuordnen" unzulässig (OLG Schleswig SchlHA 1990, 130; vgl. in diesem Zusammenhang das seit 1. 3. 1998 geltende Wahlrecht nach § 25 II a StVG für den Antritt von Fahrverboten – dazu Albrecht NZV 1998, 131).

In den Fällen des § 44 I Satz 2 StGB ist ein Fahrverbot regelmäßig und zur Verdeutlichung des Tatunrechts auch dann anzuordnen, wenn es durch Anrechnung gemäß § 51 I, V StGB verbüßt ist. Gegebenenfalls muss die Urteilsformel ferner darüber Aufschluss geben, ob für die „überschießende" Dauer der vorläufigen Entziehung der Fahrerlaubnis Entschädigung nach dem StrEG gewährt wird.

Entziehung der Fahrerlaubnis und Fahrverbot sind ausnahmsweise gemeinsam anzuordnen, z.B. dann, wenn der Täter mit einem führerscheinfreien Kraftfahrzeug (Mofa) gefahren ist (*Tröndle/Fischer* § 44 Rdnr. 3).

4. Nebenentscheidungen

In die Urteilsformel sind auch Kostenentscheidung sowie erforderlichenfalls der Ausspruch über eine Entschädigung nach dem StrEG aufzunehmen. Diesen Nebenentscheidungen wird unter V. ein eigener Abschnitt gewidmet.

III. Liste der angewandten Vorschriften (§ 260 V StPO)

Nach der Formel des schriftlichen Urteils werden die angewendeten Vorschriften nach Paragraph, Absatz, Nummer und Buchstabe aufgeführt. Auch auf die „Strafliste" sollte erhebliche Sorgfalt verwandt werden, da gerade sie dazu zwingt, sich über die zur Anwendung gebrachten Vorschriften Rechenschaft abzulegen. Wer z.B. – wie korrekt – § 315c I Nr. 2b, III Nr. 1 StGB zitiert, wird dies nicht ohne erheblichen gedanklichen Aufwand tun können und nochmals genau zu überprüfen haben, ob er alle objektiven und subjektiven Merkmale der Vorschriften in der Sachverhaltsschilderung wiederfindet. Bei Verurteilung besteht die Liste aus einem Schuldspruch- und einem Rechtsfolgenteil, die aber nicht voneinander getrennt werden. Zuerst werden die Straftatbestände aufgeführt, die der rechtlichen Beurteilung der Tat zugrunde liegen, danach folgen die den Schuldspruch qualifizierenden Bestimmungen und die Vorschriften, welche die Art des Verschuldens, der Beteiligung (§§ 25 II, 26, 27, 30 StGB) kennzeichnen, ferner die Angabe des Konkurrenzverhältnisses (§§ 52, 53 StGB). Bei den Rechtsfolgen werden die Grundbestimmungen (§§ 38, 39, 46, 47 StGB bei der Freiheitsstrafe, §§ 40, 43 StGB bei der Geldstrafe) nicht aufgeführt. Anzugeben sind dagegen, falls angewendet, die §§ 41, 42 StGB, ferner Strafschärfungs- und Milderungsvorschriften, bei Strafaussetzung auch § 56 StGB, bei Verwarnung mit Strafvorbehalt § 59 StGB und bei Absehen von Strafe § 60 StGB. Auch Sicherungsmaßregeln und Nebenfolgen sind zu kennzeichnen (vgl. im Einzelnen die instruktive und knappe Darstellung bei *Meyer-Goßner* § 260 Rdnr. 56 bis 62).

Bei Verkehrsordnungswidrigkeiten sind jeweils – in genannter Reihenfolge – folgende Vorschriften aufzuführen: Die zugrunde liegende Ge-

oder Verbotsnorm der StVO oder StVZO, sodann die zugehörige Bestimmung des § 49 StVO oder des § 69a StVZO, schließlich die Blankettnorm des § 24 StVG.

Beispiel: Bei vorsätzlicher Nichteinhaltung des gebotenen Sicherheitsabstandes in Tateinheit mit fahrlässiger Gefährdung anderer im Straßenverkehr sind zu nennen: §§ 4 I, 1 II, 49 I Nr. 4 und 1 StVO, 24 StVG, 19 OWiG.

Bei mehreren Angeklagten ist die Liste, falls sich Abweichungen ergeben, entweder gesondert aufzustellen oder durch Ergänzungen zu kennzeichnen.

Das Revisionsgericht korrigiert bei unzulässigem Rechtsmittel die Liste nicht. Verwirft hingegen das Rechtsmittelgericht die Berufung oder Revision als unbegründet, so kann es die Liste berichtigen, um Übereinstimmung mit der Formel und den Gründen des angefochtenen Urteils herzustellen (vgl. BGH NJW 1986, 1116, 1117). Ändert das Rechtsmittelgericht das Urteil sachlich ab, hat es die Liste selbstständig zu erstellen.

Bei Freispruch oder Einstellung des Verfahrens werden die den Schuldvorwurf kennzeichnenden Straftatbestände nicht genannt, weil sie ja nicht zur Anwendung kommen, wohl aber § 20 StGB.

IV. Die Urteilsgründe

1. Allgemeines

Die Gründe sind die Rechtfertigung des Urteilstenors.

Alles, was dort im Hinblick auf Schuldspruch und Rechtsfolgen statuiert worden ist, muss in den Urteilsgründen belegt werden, und zwar in möglichst prägnanter, klarer und jede Schwülstigkeit vermeidender Darstellung.

Die Gründe sollen (vgl. anschaulich *Meyer-Goßner* NStZ 1988, 531) Antworten auf folgende fünf Fragen geben:

- Wer ist der Angeklagte
  (= persönliche Verhältnisse)?
- Was hat er getan
  (= Sachverhaltsschilderung oder tatsächliche Feststellungen)?
- Woher weiß das Gericht das
  (= Beweiswürdigung)?
- Gegen welche Strafbestimmungen hat er verstoßen
  (= rechtliche Würdigung)?
- Welche Rechtsfolgen werden gegen ihn verhängt und warum
  (= Strafzumessung und angeordnete Maßnahmen)?

In diese fünf Hauptpunkte soll das Urteil untergliedert werden. Es empfiehlt sich, die Gliederung mit römischen Ziffern (I bis V) hervorzuheben. Überschriften sind aber nicht notwendig.

Vorab noch ein allgemeiner Hinweis: Die Urteilsgründe müssen *aus sich selbst heraus verständlich* sein. Zu warnen ist vor Bezugnahmen auf Urkunden außerhalb des Urteils sowie Verweisung auf Feststellungen des in einem anderen Verfahren ergangenen Urteils (BGH NStZ 1992, 49). Sie sind im erstinstanzlichen Urteil abgesehen von den Sonderfällen des § 267 IV S. 1 Hs. 2 StPO nicht gestattet (BGH NStZ-RR 2000, 304). Eine gewisse Ausnahme vom Bezugnahmeverbot bildet § 267 I Satz 3 StPO (Verweisung auf bei den Akten befindliche Abbildungen).

2. Persönliche Verhältnisse

Rein systematisch gehören die persönlichen Verhältnisse zur Strafzumessung. Manche Richter bringen sie deshalb heute noch und erst dort. Es hat sich aber allgemein durchgesetzt und ist auch sachgerecht, dass die persönlichen Verhältnisse unter I. *vorangestellt* werden. Auf diese Weise wird der Angeklagte dem Leser, vor allem dem Revisionsgericht, gleichsam vorgestellt.

Hinweis: Dem in vollem Umfang freisprechenden Urteil sind die persönlichen Verhältnisse nicht voranzustellen. Denn mit dem Freispruch entfallen auch jedwede Strafzumessungserwägungen. Etwas anderes gilt nur dann, wenn Feststellungen zur Person des Angeklagten notwendig sind, um dem Revisionsgericht die Überprüfung des Freispruchs auf Rechtsfehler zu ermöglichen (BGH NStZ 2000, 91 – Rechtsbeugung durch DDR-Staatsanwalt).

Die Angabe der „Rohpersonalien" genügt nicht. Die persönlichen Verhältnisse sollen auch kein Lebensroman sein, keine Ansammlung überflüssiger Einzelheiten. Es bedarf der Mitteilung, wann und wo der Angeklagte geboren ist, in welchen Verhältnissen er aufwuchs, welche Schulbildung und Berufsausbildung ihm zuteil wurde, wie er gegenwärtig seinen Erwerb bestreitet und in welchen wirtschaftlichen, persönlichen und familiären Verhältnissen er lebt. Je nach Art des Tatvorwurfs sollen auch weitere Informationen gebracht werden, etwa über Krankheiten sowie sonstige persönliche Schicksalsschläge. Für eine Examensklausur wird es dafür aber an entsprechenden Mitteilungen in der Aufgabe fehlen. Häufig wird der Kandidat einen *Strafregisterauszug* und/oder einen Auszug aus dem Verkehrszentralregister vorfinden. Daraus ist das für den Fall Notwendige und Einschlägige in eigener Darstellung mitzuteilen. Vor allem sind die Tatzeiten, die Bewährungszeiten und die Zeiten der Strafverbüßungen und die Zeitpunkte der Vorerkenntnisse festzustellen und mitzuteilen. Das ist wichtig für die Feststellung, ob die Erkenntnisse noch verwertbar sind (Tilgungsreife), wie hoch gegebenenfalls die Rückfallgeschwindigkeit war, ob der Angeklagte Bewährungsbrecher ist und ob die Voraussetzungen für die Bildung einer Gesamtstrafe vorliegen.

Tipp: Das Beiliegen eines Strafregister- oder Urteilsauszugs deutet in aller Regel darauf hin, dass die Bildung einer nachträglichen Gesamtstrafe in Betracht kommt. Richten Sie darauf Ihr besonderes Augenmerk.

C. Einzelheiten

Enthält ein Urteil nichts oder nur Dürftiges zum Werdegang und zur Persönlichkeit des Angeklagten, unterliegt der Rechtsfolgenausspruch auf Sachrüge (Darlegungsmangel) regelmäßig der Aufhebung im Revisionsverfahren (BGH NStZ 1985, 309). Verweigert der Angeklagte in der Hauptverhandlung Angaben zu seinem Lebenslauf, muss sich das Gericht bemühen, auf anderem Wege ein Bild von der Persönlichkeit des Angeklagten zu gewinnen (BGH NStZ-RR 1998, 17). Das Urteil muss ein entsprechendes Aufklärungsbemühen erkennen lassen.

Hinweis: Der BGH (NStZ-RR 1999, 46) hat angekündigt, er werde Urteilsmängel auf diesem Sektor künftig regelmäßig nur noch auf Verfahrensrüge (Verletzung des § 244 II StPO) hin berücksichtigen – über den konkreten Fall hinaus ein Beispiel für die neuere Praxis des BGH, eine Änderung seiner Rechtsprechung in geeigneter Form anzukündigen.

3. Sachverhaltsschilderung (= tatsächliche Feststellungen)

a) Allgemeines. Die Sachverhaltsschilderung muss alle objektiven und subjektiven Tatbestandsmerkmale derjenigen Tat(en), die das Gericht für erwiesen erachtet und die es in den Tenor aufgenommen hat, in geschlossener, „aus einem Guss" fließender Darstellung enthalten. Auf das, was den gesetzlichen Tatbestand ausmacht, ist größte Sorgfalt und hauptsächliches Gewicht zu legen, Randgeschehen kann kürzer dargestellt werden. Unzulässig ist es, die tatsächlichen Feststellungen im Urteil unsystematisch zu zerstreuen, so dass sie mühsam aus persönlichen Verhältnissen, Sachverhaltsschilderung, Beweiswürdigung und (oft genug) Strafzumessung herausgesucht werden müssen, um das gesetzliche Tatbild zusammenzustückeln. Solche Urteile unterliegen häufig auf die Darstellungsrüge (Sachrüge) der Aufhebung und Zurückverweisung (BGH NStZ 1984, 213), wenn auch die Revisionsgerichte vielfach *(wichtig für Revisionsklausuren!)* den „Gesamtzusammenhang der Urteilsgründe" bemühen, um das Urteil noch zu „retten". Bei Darstellung des Sachverhalts sollte man stets drei wichtige Punkte im Auge behalten: Die Schilderung des Geschehens muss nach Ort, Zeit und Ablauf unverwechselbar im Verhältnis zu möglichen anderen Geschehnissen dargestellt werden, damit ein für allemal klargestellt ist, über welche **Tat im verfahrensrechtlichen Sinn** rechtskräftig entschieden ist. Der Sachverhalt sollte „revisionssicher" geschrieben werden, also dem Revisionsrichter alles darlegen, was er vorfinden muss, um das Urteil der allgemeinen oder besonders begründeten Sachrüge erfolgreich zu entziehen; ferner sollte über die „nackten" Tatsachen, die den gesetzlichen Tatbestand ausfüllen, hinaus der Unrechts- und Schuldgehalt der Tat so eingehend dargestellt werden, dass ein gegen das Urteil gerichtetes Rechtsmittel unbedenklich auf den Rechtsfolgenausspruch beschränkt werden kann. Das erfordert in aller Regel ein Eingehen auf Beweggründe, Hintergründe, Wurzeln und Begleitumstände der Tat. Ein Außerachtlassen dieser Grundsätze lässt jährlich unzählige im

Ergebnis ganz und gar richtige Urteile in der Rechtsmittelinstanz ganz oder teilweise scheitern bzw. zwingt die Berufungsgerichte, die Wirksamkeit einer Berufungsbeschränkung zu verneinen.

In die Sachverhaltsschilderung gehört das hinein, was das Gericht auf Grund der Beweisaufnahme selbst für erwiesen erachtet ungeachtet der Tatsache, was etwa zwischen den (Verfahrens-)Beteiligten „streitig" oder „unstreitig" ist. Der Richter soll (vgl. *Meyer-Goßner* NStZ 1988, 531) den Sachverhalt so schildern, als wäre er dabei gewesen und hätte ihn als Augenzeuge miterlebt. Ferner muss er sich in die Stellung des Angeklagten versetzen und mitteilen, was dieser nach richterlicher Erkenntnis dachte und wollte. Je nach Sachlage ist außerdem mitzuteilen, was andere am Tatgeschehen beteiligte Personen taten, erlebten, empfanden und fühlten, z.B. das Opfer einer Straftat. Immer ist der Sachverhalt aus der Sicht des Angeklagten zu schildern.

b) Einzelheiten – Verurteilung und Freispruch. Ein einfaches Beispiel soll die angesprochenen Grundsätze verdeutlichen. In einem Urteil des Einzelrichters betreffend einen Ladendiebstahl stand Folgendes zu lesen **(Variante 1):**

Am 22. 2. 2003 beobachtete der Zeuge Z., wie die Angeklagte A. im Selbstbedienungsgeschäft der Firma B. in L. zwei Ledertaschen, eine Schale, einen Bilderrahmen sowie eine Porzellanfigur im Gesamtwert von 779,50 € an sich nahm und die Gegenstände in eine mitgeführte Plastiktasche steckte. Der Zeuge Z. nahm ihr unmittelbar vor Verlassen des Kaufhauses die Waren wieder ab.

Diese Sachverhaltsschilderung enthält mehrere Fehler. Es ist bis hinauf zu erstinstanzlichen landgerichtlichen Urteilen weit verbreitet, aber gleichwohl falsch, bei der Benennung von Beteiligten im Sachverhalt diese mit „Zeugen" zu titulieren. Als Z. seine Beobachtungen machte, war er noch nicht Zeuge. Sehr viel lesbarer und auch instruktiver ist es, den Beteiligten mit seinem Beruf zu kennzeichnen, zumal dann, wenn die Berufsangabe wie im vorliegenden Fall (der Zeuge war Kaufhausdetektiv) Funktion und Beobachtungsposition der Beweisperson näher beleuchtet. Dasselbe gilt etwa für Polizeibeamte. Unschön und unzweckmäßig ist es auch, im Sachverhalt ständig vom „Nebenkläger" oder „Einziehungsbeteiligten" zu sprechen. Die Sachbezeichnung „Angeklagter" lässt sich aber nicht vermeiden.

Das zitierte Urteil leidet auch deswegen Not, weil es das Tatgeschehen *aus der Sicht des Zeugen* schildert. Auf diesen Mangel ist nämlich ein weiterer (der gravierendste) zurückzuführen: Die Schilderung gibt zwar (zur Not) über den Gewahrsamsbruch beim Diebstahl Auskunft, nicht aber über die Zueignungsabsicht. Richtigerweise hätte der Text lauten müssen **(Variante 2):**

C. Einzelheiten

Am 22. 2. 2003 suchte die Angeklagte das Kaufhaus B. in L. auf. Als sie sich unbeobachtet glaubte, steckte sie ... im Gesamtwert von 779,50 € in eine mitgebrachte Plastiktasche. Sie hatte die Absicht, die Waren an der Kasse nicht anzugeben, sondern sie ohne Bezahlung mit nach Hause zu nehmen und zu behalten. Nachdem sie die Ladenkasse ungehindert passiert hatte und dabei war, das Geschäft zu verlassen, nahm ihr der Kaufhausdetektiv Z., der sie schon beim Einstecken der Waren beobachtet hatte, die Gegenstände wieder ab.

Diese Schilderung hätte alle **Merkmale des Diebstahlstatbestandes** involviert und hätte zweifelsfrei auch der Sprungrevision standgehalten. Das Tatgeschehen hätte sich – bei identischem äußerem Sachverhalt – auch wie folgt darstellen können **(Variante 3)**:

Die Angeklagte wurde seit längerer Zeit von ihrem Ehemann betrogen, worunter sie seelisch stark litt. Auch am Morgen des 22. 2. 2003 musste sie – nach einer heftigen Auseinandersetzung – feststellen, dass er sich zu seiner Freundin begab. Hierüber war die Angeklagte außerordentlich aufgebracht. Darauf fuhr sie ins Kaufhaus B. in L., nahm dort ... im Gesamtwert 779,50 € an sich und steckte die Gegenstände in eine mitgeführte Plastiktüte. Die Angeklagte wusste, dass sämtliche Gegenstände mit Sicherheitsetiketten gegen Diebstahl gesichert waren. Sie hatte nicht die Absicht, die eingesteckten Waren zu bezahlen. Vielmehr hegte sie die Erwartung, dass sie spätestens im Ein- und Ausgangsbereich mittels der aufgestellten Sicherheitseinrichtungen mit den Gegenständen ertappt würde. Dies wollte die Angeklagte. Sie, die sich wegen der vorangegangenen familiären Ereignisse in einem außerordentlichen Erregungszustand befand, erhoffte sich von dem Ergriffenwerden eine durchgreifende psychische Erleichterung. Die Erwartung der Angeklagten erfüllte sich: Ein Hausdetektiv hatte sie bereits beim Einstecken der Waren beobachtet und ergriff sie unmittelbar vor Verlassen des Kaufhauses. Wäre sie nicht ertappt worden, hätte die Angeklagte die Sachen sofort in den nächsten Abfallbehälter geworfen.

Dieser vom Amtsgericht für erwiesen erachtete Sachverhalt nötigte aus Rechtsgründen zum Freispruch, weil es nach den getroffenen Feststellungen an der Zueignungsabsicht fehlte (bitte legen Sie sich hierüber durch Subsumtion selbst Rechenschaft ab). Im Hinblick auf die Frage der Urteilsgründe bleibt festzuhalten: Auch die Gründe des freisprechenden Urteils bringen – nach einer kurzen einleitenden Charakterisierung des Schuldvorwurfs nach Zeit, Ort und Gegenstand – die **für erwiesen gehaltenen Tatsachen** mit der späteren Darlegung, dass freizusprechen sei und ob dies aus tatsächlichen oder rechtlichen Gründen zu geschehen hat. Von dem Sachverhalt nach **Variante 3** hatte sich der Richter – was er im Rahmen der Beweiswürdigung darzulegen hatte – durch die Einlassung der Angeklagten in der Hauptverhandlung, durch Vernehmung des Detektivs und des Ehemannes sowie nach Anhörung eines psychiatrischen

Sachverständigen überzeugt. Wäre der Richter von dem bezeichneten inneren Sachverhalt zwar nicht überzeugt gewesen, wären aber zu Gunsten der Angeklagten ausschlagende vernünftige Restzweifel geblieben, hätte das Gericht **(Variante 4)** – wiederum nach einleitender Charakterisierung des Schuldvorwurfs – die für erwiesen erachteten objektiven Tatsachen darstellen müssen:

Am 22. 2. 2003 suchte die Angeklagte das Kaufhaus B. in L. auf. Als sie sich unbeobachtet glaubte, steckte sie ... in eine mitgebrachte Plastiktasche. An der Kasse offenbarte sie das Mitführen dieser Waren nicht. Indes wurde sie vom Kaufhausdetektiv Z., der sie bei ihrem Tun beobachtet hatte, noch vor Verlassen des Geschäfts gestellt.

Sodann hätte die subjektive Vorstellung der Angeklagten nach **Variante 3** als deren Einlassung wiedergegeben werden müssen mit dem Anfügen, dass und warum sie nicht widerlegt sei und daher aus tatsächlichen und rechtlichen Gründen freizusprechen sei.

c) Wahldeutige Tatsachengrundlage. Es gibt Fälle, in denen sich der Richter deshalb nicht vom Vorliegen eines einzigen Geschehensablaufs überzeugen kann, weil mehrere nach demselben Straftatbestand strafbare **Sachverhaltsalternativen** in Betracht kommen. Dann muss der Tatrichter die **wahldeutige Tatsachengrundlage** feststellen. Die Urteilsgründe müssen in einem solchen Fall anstelle der für erwiesen erachteten Tatsachen, in denen die Merkmale der strafbaren Handlung gefunden werden, den äußeren und inneren Sachverhalt der Verhaltensweisen schildern, die nach Überzeugung des Gerichts allein in Betracht kommen. Andere Möglichkeiten müssen sicher ausgeschlossen sein (BGH NStZ 1981, 33; NStZ 1987, 18).

d) Verdeutlichung der Schuldform. Der Sachverhalt muss die Schuldform, die dem Angeklagten anlastet, deutlich erkennen lassen. Hiergegen wird vor allem bei der Wiedergabe von Trunkenheitsfahrten häufig gesündigt. Die Anwendbarkeit von § 316 I StGB setzt die Feststellung voraus, dass der Täter seine Fahruntüchtigkeit erkennt oder sich der Möglichkeit seiner Fahruntüchtigkeit zumindest bewusst ist und sich dennoch zum Fahren entschließt (OLG Köln DAR 1997, 499). Auf dieses Erfordernis kann auch bei einem festgestellten Blutalkoholgehalt von 2,5 Promille nicht verzichtet werden.

Tipp: Hüten Sie sich davor, den Vorsatz mit der Wendung zu umschreiben, dem Angeklagten sei „erkennbar gewesen" oder er „hätte erkennen müssen". Dies deutet auf Fahrlässigkeit hin. Ganz wichtig ist: Die Merkmale der inneren Tatseite müssen durch tatsächliche Feststellungen belegt werden. Rechtsbegriffe wie „Vorsatz" und „Fahrlässigkeit" müssen in ihre tatsächlichen Bestandteile aufgelöst werden (OLG Brandenburg DAR 2000, 79).

Besonders sorgfältiger Darlegung bedürfen die Annahme bedingten Vorsatzes (BGH NStZ 1994, 585; *Tröndle/Fischer* § 15 Rdnr. 9; *Meyer-Goßner*

C. Einzelheiten

NStZ 1986, 49) sowie der Rücksichtslosigkeit im Sinn des § 315 c StGB. Im Rahmen des § 315 c StGB bedarf auch die konkrete Gefahr präziser und nachvollziehbarer Beschreibung. Inhaltsleere und bewertende Begriffe wie Notbremsung, Vollbremsung, scharfes abruptes Bremsen u. a. m. genügen nicht.

Das früher an dieser Stelle abgehandelte Problem, wie die Tatschilderung beim Fortsetzungszusammenhang beschaffen sein müsse, ist entfallen. Nach wie vor aktuell ist (vgl. auch S. 84) das Problem der Darstellung der Serienstraftat, die früher überwiegend als fortgesetzte Tat behandelt wurde und nunmehr den Grundsätzen der Tatmehrheit unterliegt. Der BGH verlangt, dass für jede einzelne der Reihe zugehörige Tat Zeit, Ort und Art der Begehung festgestellt, der objektive und subjektive Tatbestand ermittelt und dargestellt wird. Zusammenfassungen (Vordieklammerziehen) hinsichtlich gleichartiger Merkmale sind nur insoweit zulässig, als dadurch die Identität der einzelnen Taten in ihrem konkreten Verlauf nicht in Frage gestellt wird und im Falle der Rechtskraft kein Zweifel über deren Umfang aufkommen kann. Lässt sich die Häufigkeit der Tatbestandsverwirklichungen innerhalb eines konkret zu bezeichnenden Zeitraums nicht sicher ermitteln, muss das Urteil in Anwendung des Zweifelssatzes eine Mindestzahl feststellen und diese anhand erfahrungsgemäß vorhandener Anhaltspunkte zeitlich, örtlich und umfangmäßig möglichst genau fixieren (vgl. hierzu auch BGH NStZ 1994, 353). Durch diese Anforderungen soll nach der Intention des BGH einerseits gewährleistet werden, dass keine Strafbarkeitslücken durch ungerechtfertigte Freisprüche entstehen; andererseits will man der Gefahr begegnen, dass der Richter für die Bestimmung des Schuldumfangs sich von einer in ihren Grenzen unklaren Gesamtvorstellung leiten lässt. Letzteres wäre mit rechtsstaatlichen Grundsätzen unvereinbar. In Fällen, in denen eine Tatserie erst nach Jahren aufgedeckt wird und als Beweismittel (wie oft bei sexuellen Übergriffen) nur das – seinerzeit gar kindliche – Tatopfer zur Verfügung steht, dürfen zur Vermeidung von Strafbarkeitslücken keine übersteigerten Anforderungen an die Sachdarstellung gestellt werden. Es genügt – von dem Gesamtbild des Geschehensablaufs ausgehend – für einen festliegenden Zeitraum eine Mindestzahl von Einzeltaten festzustellen, die nicht notwendig durch individuelle Merkmale voneinander unterscheidbar sein müssen (BGH NStZ 1994, 502). Unzulässig ist dabei aber das Hoch- oder Herunterrechnen der Anzahl der Taten auf Grund unsicherer Tatsachengrundlage (BGH StV 1996, 363; 1998, 63; NStZ 1998, 208). Wieder in anderen Fällen – z.B. bei einer Hehlereiserie – kann die Zuordnung des festgestellten Gesamtschadens auf Einzelakte unter strenger Beachtung des Zweifelssatzes durch Schätzung erfolgen (BGH NJW 1995, 1166). Die Schätzung ist vor allem dann unumgänglich, wenn über die kriminellen Geschäfte keine Belege oder Aufzeichnungen vorhanden sind (BGH StV 2000, 600 m. Anm. *Zopfs*). Gelingt es trotz Ausschöpfung aller Beweismittel nicht, einen Gesamtschaden konkretisierbaren Einzelhandlungen zuzuordnen, so soll in dubio pro reo von der Erfolgsverwirklichung durch eine einzige Tat auszugehen sein (BGH NStZ 1994, 586; *Ruppert* MDR 1994, 976), dies aber dann nicht, wenn gerade durch die Annahme einer einzigen Tat der Unrechts- und Schuldgehalt des strafbaren Verhaltens höher erscheint (BGH NStZ 1997, 233).

Hinweis: Die Rechtsprechung zur Serienstraftat hat sich stark „beruhigt". Die Praxis hat sich – nach anfänglichem Bedauern – mit dem Wegfall des Fortsetzungszusammenhangs abgefunden und weiß mit den Problemen der Serienstraftat umzugehen. Neben den im Text zitierten Entscheidungen und den weiteren Entscheidungen in StV 1998, 474; 1998, 472; NStZ-RR 1999, 13; 1999, 79; NStZ 1999, 208; 1999, 581; StV 2000, 6 sollten auf jeden Fall gelesen werden: *Zschockelt* NStZ 1994, 361 ff. und JA 1997, 411 ff. sowie *Krause* StraFO 2002, 249 ff., der sich intensiv und dogmatisch anspruchsvoll mit den Problemen der Schätzung befasst.

Tipp: Werfen Sie, wenn der Klausur eine Tatserie zugrunde liegt, auch die Frage der natürlichen Handlungseinheit, der tatbestandlichen Bewertungseinheit und der Dauerstraftat auf. Insbesondere die beiden erstgenannten Rechtsfiguren scheinen nach Wegfall der fortgesetzten Tat zu neuer Aktualität zu gelangen (vgl. BGH wistra 1995, 146; BGH NStZ 1995, 92; NStZ 1995, 46; NStZ 1994, 495; *Sowada* NZV 1995, 465 und Jura 1995, 245).

4. Beweiswürdigung

a) Grundsätzliches. Es ist weit verbreitet, aber unnötig und auch gefährlich, die Beweiswürdigung mit einer geschlossenen Aufzählung der verwendeten Beweismittel zu beginnen. Der Umfang der durchgeführten Beweisaufnahme ergibt sich aus dem Hauptverhandlungsprotokoll und nur aus diesem (§ 273 StPO). Der Bestand eines Urteils kann gefährdet sein, wenn in der Aufzählung Beweismittel als verwendet bezeichnet werden, die nach dem Inhalt des Protokolls in Wahrheit nicht herangezogen wurden. Nennt z. B. die der Beweiswürdigung vorangestellte Aufzählung „die in Augenschein genommenen Lichtbilder" und beurkundet die Sitzungsniederschrift einen solchen Augenschein nicht, ist durch die negative Beweiskraft des Protokolls (§ 274 StPO) die Vorschrift des § 261 StPO als verletzt ausgewiesen, wenn die Lichtbilder in der Beweiswürdigung berücksichtigt sind. Hätten die Urteilsgründe auf den Augenschein nicht abgehoben, wäre dies unschädlich gewesen, weil nicht hätte ausgeschlossen werden können, dass die Lichtbilder im Rahmen eines nicht protokollierungspflichtigen Vernehmungsbehelfs in die Hauptverhandlung eingeführt wurden (vgl. BGH NStZ 1985, 495 Nr. 21, vgl. weiter die dortige Entscheidung Nr. 20 sowie *Meyer-Goßner* NStZ 1988, 532). Der Richter braucht auch im weiteren Text der Beweiswürdigung *nicht auf alle* herangezogenen Beweismittel *einzugehen*. Haben sie zu seiner Überzeugungsbildung nichts beigetragen, kann er sie unerwähnt lassen.

Die Beweiswürdigung beginnt mit einer gedrängten und zusammenfassenden Wiedergabe der Einlassung des Angeklagten bzw. durch die Mitteilung, dass er sich zum Schuldvorwurf nicht eingelassen hat. Die Wiedergabe der Einlassung des Angeklagten darf nur bei einfacher Beweislage unterbleiben, sonst liegt ein auf Sachrüge zu berücksichtigender Verfahrensfehler vor.

Hat der Angeklagte die Tat gestanden, hat der Richter in gedrängter Form mitzuteilen, dass und wodurch dieses Geständnis bestätigt ist (*Furtner* JuS 1969, 421), denn häufig genug sind Geständnisse falsch. Ein im Rahmen einer Absprache abgelegtes Geständnis darf nicht ohne Überprüfung seiner Richtigkeit dem Urteil zugrunde gelegt werden (BGH NJW 1999, 370). Dasselbe gilt für ein „schlankes Anwaltsgeständnis" (OLG Hamm StV 2000, 187).

Bestreitet der Angeklagte ganz oder teilweise, teilt der Richter seine Überzeugung mit, was er von diesem Bestreiten hält und dass und wodurch er es im Sinne der getroffenen Feststellungen für widerlegt hält, wobei es natürlich mit einer bloßen Benennung der Beweismittel, die dem Richter die Überzeugung von der Täterschaft des Angeklagten vermittelt haben, nicht getan ist. Es genügt aber die Darstellung, worauf die Überzeugungsbildung des Richters in den wesentlichen Punkten beruht. *Unnötig* ist es, jedes Detail der getroffenen Feststellungen, angefangen von den persönlichen Verhältnissen über die Vorgeschichte der Tat bis hin zu all ihren Begleiterscheinungen durch Beweismittel zu belegen. Ebenso falsch und *unzulänglich* ist es, die Beweisergebnisse, etwa den Inhalt der Zeugenaussagen und verlesenen Urkunden, im Einzelnen aneinandergereiht wiederzugeben und diese Wiedergabe mit dem unkritischen Fazit zu beschließen, damit stehe zur Überzeugung des Gerichts fest, dass ... Die Urteilsgründe dienen nicht dazu, den Inhalt der in der Hauptverhandlung erhobenen Beweise zu dokumentieren (BGH NStZ 1998, 51; NStZ-RR 1998, 277). Mitzuteilen ist vielmehr gezielt, was die Beweisaufnahme in Richtung auf die Realisierung des Schuldvorwurfs erbracht hat und dass und warum sich das Gericht hiervon überzeugen konnte. Hierüber befindet es nach freier richterlicher Überzeugung ohne Bindung an Beweisregeln in einer Gesamtwürdigung. Hierbei hat der Richter auch die Gründe, warum er z.B. einem Zeugen Glauben geschenkt hat und dem anderen nicht, und warum er Zeugenaussagen den Vorzug vor der Einlassung des Angeklagten gibt, nachvollziehbar darzulegen, um dem revisiblen Vorwurf zu entgehen, seine Überzeugung beruhe ohne ausreichende Abwägung aller für und gegen die Täterschaft sprechenden Gründe auf einer rational nicht nachvollziehbaren und nicht konsensfähigen Intuition.

Hinweis: Der Richter braucht übrigens entlastende Angaben des Angeklagten, für die es keine Beweise gibt, nicht ohne weiteres als unwiderlegt hinzunehmen (BGH NStZ 2000, 86), er muss sich vielmehr auf Grund des gesamten Ergebnisses der Beweisaufnahme eine Überzeugung von der Richtigkeit oder Unrichtigkeit einer Behauptung verschaffen. Dagegen verstoßen Richter häufig in sogenannten Fahrverbotsfällen, wenn sie den Ausführungen des Betroffenen über die Einbuße des Arbeitsplatzes oder zur Existenzgefährdung im Falle des Führerscheinverlusts kritiklos folgen (OLG Düsseldorf NZV 1999, 477). Andererseits muss der Richter, wenn er einen Angeklagten auf Grund dessen eigener Einlassung verurteilt, von der Richtigkeit dieser Einlassung überzeugt sein (BGH NStZ 1987, 474). Von der Unwiderlegbarkeit vom Angeklagten behaupteter vorsatzausschließender innerer Tatsachen (z. B. Annahme fehlenden Feststellungsinteresses des Unfallgegners bei § 142 StGB, Einverständnis des Opfers mit sexuellen Handlungen) darf in der Regel erst dann ausgegangen werden, wenn der äußere Tathergang (Schadenshöhe, sexuelle Handlungsintensität) erschöpfend aufgeklärt worden ist (OLG Düsseldorf NZV 1992, 246; BGH NStZ 1991, 402). Der Zweifelsatz gebietet es ferner nicht, zu Gunsten des schweigenden Angeklagten einen nur möglichen entlastenden Gesichtspunkt zu unterstellen. Allerdings müssen in einem solchen Fall nahe liegende Verteidigungsumstände abgehandelt und sich aufdrängende Beweisumstände erörtert werden. Beispiel: Der Angeklagte hat ohne Beisein Dritter einen anderen getötet. Notwehr muss zu Gunsten des schweigenden Angeklagten nur erörtert werden, wenn greifbare Anhaltspunkte hierfür vorliegen. Auch das Schweigen hat seinen Preis (anschauliche Beispiele: BGH NStZ-RR 2002, 243; BayObLG NZV 2001, 46).

b) Einzelheiten. Anschließend sind einige typische, häufig wiederkehrende Probleme der Beweiswürdigung einschließlich der in ihnen enthaltenen Fehlerquellen darzustellen. Bitte lesen Sie diese Ausführungen auch mit Blickrichtung auf die **Beurteilung einer Revision.** Denn enthält die Beweiswürdigung Lücken, Denkfehler, Verstöße gegen Erfahrungssätze u. ä. m., ist dies auf allgemeine Sachrüge hin zu beachten. Außerdem kann im Einzelfall ein Verstoß gegen § 261 StPO vorliegen.

Hinweis: Einen umfassenden Überblick zum Thema „Revisibilität der Beweiswürdigung" bringt *Nack* in StV 2002, 510 ff., 558 ff. Die Lektüre ist von hohem examensrelevanten Gewinn und geradezu spannend.

aa) Lückenhafte Beweiswürdigung. Lässt eine Tatsache oder ein Tatsachenkomplex mehrere verschiedene Deutungen zu, darf sich der Richter nur dann für eine von ihnen entscheiden, wenn er die übrigen in seine Überlegungen einbezogen und sich mit ihnen auseinandergesetzt hat. Nur unter der Voraussetzung, dass das Tatgericht den festgestellten Sachverhalt, soweit er bestimmte Schlüsse zu Gunsten oder zu Ungunsten des Angeklagten nahe legt, in den Gründen erschöpfend würdigt, gilt der Grundsatz, dass die von ihm gezogenen Schlüsse möglich, aber nicht zwingend sein müssen. Diese Grundsätze der erschöpfenden Auswertung der Beweistatsachen und Beweisanzeichen gelten auch für das freisprechende Urteil. Rein theoretische und nach Sachlage fern liegende Abläufe braucht der Richter in die Abwägung aber nicht aufzunehmen (BGH NStZ 1983, 358).

Beispiel: Der Autofahrer A ist mit 1,2 Promille Blutalkoholgehalt in eine Polizeikontrolle geraten. Den *Vorsatz* im Sinn des § 316 I StGB hat das Amtsgericht der Äußerung gegenüber den kontrollierenden Polizeibeamten entnommen, „oh je, jetzt ist der Lappen weg". Dieser Schluss ist sicherlich möglich, und der Strafrichter war von seiner Richtigkeit überzeugt. Es liegt aber auch die Möglichkeit nahe, dass erst die Tatsache der polizeilichen Kontrolle den Angeklagten dazu gebracht hat, sich seiner Fahr-

C. Einzelheiten 165

untüchtigkeit bewusst zu werden und dies zu seiner Äußerung führte. Weiter ist in Betracht zu ziehen, die Äußerung des Angeklagten lasse den Schluss auf seine Befürchtung zu, wegen Überschreitung des Gefahrengrenzwerts nach § 24a StVG belangt zu werden. Schließlich kann – bei reinem Gewissen – die Befürchtung gemeint gewesen sein, die Polizei werde aus Anscheinsgründen den Führerschein zunächst einmal einbehalten. Diese anderen – gleich oder ähnlich nahe liegenden – Bewertungsmöglichkeiten hätte das Amtsgericht in Betracht ziehen müssen, ehe es zum Vorsatz im Sinn des § 316 StGB gelangte. Der Verstoß ist revisibel. Das Urteil wurde auf die Sachrüge aufgehoben (BayObLG Zeitschrift für Schadensrecht 1991, 393).

bb) Fehlende Beweisgrundlage. Ein Angeklagter darf nicht verurteilt werden, wenn Umstände vorliegen oder (als nicht widerlegbar) zu seinen Gunsten angenommen werden müssen, die aus rationalen Gründen nicht den Schluss gestatten, dass die Übereinstimmung z.B. von Zeugenaussagen und dem tatsächlichen Geschehen in hohem Maße wahrscheinlich ist. Gründe, die zu vernünftigen Zweifeln Anlass geben, stehen einer Verurteilung entgegen (BGH NStZ 1988, 236). Die Urteilsgründe müssen erkennen lassen, dass die Beweiswürdigung auf einer tragfähigen, verstandesmäßig einsehbaren Tatsachengrundlage beruht. Zwar ist das Revisionsgericht, auch soweit es sich nur um mögliche Schlussfolgerungen tatsächlicher Art handelt, grundsätzlich an die Überzeugung des Tatrichters vom Tatgeschehen gebunden. Das kann aber dann nicht gelten, wenn sich die Schlussfolgerungen so sehr von einer Tatsachengrundlage entfernen, dass sie letztlich bloße Vermutungen sind, die nicht mehr als einen – wenn auch schwerwiegenden – Verdacht begründen (BGH NStZ 1986, 373; StV 2002, 235).

Beispiele: Das einmalige Überfahren der Fahrbahnmittellinie mit einem LKW auf kurvenreicher Strecke reicht für die Annahme einer relativen Fahrunsicherheit infolge Alkoholkonsums (BAK 0,69‰) nicht aus. Wird in einer großen Menge abgelagerten Mülls ein an Herrn A adressiertes Schriftstück gefunden, reicht dies nicht aus, diesen der unerlaubten Ablagerung zu überführen. Zur Annahme der Täterschaft eines politisch motivierten Brandanschlags genügt es nicht, dass sich auf dem am Tatort aufgefundenen Bekennerschreiben neben zahlreichen Fingerabdrücken unbekannter Personen auch ein solcher des Angeklagten befindet (BGH NStZ 1998, 97). Aus einem gescheiterten Alibibeweis darf nicht auf die Täterschaft des Beweisführers geschlossen werden; er darf hierfür nicht einmal als Indiz verwendet werden, denn es entfällt lediglich ein Verteidigungsargument gegen den Tatnachweis, der sodann anderweitig geführt werden muss.

cc) Keine übertriebenen Anforderungen an Überzeugungsbildung. An die zur Verurteilung erforderliche Gewissheit dürfen andererseits keine zu hohen Anforderungen gestellt werden. Voraussetzung dafür, dass sich der Tatrichter vom Vorliegen eines bestimmten Sachverhalts überzeugt, ist nicht eine absolute, das Gegenteil denknotwendig ausschließende und darum von niemandem anzweifelbare Gewissheit. Vielmehr genügt ein nach der Lebenserfahrung ausreichendes Maß an Sicherheit, das vernünftige Zweifel nicht aufkommen lässt. Dabei haben solche Zweifel außer Betracht zu bleiben, die realer Anknüpfungspunkte entbehren und sich lediglich auf die Annahme einer bloß gedanklichen, abstrakt theoretischen Möglichkeit gründen (BGH NStZ 1985, 15; NStZ-RR 1999, 332). Insbesondere setzt die richterliche Überzeugung keine „mathematische" Gewissheit voraus. Tritt z.B. der Tod des Opfers im unmittelbaren Anschluss an die massive Gewaltanwendung des Täters ein, liegt es fern, eine erhebliche gesundheitliche Vorschädigung des Opfers als alleinige Ursache für sein Ableben anzusehen. Dies gilt auch dann, wenn ein medizinischer Sachverständiger diese Möglichkeit (tatunabhängiges Herzversagen als medizinische Rarität) im Raum gelassen hat (BGH NStZ-RR 1998, 102). Das ist eine rein gedankliche Möglichkeit und deshalb irrelevant.

Hinweis: Die strafgerichtliche Rechtsprechung wird sich verstärkt mit der Frage der Einwirkung von Produktfehlern auf den menschlichen Organismus zu beschäftigen haben. Der Nachweis von Kausalzusammenhängen verlangt insoweit keine absolute, von niemandem anzweifelbare Gewissheit, vor allem keine lückenlose Aufklärung naturwissenschaftlicher und medizinischer Wirkungsgesetze. Es genügt vielmehr ein mit den Mitteln des Strafverfahrens gewonnenes, nach der Lebenserfahrung ausreichendes Maß an Sicherheit, das keinen vernünftigen Zweifel bestehen lässt (*Schmidt-Salzer* NJW 1996, 6 unter Hinweis auf den bekannten „Holzschutzmittelprozess"; kritisch *Kühne* NJW 1997, 1951).

dd) Wahrheitskriterien. Bei Zeugenaussagen sind Homogenität, Spontaneität, Detailreichtum mit persönlicher Note, Freiheit von Belastungseifer, Verflochtenheit mit feststehenden Tatsachen und gesteigerter Grad innerer Wahrscheinlichkeit regelmäßig wichtige Indizien für deren Wahrheit. Zeugen vom Hörensagen sind besonders kritisch zu würdigen (vgl. BVerfG NJW 1992, 168 und NStZ 1995, 60 zu Angaben verdeckter Ermittler oder V-Leute, die durch Polizeibeamte als Zeugen vom Hörensagen in die Hauptverhandlung eingeführt werden und die regelmäßig als Tatnachweis nur genügen, wenn sie durch andere, nach der Überzeugung des Strafgerichts wichtige Gesichtspunkte bestätigt werden; so auch BGH StV 1994, 413; NStZ-RR 2002, 176). Besondere Vorsicht geboten ist auch gegenüber den Bekundungen von Mitangeklagten oder Zeugen, die den Angeklagten erwiesenermaßen mindestens teilweise zu Unrecht belastet haben (BGH NStZ 1988, 236; NJW 1999, 802; NStZ 2000, 551) oder bei denen Motive für eine Falschbezichtigung nicht fern liegen (z.B. Bestreben, in den Genuss von Strafermäßigung für Aufklärungshilfe zu kommen).

Hinweis: Die Situation „Aussage gegen Aussage" nimmt in der Rechtsprechung des BGH breiten Raum ein. Hier müssen die Urteilsgründe erkennen lassen, dass der Tatrichter alle Umstände, welche die Entscheidung beeinflussen können, erkannt und in seine Überlegungen einbezogen hat, und zwar unter Gesamtwürdigung aller Indizien (BGH NStZ-RR 2002, 146; 2002, 494). Dies gilt verstärkt bei kindlichen Zeugen, die Opfer einer Sexualstraftat geworden sind oder wenn ein Zusammenhang mit familiären Auseinandersetzungen besteht. Dann ist ein besonderes Augenmerk auf die Entstehungs- und Entwicklungsgeschichte der Aussage zu richten sowie darauf, ob vor Beginn der Ermittlungen „private Befragungen" stattgefunden haben (BGH NStZ 2002, 656; OLG Düsseldorf StV 2002, 471).

C. Einzelheiten

ee) Unverwertbarkeit von Erkenntnissen aus anderen Verfahren. Vorsicht ist geboten, wenn das Gericht die Glaubwürdigkeit eines Zeugen darauf stützen will, seine Angaben hätten sich in vorausgegangenen gleichartigen Verfahren (Rauschgiftgeschäfte!) als zuverlässig erwiesen. Nach § 261 StPO hat das Gericht über das Ergebnis der Beweisaufnahme nach seiner freien, aus dem Inbegriff der Verhandlung geschöpften Überzeugung zu entscheiden. Diese Vorschrift verbietet es, der Urteilsfindung ein Wissen zugrunde zu legen, das nicht durch die Verhandlung und in der Verhandlung gewonnen worden ist. Die Urteilsfindung darf allein auf die Erkenntnisse in der Hauptverhandlung gestützt werden, in der über den gegen den Angeklagten erhobenen Vorwurf entschieden wird. Der Inhalt anderer Hauptverhandlungen gehört dabei nicht zum Inbegriff der Verhandlung im Sinn des § 261 StPO. Je nach Sachlage besteht aber wohl die Möglichkeit, jene früheren Erkenntnisse als gerichtsbekannt in geeigneter Weise in die Hauptverhandlung einzuführen und den Beteiligten hierzu rechtliches Gehör zu gewähren.

ff) Erkenntnisse beauftragter Richter. Vorsicht ist geboten bei der Einführung von Beobachtungen des beauftragten Richters. Solche Beobachtungen stehen der Verwertung im Rahmen der tatrichterlichen Überzeugung nur insoweit offen, als sie in der Vernehmungsniederschrift festgehalten und durch deren Verlesung in die Hauptverhandlung eingeführt worden sind. Der BGH ist hier außerordentlich streng (vgl. den instruktiven Fall NStZ 1983, 182 – kommissarische Vernehmung von V-Männern –; ferner BGH NJW 2000,1204 zum Verbot, die Schuldfrage betreffende Wahrnehmungen des beauftragten Richters im Wege der dienstlichen Erklärung in die Hauptverhandlung einzuführen).

gg) Würdigung von Sachverständigengutachten. In vielen Urteilen liest man lapidar, der Angeklagte sei „nach den überzeugenden Bekundungen des Sachverständigen X" fahruntüchtig, in seiner Steuerungsfähigkeit beeinträchtigt gewesen, zu schnell gefahren u.a.m. Das reicht nicht. Schließt sich der Richter dem Gutachten eines Sachverständigen im Vertrauen auf dessen Sachkunde ohne Angabe eigener Erwägungen an oder folgt er ihnen nicht, muss er die wesentlichen Grundlagen des Gutachtens, die sogenannten Anknüpfungstatsachen, ferner die wesentlichen Befundtatsachen und die vom Sachverständigen daraus gezogenen Schlussfolgerungen im Urteil wiedergeben (BGHSt. 12, 311, 314/315; BayObLG NJW 1968, 2299). Denn das Revisionsgericht muss das Gutachten auf seine Schlüssigkeit und Rechtsfehlerfreiheit nachprüfen können (BGH NStZ 1985, 206).

Hinweis: Eine erleichterte Darlegungspflicht (Mitteilung des Ergebnisses) gilt allerdings für sog. standardisierte Gutachten wie z.B. daktyloskopische Befunde und Blutalkoholanalysen, nicht aber z.B. für anthropologische Vergleichsgutachten und sog. „Jeansfaltenvergleichsgutachten" (BGH NJW 2000, 1350).

hh) Indizienbeweis. Für den Indizienbeweis gilt: Auch wenn keine der jeweiligen Indiztatsachen für sich allein zum Nachweis der Täterschaft ausreicht, so kann doch deren Gesamtheit dem Gericht die entsprechende Überzeugung vermitteln (BGH NStZ 1983, 133 f.). Allerdings müssen die einzelnen Anzeichen selbst unzweifelhaft feststehen, ehe Schlüsse daraus hergeleitet und sie in die Gesamtwürdigung einbezogen werden (*Meyer-Goßner* § 261 Rdnr. 25). Der Richter ist verpflichtet, eine Gesamtwürdigung aller Indizien anzustellen. Würdigt das Urteil die Indizien mit jeweils negativem Ergebnis nur einzeln und scheidet sie aus der weiteren Betrachtung aus, liegt ein Verstoß gegen § 261 StPO vor (BGH NStZ 1988, 19; NStZ-RR 2000, 334; NStZ 2002, 48). Dasselbe gilt, wenn der Tatrichter die Ambivalenz von Indiztatsachen nicht erkennt oder ihnen Indizwirkung beimisst, die sie nicht haben können.

ii) Aufstellung nicht existenter Beweisregeln. Oft werden Zeugen allein auf Grund ihrer Herkunft, ihrer Stellung zum Tatgeschehen oder ihrer Nähe zum Angeklagten **Glaubwürdigkeitsdefizite** bescheinigt. Bedenklich ist z.B. der Satz: „Es bestehen Zweifel an der Glaubwürdigkeit der Zeugin, die als Ehefrau ein persönliches Interesse am Verfahrensausgang hat". Ferner darf die Wahrheitsliebe eines Zeugen nicht generell im Hinblick auf seine Herkunft und Nationalität in Frage gestellt werden (Verbot der sogenannten „Türkenrechtsprechung"). Einem badischen Gericht ist es verwehrt, einem Vorderpfälzer aus Herkunftsgründen die Glaubwürdigkeit abzusprechen (vgl. LG Mannheim NJW 1997, 1995). Auch die „Beifahrerrechtsprechung", wonach den Aussagen von Insassen unfallbeteiligter Fahrzeuge nur dann Beweiswert zukomme, wenn sonstige objektive Anhaltspunkte für ihre Richtigkeit sprechen, ist höchstrichterlich verworfen worden (BGH MDR 1988, 307). In all diesen Fällen werden nicht existente Beweisregeln statuiert sowie Erfahrungssätze, die es in dieser Verallgemeinerung nicht gibt. Zulässig ist allerdings, die Aussagen solcher Zeugen im Einzelfall besonders kritisch zu würdigen. Denn es kann durchaus als Erfahrungssatz gelten, dass Verwandte, gute Freunde und Beifahrer im Hinblick auf den bei ihnen zu befürchtenden Solidarisierungseffekt häufiger – bewusst oder unbewusst – falsch aussagen als der Durchschnitt aller Zeugen (*Reinecke* MDR 1989, 114).

Der **tatsächliche Beweiswert von Aussagen** darf auch nicht allein von der verfahrensrechtlichen Stellung der Auskunftsperson bestimmt werden. Dies ist der Fall, wenn der Richter schreibt, die Einlassung des Angeklagten sei gleichermaßen nachvollziehbar und plausibel, wie die des Belastungszeugen. In diesem Falle sei die Zeugenaussage im Hinblick auf die ihr innewohnende Wahrheitspflicht strukturell überlegen. Damit stellte der Richter einen als Beweisregel fungierenden Erfahrungssatz des Inhalts auf, dass die Angaben eines Zeugen – bei gleichem Beweiswert im Übrigen – grundsätzlich glaubhafter sind als die des Beschuldigten (OLG Köln

VRS 79, 27). Diesen Erfahrungssatz gibt es nicht. Es existiert auch keine Beweisregel dahin, dass einem Zeugen zu glauben ist, wenn sich seine Unglaubwürdigkeit nicht handgreiflich dartun lässt. Stets muss der Richter vielmehr alle für die Richtigkeit der Angaben des einen oder anderen sprechenden Umstände prüfen und würdigen und dies im Urteil deutlich machen. Damit einher geht eine gesteigerte Aufklärungspflicht, die auch Indiztatsachen zur Frage der Glaubwürdigkeit einschließt (BGH StV 1991, 408). Der BGH mischt auf diesem Sektor der Beweiswürdigung kräftig mit. Er verlangt, wie schon erwähnt, dass alle nicht fern liegenden Motive einer Falschbelastung in die Überlegungen einfließen (BGH StV 1992, 97).

jj) Schweigen des Angeklagten. Aus dem Schweigen oder allgemein gehaltenen Bestreiten des Angeklagten dürfen nachteilige Folgerungen für den Schuld- und Rechtsfolgenausspruch nicht gezogen werden (BGHSt. 25, 365, 368). Andernfalls würde das Schweigerecht des Betroffenen ausgehöhlt. Sagt der Angeklagte dagegen teilweise aus (Teileinlassung), während er zu anderen Bereichen des Schuldvorwurfs schweigt, darf das Gericht aus diesem Aussageverhalten auch nachteilige Schlüsse ziehen. Denn wer sich aus freien Stücken als Beweismittel hergibt, muss sich gefallen lassen, dass sein Aussageverhalten einer Gesamtwürdigung unterzogen wird (BGH NJW 1966, 209). Die Verwertbarkeit des Teilschweigens scheidet aber aus, wenn der Angeklagte zu einzelnen Taten i. S. d. § 264 StPO aussagt, zu anderen nicht (BGH StV 2000, 598).

Keine Teileinlassung liegt vor, wenn der Angeklagte/Betroffene erklärt, er sei Halter, oder er sei nicht gefahren, oder er sei unschuldig, oder sein Verhalten sei rechtlich nicht als Straftat oder Ordnungswidrigkeit zu werten, oder es lägen Verfahrenshindernisse vor. Solche Äußerungen stehen dem Schweigen gleich, weil der, der sie abgibt und im Übrigen schweigt, sich nicht als Beweismittel hergibt.

Ferner darf der Zeitpunkt der Einlassung des Angeklagten nur eingeschränkt verwertet werden. Nicht nachteilig auswirken darf sich, dass der Angeklagte nicht bereits im Ermittlungsverfahren den Tatvorwurf bestritten hat, sondern dies erst in der Hauptverhandlung tat.

Die Wirkungen des Schweigens dürfen auch nicht mit **Verhaltensumdeutungen** umgangen werden. In einem Bußgeldverfahren mit sogenannter „Kennzeichenanzeige" wurde die Überzeugung von der Täterschaft des sich nicht zur Sache einlassenden Betroffenen u. a. wie folgt begründet: „Die Haltereigenschaft des Betroffenen wurde von diesem nie in Frage gestellt. Zum andern ist weiteres Beweisanzeichen außerhalb der Haltereigenschaft des Betroffenen auch das Schweigen von ihm auf die Frage, ob außer ihm jemand das Fahrzeug führe". Beide Gesichtspunkte bedeuten in Wahrheit nichts anderes als fehlende Einlassung zur Frage der Halterschaft – soll sie, wie prinzipiell zulässig, als Indiz verwertet werden, muss sie feststehen – und Fortsetzung des Schweigens auch auf konkrete Fragen.

Hinweis: Keine dem Angeklagten nachteiligen Schlüsse dürfen auch daran geknüpft werden, ob er Verfahrensrechte ausübt oder nicht ausübt, oder ob er für das Gericht nahe liegende Spontanhandlungen ausführt oder unterlässt. Der Umstand, dass ein Angeklagter sich wort- und widerspruchslos festnehmen lässt und dem Mittäter, der nach den Angaben des Angeklagten ihn durch falsche Angaben in die Sache hineingezogen hat, keine Vorwürfe macht, darf nicht zu Lasten des Angeklagten verwertet werden, da darin eine unzulässige Verwertung des Schweigens des Angeklagten liegt (BGH StV 1989, 383). Ebenso wenig darf dem Angeklagten angekreidet werden, dass er nicht Haftbeschwerde eingelegt, der Einbehaltung seines Führerscheins nicht widersprochen, seinen anwaltlichen Prozessbevollmächtigten nicht von der Schweigepflicht befreit hat (OLG Frankfurt StV 1989, 385). Dasselbe gilt für die Weigerung des umfassend schweigenden Angeklagten, einen Arzt von der Schweigepflicht zu entbinden (BGH NJW 2000, 1426).

Auch aus der Weigerung des sich zur Sache einlassenden Angeklagten, Zeugen zu benennen, dürfen in der Hauptverhandlung keine für ihn nachteiligen Schlüsse gezogen werden. In dieser Weigerung liegt keine teilweise Aussageverweigerung. Vielmehr handelt es sich bei der Befugnis, Beweise zu benennen, um ein eigenständiges Prozessrecht, das in den Bereich der Würdigung seiner Einlassung nicht einbezogen werden darf (OLG Düsseldorf MDR 1990, 1137). Dasselbe gilt für den Zeitpunkt, zu dem der Angeklagte einen Beweisantrag stellt (BGH NStZ 2002, 161).

Gibt ein **Verteidiger** Äußerungen zur Sache ab, z. B. Tatsachenbehauptungen im Rahmen von Beweisanträgen, dürfen diese nur dann als Einlassung eines Angaben verweigernden Angeklagten verwertet werden, wenn durch Erklärung des Angeklagten oder des Verteidigers klargestellt wird, dass der Angeklagte diese Äußerungen als eigene Einlassung verstanden wissen will (BGH StV 1990, 394).

Hinweis: In der Praxis kommt es häufig vor, dass nicht der Angeklagte, sondern der Verteidiger eingangs die Sacheinlassung vorträgt, oft in der Form des pauschalen oder „schlanken" Geständnisses. Um verwertbar zu sein, müssen diese Erklärungen vom Angeklagten in erkennbarer Form als seine eigenen bestätigt werden. Kopfnicken genügt ebenso wie etwa die Bestätigung im letzten Wort. Der BGH (NStZ-RR 1998, 51 mit abl. Anm. Park StV 1998, 59) hat in einem Fall auf das Bestätigungserfordernis ganz verzichtet. Diese Entscheidung ist aber ersichtlich vereinzelt geblieben. Verschiedene Oberlandesgerichte verlangen nach Sacherklärung durch den Verteidiger eine Befragung durch das Gericht, ob die Erklärung als eine solche des Angeklagten anzusehen sei. Bleibe eine Bestätigung des Verteidigers oder des Angeklagten aus, führe dies zur Unverwertbarkeit. Außerdem sei ein gerichtlicher Hinweis auf die Verwertungsabsicht vonnöten (OLG Düsseldorf NJW 2002, 2728; OLG Hamm StV 2002, 187). Hat der Angeklagte eine schriftliche Erklärung mitgebracht, muss er diese selbst verlesen. Eine Verlesung durch das Gericht als Urkunde unterbleibt. Dies gilt – vorbehaltlich des Gesichtspunktes der Aufklärungspflicht – auch für eine ergänzende schriftliche Erklärung des sich zur Sache einlassenden Angeklagten (eingehend Tolksdorf DAR 2001, 203 f. in Erläuterung der Rechtsprechung des BGH). Nicht verlesen werden darf ein Schriftsatz des Verteidigers zum Tatgeschehen, den dieser im Ermittlungsverfahren eingereicht hat (§ 250 S. 2 StPO! BGH NStZ 2002, 555). Hier ver-

C. Einzelheiten   171

bleibt die Möglichkeit der Zeugenvernehmung des Verteidigers. Die dem Angeklagten zuzurechnende Einlassung durch den Verteidiger unterliegt den Grundsätzen des Teilschweigens; vgl. zuvor. Eine eingehende Abhandlung zur prozessualen Verwertbarkeit verschiedener Formen der Beschuldigteneinlassung bringt *Park* in StV 2001, 589 ff. Das Thema ist hoch aktuell und klausurrelevant.

Es ist unzulässig, Schlüsse zum Nachteil des Angeklagten daraus zu ziehen, dass dieser sich als Zeuge in einem anderen, den gleichen Tatkomplex betreffenden Strafverfahren auf das Auskunftsverweigerungsrecht nach § 55 StPO berufen hat. Dies gilt jedenfalls dann, wenn der Angeklagte sich bis dahin nicht – über ein generelles Bestreiten des Tatvorwurfs hinaus – zur Sache geäußert hatte (BGH NJW 1992, 2304).

Aussagekräftige Mimik und Gestik des schweigenden Angeklagten darf zu seinem Nachteil verwertet werden. Der gegenteilige Leitsatz BGH StV 1993, 458 wird vom mitgeteilten Sachverhalt nicht getragen.

kk) Verhalten Zeugnisverweigerungsberechtigter. Unterlässt es ein zur Zeugnisverweigerung Berechtigter, im Ermittlungsverfahren – ohne dort als Zeuge in Anspruch genommen zu werden – von sich aus entlastende Angaben zu machen, sagt er jedoch zu einem späteren Zeitpunkt aus, darf dieser Umstand nicht zum Nachteil des Angeklagten verwertet werden (BGH StV 1989, 383). Der Zeuge, der überhaupt nicht auszusagen braucht, kann auch den Zeitpunkt frei wählen, an dem er schließlich Sachangaben macht (BGH NStZ 1987, 220). Macht der Zeuge in der Hauptverhandlung von seinem Zeugnisverweigerungsrecht Gebrauch, dürfen Angaben, die er zuvor bei einer „Vernehmung" durch den Verteidiger gemacht hat, nicht verwertet werden (BGH NJW 2000, 1277; *Müller* NStZ-RR 2001, 163).

Hinweis: Verweigert eine Tatzeugin in der Hauptverhandlung das Zeugnis, dürfen ihre Angaben, die sie bei der Exploration für die Glaubhaftigkeitsprüfung zum Tatgeschehen gemacht hat (sogenannte Zusatztatsachen), nicht für Feststellungen zum Tathergang verwertet werden, indem der Sachverständige als Zeuge gehört wird (BGH StraFO 2001, 86). Verweigert ein Zeuge in der Hauptverhandlung berechtigt das Zeugnis, so dürfen auch Schriftstücke, die er anlässlich einer gemäß § 252 StPO unverwertbaren Vernehmung im Ermittlungsverfahren überreicht und auf die er sich bei dieser Vernehmung bezogen hat, ihrerseits gemäß § 252 StPO nicht verlesen und verwertet werden (BGH StV 2001, 108). Hat ein Zeuge, dem nach § 55 StPO ein umfassendes Auskunftsverweigerungsrecht zugebilligt wird, berechtigter Weise die Beantwortung von Fragen der Verteidigung verweigert, bleiben seine übrigen Angaben bei gebotener kritischer Würdigung seines Aussageverhaltens verwertbar (BGH NStZ 2002, 608).

ll) Berücksichtigung von nach der Urteilsberatung entstandenen Beweistatsachen. Selbstverständlich ist, dass Beweisumstände, die erst nach der Urteilsberatung entstanden sind, außer Betracht zu bleiben haben. Es darf also z. B. nicht berücksichtigt werden, dass der Angeklagte während der Urteilsverkündung randaliert hat oder nach der Verkündung die Haftzelle des Landgerichts zertrümmerte (BGH NStZ 1988, 213).

5. Rechtliche Würdigung

a) Grundsätzliches. Ein Altmeister des Strafprozessrechts hat gelehrt: „In der rechtlichen Würdigung können Sie Schillers Glocke abschreiben, es schadet dem Urteil nicht". Dies ist gewiss nicht dies, was von einem Examenskandidaten verlangt wird. Die Aussage enthält aber etwas Wahres (vgl. *Meyer-Goßner* NStZ 1988, 533). Die Sachverhaltsschilderung muss so exakt und vollständig sein, dass sich aus ihr für den rechtskundigen Leser der oder die angewendeten Straftatbestände quasi von selbst ergeben. Ist dies der Fall, ist der Bestand des Urteils durch knappe, mitunter sogar falsche Rechtsausführungen nicht gefährdet. Erschließt umgekehrt der Sachverhalt dem kundigen Leser das Vorliegen der angewendeten Strafgesetze nicht, nützen die klügsten Rechtsausführungen so wenig wie Schillers Glocke, weil ihnen die nötige Tatsachengrundlage fehlt, und das Urteil wird in der Revisionsinstanz Schiffbruch erleiden.

Für den *Klausurbetrieb* wird folgendes empfohlen: Der Kandidat soll hier seine Kenntnisse im materiellen Recht zeigen. Zu warnen ist vorab davor, Selbstverständliches breitzutreten, d.h. Straftatbestände umständlich abzuhandeln, deren Vorliegen unproblematisch ist und offen zutage liegt. Das ist Zeitverschwendung. Hier genügt die knappe Darstellung, dass alle Tatbestandsmerkmale vorliegen. Überflüssig ist es, die jeweils entsprechenden Sachverhaltsteile zu wiederholen mit dem einleitenden Vermerk „dadurch dass" ... Der Sachverhalt ist ja bekannt; seine Kenntnis wird bei der rechtlichen Würdigung vorausgesetzt. Bei **problematischen Tatbeständen**, d.h. solchen, deren Anwendung in Bezug auf den geschilderten Sachverhalt in Rechtsprechung und Literatur umstritten ist, oder bei denen sich Abgrenzungsfragen zu anderen Strafnormen ergeben, soll der Kandidat die Probleme aufzeigen und beweisen, dass er sie kennt und mit ihnen umzugehen weiß. Dies bedeutet nicht, dass in der Rechtsprechung längst ausgestandene Lehrmeinungen wiederzugeben und abzuhandeln sind. Einzugehen ist nur auf Streitfragen, die einigermaßen aktuelle Bedeutung haben, noch im Fluss oder doch in der Diskussion sind. Bei der Durchprüfung der Tatbestandsmerkmale ist das Gewicht auf diejenigen zu legen, die echte Probleme aufwerfen. Straftatbestände, die tateinheitlich verwirklicht wären, aber nach Meinung des Bearbeiters nicht vorliegen, jedoch diskussionswürdig sind und deren Anwendbarkeit nicht ganz fern liegt, sind unter kurzer Darstellung der die Nichtverwirklichung ausmachenden Umstände gleichfalls abzuhandeln. Ausgesprochen fern liegende Delikte sind außer Betracht zu lassen.

Hinweis: Stets ist das – positive oder negative – Ergebnis der Prüfung voranzustellen und sodann die Begründung anzuschließen, nicht umgekehrt.

b) Besonders „examensverdächtige" Straftatbestände. Eine verlässliche Aussage zum Thema, welche Straftatbestände im Examen besonders häufig eine Rolle spielen, ist kaum möglich. „Fahrlässig" handelt jeden-

C. Einzelheiten

falls, wer über folgende Themenkreise nicht informiert ist: Die durch das 6. Gesetz zur Reform des Strafrechts umgestalteten Straftatbestände (insbesondere betreffend die Eigentums-, Sexual- und Brandstiftungsdelikte – vgl. die Darstellungen von *Geppert* Jura 1998, 597 ff., *Hörnle* Jura 1998, 169 ff., *Stächelin* StV 1998, 98 ff., *Kreß* NJW 1998, 633 ff., *Rengier* JuS 1998, 397 ff.; *Müller/Hönig* JA 2001, 517 ff.; *Sinn* Jura 2001, 803 ff.; *Kudlich* JA 2002, 672 ff.); §§ 153 ff. (lesenswert *Heinrich* JuS 1995, 1115 wie auch *Geppert* Jura 2002, 173); §§ 212 ff. i. V. m. den Körperverletzungsdelikten und § 323 c StGB; § 113 StGB (Rechtmäßigkeit der Vollstreckungshandlung); § 142 StGB (instruktive „Checkliste" bei Janker DAR 1989, 435, 1990, 276 und 1991, 195); §§ 164, 145d StGB, häufig im Zusammenhang mit § 258 StGB und Aussagedelikten (zu wiederkehrenden Streitfragen zu § 145d StGB *Geppert* Jura 2000, 383); § 253 StGB i. V. m. § 240 StGB (Täter will wirklichen oder vermeintlichen Anspruch realisieren); Gewalt und Nötigung (§§ 315 b, 240 StGB) im Straßenverkehr im Lichte der Sitzblockaderechtsprechung des Bundesverfassungsgerichts (vgl. dazu *Suhren* DAR 1996, 310 ff., *Geppert* Jura 1996, 639 ff.; *Tolksdorf* DAR 1996, 170 ff.); §§ 324 ff. (Umweltstrafrecht, Probleme der Verletzung verwaltungsrechtlicher Pflichten und der Strafbarkeit von Amtsträgern, vgl. die Übersichten von *Schall* NStZ 1997, 420 ff., 462 ff. und 577 ff.; NStZ-RR 1998, 353 ff.; 2001, 1 ff.; 2002, 33 ff.); Problematik der §§ 239 a, b StGB, vor allem im Zwei-Personen-Verhältnis, vgl. *Fahl* Jura, 1996, 456 ff. und *Müller-Dietz* JuS 1996, 110 ff., BGH NStZ 2000, 317, NStZ-RR 2002, 213; Missbrauch kartengestützter Zahlungssysteme, vgl. *Eisele/Fad* Jura 2002, 305 ff.; Strafbarkeit von Bombendrohungen und des Versandes von Pseudo-Milzbrandbriefen, vgl. OLG Frankfurt JuS 2002, 929, *Hoffmann* GA 2002, 385 ff., *Schramm* NJW 2002, 419 ff., *Weidemann* JA 2002, 43 ff.; aktuelle Probleme der Untreue, insbesondere Haushaltsuntreue, missbräuchliche Kreditvergabe, Zweckentfremdung von Verbandsmitteln; strafbare Beteiligung durch berufstypisches und sozialadäquates Verhalten, vgl. BGH JZ 2000, 1175 m. Anm. *Kudlich*, Lesch JA 2001, 986, *Otto* JZ 2001, 436, *Samson/Schillhorn* wistra 2001, 9 ff.; Probleme (noch immer aktuell) der organisierten Kriminalität (Sie müssen mit allen Fragen vertraut sein, die sich um die „Bande" drehen).

Tipp: Nachdem verschiedene BGH-Senate über den Bandenbegriff und die Bandenstruktur lange Zeit im Widerstreit lagen (NStZ 2000, 474; NJW 2001, 83; NStZ 2001, 32 ff.; NJW 2001, 380 – Vorlagebeschluss; NJW 2000, 2907) hat der Große Senat für Strafsachen mit Beschluss vom 22. 3. 2001 (NStZ 2001, 421) der Zweierbande ein Ende bereitet und den Zusammenschluss von mindestens drei Personen verlangt. Ein „gefestigter Bandenwille" oder ein „Tätigwerden in einem übergeordneten Bandeninteresse" – Begriffe, mit denen die Praxis wenig anzufangen wusste – sind nicht mehr erforderlich. Der Tatbestand des Bandendiebstahls setzt nicht voraus, dass wenigstens zwei Bandenmitglieder örtlich und zeitlich den Diebstahl zusammen begehen. Es reicht aus, wenn ein Bandenmitglied als Täter und ein anderes Bandenmitglied beim Diebstahl in irgendeiner Weise zusammenwirken. Die Wegnahmehandlung selbst kann auch durch einen bandenfremden Täter ausgeführt werden. Mitglied einer Bande kann auch derjenige sein, dem nach der Bandenabrede nur Aufgaben zufallen, die sich bei wertender Betrachtung als Gehilfentätigkeit darstellen (BGH NStZ 2002, 318). Auch beim Bandenbetrug (§ 263 V StGB) setzt eine Bande mindestens drei Personen voraus (BGH wistra 2002, 21). Zur Rechtslage nach der Entscheidung des Großen Senats für Strafsachen vgl. auch *Ellbogen* wistra 2002, 8 ff.

c) Weitere Einzelheiten. Immer dann, wenn eine Tat nicht zur Vollendung gelangt ist, muss erwogen und gegebenenfalls ausgeführt werden, ob ein (tauglicher oder untauglicher) **Versuch** in Betracht kommt und ob ein **Rücktritt** vom unbeendeten oder beendeten Versuch vorliegt (vgl. dazu die Hinweise bei *Meyer-Goßner* NStZ 1986, 50/51; zur höchstrichterlichen Rechtsprechung zu Versuch und Rücktritt vgl. *Hauf* JA 1995, 776).

Tipp: Ist in einem Klausurfall der Tötungs- vom Körperverletzungsvorsatz abzugrenzen und verneinen Sie – etwa im Hinblick auf die Hemmschwellentheorie – den Tötungsvorsatz, sollte in einem Hilfsgutachten die Rücktrittsfrage dann erörtert werden, wenn die Aufgabengestaltung danach „riecht" (Abgrenzung unbeendeter/beendeter Versuch, Rücktrittshorizont, fehlgeschlagener Versuch, Erreichen des außertatbestandlichen Handlungsziels).

Sind mehrere Personen an der Tatausführung beteiligt, sind die im Tenor angenommenen Beteiligungsformen (Mittäterschaft, Anstiftung, Beihilfe) entsprechend den eingangs dargestellten Richtlinien zu begründen einschließlich etwaiger Besonderheiten wie Mittäterexzess, sukzessive Mittäterschaft und Beihilfe durch Unterlassen.

Die **Konkurrenzen** sind in der rechtlichen Würdigung anzusprechen. Sind sie unproblematisch, bedarf es keiner weiteren Begründung. Unterliegen sie ernsthaften rechtlichen Zweifeln, ist der Problemstand zu erörtern.

d) Rechtswidrigkeit und Schuld. Finden sich keine Zweifel, dass der Angeklagte rechtswidrig und schuldhaft gehandelt hat, kann es bei dem entsprechenden Hinweis bewenden. Gibt es aber Anhaltspunkte für Rechtfertigungsgründe wie Notwehr, rechtfertigenden Notstand und Einwilligung, ist eine sorgfältige Begründung erforderlich, aus welchen Gründen sie verneint wurden, wobei die dem Rechtfertigungsgrund zugrunde liegenden Tatsachen wiederum bereits im Sachverhalt enthalten sein müssen.

Enthält der Sachverhalt Hinweise auf eine mögliche **Schuldunfähigkeit**, sind diese zu erörtern. Dies gilt vor allem bei hoher alkoholischer Beeinflussung: Bei einem festgestellten Blutalkoholgehalt ab 2,5 Promille aufwärts muss sich das Urteil mit der Frage der Schuldunfähigkeit auseinandersetzen (BGH VRS 50, 358, 360). Im Grenzbereich von 3 Promille tritt sie infolge Volltrunkenheit regelmäßig ein; soll sie gleichwohl verneint werden, bedarf dies sorgfältiger Begründung, wobei an die Be-

C. Einzelheiten 175

weisführung hohe Anforderungen zu stellen sind. Es genügt nicht, auf das zweckgerichtete, planvolle Verhalten und auf die noch vorhandene äußere Beherrschtheit abzustellen, weil jene Erscheinungsbilder nicht genügend über das Hemmungsvermögen aussagen. In dieser Hinsicht kommt vielmehr der Prüfung *aller* äußeren oder inneren Kennzeichen des Individualgeschehens und der Persönlichkeitsverfassung entscheidende Bedeutung zu. Bei nicht eindeutiger Fallgestaltung ist übrigens sachverständiger Rat einzuholen (vgl. BGH NStZ 1982, 243; 1982, 376; OLG Koblenz VRS 79, 13) oder auszuführen, warum auf ihn verzichtet wurde. Häufig sind die zu § 20 StGB anzustellenden Erwägungen eng verflochten mit denjenigen zu § 21 StGB bzw. leiten zu diesen über. In solchem Falle empfiehlt es sich, den Gesamtzusammenhang einheitlich bei der rechtlichen Würdigung zu erörtern (so wohl auch *Meyer-Goßner* NStZ 1988, 533/534, wo sich auch wichtige Einzelheiten zur Bestimmung des Blutalkoholgehalts bei vorhandener oder fehlender Blutprobe finden). Weitere Einzelheiten zu Voraussetzungen und Wirkungsweise des § 21 StGB werden im folgenden Abschnitt „Strafzumessung" behandelt.

6. Strafzumessung

a) Allgemeines und Examensbedeutung. Die Strafzumessung ist in früherer Zeit von den Tatsachengerichten weniger problembewusst behandelt worden als heute. Sie galt als echte Domäne des Tatrichters. Das hat sich grundlegend geändert: Heute ist die Strafzumessung eine Wissenschaft für sich. Über sie sind ganze Bücher und unzählige wissenschaftliche Abhandlungen geschrieben worden. In der NStZ finden sich zahlreiche *Rechtsprechungsübersichten* von *Theune* und *Detter* (die es sich regelmäßig zu lesen lohnt), und im Strafrechtsteil von Fachzeitschriften sind regelmäßig obergerichtliche Entscheidungen in reicher Zahl abgedruckt. Die Fülle der Probleme ist kaum noch überschaubar. Die hier zu gebende Darstellung muss sich auf wenige besonders examensverdächtige Hinweise beschränken. Sie sind durchweg auch unter dem Gesichtspunkt Erfolg versprechender Ansätze für eine Revision (Sachrüge) zu lesen. Erfahrungsgemäß bauen Prüfer gerne Fehler in die Strafzumessung ein, die es dann aufzuspüren gilt. Meist wird dann aber so dick aufgetragen, dass der Prüfling, der die elementaren Regeln der Strafzumessung beherrscht, auf die Mängel gestoßen wird. Vor allzu großer „Hellhörigkeit" ist also zu warnen.

b) Schrittfolge bei der Strafzumessung. Die Strafzumessung ist noch heute im Prinzip ureigene Sache des **Tatrichters;** er allein ist auf Grund der Hauptverhandlung in der Lage, sich von der Tat und der Persönlichkeit des Täters einen umfassenden Eindruck zu verschaffen (vgl. *Detter* NStZ 1989, 465). Seine Erwägungen brauchen keineswegs weitschweifig zu sein. Nach § 267 III Satz 1 StPO ist der Tatrichter nur verpflichtet, die für die Strafzumessung **bestimmenden Umstände** in den Urteilsgründen aufzuführen; eine erschöpfende Darstellung ist weder vorgeschrieben noch möglich. Insbesondere besteht keine Pflicht, alle in § 46 StGB benannten Merkmale ausdrücklich im Urteil abzuhandeln. Das gilt vor allem für solche Umstände, die im Urteil andernorts erwähnt werden und von denen deshalb regelmäßig anzunehmen ist, der Richter habe sie im Rahmen der Strafzumessung nicht aus dem Auge verloren (*Mösl* NStZ 1983, 160).

Wichtig für den Richter ist, die Strafzumessung in *richtiger Schritt- und Reihenfolge* vorzunehmen: Strafrahmenbestimmung, Begründung und Festsetzung der Einzelstrafe(n), Begründung und Festsetzung der Gesamtstrafe(n), gegebenenfalls Prüfung der Strafaussetzung zur Bewährung.

c) Die Strafrahmenbestimmung. Sieht der anzuwendende Straftatbestand die Möglichkeit eines minder schweren oder besonders schweren Falles vor, so ist **vorab** zu klären, ob vom Normal- oder Ausnahmestrafrahmen auszugehen ist. Unzureichend ist es z. B., bei Verurteilung wegen versuchten schweren Raubes (§ 250 I oder II StGB n. F.) nur mitzuteilen, zu Gunsten des Angeklagten sei zu berücksichtigen gewesen, „dass seine Schuldfähigkeit nach § 21 StGB erheblich vermindert war und dass seine Tat im Versuchsstadium steckengeblieben ist". Hier bleibt unklar, ob das Gericht jene Gesichtspunkte nur im Rahmen des jeweiligen Regelstrafrahmens (§ 250 I oder II StGB n. F.) mildernd berücksichtigt hat, ob und in welchem Umfang es, ausgehend von diesem Rahmen, nach §§ 21, 23 II, 49 I StGB verfuhr oder ob es (was es nicht musste) den milderen Strafrahmen des jeweiligen Straftatbestandes (§ 250 III n. F.) zugrunde gelegt hat. *Allein* schon eine erheblich verminderte Schuldfähigkeit oder ein anderer gesetzlich vertypter Milderungsgrund des allgemeinen Teils des StGB kann zur Annahme eines minder schweren Falles führen (BGH NStZ 1984, 262; BGH StV 1982, 69, 70); diese Möglichkeit hat der Erörterung einer bloßen Strafrahmenverschiebung nach § 49 I StGB stets vorauszugehen (*Meyer-Goßner* NStZ 1988, 535), da der Ausnahmestrafrahmen dem Täter in aller Regel günstiger ist als eine Strafrahmenverschiebung über § 49 I StGB.

Oft wird allerdings *ein* Gesichtspunkt nicht ausreichen, die Tat als minder bzw. besonders schweren Fall zu kennzeichnen. Maßgebend für einen minder schweren oder besonders schweren Fall ist in der Regel, ob das **gesamte Tatbild** einschließlich aller subjektiven Momente und der **Täterpersönlichkeit** (Vorstrafen!) vom Durchschnitt der erfahrungsgemäß gewöhnlich vorkommenden Fälle nach unten oder oben in einem Maße abweicht, dass die Anwendung des Normalstrafrahmens nicht geboten erscheint bzw. die Anwendung des geschärften Strafrahmens erforderlich ist. Nötig ist dabei eine Gesamtbetrachtung unter Einbeziehung und Abwägung aller Umstände, die für die Wertung der Tat und des Täters in Betracht kommen, gleichviel, ob sie der Tat selbst innewoh-

C. Einzelheiten

nen, sie begleiten, ihr vorausgehen oder nachfolgen (ständige Rechtsprechung).

Bejaht das Gericht einen minder schweren Fall ohne Heranziehung eines vertypten Milderungsgrundes, so kann der dann niedrigere Strafrahmen bei Vorliegen eines gesetzlichen Milderungsgrundes (z.B. §§ 21, 23 II StGB) noch einmal gemäß § 49 StGB herabgesetzt werden.

Beispiel: Nimmt das Gericht allein wegen Verstoßes gegen ein Vereidigungsverbot (§ 60 Nr. 2 StPO) einen minder schweren Fall des Meineids (§ 154 II StGB) an, so steht nichts entgegen, nach § 157 StGB, wenn dessen Voraussetzungen vorliegen, nochmals zu mildern oder dies z.B. nach § 21 StGB zu tun.

Ist aber ein gesetzlicher Milderungsgrund für die Strafrahmenwahl „verbraucht" worden, kann er nicht nochmals für die weitere Milderung nach § 49 StGB herangezogen werden (Verbot der Doppelverwertung nach § 50 StGB). Deswegen ist stets sorgfältig zu prüfen und zu begründen, ob und welche benannten Strafmilderungsgründe (§§ 13 II, 21, 23 II StGB) für die Annahme eines minder schweren Falles mit seinem günstigen Strafrahmen wirklich benötigt werden. Diejenigen, die zufolge anderer hierzu geeigneter und ausreichender Erwägungen nicht benötigt werden, sind für die mögliche weitere Milderung nach § 49 I StGB „aufzusparen" (*Huber* JuS 1990, 113). Stets sind also zuerst die allgemeinen Strafmilderungsgründe für die Strafrahmenwahl heranzuziehen. Erst, wenn sie für die Annahme eines minder schweren Falles nicht ausreichen, sind die vertypten Gründe einzeln oder – falls nötig – kumulativ mit zu verwenden. Was dann an vertypten Gründen übrig bleibt, kann (§§ 21, 23 II StGB) oder muss (§ 27 II StGB) für die zusätzliche Milderung nach § 49 StGB verwendet werden (BGH StV 1992, 371 und 372). Stehen danach noch mehrere gesetzlich vertypte Milderungsgründe zur Verfügung, kommt eine mehrfache Milderung in Betracht (*Huber* a.a.O.).

Hinweis: Nach der Rechtsprechung des BGH kommt bei der Frage einer Strafrahmenverschiebung wegen Versuchs (§§ 23 II, 49 I StGB) den wesentlich versuchsbezogenen Umständen besonderes Gewicht zu, nämlich der Nähe der Tatvollendung, der Gefährlichkeit des Versuchs und der aufgewandten kriminellen Energie, weil sie die wichtigsten Kriterien für die Einstufung von Handlungs- und Erfolgsunwert einer nur versuchten Tat liefern.

In zahlreichen, durch das 6. StrRG vom 26. 1. 1998 erheblich erweiterten Fällen (vgl. §§ 99 II, 121 III, 125a, 240 III, 243, 263 III, 263a II, 253 IV, 266 II, 267 III StGB) hält das Gesetz **Regelbeispiele** für besonders schwere Fälle bereit. Sind solche Beispiele verwirklicht, ist im Normalfall ohne weitere Erwägungen der erhöhte Strafrahmen anzuwenden. Sind allerdings besondere für den Täter sprechende Umstände erkennbar, ist zu prüfen, ob nicht doch der normale Strafrahmen ausreicht. Andererseits kann auch ohne Vorliegen eines Regelbeispiels ein besonders schwerer Fall gegeben sein, wenn außerhalb der Regelbeispiele besondere Erschwerungsgründe in Tat und/oder Täter erkennbar sind.

d) Taugliche Kriterien für Begründung und Festsetzung der Einzelstrafe(n). Für die Bestimmung der (Einzel-)Strafe soll sich der Richter im Prinzip an die Vorgaben des § 46 II StGB halten. Die dort genannten Kriterien (ohne dass sie erschöpfend abgehandelt werden müssten) bilden eine zuverlässige Kontrolle für den Richter. Als weitere Faktoren kommen das Verschulden des Verletzten (Nichtausschließbarkeit genügt) sowie die Berücksichtigung ideell konkurrierender Vorschriften in Betracht. Die Wirkung von Nebenstrafen und Nebenfolgen ist gleichfalls zu berücksichtigen. Die aufgefundenen Gesichtspunkte werden zweckmäßigerweise in zwei Gruppen („für bzw. gegen den Angeklagten sprach") aufgeteilt und gegeneinander abgewogen, wobei im Allgemeinen das Fazit „unter Abwägung all dieser für und gegen den Angeklagten sprechenden Gesichtspunkte war auf eine ... Strafe von ... zu erkennen" genügt unter Hinweis darauf, bei welcher Gruppe von Gesichtspunkten das größere Gewicht gesehen wurde.

e) Fehlergruppen. Bei der Bestimmung der verwirkten Einzelstrafe(n) kommen erfahrungsgemäß folgende Fehlergruppen am häufigsten vor:

Gruppe 1:
Unzulässige Doppelverwertung von Merkmalen des gesetzlichen Tatbestandes oder von Gründen, die den Gesetzgeber zu der Strafdrohung bestimmt haben (vgl. § 46 III StGB).

Gruppe 2:
Schärfende Berücksichtigung fehlender Milderungsgründe und mildernde Berücksichtigung fehlender Strafschärfungsgründe.

Gruppe 3:
Unzulässige Berücksichtigung erlaubten Verteidigungsverhaltens.

Gruppe 4:
Nichtberücksichtigung anerkannter Milderungsgründe.

Gruppe 5:
Sonstige Darlegungsmängel.

Gruppe 6:
Strafzumessung außerhalb des eingeräumten Ermessensspielraums/-Entfernung vom gerechten Schuldausgleich.

Folgende Beispiele können für die einzelnen Gruppen exemplarisch (nicht erschöpfend) herangezogen werden:

Gruppe 1: Doppelverwertung
- Der Rauschgifthandel bewirke erhebliche Schäden für einzelne und für die Gesellschaft. Seine Bekämpfung mache deshalb die Verhängung erheblicher Strafen nötig.
- Dem Hehler wird strafschärfend angelastet, erst das Bestehen einer Absatzmöglichkeit lasse Diebstähle als lukrativ erscheinen (vgl. BGH StV 2002, 190).
- Beim Wohnungseinbruchsdiebstahl darf nicht strafschärfend gewertet werden, der Angeklagte habe die Betroffenen „psychisch stark beeinträchtigt" (OLG Köln NStZ-RR 2002, 247).

C. Einzelheiten

- Bei der Strafzumessung für Totschlag müsse dem hohen Wert des geschützten Rechtsguts in deutlicher Weise Rechnung getragen werden.
- Die Erschütterung des Vertrauens der Öffentlichkeit in die Lauterkeit der Verwaltung ist geschütztes Rechtsgut sämtlicher Bestechungsdelikte, so dass ihre strafschärfende Berücksichtigung bei der Strafzumessung gegen § 46 III StGB verstößt (BGH StV 1997, 129).
- Dass der Vergewaltiger „seine Missachtung gegenüber der Persönlichkeit des Opfers zum Ausdruck gebracht hat", gehört zum regelmäßigen Erscheinungsbild dieses Delikts. Dem sexuellen Missbrauch eines Kindes ist immanent, dass die Sexualentwicklung des Opfers nachhaltig gefährdet ist (vgl. BGH StV 1998, 657). Achtung: Bei Sexualstraftaten ist der Verstoß gegen das Doppelverwertungsverbot besonders häufig. Die Zahl der veröffentlichten Entscheidungen ist Legion.
- Dem Brandstifter darf nicht erschwerend angelastet werden, „dass eine erhebliche Gefahr für die Allgemeinheit durch Taten wie diese heraufbeschworen wird".
- Fahren ohne Fahrerlaubnis sei kein Kavaliersdelikt. Angesichts der allgemeinen Gefahren im Straßenverkehr müsse sich die Rechtsgemeinschaft darauf verlassen, dass nur Inhaber einer Fahrerlaubnis am Verkehr teilnähmen.
- Dem Angeklagten darf bei Beihilfe zum Diebstahl nicht straferschwerend angelastet werden, dass er „zusammen mit anderen" gehandelt hat, weil Beihilfe schon begrifflich einen „anderen" voraussetzt (*Mösl* NStZ 1982, 152). Ebenso darf dem Gehilfen nicht ins Wachs gedrückt werden, er habe durch sein Handeln die Bereitschaft des Haupttäters zur Tatbegehung gefördert. Denn das ist eine regelmäßige Auswirkung der Beihilfe (BGH StV 1998, 656). Dem Anstifter darf nicht ins Wachs gedrückt werden, dass er Initiator der Tat war (BGH StV 2002, 190).
- Der Umstand, dass der Angeklagte mit direktem Vorsatz gehandelt hat, darf als solcher nicht erschwerend berücksichtigt werden. Denn bei vorsätzlicher Tatbegehung ist der direkte Vorsatz die vom Gesetzgeber im Auge gehabte Regel (BGH GA 1990, 365).
- Nach strafbefreiendem Rücktritt vom Versuch der Tat darf der ursprüngliche Tatvorsatz nicht mehr zu Lasten des Angeklagten gewertet werden (BGH NStZ 1996, 491), weil sonst die vom Gesetzgeber gewährte Rechtswohltat der Straffreiheit bei Rücktritt dem Täter teilweise wieder entzogen wird. Trifft die abgeurteilte Tat mit einer in Notwehr begangenen zusammen, darf letztere nicht strafschärfend berücksichtigt werden (BGH NStZ 2002, 313).
- Dagegen dürfen überschießende Tendenzen strafschärfend verwertet werden, so z.B. die besonders rohe Gewaltanwendung bei § 177 StGB (BGH NStZ-RR 2002, 136) oder die ungewöhnliche Verschlagenheit und List bei § 263 StGB.

Gruppe 2: Schärfende Berücksichtigung fehlender Milderungsgründe und mildernde Berücksichtigung fehlender Strafschärfungsgründe

- Dass kein verständlicher Anlass für die Tat bestand, darf nicht strafschärfend berücksichtigt werden. Wäre ein solcher Anlass erkennbar geworden, läge ein Milderungsgrund vor (besonders häufig bei Trunkenheit im Verkehr und Fahren ohne Fahrerlaubnis).
- Die schärfende Erwägung, das Tatopfer habe dem Täter keinen Anlass zur Tat geboten, ist unzulässig. Umgekehrt bedeutete es eine Milderung, wenn das Opfer dem Täter die Tatbegehung in vorwerfbarer Weise erleichtert hätte.
- Unzulässig ist regelmäßig die schärfende Erwägung, der Vermögensstraftat habe keine finanzielle oder wirtschaftliche Not zugrunde gelegen (BGH NStZ 1987, 323), es sei denn, der Täter habe in besonders guten wirtschaftlichen Verhältnissen gelebt und die Tat sei deshalb **besonders** verwerflich.

3. Teil. Das Urteil erster Instanz

- Mildernde Berücksichtigung eines fehlenden Strafschärfungsgrundes ist insbesondere dann gegeben, wenn das Fehlen von Umständen betroffen ist, bei denen ein schwererer oder weiterer Straftatbestand verwirklicht wäre.

- Unzulässig ist es, im Rahmen eines Totschlags strafschärfend zu werten, dass sich der Angeklagte um das verletzte Opfer nicht gekümmert hat, insbesondere keine ärztliche Hilfe herbeirief. Das ernsthafte Bemühen um Rettung wäre Strafmilderungsgrund gewesen, nicht aber darf das Fehlen von Rettungsbemühungen strafschärfend berücksichtigt werden (BGH NStZ 1984, 358).

Gruppe 3: Unzulässige Berücksichtigung erlaubten Verteidigungsverhaltens

- Bestreitet der Angeklagte die Tat, darf dies für Strafzumessung, Bewährungsfrage, Maßregeln und sonstige Nebenfolgen nicht nachteilig für ihn herangezogen werden (BGH NJW 1992, 3247). Dies gilt auch dann, wenn der Schuldspruch bereits rechtskräftig und nur noch über die Rechtsfolgen zu entscheiden ist (BGH NStZ 1993, 77).

- Verwischt ein Angeklagter nach der Tat Spuren, um sich selbst der Strafverfolgung zu entziehen, liegt darin auch dann kein Strafschärfungsgrund, wenn es „kaltblütig" geschieht (BGH StV 1990, 16). Jedoch darf die Maskierung des Räubers oder Erpressers strafschärfend gewertet werden (BGH NStZ 1998, 188).

- Straferhöhend darf auch nicht bewertet werden, dass der Angeklagte über sein Leugnen hinaus versucht hat, „alle Schuld auf die Mitangeklagten abzuschieben" (BGH StV 1989, 388; vgl. auch BGH StV 1990, 404), wohl aber, dass er die Ehre eines Zeugen über das zur Verteidigung gebotene Maß in den Schmutz gezogen hat. An sich zulässiges Verteidigungsverhalten kann auch dann nicht strafschärfend berücksichtigt werden, wenn sich hieraus für andere erheblich nachteilige Folgen ergeben, z. B. Erleiden von Untersuchungshaft (BGH NStZ-RR 1999, 328). Achtung: Die fehlerhafte Schärfung wegen Verteidigungsverhaltens kommt wiederum bei Sexualstraftaten besonders häufig vor. Das – erlaubte – Leugnen der Tat berührt zwangsläufig die Integrität des Tatopfers und erschwert seine Stellung im Prozess. Dies ist hinzunehmen.

- Einem zur Sache schweigenden Angeklagten darf nicht strafschärfend angelastet werden, dass seine Verteidiger Beweisanträge bestimmten Inhalts gestellt haben, durch die Dritte – nach Auffassung des Gerichts unbegründet – schwerer Straftaten beschuldigt werden.

- Vorsicht gebietet die häufig zur Strafverschärfung herangezogene Wendung, der Angeklagte habe sich **uneinsichtig** gezeigt. Die Uneinsichtigkeit kann dann strafschärfend berücksichtigt werden, wenn das Prozessverhalten des Angeklagten bei der Art seiner Tat und nach seiner Persönlichkeit auf Rechtsfeindschaft, Gefährlichkeit der Tat und des Täters sowie die Gefahr künftiger Rechtsbrüche schließen lässt. Dagegen kann nicht gegen den Angeklagten ins Feld geführt werden, dass er sich gegen den Schuldvorwurf – auch entgegen richterlicher Belehrung – hartnäckig verteidigt hat und hieran auch nach einer für ihn ungünstig verlaufenden Beweisaufnahme festhielt. Dies entspricht seinen natürlichen Verteidigungsrechten (allgemeine Rechtsprechung). Der Richter muss deshalb kenntlich machen, in welchem Sinne die „Uneinsichtigkeit" zu verstehen ist.

- Strafschärfend darf auch nicht die Erwägung berücksichtigt werden, der Angeklagte habe die Falschaussage eines Entlastungszeugen nicht verhindert, solange keine Anhaltspunkte dafür bestehen, er habe die Falschaussage jenes Zeugen veranlasst (BGH StV 1994, 125).

C. Einzelheiten

Gruppe 4: Nichtberücksichtigung anerkannter Milderungsgründe

- Das Geständnis oder Teilgeständnis ist regelmäßig strafmildernd zu berücksichtigen, zumal wenn es Rückschlüsse auf Einsicht und Reue zulässt, wenn es die Sachaufklärung ermöglicht oder fördert oder wenn es das Verfahren wesentlich erleichtert. Auch das sog. „taktische" Geständnis darf strafmildernd berücksichtigt werden (BGH NStZ 2000, 366). Dass ein Geständnis im Rahmen einer Absprache abgelegt wurde, steht dessen strafmildernder Berücksichtigung nicht entgegen (BGH NStZ 1998, 31).

- Straffreie Lebensführung ist zu berücksichtigen und darf nicht als Selbstverständlichkeit abgetan werden; abw. *Brögelmann* JuS 2002, 1005.

- Kommt es in einem Strafverfahren zu einem ungewöhnlich langen Abstand zwischen Tat und Urteil oder einer sehr langen Dauer des Verfahrens, so hat der Tatrichter grundsätzlich drei Strafmilderungsgründe zu bedenken und ggf. zu erörtern: 1. langer zeitlicher Abstand zwischen Tat und Urteil, 2. Belastungen durch die lange Verfahrensdauer, 3. Verletzung des Beschleunigungsgebots nach Art. 6 I 1 EMRK (BGH NStZ 1999, 181). Die Nr. 3 betreffenden Tatsachen sind ggf. durch Beweisaufnahme aufzuklären, im Urteil festzustellen, erkennbar zu kompensieren und exakt zu quantifizieren (BGH NStZ 1996, 328). Die Ermäßigung hat nicht nur die Gesamtstrafe, sondern auch die Einzelstrafen zu erfassen (BGH NStZ 2002, 589). Die Verletzung des Beschleunigungsgebots nach Art. 6 I 1 EMRK ist im Revisionsverfahren nur auf Grund einer entsprechenden Verfahrensrüge zu prüfen (BGH wistra 1999, 139; StV 1999, 205; a. A. – Berücksichtigung von Amts wegen auf Sachrüge – wohl BGH wistra 2000, 176; zu den – hohen – Anforderungen an die Verfahrensrüge vgl. OLG Düsseldorf StraFO 2000, 379, das auch die Sachrüge dann genügen lässt, wenn die Urteilsgründe ausreichende Angaben zum Verfahrensgang und zur Verfahrensdauer enthalten).

- Mitwirkung bei der Aufklärung anderer Straftaten und Überführung anderer Täter ist zu berücksichtigen. Auf die verschiedenen Kronzeugenregelungen kann hier nicht eingegangen werden. Für den Bereich terroristischer und organisiert begangener Straftaten sind sie mit dem 31. 12. 1999 ohnehin außer Kraft getreten. Die verbliebenen (§ 31 BtMG, § 261 X StGB – Geldwäsche –) sind kaum prüfungsrelevant.

- Unterlassener Selbstschutz des Tatopfers muss erörtert werden, wenn der Sachverhalt Anlass dazu gibt.

- Beamten- und berufsrechtliche Konsequenzen sind zu berücksichtigen.

- In der Nichteinhaltung einer „Zusage", die die StA im Wege verfahrensverkürzender Absprachen abgegeben hat, liegt ein wesentlicher Milderungsgrund (BGH wistra 1990, 319 mit abl. Anm. *Scheffler*).

- Jede Tatprovokation durch einen V-Mann wirkt strafmildernd, verstärkt dann, wenn sich dieser strafbarer Mittel bedient. Die „Strafzumessungslösung" (kein Verfahrenshindernis!) gilt auch bei konventionswidrigen Lockspitzeleinsätzen gegen eine unverdächtige und zunächst nicht tatgeneigte Person, wobei der Verstoß in den Urteilsgründen festzustellen, zu kompensieren und zu quantifizieren ist (BGH NJW 2000, 1123). Der Konventionalverstoß muss mit der Verfahrensrüge geltend gemacht werden, soweit sich seine tatsächlichen Voraussetzungen nicht schon aus den Urteilsfeststellungen ergeben (BGH NStZ 2001,53).

- Schwere, das Leben bedrohende Krankheit des Angeklagten (Krebs, Aids) darf nicht außer Betracht bleiben, desgleichen nicht schwere Verletzungen, die der Täter bei der Tatausführung erlitten hat.

- Immer, wenn der Sachverhalt Schadenswiedergutmachung oder Bemühungen hierzu aufzeigt, ist § 46a StGB (Täter-Opfer-Ausgleich – TOA) zu prüfen. Dies strafmildernd zu berücksichtigen, genügt nicht; vielmehr muss die Möglichkeit der Strafrahmenmilderung nach §§ 46a, 49 I StGB erörtert werden. Unterbleibt dies, leidet das Urteil an einem revisiblen Mangel (BGH NStZ-RR 2002, 329; StV 2001, 230). § 46a Nr. 1 StGB bezieht sich vor allem auf den Ausgleich der immateriellen Folgen einer Straftat. Die Vorschrift setzt einen kommunikativen Prozess zwischen Täter und Opfer voraus, der auf einen umfassenden, Frieden stiftenden Ausgleich der durch die Straftat verursachten Folgen gerichtet sein muss. Ein „Wiedergutmachungserfolg" ist nicht erforderlich; allerdings genügt nicht das einseitige Wiedergutmachungsbestreben ohne den Versuch der Einbeziehung des Opfers (BGH NStZ 2002, 29; 2002, 263; 2002, 646; *Detter* NStZ 2001, 469 und 2002, 134 je m.w.N.). § 46a Nr. 2 StGB betrifft den materiellen Schadensersatz. Die Erfüllung von Schadensersatzansprüchen genügt nicht. Der Täter muss einen über die rechnerische Kompensation hinaus gehenden Beitrag erbringen, der ihm sozusagen „weh tut" und Ausdruck der Übernahme von Verantwortung gegenüber dem Opfer ist (BGH NStZ 1999, 610; 2000, 205; 2000, 536). Die von der Rechtsprechung entwickelte systematische Unterscheidung zwischen § 46a Nr. 1 und Nr. 2 StGB kann allerdings dann nicht in voller Schärfe aufrecht erhalten werden, wenn es um Fälle mit einer Mehrheit teils materiell, teils immateriell Geschädigter (Bankraub!) geht (BGH NStZ 2002, 364 = JZ 2002, 361 = JR 2002, 251 jeweils mit Besprechung verschiedener Verfasser; *Detter* NStZ 2001, 469). § 46a StGB ist auch anwendbar, wenn das Opfer eine juristische Person ist (BGH NStZ 2000, 536). Der TOA wird verfahrensrechtlich durch § 153a I S. 2 Nr. 1 und Nr. 5, II S. 1, § 153b, § 155a, § 155b StPO gestützt und gefördert. § 155a StPO wirft interessante prozessuale Probleme auf, z.B. ob das Gericht eine Hauptverhandlung unterbrechen oder aussetzen muss, um den TOA zu ermöglichen und welche revisionsrechtlichen Folgen sich ergeben, wenn der Tatrichter seiner Hinweis- und Hinwirkungspflicht nicht nachkommt (*Weimer* NStZ 2002, 349). Insgesamt ist der TOA in hohem Maße examens- und klausurrelevant.

Gruppe 5: Sonstige Darlegungsmängel

- Das Fehlen näherer Feststellungen zum Werdegang und zur Persönlichkeit des Angeklagten begründet regelmäßig einen Mangel des Rechtsfolgenausspruchs (BGH NStZ 1985, 309).
- Wird eine Freiheitsstrafe unter sechs Monaten verhängt, müssen die Voraussetzungen des § 47 I StGB erörtert werden (vgl. beispielhaft OLG Köln NJW 2001, 3491).
- Die Ausländereigenschaft als solche darf im Hinblick auf Art. 3 III GG nicht strafschärfend herangezogen werden. Auf diesen Rechtsfehler weisen substanzlose Formulierungen vom „Missbrauch des Gastrechts" hin. Anderseits rechtfertigt die Ausländereigenschaft für sich allein noch nicht die Annahme besonderer Strafempfindlichkeit, zumal dann nicht, wenn – was das Tatgericht soll aufklären müssen! – eine Vollstreckung im Heimatland zu erwarten ist (BGH NJW 1998, 690). Die Ausweisung aus dem Bundesgebiet wegen begangener Straftaten ist nur dann ein bestimmender und zu erörternder Strafzumessungsgrund, wenn sie vom Ausländerrecht als zwingende Folge vorgeschrieben wird (BGH NStZ 1999, 240; noch zurückhaltender BGH NStZ-RR 2000, 297; eingehend zur Problematik *Nitz* StraFO 2002, 316 ff.).
- Nach §§ 154, 154a StPO ausgeschiedener Verfahrensstoff darf bei der Beweisführung und Strafzumessung i.d.R. nur dann verwertet werden, wenn dem ein Hinweis nach § 265 StPO vorausging. Der Hinweis kann allerdings dann unterbleiben, wenn durch das Ausscheiden eine Vertrauensgrundlage in Richtung auf die Unverwertbarkeit nicht geschaffen worden ist (BGH NStZ 1994, 195). Die Verwertung setzt weiter voraus, dass die ausgeschiedenen Taten prozeßordnungsgemäß festgestellt worden sind (BGH NStZ 2000, 594).

C. Einzelheiten 183

- Auch verjährte Straftaten können – wenn auch nicht mit ihrem vollen Gewicht – strafschärfend berücksichtigt werden. Dies ist von besonderer Bedeutung bei Tatserien, deren frühere, häufig weit zurückreichende Glieder oftmals verjährt sind. Im Gegensatz zum früheren Fortsetzungszusammenhang verjährt nunmehr jeder Teilakt für sich. Voraussetzung der strafschärfenden Berücksichtigung ist aber, dass die verjährten Teilakte konkret und nicht nur allgemein („wie schon früher häufig") festgestellt sind. Notfalls muss auch über verjährte Taten – etwa auf Beweisantrag der Staatsanwaltschaft – Beweis erhoben werden (zu dieser Problematik *Foth* NStZ 1995, 375).
- Die **Generalprävention** ist zwar nach wie vor anerkannter Strafzweck. Dieser Strafzweck der Abschreckung anderer darf allerdings nur innerhalb des Spielraums der schuldangemessenen Strafe berücksichtigt werden (*Mösl* NStZ 1982, 149) und nur dann, wo bereits eine gemeinschaftsgefährliche Zunahme solcher oder ähnlicher Straftaten, wie sie zur Aburteilung stehen, festgestellt worden ist (BGH NStZ 1986, 358). Hierüber muss das Urteil Aufschluss geben.
- Häufig liest man – vornehmlich in Verkehrsstraf- oder Verkehrsordnungswidrigkeitssachen – den Satz: „Straferschwerend war zu berücksichtigen, dass der Angeklagte (Betroffene) schon dreimal wegen Verkehrsordnungswidrigkeiten verurteilt worden ist". Das genügt nicht. Werden Eintragungen im Straf- oder Verkehrszentralregister zuungunsten des Täters berücksichtigt, muss angegeben werden, welche gerichtlichen und verwaltungsbehördlichen Entscheidungen diesen Eintragungen zugrunde liegen, wann sie erlassen wurden, rechtskräftig oder unanfechtbar geworden sind, um die Nachprüfung zu ermöglichen, ob sie im Zeitpunkt der tatrichterlichen Entscheidung getilgt oder tilgungsreif waren (BayObLG bei *Rüth* DAR 1977, 200). Ferner sind die Gegenstände der früheren Verfahren mitzuteilen. Mit einschlägigen, straferschwerend herangezogenen Vortaten und ihren Begleitumständen muss sich der Richter näher auseinandersetzen.
- Besonders häufig sind Darlegungsmängel bei der Erörterung oder Nichterörterung der verminderten Schuldfähigkeit nach § 21 StGB.

Bei Blutalkoholwerten von über zwei Promille für die Tatzeit dürfen Ausführungen zur verminderten Schuldfähigkeit nicht fehlen. Dabei genügt es nicht, allein das ungestörte Leistungsverhalten als Beweis für intaktes Hemmungsvermögen heranzuziehen (BGH StV 1990, 302). Bei Blutalkoholwerten unter zwei Promille darf der Richter bei einem erwachsenen gesunden Menschen in der Regel von voller Schuldfähigkeit ausgehen. Lediglich bei Besonderheiten im Einzelfall, die sich vornehmlich aus dem Blutentnahmeprotokoll und den Beobachtungen des Arztes ergeben können, sind auch insoweit Erörterungen veranlasst (BGH StV 1990, 402). Eine Regelwirkung, dass Alkoholdelikte im Straßenverkehr regelmäßig an der Vergünstigung der §§ 21, 49 StGB nicht teilnehmen könnten, gibt es nicht (OLG Karlsruhe VRS 81, 19). Nicht unbedenklich ist die Tendenz, in Fällen der Alltagskriminalität (z. B. Trunkenheit im Verkehr) bei einer BAK ab 2‰ regelmäßig „aus Gründen der Verfahrensökonomie" § 21 StGB schematisch anzuwenden (so aber OLG Naumburg DAR 2001, 379).

Die Versagung einer Strafmilderung nach §§ 21, 49 I StGB mit der Begründung, der die Steuerungsfähigkeit erheblich mindernde Affekt sei verschuldet gewesen, ist nur dann rechtsfehlerfrei, wenn der Täter unter den konkreten Umständen den Affektaufbau verhindern konnte und die Folgen des Affektdurchbruchs für ihn vorhersehbar waren (BGH JuS 1989, 330).

Bewertet das Gericht bei einem Täter, dessen Steuerungsfähigkeit nach § 21 StGB erheblich vermindert war, die gefühlskalte, rücksichtslose und brutale Tatausführung strafschärfend, so darf es dies zwar grundsätzlich tun, allerdings nicht ohne Eingehen auf die Frage, ob und inwieweit solche Handlungsintensität gerade auf der geistig – seelischen Ausnahmesituation beruht, die dem Täter als verminderte Schuldfähigkeit zugute zu halten ist (BGH NStZ 1997, 592; vgl. auch BGH MDR 1990, 676 – Verweigerung des gemilderten Strafrahmens aus diesem Grunde –). Auch wenn der Zustand des Angeklagten nicht einen den Voraussetzungen des § 21 StGB genügenden Schweregrad erreicht, schließt dies nicht aus, ihn schuldmindernd bei der Strafzumessung zu berücksichtigen. Verminderte Schuldfähigkeit kann im Einzelfall auch den bedingten Vorsatz bei einem Tötungsdelikt in Frage stellen (BGH StV 1992, 10).

- **Drogenabhängigkeit.** Sie begründet für sich allein noch keine erhebliche Verminderung der Schuldfähigkeit (BGH NStZ 1989, 17).

Derartige Folgen sind bei einem Rauschgiftsüchtigen nur ausnahmsweise gegeben, wenn z. B. langjähriger Betäubungsmittelgenuss zu schwersten Persönlichkeitsveränderungen geführt hat, ferner dann, wenn das Delikt im Zustand eines akuten Rausches verübt wird, schließlich dann, wenn der Täter unter starken Entzugserscheinungen leidet und durch sie getrieben wird, sich mittels einer Straftat Drogen zu verschaffen (ständige Rechtsprechung des BGH; BGH NStZ 2001, 82; 2001, 83). Die letztgenannte Fallgestaltung hat in der neueren BGH-Rechtsprechung eine Ausweitung erfahren: Die Anwendung des § 21 StGB bei Beschaffungsdelikten kann auch schon dann in Frage kommen, wenn zwar der Täter zur Tatzeit nicht unter akuten körperlichen Entzugserscheinungen gelitten hat, aber die Angst vor Entzugserscheinungen, die er schon als äußerst unangenehm erlebt hat und als nahe bevorstehend einschätzt, seine Hemmungsfähigkeit erheblich beeinträchtigt (BGH StV 1989, 386; NStZ 1999, 448; NStZ-RR 2001, 81). Zusammentreffen von Alkohol- und Betäubungsmittelgenuss erfordert eine Gesamtbetrachtung.

Gruppe 6: Strafzumessung außerhalb des eingeräumten Ermessensspielraums

- Erkennt das Gericht auf die – nicht absolut bestimmte – Höchststrafe oder bleibt es nur unwesentlich darunter, muss es kenntlich machen, dass es den zu beurteilenden Fall für einen der denkbar schwersten hält. Damit ist es z. B. unvereinbar, wenn das Gericht beachtliche für den Angeklagten sprechende Gesichtspunkte im Urteil aufscheinen lässt. Umgekehrt schließt zwar das Vorliegen von Strafschärfungsgründen die Verhängung der Mindeststrafe nicht aus. Dies darf aber erst nach einer eingehenden Begründung und Gesamtabwägung geschehen. Eine Freiheitsstrafe von 13 Jahren für eine – wenn auch unter erschwerenden Umständen begangene – Vergewaltigung hat der BGH (NStZ 2001, 24) als derart hoch angesehen, dass sie ihrer Aufgabe, gerechter Schuldausgleich zu sein, nicht mehr entspricht. Zu erfolglosen Revisionen der Staatsanwaltschaft mit dem Vorbringen unangemessen niedriger Strafen vgl. *Winkler* NStZ 2001, 303.

- Die im Rahmen einer Absprache (Verständigung) verhängte Strafe muss schuldangemessen sein. Die Zusage einer bestimmten Strafe vor Urteilsberatung ist unzulässig. Zulässig ist die Angabe einer Strafobergrenze für den Fall eines Geständnisses (BGH NStZ 1998, 31; siehe auch oben S. 112).

f) Die Gesamtstrafe. Die gesetzliche Regelung der Gesamtstrafe (§§ 53 bis 55 StGB) wirft zahlreiche schwierige Rechtsfragen auf. Sie im Rahmen dieser Abhandlung auch nur in groben Zügen zu skizzieren, ist unmöglich. Wenige examensrelevante Hinweise seien gegeben.

- Die Gesamtstrafe ist **gesondert zu begründen** (§ 54 I Satz 3 StGB), im „Notfall" durch die stereotype Formel „unter nochmaliger Abwägung aller für und gegen den Angeklagten sprechenden Gesichtspunkte", besser aber durch Erwägungen, ob das Verhältnis der Einzeltaten zueinander unter Berücksichtigung der Täterpersönlichkeit einen scharfen Zusammenzug erlaubt oder einen weniger scharfen gebietet. Die Erhöhung der Einsatzstrafe muss in der Regel niedriger ausfallen, wenn zwischen

C. Einzelheiten

den einzelnen Taten ein enger zeitlicher, sachlicher und situativer Zusammenhang besteht. Durch den faktischen Wegfall des Fortsetzungszusammenhangs hat die Gesamtstrafe eine hohe Bedeutung gewonnen, weil sehr oft eine Fülle von Einzelstrafen (in der Praxis oft Hunderte) zu ihr zusammengezogen werden müssen. Der BGH hat mehrfach betont, es sei nicht Sinn und Zweck der Abschaffung des Fortsetzungszusammenhangs, das allgemeine Strafniveau der Serienstraftat zu erhöhen (BGH NJW 1995, 2234; NStZ-RR 1997, 130). Dem ist im Einzelfall durch betont maßvolle Erhöhung der Einsatzstrafe Rechnung zu tragen. Die wiederholte Verwirklichung gleichartiger Taten muss nicht Ausdruck einer sich steigernden rechtsfeindlichen Einstellung sein; vielmehr kann die Hemmschwelle für die späteren Taten von mal zu mal niedriger geworden sein (BGH StV 2000, 254). Die Gesamtstrafe darf nicht auf Grund von Rechenformeln gebildet werden. Jeder Schematismus ist der Gesamtstrafenbildung fremd (BGH NStZ 2001, 365).

- Lässt das Gericht nach § 53 II Satz 2 StGB eine Geldstrafe gesondert bestehen, hat es dies zu begründen. Das gesonderte Bestehen lassen der Geldstrafe kann zu dem Zweck erlaubt und geboten sein, die zeitige Freiheitsstrafe als bewährungsfähig zu erhalten (BGH wistra 2000, 177). Die Urteilsgründe müssen in geeigneten Fällen erkennen lassen, dass dies bedacht worden ist (BGH NStZ-RR 2002, 264; wistra 2002, 185; *Detter* NStZ 2000, 580).

- Frühere rechtskräftig erkannte, noch nicht verbüßte oder vollstreckte Strafen hat der Richter nach § 55 StGB in eine **nachträgliche** Gesamtstrafe **einzubeziehen.** Er muss dies im Urteil tun und darf es nur, wenn er die Voraussetzungen „schuldlos" nicht feststellen kann, einem späteren Beschlussverfahren überlassen. Im Examen ergeben sich die Voraussetzungen des § 55 StGB in der Regel aus einem in der Aufgabe enthaltenen Vorstrafenverzeichnis oder aus sonstigen Mitteilungen. Der Kandidat muss prüfen, ob der im früheren Verfahren tätige Richter rein zeitlich gesehen in der Lage war, die jetzt zur Beurteilung stehende(n) Tat(en) in sein Erkenntnis einzubeziehen. Liegen diese Voraussetzungen vor, kann aber die früher erkannte Strafe zufolge vollständiger Verbüßung nicht einbezogen werden, ist ein „Härteausgleich" vorzunehmen, dessen Gestaltung dem Ermessen des Richters überlassen ist, der aber die Angemessenheit des Nachteilsausgleichs erkennen lassen muss (vgl. *Tröndle/Fischer* § 55 Rdnr. 22; *Meyer-Goßner* NStZ 1988, 535, 536) – lesenswert. Hätte der frühere Richter einzelne der jetzt zur Aburteilung stehenden Taten – zeitlich gesehen – einbeziehen können, andere nicht, dürfen nur erstere in die jetzt zu bildende Gesamtstrafe einbezogen werden (sog. Zäsurwirkung; anschaulich dazu BGH NStZ 2002, 590). Danach kann es geschehen, dass neben der erstrangig gebildeten Gesamtstrafe eine Einzelstrafe verbleibt oder gar eine weitere Gesamtstrafe gebildet werden muss. *Beispiel:* Früheres Urteil vom 10. 9. 1997 lautete auf 6 Monate Freiheitsstrafe. Jetziges Urteil vom 5. 2. 1998 hat zum Gegenstand Taten vom 6. 9. 1997 (4 Monate), 9. 10. 1997 (5 Monate) und 9. 11. 1997 (3 Monate). Die früher erkannte Freiheitsstrafe kann nur und muss mit der Strafe für die Tat vom 6. 9. 1997 zur Gesamtstrafe verbunden werden. Aus den Strafen für die Taten vom 9. 10. 1997 und 9. 11. 1997 ist eine gesonderte Gesamtstrafe zu bilden. Denn der am 10. 9. 1997 tätig gewordene Richter konnte nur die Tat vom 6. 9. 1997 mit aburteilen, die späteren nicht. Solche Fallgestaltungen sind in Klausuren häufig. Bei einer jetzt abzuurteilenden Dauerstraftat kommt es darauf an, ob sie der frühere Richter in vollem Umfang hätte mit aburteilen können. Bei der Bildung mehrerer Gesamtstrafen gilt die Grenze des § 38 II StGB nur für die einzelne Gesamtstrafe, nicht aber für deren Summe (BGH JR 1998, 429 m. Anm. *Fahl*). In solchen Fällen muss aber ein Nachteilsausgleich zur Vermeidung eines zu hohen Gesamtstrafenübels bedacht werden (BGH NStZ 2000, 137).

- War die frühere Strafe ihrerseits eine Gesamtstrafe, wird nicht sie einbezogen; vielmehr wird sie aufgelöst und werden die Einzelstrafen einbezogen. In der Rechtsprechung des BGH noch nicht geklärt ist die Frage, ob § 55 StGB auch dann Anwendung finden kann, wenn das frühere Urteil auf eine Gesamtstrafe erkannt hat, aber keine Einzelstrafen enthält (nein: BGH NStZ-RR 1998, 296 – Härteausgleich-; ja: BGH NStZ 1999, 185; NStZ-RR 1999, 137). Die neue Gesamtstrafe braucht nicht höher zu sein als die frühere. War in der früheren Entscheidung die Entziehung der Fahrerlaubnis mit Sperrfrist angeordnet, ist diese Rechtsfolge noch nicht erledigt und bietet die neu abzuurteilende Tat keine Grundlage für die Anordnung einer solchen Rechtsfolge, muss der neue Richter die frühere Maßnahme unverändert aufrecht erhalten (BGH NStZ 1992, 231). Er wie der Klausurbearbeiter dürfen dies ja nicht vergessen. Rechtfertigt hingegen auch die neue Tat Maßnahmen nach §§ 69, 69a StGB, ist über sie insgesamt neu und einheitlich zu befinden (vgl. § 55 II StGB).

- Die Bildung einer Gesamtfreiheitsstrafe aus einer Jugend- und einer Freiheitsstrafe ist nicht zulässig, auch wenn die zeitlichen Voraussetzungen des § 55 StGB vorliegen (BGH JR 1990, 523). Ausländische Strafen sind nicht gesamtstrafenfähig; es ein Härteausgleich zu bilden (BGH NStZ-RR 2000, 105). Aus Einzelgeldstrafen darf nur eine Gesamtgeldstrafe, nicht eine Gesamtfreiheitsstrafe gebildet werden (BGH wistra 1999, 297).

g) Strafaussetzung zur Bewährung. § 56 I StGB wirft besondere examensrelevante Probleme nicht auf. Merken sollte man sich, dass bei Bewährungsbruch und mehrfachen, zumal einschlägigen und mit Freiheitsentzug verbundenen Vorverurteilungen eine günstige Sozialprognose nur in Ausnahmefällen in Betracht kommt. Sie setzt stets voraus, dass die Begehung weiterer Straftaten, ggf. unter Einwirkung von Auflagen und Weisungen, nicht eben wahrscheinlich ist. In dubio pro reo gilt nicht.

§ 56 II StGB setzt zunächst voraus, dass die Voraussetzungen des Abs. I (günstige Prognose) vorliegen, weiter mildernde Umstände von besonderem Gewicht. Diese dürfen nicht zu engherzig gesehen werden. Der Anwendungsbereich des Abs. II beschränkt sich nicht auf Taten mit Ausnahmecharakter, etwa Konfliktstaten oder Situationen, die an Rechtfertigungs- oder Schuldausschließungsgründe heranreichen. Vielmehr kann schon das auffällige Zusammentreffen durchschnittlicher und einfacher Milderungsgründe ausreichen. Maßgebend ist insoweit die Gesamtwürdigung von Tat und Täterpersönlichkeit. Die für die Bestimmung der Sozialprognose (Abs. I) maßgeblichen Umstände können auch für Abs. II von Bedeutung sein. Doppelrelevant und erörterungsbedürftig ist auch die Verbüßung von längerer Untersuchungshaft. Der Richter darf eine Freiheitsstrafe von nicht mehr als zwei Jahren nicht im Wesentlichen deshalb aussprechen, um eine Strafaussetzung zur Bewährung zu ermöglichen. Insoweit verstieße er gegen seine Pflicht zur Festsetzung der schuldangemessenen Strafe (BGH NStZ 1992, 489). Allerdings darf er die Frage der Aussetzbarkeit bei der Findung schuldangemessener Sanktionen mit berücksichtigen (BGH wistra 2002, 137). Unzulässig ist es, bestimmte Deliktsgruppen aus dem Anwendungsbereich des § 56 StGB herauszunehmen (BGH NStZ-RR 1999, 281).

C. Einzelheiten

h) Maßregeln der Besserung und Sicherung. Examensmäßig spielt wohl in erster Linie die Entziehung der Fahrerlaubnis eine Rolle. Über sie ist bereits im Zusammenhang mit der Fassung des Tenors einiges gesagt worden. Maßgeblich für die Feststellung der Ungeeignetheit im Sinn des § 69 I StGB ist der Zeitpunkt der Urteilsfindung. Zeitablauf, zwischenzeitliches unbeanstandetes Fahren und die Wirkungen einer vorläufigen Maßnahme nach § 111a StPO können, müssen aber nicht den Eignungsmangel entfallen lassen. Entscheidend für die Dauer der Sperrfrist nach § 69a I StGB ist die voraussichtliche Ungeeignetheit des Täters. Diese ist nicht nach allgemeinen Strafzumessungsregeln zu beurteilen. Die Schwere der Tatschuld ist nur insoweit von Bedeutung, als sie Hinweise auf die charakterliche Ungeeignetheit zu geben vermag, auf die es für die Zulässigkeit der Sicherungsmaßnahme regelmäßig ankommt. Generalpräventive Erwägungen bleiben außer Betracht. Einen instruktiven Überblick zu Problemen mit der Dauer der Sperre gibt *Michel* in DAR 1999, 539. Auch hier nochmals der Hinweis, dass Straftatbestände wie §§ 242, 249, 263, 177, 260 StGB, sofern sie mit dem Führen eines Kraftfahrzeugs zusammenhängen, die charakterliche Ungeeignetheit indizieren können (OLG München NJW 1992, 2776 und 2777). Dasselbe gilt – in der Praxis häufig – für Betäubungsmittelgeschäfte unter Führung eines Kraftfahrzeugs (BGH NJW 1997, 2765). Der Zusammenhang zwischen Straftat und Führen eines Kraftfahrzeugs besteht aber nicht schon dann, wenn der Täter mit dem Fahrzeug zum Tatort fährt; er erfordert vielmehr eine Förderung der tatbestandlichen Handlung selbst (BGH NZV 2002, 378).

Ein nach wie vor aktuelles, vom BGH wiederholt aufgegriffenes, praktisch bedeutsames und auch examensrelevantes Problem betrifft die Anwendung des § 64 StGB. Danach ist die Unterbringung in einer Entziehungsanstalt zu prüfen, wenn die Tat Ausfluss von Betäubungsmittelsucht war und die Gefahr weiterer suchtbedingter erheblicher Taten besteht (Wichtig für die Beschaffungskriminalität). Der BGH greift diese Frage auf die allgemeine Sachrüge hin auf und hebt das Urteil, wenn er die Prüfung vermisst, im Rechtsfolgenausspruch auf. In solchen Fällen ist auch § 246a StPO (Zuziehung eines Sachverständigen) zu bedenken (vgl. im Überblick *Holtz* MDR 1994, 433).

7. Aufbaubesonderheiten der gemischten Entscheidung

Besonderheiten im Aufbau ergeben sich bei sogenannten gemischten Entscheidungen, d. h. wenn wegen eines Teils der dem EB zugrundeliegenden Taten verurteilt, wegen eines Teils freigesprochen und/oder eingestellt wird. In derartigen Fällen ist der verurteilende Teil einschließlich der Rechtsfolgenbemessung selbstständig abzuhandeln. Dann folgt der Freispruchteil nach seinen früher skizzierten Aufbaugrundsätzen: Grobe Skizzierung des Tatvorwurfs, getroffene Feststellungen, falls erforderlich Beweiswürdigung und Darstellung, ob aus tatsächlichen oder rechtlichen

Gründen freigesprochen wird. Die Teileinstellung ist gleichfalls nach vollständigem Abschluss des auf Verurteilung erkennenden Teils als eigenständiger Komplex abzuhandeln: Zusammenfassende Konkretisierung des Tatvorwurfs in örtlicher, sachlicher und zeitlicher Hinsicht sowie tatsächliche Darstellung und rechtliche Einordnung des Verfahrenshindernisses (vgl. im Einzelnen zum Aufbau der gemischten Entscheidung *Mürbe* JuS 1989, 566 und *Huber* JuS 1990, 557 Beispiel 77). Erst durch die abschließende Kosten- und Auslagenentscheidung sowie gegebenenfalls die Entschädigungsentscheidung nach dem StrEG werden die auf Verurteilung und/oder Einstellung erkennenden Teile wiederum verbunden.

V. Nebenentscheidungen im Urteil

1. Die Kostenentscheidung im Urteil

a) Grundsätzliches. Nach dem formellen Kostenrecht des § 464 StPO muss in dem Urteil (Tenor) eine Kosten- und Auslagenentscheidung getroffen werden. **Von wem** die Kosten und notwendigen Auslagen zu tragen sind (materielles Kostenrecht), ist vornehmlich in §§ 465 und 467 StPO geregelt. Für besondere Fälle (vgl. etwa §§ 469, 470, 472 StPO) hält das Gesetz ergänzende oder abweichende Regelungen bereit. Für den Klausurbetrieb genügt es, die wichtigsten Gestaltungen zu beherrschen. Es ist dies aber auch notwendig, da eine unrichtige oder unvollständige Kostenentscheidung auf den Prüfer einen schlechten Eindruck macht.

b) Verurteilung. Wird der Angeklagte in vollem Umfang verurteilt, lautet die auf § 465 I StPO beruhende Kostenentscheidung schlicht: „Der Angeklagte trägt die Kosten des Verfahrens". Überflüssig und unrichtig ist der häufig gelesene Zusatz „und seine notwendigen Auslagen". Überflüssig deshalb, weil es eines Ausspruchs über die notwendigen Auslagen nur dann bedarf, wenn sie von einem anderen Verfahrensbeteiligten zu tragen sind als dem, bei dem sie erwachsen sind. Unrichtig oder mindestens unscharf deswegen, weil der Angeklagte seine Auslagen auch insoweit trägt, als sie nicht notwendig gewesen sind. Ausnahmen von der Kostenpflicht des verurteilten Angeklagten können indes nach § 465 II StPO in Betracht kommen. Häufigster Anwendungsfall des § 465 II StPO ist der so genannte **unechte Teilfreispruch:** Werden dem Angeklagten tateinheitlich begangene Verstöße zur Last gelegt und werden sie nur zum Teil erwiesen, so kann der Angeklagte von solchen besonderen gerichtlichen und eigenen notwendigen Auslagen entlastet werden, die ausschließlich der Aufklärung der nicht erweislichen Verstöße dienten. Häufiges Beispiel: Dem Angeklagten wird fahrlässige Körperverletzung im Straßenverkehr in Tateinheit mit fahrlässiger Straßenverkehrsgefährdung durch Trunkenheit am Steuer vorgeworfen; Blutprobenuntersuchung und Sachverständigengutachten ergeben, dass der Vorwurf alkoholbedingter Fahruntüchtigkeit entfällt. Solchenfalls wird die Kostenentscheidung lauten: „Der Angeklagte trägt die Kosten des Verfahrens; jedoch werden die notwendigen Auslagen des Angeklagten und die besonderen Auslagen der Staatskasse insoweit auf diese übernommen, als sie wegen des Verdachts einer Straftat nach § 315 c StGB entstanden sind". In einfach gelagerten und kostenmäßig übersichtlichen Fällen war im Rahmen von § 465 II StPO schon bisher eine bruchteilsmäßige Aufteilung der Auslagen der Beteiligten gestattet. § 464 d StPO, eingeführt durch das am 1. 7. 1994 in Kraft getretene Kostenrechtsänderungsgesetz, bedeutet insoweit eine Klarstellung.

c) Freispruch. Wird der Angeklagte freigesprochen, lautet die Entscheidung nach der Neufassung des § 467 I StPO wie folgt: „Die Auslagen der Staatskasse und die notwendigen Auslagen des Angeklagten fallen der Staatskasse zur Last." In der Praxis gängiger ist aber die Formulierung „Die Kosten des Verfahrens und die notwendigen Auslagen des Angeklagten trägt die Staatskasse". Für die früher üblichen, teils unvollständigen, teils bedenklichen Formulierungen „Die Kosten des Verfahrens trägt die Staatskasse" oder „Der Angeklagte wird auf Kosten der Staatskasse freigesprochen" ist jetzt kein Raum mehr.

d) Gemischte Entscheidung. Bei gemischter Entscheidung (teils Freispruch bzw. Einstellung, teils Verurteilung) ist wie folgt zu tenorieren: „Soweit der Angeklagte verurteilt wurde, trägt er die Kosten des Verfahrens. Soweit Freispruch erfolgte/das Verfahren eingestellt wurde, fallen die Auslagen der Staatskasse und die dem Angeklagten erwachsenen notwendigen Auslagen der Staatskasse zur Last". Eine Quotelung entsprechend dem Zivilprozess war früher unstatthaft. Heute wird sie durch § 464 d StPO zwar nicht vorgeschrieben, aber doch erlaubt. Von der Kostenaufteilung nach Bruchteilen soll dann Gebrauch gemacht werden, wenn diese – ggf. auf Grund sachgemäßer Schätzung – ohne besonderen Aufwand möglich ist. Im Falle von vollem oder teilweisem Freispruch (bzw. Einstellung) versäumen Sie bitte nicht, einen Blick auf § 467 II–V StPO zu werfen und zu prüfen, ob dem Angeklagten trotz ihm günstigen Verfahrensausgangs Kosten aufzuerlegen sind (Abs. 2) oder ob – häufiger – Anlass besteht, von der Überbürdung seiner notwendigen Auslagen auf die Staatskasse ganz oder teilweise abzusehen. Häufigster Fall in der Praxis ist § 467 III Satz 2 Nr. 1 StPO: Der Angeklagte hat trotz früherer Einlassung zur Sache wesentliche für ihn sprechende Gesichtspunkte verschwiegen. Kein Kostennachteil erwächst dem Angeklagten aber daraus, dass er zunächst von seinem Schweigerecht Gebrauch gemacht und sich erst in der Hauptverhandlung entlastet hat. Von den Sonderfällen kommt § 472 StPO (Beteiligung eines Nebenklägers) besonders häufig vor. Zu beachten ist hier, dass die Belastung des Angeklagten mit den Nebenklagekosten eines dahingehenden Ausspruchs bedarf, widrigenfalls die Auslagen des Nebenklägers bei diesem verbleiben. Die Staatskasse darf nie mit den Auslagen des Nebenklägers belastet werden.

e) Rechtsmittel. Die Kosten- und Auslagenentscheidung unterliegt nach § 464 III StPO und unter den dort bezeichneten Voraussetzungen und Einschränkungen der sofortigen Beschwerde. Diese ist nicht im Hauptrechtsmittel der Berufung oder Revision enthalten. Sie kann neben diesen Rechtsmitteln oder auch selbstständig eingelegt werden. Ersteres empfiehlt sich dann, wenn eine Änderung der Kosten- und Auslagenentscheidung auch für den Fall des Misserfolgs des Hauptrechtsmittels erstrebt wird, Letzteres dann, wenn die Beschwer allein in der Nebenentscheidung oder, was praktisch häufig vorkommt, in ihrer Unterlassung gesehen wird.

Tipp: Prüfen Sie, wenn es die Rechtsmittelaussichten gegen ein Urteil darzulegen gilt, stets auch die Möglichkeit und Notwendigkeit einer sofortigen Kostenbeschwerde. Für sie gilt übrigens, dass bei Fristversäumung das Verteidigerverschulden dem Angeklagten wie eigenes zugerechnet wird.

2. Entscheidungen nach dem StrEG

Vorbemerkung: Auch im Geltungsbereich von Prüfungsordnungen, in denen das StrEG nicht ausdrücklich als Prüfungsmaterie ausgewiesen ist, empfehlen sich Grundlagenkenntnisse deshalb, weil sie – je nach der vom Kandidaten vorgenommenen Urteilsgestaltung – zwangsläufig um der Vollständigkeit und Geschlossenheit des Urteils willen präsent sein müssen, genau so z. B. wie Grundlagenkenntnisse der Kosten- und Auslagenentscheidung.

a) Grundsätzliches. In geeigneten Fällen ist zu prüfen und im Urteil darüber zu entscheiden, ob dem Angeklagten nach dem Gesetz über die Entschädigung für Strafverfolgungsmaßnahmen (StrEG) eine Entschädigung aus der Staatskasse zusteht. Für eine solche Prüfung und Entscheidung ist stets Anlass, wenn gegen den Angeklagten Strafverfolgungsmaßnahmen im Sinn des § 2 StrEG ausgebracht worden sind und wenn der Angeklagte entweder freigesprochen wird (bzw. das Verfahren gegen ihn eingestellt wird) oder wenn er zwar verurteilt wird, die im Urteil angeordneten Rechtsfolgen aber hinter den vorläufigen Maßnahmen zurückbleiben (§ 4 StrEG). In **allen** Fällen können die Ausschluss- und Versagungsgründe der §§ 5, 6 StrEG einer Entschädigung entgegenstehen; die Entschädigung nach § 4 für „überschießende" Maßnahmen unterliegt zusätzlich der Billigkeitsschranke.

b) Häufige Fälle: In der Praxis besonders häufig und klausurmäßig wichtig sind aus dem Maßnahmenkatalog des § 2 die Untersuchungshaft und die vorläufige Entziehung der Fahrerlaubnis. Hat der Angeklagte solche Maßnahmen erdulden müssen, wird die Entschädigungsfrage in folgenden Fällen relevant:

– Der Angeklagte wird sanktionslos freigesprochen oder das Verfahren wird durch Urteil eingestellt

C. *Einzelheiten* 191

– Er wird zwar verurteilt, die Strafe ist aber geringer als die Dauer der erlittenen Untersuchungshaft, oder die im Urteil ausgesprochene Führerscheinmaßnahme erschöpft sich in einem Fahrverbot, das an die Dauer der vorläufigen Entziehung nicht heranreicht.

c) Ausschluss- und Versagungsgründe: Im Vordergrund der Betrachtung steht meist die Frage, ob eine Entschädigung deswegen ausgeschlossen ist, weil der Angeklagte die Maßnahme vorsätzlich (weniger häufig) oder **grob fahrlässig** verursacht hat. Dazu sollte man sich folgende Kernsätze einprägen: Der Begriff „grobe Fahrlässigkeit" ist nicht in strafrechtlichem Sinn zu verstehen, weil es bei dem Erstattungsanspruch nicht um strafrechtliche Schuld, sondern um die nach den Vorschriften der §§ 276, 277 BGB zu beurteilende Zurechenbarkeit eigenen Verhaltens geht. Es gilt daher ein *objektiver Maßstab,* wobei allerdings die besonderen Verhaltensweisen einzelner Personen- oder Berufsgruppen zu berücksichtigen sind. Grob fahrlässig handelt der Beschuldigte, der die im Verkehr erforderliche Sorgfalt in ungewöhnlichem Maße außer acht lässt, d.h. diejenige Sorgfalt, die ein ordentlicher und verständiger Mensch in gleicher Lage aufwenden würde, um sich vor Schaden durch Verfolgungsmaßnahmen zu bewahren. Die Maßnahme muss nicht mutwillig oder sonst unlauter herbeigeführt sein. Der Kreis der Verhaltensweisen, die nach § 5 II Satz 1 StrEG die Entschädigung ausschließen, ist vom Gesetz nicht beschränkt. Deshalb kommt es nicht darauf an, ob das für die Verfolgungsmaßnahme ursächliche Handeln des Beschuldigten der Tat vorausgeht, in ihr selbst liegt, sie begleitet oder ihr erst nachfolgt. Maßgebend ist der Sachverhalt, wie er sich zurzeit der Anordnung der Verfolgungsmaßnahme darstellte. Die ex-post-Betrachtung nach Durchführung der Ermittlungen ist nicht maßgebend. Begründet ein Verhalten nach objektiven abstrakten Grundsätzen den Vorwurf grober Fahrlässigkeit, trifft den Beschuldigten für seine Behauptung, dieses Verhalten sei ihm ausnahmsweise nicht zuzurechnen, die Beweislast.

Beispiele für grobe Fahrlässigkeit sind: Ein falsches Geständnis, unglaubhafte wechselnde Einlassungen, Untertauchen nach Aufkommen des Tatverdachts, Flucht ins Ausland, unlauteres Einwirken auf Zeugen und andere Beweismittel, Aufenthalt an einem die Verstrickung in Straftaten erkennbar fördernden Ort; für die vorläufige Entziehung der Fahrerlaubnis „Herantrinken" an die Grenze von 1,1 Promille, Nachtrunk trotz zu erwartenden polizeilichen Einschreitens, belastendes Verhalten beim Alko-Test. Kein Vorwurf grober Fahrlässigkeit greift Platz in den Fällen der Rechtfertigung und erfolgreichen Berufung auf einen Tatbestandsirrtum, es sei denn, der Irrtum sei grob fahrlässig verschuldet. Kraft Gesetzes ist auch das Schweigen zum Schuldvorwurf vom Vorwurf grober Fahrlässigkeit ausgenommen (§ 5 II Satz 2 StrEG).

Der **Ausschluss der Entschädigung** kann sich auf einen Teil der Verfolgungsmaßnahme oder auf einen zeitlich begrenzten Abschnitt beschränken, was in dem Vorbehalt „wenn und soweit" zum Ausdruck kommt. Maßgebend ist dabei die Reichweite der dem Betroffenen zurechenbaren Kausalität. Der Ausschluss nach Abs. 2 entfällt demgemäß für die Zeit, von der an die vom Betroffenen gesetzte Kausalität nicht mehr fortwirkt und die Maßnahme kraft besserer Erkenntnis hätte aufgehoben werden müssen. Fortfall der vom Beschuldigten gesetzten Kausalität ist z. B. dann anzunehmen, wenn für die Aufrechterhaltung der Maßnahme unrichtige Zeugenaussagen, grobe Bearbeitungsfehler der Strafverfolgungsbehörden, unvertretbare Beweiswürdigung oder fehlerhafte Rechtsanwendung maßgebend waren. An der Mitursächlichkeit des dem Beschuldigten zurechenbaren Verhaltens kann es auch von vornherein fehlen. Bei der Prüfung der Kausalität ist ein strenger Maßstab zu Gunsten des Beschuldigten anzulegen; in Zweifelsfällen gebührt ihm eine Entschädigung.

Unter den **fakultativen Versagungsgründen** des § 6 StrEG ist derjenige des I Nr. 1 hervorzuheben. Danach kann eine Entschädigung ganz oder teilweise versagt werden, wenn der Beschuldigte die Verfolgungsmaßnahme dadurch verursacht hat, dass er sich selbst in wesentlichen Punkten wahrheitswidrig oder im Widerspruch zu seinen späteren Erklärungen belastet oder wesentliche entlastende Umstände verschwiegen hat, obwohl er sich zur Beschuldigung geäußert hat (vgl. auch die entsprechende Kostenregelung in § 467 III Satz 2 Nr. 1 StPO). Der auf das Verteidigungsverhalten bezogene Versagungsgrund des § 6 I Nr. 1 StrEG tritt in seiner Bedeutung aber weitgehend zurück, weil bei wahrheitswidriger Selbstbelastung oder bei Verschweigen wesentlicher entlastender Umstände vorrangig der obligatorische Ausschlussgrund des § 5 II StrEG heranzuziehen ist. Denn diese Vorschrift bildet gegenüber § 6 die umfassendere Sperre gegen eine Entschädigung und hat daher als weitergehende Regelung den Vorrang.

d) Verfahrensrechtliches: Die Verfahrensweise des Gerichts ist in § 8 StrEG geregelt. Die positive oder negative Entscheidung über die Entschädigung ergeht regelmäßig im Urteil, ausnahmsweise durch isolierten Beschluss. Das Strafgericht erlässt nur eine Grundentscheidung, deren Inhalt sich nach § 8 II StrEG richtet. Sie kann z. B. lauten: „Der Angeklagte ist aus der Staatskasse zu entschädigen für die vom ... bis ... erlittene Untersuchungshaft. Für die darüber hinaus andauernde Untersuchungshaft steht ihm eine Entschädigung nicht zu". Der Angeklagte kann auf eine Entschädigung wirksam verzichten. In diesem Fall erübrigt sich eine Entscheidung. Die Entscheidung über die Entschädigung unterliegt, gleichviel ob sie in Urteils- oder Beschlussform ergeht, der sofortigen Beschwerde (§ 8 III StrEG). Versagt ein Urteil Entschädigung nach dem StrEG, so ist, falls die Aufgabe generell die Rechtsmittelfrage aufwirft, stets auch an eine sofortige Beschwerde nach § 8 III StrEG zu denken. Soll das angefochtene Urteil auch insoweit überprüft werden, bedarf es

C. Einzelheiten

hierzu gesonderter Anfechtung. Sie ist nicht in dem Rechtsmittel der Berufung und Revision enthalten, auch nicht in der Kosten- und Auslagenbeschwerde. Schweigt das Urteil zur Entschädigungsfrage bewusst oder versehentlich, so unterliegt dieses Unterlassen – anders als bei der Kostenentscheidung – nicht der sofortigen Beschwerde, sondern ist zum Gegenstand eines Antrags auf die gebotene Nachtragsentscheidung zu machen (vgl. § 8 I StrEG; *Meyer-Goßner* § 8 StrEG Rdnr. 7).

VI. Urteilsbegleitende Beschlüsse

1. Fortdauer der Untersuchungshaft oder einstweiligen Unterbringung (§ 268 b StPO)

Wird der Angeklagte verurteilt, muss im Zusammenhang mit der Urteilsverkündung auch über die Haftfortdauer beschlossen werden. Hat das Urteil gegenüber dem Haftbefehl den Tatverdacht erheblich umgestaltet, ist dies in den Beschluss aufzunehmen und kenntlich zu machen, welche Haftgründe fortdauern. Es genügt nicht die Formel „der Haftbefehl bleibt im Umfang der heutigen Verurteilung aufrechterhalten". Ergeht ein Haftbefehl erstmals mit Urteilsverkündung, gelten für ihn die Erfordernisse des § 114 StPO. Beim außer Vollzug befindlichen Haftbefehl gilt § 268 b StPO seinem Wortlaut nach nicht, eine Entscheidung ist jedoch empfehlenswert: „Der Haftbefehl bleibt wegen Fluchtgefahr aufrechterhalten, jedoch unter Fortgeltung der bisherigen Auflagen außer Vollzug". Wurde die Beschlussfassung – was die Haftfortdauer nicht hindert – unterlassen oder nicht bekannt gegeben, ist sie nachzuholen.

Wird der Angeklagte freigesprochen oder wird das Verfahren eingestellt, gilt nicht § 268 b StPO, sondern § 120 StPO, der übrigens in jeder Lage des Verfahrens, auch in der Hauptverhandlung, zu beachten ist.

2. Bewährungsbeschluss u. a. (§ 268 a StPO)

§ 268 a StPO schreibt vor, dass die mit der Strafaussetzung zur Bewährung (wichtigster Fall) zu verbindenden Entscheidungen durch Beschluss mit der Urteilsverkündung zu ergehen haben. Der Beschlussinhalt richtet sich nach den materiell-rechtlichen Vorschriften der §§ 56 a bis d StGB. Sein Mindestinhalt lautet: „Die Bewährungszeit beträgt ... Jahre". Hinsichtlich Auflagen (§ 56 b StGB) und Weisungen (§ 56 c StGB) gibt es zahlreiche Rechtsprobleme – auch verfassungsrechtlicher Art – die hier nicht abgehandelt werden können.

Die Anfechtung des Urteils (Berufung oder Revision) erstreckt sich nicht auf den Bewährungsbeschluss. Gegen ihn ist Beschwerde zulässig, die aber nur darauf gestützt werden kann, eine getroffene Anordnung sei gesetzwidrig (§ 305 a I StPO), wozu auch eine Ermessensüberschreitung zählt.

Hinweis: Gesetzwidrig ist z. B. die Weisung, für eine bestimmte Zeit keine Kraftfahrzeuge zu führen (Ausschließlichkeit der §§ 44, 69 StGB) oder – gegenüber einem Ausländer – die Bundesrepublik Deutschland zu verlassen (Vorrang der ausländerrechtlichen Bestimmungen). Erfolgreich kann auch gegen eine Geldauflage Beschwerde eingelegt werden, die eine Vorteilsabschöpfung statt angemessene Sühne und Genugtuung für das begangene Unrecht im Auge hat (OLG Hamm StV 1992, 324).

3. Vorläufige Entziehung der Fahrerlaubnis

Wird die Fahrerlaubnis ohne vorausgegangene vorläufige Maßnahme im Urteil entzogen, ist regelmäßig deren vorläufige Entziehung nunmehr zu beschließen. War die Fahrerlaubnis bereits vorläufig entzogen, bedarf es eines Beschlusses über die Fortdauer dieser Maßnahme nicht. Wird im Urteil die Fahrerlaubnis nicht entzogen, so ist die vorläufige Entziehung durch Beschluss aufzuheben (*Meyer-Goßner* § 111a Rdnr. 13). Wird keine Anordnung nach § 69 StGB getroffen, aber ein Fahrverbot (§ 44 StGB) verhängt, ist zwar die vorläufige Entziehung aufzuheben, doch kann die Rückgabe des Führerscheins aufgeschoben werden, wenn der Angeklagte nicht widerspricht (§ 111a V Satz 2 StPO).

VII. Unterschriften

Zu den Unterschriften ist in § 275 II StPO das Notwendige gesagt. Ist im Examen die Fertigung eines Urteils verlangt, werden sich für den Bearbeiter keine Probleme ergeben. Er darf nur die Unterschrift(en) nicht vergessen. Auch im Zusammenhang mit der Auffindung von Verfahrensfehlern kommt der Unterschriftsfrage Relevanz zu. Ein Urteil ist erst dann in vollständiger Form (und nicht als Entwurf!) zu den Akten gebracht (§ 275 I StPO), wenn es die Unterschriften aller mitwirkenden Richter trägt. Ist ein Richter an der Beifügung seiner Unterschrift verhindert, so wird dies unter Angabe des Verhinderungsgrundes von dem Vorsitzenden und bei dessen Verhinderung von dem ältesten beisitzenden Richter unter dem Urteil vermerkt (§ 275 II StPO). Der Verhinderungsvermerk lautet nicht, wie man häufig liest, „zugleich für den durch ... an der Unterschrift verhinderten Richter R.", sondern „Richter R. ist wegen ... an der Unterschrift verhindert". gez.: Vorsitzender. Der Verhinderungsgrund ist stets anzugeben. Das Revisionsgericht prüft auf entsprechende Verfahrensrüge nach, ob der bezeichnete Grund generell geeignet ist, die Verhinderung der Unterzeichnung zu bewirken. Ob der bezeichnete Grund vorlag, prüft es ohne dies substantiiert bestreitenden Revisionsvortrag nicht nach. Einen Verhinderungsgrund stellt es nicht dar, wenn ein Richter einem anderen Spruchkörper innerhalb desselben Gerichts zugewiesen wurde, wohl auch nicht, wenn er mittlerweile bei einem anderen Gericht des betreffenden Bezirks tätig ist, ferner dann nicht, wenn er am letzten Tag der Frist, innerhalb welcher das vollständige Urteil zu den Akten zu bringen ist, im Gerichtsgebäude nicht erreichbar ist.

C. Einzelheiten

Enthält die Urteilsurkunde einen vom Vorsitzenden unterschriebenen Vermerk, dass ein Richter an der Unterschriftsleistung verhindert ist, ohne dass der Verhinderungsgrund angegeben ist, kann das Revisionsgericht im Freibeweis nachprüfen, ob der betreffende Richter tatsächlich verhindert war, zu unterschreiben. Ergibt die Prüfung, dass ein Fall der Verhinderung nicht vorlag, unterliegt das Urteil der Aufhebung, weil es nicht binnen Frist in vollständiger Form zu den Akten gelangt ist. Der Mangel kann nicht geheilt werden, weder durch Nachholung der Unterschrift noch durch nachträgliche Genehmigung der Urteilsfassung durch den betreffenden Richter. Es liegt dann der *absolute Revisionsgrund* des § 338 Nr. 7 StPO vor.

4. Teil. Rechtsmittel

Rechtsmittel des Strafverfahrens sind nur die *Beschwerde,* die *Berufung* und die *Revision.* Gegenüber anderen Rechtsbehelfen werden sie üblicherweise dahin charakterisiert, dass sie eine noch nicht rechtskräftige Entscheidung zur Nachprüfung vor ein höherrangiges Gericht bringen (**Devolutiveffekt**) und dass sie den Eintritt der Rechtskraft und damit die Vollstreckbarkeit verhindern (**Suspensiveffekt**). Doch gilt diese Wesensbeschreibung nur mit Einschränkungen. In den Grenzen der §§ 319 I, 346 I StPO hat nämlich das Gericht, dessen Entscheidung mit Berufung bzw. Revision angefochten ist, zunächst eine auf Zulässigkeitselemente bezogene eigene Entscheidungsbefugnis. Eine solche hat zwar das Gericht, dessen Entscheidung mit Beschwerde angefochten ist, nicht; indessen steht ihm bei unbefristeter (einfacher) Beschwerde das Abhilferecht zu (§ 306 II StPO), welches bei befristeter (sofortiger) Beschwerde immerhin noch – aber nur – im Falle der Versagung rechtlichen Gehörs gilt (§ 311 III StPO). Der Grundsatz der aufschiebenden Wirkung gilt für die Beschwerde dagegen grundsätzlich nicht (§ 307 I StPO); jedoch kann im Einzelfall die Vollzugshemmung auch vom iudex a quo angeordnet werden (§ 307 II StPO), falls nicht wiederum im Einzelfall das Gesetz (vgl. etwa § 120 II StPO) dies verbietet. Nach alledem ist der gemeinsame Nenner, auf den die Rechtsmittel gebracht werden können, der, dass sie auf Änderung nicht rechtskräftiger Entscheidungen durch ein übergeordnetes Gericht angelegt sind (*Bloy* JuS 1986, 585). Dies unterscheidet sie von anderen strafprozessualen Rechtsbehelfen wie Einspruch gegen den Strafbefehl, Wiederaufnahme des Verfahrens und Wiedereinsetzung in den vorigen Stand.

Die **Klausurbedeutung** der Rechtsmittel liegt auf der Hand. Beschwerde, Berufung und Revision werfen zahlreiche gemeinsame Rechtsfragen auf, daneben auch wichtige Abgrenzungsfragen. Jedes der einzelnen Rechtsmittel hat außerdem seine „hauseigenen" Verfahrensprobleme. Aber nicht nur dies: Die Rechtsmittel der StPO eröffnen vielfach das Tor zur notwendigen Prüfung von Verfahrensvoraussetzungen und zum Eingehen auf materielle Rechtsfragen des allgemeinen und besonderen Teils des StGB. Die Examensklausur soll ja nach Möglichkeit je einen in etwa gleichwertigen prozessualen und materiellen Teil aufweisen. Für diese Kombination eignen sich die Rechtsmittel in vorzüglicher Weise. Im Rahmen der hier vorliegenden Darstellung kann naturgemäß nur auf die Grundsätze der Rechtsmittelproblematik sowie auf besonders „examensverdächtige" Fallgestaltungen eingegangen werden. Empfohlen wird vor allem, sich den regelmäßig im NStZ-RR (früher: NStZ) erschienenen und erscheinenden Veröffentlichungen von *Kusch* – jetzt: *Becker* und *Sander* – aus der Rechtsprechung des Bundesgerichtshofs zum Verfahrensrecht zuzuwenden. Dort tauchen immer wieder die in der Praxis am häufigsten vorkommenden Rechtsfragen auf, und zwar regelmäßig auch unter Wiederholung schon früher dargelegter Grundsätze, so dass die ständige aufmerksame Lektüre mit Sicherheit einprägsam ist.

A. Allgemeines

Vorab sind – über die eingangs genannten hinaus – verschiedene Gesichtspunkte darzustellen, die allen strafprozessualen Rechtsmitteln gemeinsam sind oder die zwar für die einzelnen Rechtsmittel Verschiedenheiten aufweisen, aber in jedem Falle zu beachten sind.

I. Formelle Voraussetzungen

1. Die Zulässigkeit

In aller Regel findet die sachliche Überprüfung eines Rechtsmittels nur dann statt, wenn zuvor seine Zulässigkeit bejaht worden ist. Zulässigkeitsvoraussetzungen sind in jedem Falle eine Beschwer des Anfechtenden sowie die form- und fristgerechte Einlegung des Rechtsmittels. Hierauf muss auch in der Klausur eingegangen werden mit folgender *Einschränkung:*

Der Verfasser kann und muss es sich in der Regel ersparen, eingehende Ausführungen zu den Förmlichkeiten und Zulässigkeitsvoraussetzungen eines Rechtsmittels (Adressat, Einhaltung der Formen und Fristen, Beschwer) zu machen. Die Praxis begnügt sich damit, die Statthaftigkeit und Zulässigkeit unter Angabe der einschlägigen Vorschriften festzustellen, wenn diese Förmlichkeiten „außer Streit" sind. Zwar lassen sich mit derlei Erörterungen Seiten füllen; sie sind aber überflüssig und belasten eine Klausurarbeit selbst dann, wenn sie richtig sind. Kommen daneben – was die regelmäßige Folge sein wird – die Ausführungen zu den entscheidenden Problemen des Falles zu kurz, so wirkt sich die Erörterung von Selbstverständlichkeiten ausgesprochen schädlich aus. Nur wenn die Zulässigkeitsfrage diskussionswerte Probleme aufwirft, ist auf diese einzugehen.

Die Rechtsmittelbefugnis setzt eine existent gewordene Entscheidung voraus. „Vorsorgliche" Rechtsmittel oder solche „auf Verdacht" sind nicht zulässig. Für Urteile gilt § 268 II StPO: Sie werden erst mit vollständiger Verkündung auch der Gründe existent (Rechtsmittelbelehrung zählt nicht dazu).

Beispiel: Der Angeklagte, der nach Verkündung des Tenors verärgert aufspringt, erklärt, er lege Berufung ein und dann den Saal verlässt, hat ein zulässiges Rechtsmittel auch dann nicht eingelegt, wenn der Vorgang in das Protokoll der Hauptverhandlung aufgenommen wird (str.). Wird in solchem Falle die Verkündung fortgesetzt, hat sie in Abwesenheit des Angeklagten stattgefunden (KG JR 1992, 304).

Außerhalb der Hauptverhandlung gefasste Beschlüsse oder Verfügungen entfalten Rechtswirkungen ebenfalls erst dann, wenn sie existent geworden sind. Das ist zu dem Zeitpunkt der Fall, zu dem die Entscheidung aus dem inneren Dienstbetrieb ihres Trägers herausgegeben wird. Konkret: Der Wachtmeister trägt das Schriftstück aus der Geschäftsstelle hinaus. Erst damit tritt Außen- und Bindungswirkung ein und wird die Entscheidung für die Instanz unabänderbar und anfechtbar. Auf den Zeitpunkt der Zustellung kommt es dagegen nicht an. (Zur Vertiefung lesenswert: *Laubenthal* NStZ 1991, 402).

a) Die Beschwer. Zulässigkeitsvoraussetzung eines jeden Rechtsmittels ist das Vorliegen einer Beschwer (allgemeine Rechtsprechung; KK-*Ruß* vor § 296 Rdnr. 5). Beschwert ist ein Rechtsmittelführer nur, wenn er durch die angefochtene Entscheidung – unabhängig von ihrer Richtigkeit oder Unrichtigkeit – unmittelbar in seinen schutzwürdigen Interessen beeinträchtigt wird (BGHSt. 7, 153). Dabei gelten für Rechtsmittel der Staatsanwaltschaft und des Beschuldigten/Angeklagten unterschiedliche Voraussetzungen.

aa) Beschwer der Staatsanwaltschaft. Da die Staatsanwaltschaft allgemein Aufgaben der staatlichen Rechtspflege wahrzunehmen hat, ist sie berechtigt, nach pflichtgemäßem Ermessen Entscheidungen anzufechten, die den Geboten der Rechtspflege nicht entsprechen, ohne dass es darauf ankommt, ob sie sachlich an der Entscheidung etwas auszusetzen hat (OLG Düsseldorf NStZ 1990, 293 – Rüge nach § 338 Nr. 4 StPO mit der Begründung, der Angeklagte sei durch willkürliche Verfahrensweise seinem gesetzlichen Richter entzogen worden –). Die Staatsanwaltschaft ist auch rechtsmittelbefugt, wenn die Entscheidung dem Antrag ihres Sitzungsvertreters entspricht (KG JR 1969, 349).

bb) Beschwer des Beschuldigten/Angeklagten. Durch einen **Freispruch** ist der Angeklagte in keinem Fall beschwert, auch dann nicht, wenn die Gründe ihm nachteilig sind, der Freispruch z. B. wegen Unzurechnungsfähigkeit erfolgte oder die Gründe sonst nachteilige Feststellungen enthalten. Denn wird im – allein maßgeblichen – Tenor festgestellt, dass der staatliche Strafanspruch nicht besteht, hat das Verfahren seine Funktion erfüllt (ständige Rechtsprechung des BGH; aA *Bloy* JuS 1986, 586/587).

Bei der Prüfung der Frage, ob ein auf **Einstellung** lautendes Urteil den Angeklagten beschwert, sind die Urteilsgründe mit heranzuziehen. Ergibt

A. Allgemeines 199

sich aus ihnen, dass die Strafklage praktisch verbraucht ist (z. B. bei Verfolgungsverjährung), so ist eine Beschwer nicht gegeben. Anders liegt es, wenn die Gründe des Einstellungsurteils ergeben, dass trotz erfolgter Einstellung des Verfahrens das Verfahrenshindernis noch behoben werden kann oder die Einstellung nur einen bestimmten Verfahrensabschnitt betreffen soll mit der Wirkung, dass vorangegangene belastende Entscheidungen bestehen bleiben (BayObLG JR 1989, 478 m. w. N.).

Weiter kann, wenn das Verfahren wegen eines Prozesshindernisses – auch eines dauernden – eingestellt wird, der Angeklagte dann beschwert sein, wenn richtigerweise hätte freigesprochen werden müssen. Ist die Hauptverhandlung bis zur Freispruchreife geführt worden, hat der Freispruch den Vorrang, auch wenn nunmehr ein Prozesshindernis entdeckt wird. Dasselbe gilt für die Einstellung mit der Begründung, eine Straftat sei nicht erwiesen und die erwiesene Ordnungswidrigkeit sei verjährt. Auch hier ist der Angeklagte, wenn eingestellt statt freigesprochen wird, beschwert und kann Rechtsmittel einlegen. An die Ausführungen zum Urteil (S. 152) muss hier angeknüpft werden.

Hinweis: Wird A unter den Personalien des B, deren er sich widerrechtlich bedient, verurteilt (ein in der Ausländerkriminalität nach Diebstahl oder Überlassung und Verfälschung fremder Ausweispapiere nicht seltener Fall), ist B nicht im Sinne einer Rechtsmittelbefugnis beschwert. Die Urteilswirkungen treffen allein den A. Der gegen den B allenfalls bestehende Anschein der Betroffenheit kann durch Urteilsberichtigung beseitigt werden (BGH NStZ-RR 1996, 9; *Meyer-Goßner* Einl. Rdnr. 174).

Der Beschuldigte ist durch die **Beiordnung eines Pflichtverteidigers** neben dem Wahlverteidiger und deren Aufrechterhaltung nicht beschwert (a. A. OLG Düsseldorf StV 1999, 586; AnwBl. 2002, 307). Die daraus im Falle der Verurteilung resultierende Kostenlast schafft eine solche Beschwer nicht (str.). Anfechtbar ist aber das Auswahlermessen – zumal dann, wenn dem Beschuldigten zuvor keine Gelegenheit gegeben wurde, sein Vorschlagsrecht nach § 142 I Satz 2 StPO auszuüben (OLG Düsseldorf NStZ 1994, 599).

Im Rahmen einer zu Gunsten des Angeklagten eingelegten **Revision** stößt man im Rahmen der Urteilsprüfung auf die allgemeine Sachrüge häufig auf Elemente fehlender Beschwer, nämlich dann, wenn das Urteil zwar Rechtsfehler aufweist, diese sich aber zu Gunsten des Angeklagten ausgewirkt haben.

Beispiel: Das Gericht bewertet das Fehlen eines Strafschärfungsgrundes strafmildernd. Durch diesen Rechtsfehler ist der Angeklagte nicht beschwert.

Das früher an dieser Stelle erörterte Problem, ob und unter welchen Voraussetzungen die Verurteilung wegen Fortsetzungszusammenhangs statt – wie richtig – Tatmehrheit eine Beschwer begründen konnte, ist durch die faktische Beseitigung der Rechtsfigur der fortgesetzten Handlung durch den BGH für die Zukunft obsolet geworden.

Der Angeklagte ist beschwert, wenn eine vollständig durch Untersuchungshaft verbüßte Freiheitsstrafe zur Bewährung ausgesetzt wird (BGH StV 1992, 157).

Die Beschwer muss im Zeitpunkt der beantragten Entscheidung noch vorliegen. Fehlt sie durch tatsächliche oder prozessuale Überholung (Haftbeschwerde nach Rechtskraft des Urteils; Beschwerde gegen bereits vollzogene Telefonüberwachung) bereits bei Einlegung des Rechtsmittels, wird dieses als unzulässig verworfen. Entfällt die Beschwer erst nach Einlegung des Rechtsmittels, wird es gegenstandslos, was durch deklaratorischen Beschluss ohne Kostenregelung klarzustellen sich empfiehlt (KK-*Ruß* vor § 296 Rdnr. 8).

Hinweis: Nach geläuterter Rechtsprechung des BVerfG (NJW 1997, 2163) dürfen Beschwerden gegen staatliche Eingriffe dann nicht mehr unter dem Aspekt entfallener Beschwer als unzulässig behandelt werden, wenn tiefgreifende Grundrechtseingriffe (in concreto: Wohnungsdurchsuchung als Eingriff in das Grundrecht des Art. 13 GG) in Rede stehen und der Rechtsschutz vor Erledigung der Beschwer typischerweise nicht erreicht werden kann. Es ist zu erwarten und bereits abzusehen, dass durch die Rechtsprechung des Bundesverfassungsgerichts die „Überholungstheorie" weitere Einschränkungen erfahren wird. Keiner Überprüfung auf Beschwerde unterliegt nach wie vor der gegenstandslose Haftbefehl (OLG Hamm NJW 1999, 229), wohl aber derjenige nach § 230 II StPO (OLG Düsseldorf NStZ-RR 2001, 382). Eine erledigte Beschlagnahme von Gegenständen, die weniger als zwei Monate andauerte, stellt nur dann einen tiefgreifenden Grundrechtseingriff dar, wenn sie für den Betroffenen faktisch den endgültigen Entzug des Eigentums bedeutete (LG Neuruppin StV 1997, 506 mit krit. Anm. *Roxin* StV 1997, 658). Die Ablehnung der Strafaussetzung nach § 57 StGB wird nach Erledigung durch Vollverbüßung nicht im Beschwerdeweg überprüft (OLG Hamm NStZ 1998, 638), desgleichen nicht Einwendungen gegen die Berechnung der erkannten Strafe nach § 458 I StPO (OLG Stuttgart NStZ-RR 2003, 60). Im Schrifttum wird auch ein fortbestehendes Rechtsschutzinteresse an der Feststellung der Rechtswidrigkeit einer abgeschlossenen Telefonüberwachungsmaßnahme bejaht (zw., vgl. *Keiser* JA 2001, 662, 664/665). Zu weiteren Fällen betreffend Unterbringungsmaßnahmen nach Landesgesetzen vgl. BVerfG NJW 1998, 2813; 1998, 2432; diese Fälle betreffen zwar nicht unmittelbar den Strafprozess, sind aber richtungsweisend für die Definition des tiefgreifenden Grundrechtseingriffs. Gegen erledigte „diskriminierende" Akte bejaht das BVerfG ein fortwirkendes Rechtsschutzinteresse unabhängig von der Möglichkeit rechtzeitiger Überprüfung (StraFO 2002, 363 zur Unterbringungssituation eines Gefangenen und NJW 2002, 456 zur Abschiebungshaft).

b) Form und Adressat der Einlegung. Rechtsmittel werden bei dem die Entscheidung erlassenden Gericht schriftlich oder zu Protokoll der Geschäftsstelle eingelegt (§§ 306 I, 314 I, 341 I StPO). Sie sind bedingungsfeindlich. Der inhaftierte Beschuldigte kann sich der Sonderform des § 299 I StPO bedienen. Telegramm, Fernschreiben, Telebrief und Telefax stehen der Schriftform gleich. Telefonische Erklärung ist unzulässig, auch wenn der Urkundsbeamte hierüber einen Vermerk aufnimmt (BGHSt. 30, 64). Erklärung zu Protokoll der Hauptverhandlung ist möglich (vgl. BGHSt. 31, 109; ein Anspruch auf diese Art der Einlegung besteht aber nicht). Ein anwaltlicher Verteidiger kann das Rechtsmittel

A. Allgemeines

ausschließlich schriftlich, nicht aber zu Protokoll des Urkundsbeamten der Geschäftsstelle einlegen (OLG Rostock MDR 1994, 402 – lesenswert).

c) Frist der Einlegung. Die einfache Beschwerde unterliegt vorbehaltlich der Erledigung (vgl. zuvor a)) keiner Fristbegrenzung. Die sofortige Beschwerde ist binnen einer Woche ab Bekanntmachung (§ 311 II StPO), Berufung und Revision sind binnen einer Woche nach Verkündung des Urteils einzulegen (§§ 314 I, 341 I StPO). War der Angeklagte bei der Verkündung auch nur zeitweise abwesend, beginnt die Frist mit der Zustellung des vollständigen (!) Urteils (§§ 314 II, 341 II StPO).

Hinweis: Das Fehlen einer Rechtsmittelbelehrung (§ 35a StPO) hindert den Lauf der Frist nicht und kann allenfalls eine Wiedereinsetzung in den vorigen Stand (§ 44 Satz 2 StPO) begründen.

Die **Berechnung der Frist** richtet sich nach § 43 I StPO. Wurde die Entscheidung an einem Donnerstag verkündet bzw. zugestellt, muss das Rechtsmittel mit Ablauf des darauf folgenden Donnerstag beim iudex a quo eingegangen sein. Besonderheiten des Fristendes können sich aus § 43 II StPO ergeben.

Der Beginn der Anfechtungsfrist setzt eine **wirksame** förmliche **Zustellung** voraus (§ 35 II StPO). Sie muss vom Vorsitzenden (§ 36 I StPO) angeordnet sein. Der Beginn des Fristenlaufs kann durch Zustellungsmängel gehindert sein. Häufige **Fehlerquellen** sind: Fehlerhafte Ersatzzustellung, etwa mangels „Wohnung", Verteidigerzustellung (§ 145a I StPO) ohne aktenkundige Vollmacht, für die konkludentes, aus dem Protokoll erschließbares Gewährenlassen des Verteidigers in der Hauptverhandlung nicht genügt (BGH NStZ 1996, 97), Unterzeichnung des Empfangsbekenntnisses durch den Sozius des Pflichtverteidigers statt durch ihn selbst (vom BGH besonders häufig beanstandet), fehlende Verhandlungsfähigkeit des Adressaten zurzeit der Zustellung.

Hinweis: Sind Urteilsteile ausnahmsweise nicht mit Berufung oder Revision, sondern mit sofortiger Beschwerde anfechtbar (§ 464 III StPO, 8 III StrEG), ist für den Fristbeginn auch insoweit grundsätzlich die Verkündung maßgebend.

Maßgebend für die Fristwahrung ist, dass die Erklärung innerhalb der Frist in die **Verfügungsgewalt** des zuständigen Gerichts gelangt. Die damit zusammenhängende Zugangsproblematik ist äußerst vielschichtig. Sie kann hier nicht behandelt werden (vgl. die instruktive Darstellung bei *Meyer-Goßner* vor § 42 Rdnr. 11 ff.). Für Inhaftierte gilt die Sonderbestimmung des § 299 II StPO.

Lässt sich nach Sach- und Aktenlage nicht mehr klären, ob ein befristetes Rechtsmittel rechtzeitig eingelegt worden ist, so findet der Zweifelssatz keine Anwendung. Der Grundsatz „in dubio pro reo" gilt nicht für verfahrenserhebliche Fragen. Zudem muss die Frage der Rechtzeitigkeit eines Rechtsmittels zu Ungunsten wie zu Gunsten des Angeklagten einheitlich beantwortet werden. Die Verwerfung eines Rechtsmittels als unzulässig setzt in jedem Falle voraus, dass die Verfristung feststeht. Bleibt die Frage der Rechtzeitigkeit ungeklärt, muss deshalb das Rechtsmittel als zulässig behandelt werden (BGH NJW 1960, 2202; OLG Stuttgart Die Justiz 1981, 57). Fehlen aber Anhaltspunkte, dass ein Rechtsmittel überhaupt in den Verantwortungsbereich des Gerichts gelangt ist, kann die Abgabe der Prozesserklärung nicht zu Gunsten des Rechtsmittelführers unterstellt werden (BGH NStZ 1999, 372; OLG Düsseldorf NZV 2001, 47). Zu Fragen des nicht nachweisbar eingegangenen Telefax und zur Beweiseignung des Sendeprotokolls vgl. OLG Karlsruhe NStZ 1994, 200 (vgl. auch OLG Frankfurt NStZ-RR 2001, 375).

d) Anfechtungsberechtigt sind: Der Beschuldigte, die Staatsanwaltschaft zu dessen Gunsten oder Ungunsten (§ 296 I und II StPO), der Verteidiger des Beschuldigten für diesen, aber nicht gegen seinen ausdrücklichen Willen (§ 297 StPO), der gesetzliche Vertreter (§ 298 StPO), im Jugendstrafverfahren auch der Erziehungsberechtigte (§ 67 III JGG), in Sonderfällen auch der Nebenbeteiligte, der Privat- und Nebenkläger, sowie Zeugen, Sachverständige und andere von der Entscheidung betroffene Personen in den Grenzen des § 304 II StPO. Ein vom Nebenkläger zu Gunsten des Angeklagten eingelegtes Rechtsmittel ist unzulässig, weil der Nebenkläger nicht beschwert ist, wenn der Angeklagte wegen eines Nebenklagedelikts verurteilt worden ist. § 296 II StPO gilt für den Nebenkläger nicht (BGH Rpfl. 1990, 525). Dass ein zulässig eingelegtes Rechtsmittel des Nebenklägers auch zu Gunsten des Angeklagten wirken kann (BGH NJW 1986, 2717), ändert nichts.

2. Bezeichnung des Rechtsmittels

Ein Irrtum in der Bezeichnung des zulässigen Rechtsmittels ist unschädlich (§ 300 StPO). Unschädlich ist einmal die falsche Bezeichnung, wenn nur ein bestimmtes Rechtsmittel statthaft und dessen Einlegung offensichtlich bezweckt ist.

Beispiel: Jemand greift nur die Kostenentscheidung des angefochtenen Urteils mit der „Berufung" an. Sie ist (§ 464 III StPO) als sofortige Beschwerde zu behandeln.

Sind mehrere Rechtsmittel zulässig, ist das gewollte durch Auslegung zu ermitteln. Im Zweifel gilt das Prinzip der Meistbegünstigung, also der Vorrang des Rechtsmittels, das eine umfassendere Nachprüfung ermöglicht.

Beispiel: Jemand legt in einer Strafsache, die nur eine Ordnungswidrigkeit zutage förderte, Rechtsbeschwerde ein. Sie gilt im Zweifel als Berufung (vgl. dazu auch Abschnitt 5).

In Zweifelsfällen ist eine Erläuterung durch den Beschwerdeführer einzuholen. Unterliegt eine Entscheidung in Hauptausspruch und Nebenfolgen unterschiedlichen Anfechtungsmöglichkeiten (Kostenentscheidung im Ur-

A. Allgemeines

teil!), muss allerdings deutlich zum Ausdruck kommen, ob beides gemeint ist. Eine ausdrücklich erklärte Berufung darf nicht in eine Kostenbeschwerde „umgedeutet" werden. Legt der Angeklagte gegen ein amtsgerichtliches Urteil „Rechtsmittel" ein, ist hierin nicht auch die Kostenbeschwerde enthalten, weil die Verwendung des Begriffs „Rechtsmittel" im gegebenen Zusammenhang nur bedeutet, dass die Wahl zwischen Berufung und (Sprung-)Revision offen gehalten werden soll.

II. Rücknahme und Verzicht

1. Grundsätzliches, Wirksamwerden, Zustimmungserfordernis

Rücknahme und Verzicht, als Prozesshandlungen bedingungsfeindlich, können vor Ablauf der Einlegungsfrist wirksam erklärt werden; die Zurücknahme ist vorbehaltlich § 303 StPO bis zur Entscheidung über das Rechtsmittel zulässig. Die Rücknahmeerklärung des Angeklagten erstreckt sich stets auch auf das Rechtsmittel des Verteidigers (BGH NStZ 1985, 207). Die **Form** des Verzichts und der Rücknahme ist die gleiche, die für die Einlegung des Rechtsmittels vorgeschrieben ist. Die Erklärung wird wirksam, wenn sie dem mit der Sache befassten Gericht zugeht. Ehe die Akten dem Rechtsmittelgericht zugegangen sind, ist das Erstgericht für die Entgegennahme zuständig. Ein im **Anschluss an die Urteilsverkündung** erklärter Rechtsmittelverzicht nimmt an der Beweiskraft des § 274 StPO nur teil, wenn er nach § 273 III Satz 3 StPO beurkundet worden ist (BGHSt. 18, 258; OLG Hamm NStZ 1986, 378). Wird dagegen nur die Abgabe der Erklärung im Protokoll vermerkt („Der Angeklagte und der Verteidiger erklärten Rechtsmittelverzicht"), ist im Streitfalle die Richtigkeit des Vermerks im Freibeweisverfahren zu klären, wobei der Vermerk nur ein Indiz dafür ist, dass die Verzichtserklärungen abgegeben wurden (vgl. *Meyer-Goßner* § 274 Rdnr. 11). Zur Frage, ob der passive Angeklagte an den in der Hauptverhandlung erklärten Rechtsmittelverzicht seines Verteidigers gebunden ist oder ob er ausdrücklich zustimmen musste vgl. *Michel* JuS 1994, 247 f. Erklären Angeklagter und Verteidiger im Anschluss an die Urteilsverkündung Rechtsmittelverzicht, so erstreckt sich dieser i. d. R. auch auf die sofortige Beschwerde (§§ 464 III StPO, 8 III StrEG) gegen verkündete Annexentscheidungen (vgl. OLG Hamburg MDR 1993, 568).

Hinweis: Erklärt der Angeklagte im Anschluss an ein nach § 154 II StPO eingestelltes Verfahren zur Sitzungsniederschrift, er nehme sein Rechtsmittel gegen ein anderes vom selben Gericht gesprochenes Urteil zurück, so ist diese Erklärung sogleich wirksam geworden und nicht mehr widerrufbar. Dass sie im Anschluss an ein anderes Verfahren abgegeben wurde, schadet nicht; denn das richterliche Protokoll steht der Niederschrift der Geschäftsstelle gleich und ersetzt sie (BGHSt. 31, 109, 113). Damit hat der Angeklagte das Rechtsmittel in zulässiger Form zurückgenommen (BGH NStZ 1989, 220).

Eine **Teilrücknahme** ist in gleichem Umfang zulässig, wie eine von vornherein erklärte Beschränkung des Rechtsmittels. Auch rechtsmittelbezogene Erklärungen müssen **eindeutig** sein. Die Erklärung des Angeklagten, dass er das Urteil „anerkenne", enthält eine Rücknahme bzw. einen Verzicht (vgl. BGH NStZ 1983, 213). Die Mitteilung des Angeklagten und Berufungsführers „Ich bin an der Berufungsverhandlung nicht interessiert" ist keine Rücknahme, sondern die Anheimgabe, im Falle seines Ausbleibens nach § 329 StPO zu verfahren. Zur Zurücknahme bedarf der Verteidiger einer ausdrücklichen **Ermächtigung** (§ 302 II StPO). Die Ermächtigung zur Rechtsmittelrücknahme kann vom Angeklagten mündlich erteilt und im Freibeweis durch Versicherung des Verteidigers belegt werden. An die Rücknahme bleibt der Angeklagte gebunden (BGH NStZ 1987, 18).

Hinweis: Kein Fall des § 302 II StPO liegt vor, wenn der Verteidiger ohne Bezeichnung des Rechtsmittelziels Revision eingelegt und erst in der Revisionsbegründung erklärt hat, das Rechtsmittel solle nur in eingeschränktem Umfang (z. B. auf den Rechtsfolgenausspruch beschränkt) eingelegt sein. Darin liegt weder eine Teilrücknahme der Revision noch ein Teilverzicht in Bezug auf den nicht angefochtenen Urteilsteil; es wird lediglich der Umfang der Anfechtung konkretisiert (BGH NStZ 1991, 501). Andererseits kann eine sogleich beschränkt eingelegte Revision nur bis zum Ablauf der Einlegungsfrist erweitert werden, später nicht mehr.

Unter den Voraussetzungen des § 303 StPO bedarf die Rechtsmittelrücknahme der **Zustimmung** des Gegners. Fehlt es am Nachweis einer ausdrücklichen Zustimmungserklärung, etwa weil sie den Akten nicht zu entnehmen ist, kommt doch eine stillschweigende Zustimmung in Betracht (OLG Düsseldorf MDR 1976, 1040). Das Schweigen des Rechtsmittelgegners ist jedenfalls dann als wirksame Zustimmungserklärung anzusehen, wenn dieser die Erklärung unzweideutig zur Kenntnis genommen hat, ihm Bedeutung und Tragweite der Zustimmung bewusst sind und sein gesamtes weiteres Prozessverhalten keinen Anhalt dafür bietet, dass er mit der Erklärung nicht einverstanden sein könnte. Die Befugnis des Beschwerdeführers, über sein Rechtsmittel allein zu verfügen, erlischt mit dem Beginn der 1. Hauptverhandlung in der Instanz, so dass bei mehrmaliger Hauptverhandlung über dasselbe Rechtsmittel (sei es wegen Unterbrechung der Verhandlung über die Frist des § 229 StPO hinaus, sei es wegen Aufhebung des ergangenen Urteils und Zurückverweisung), es für eine wirksame Rücknahme oder Beschränkung des Rechtsmittels der Zustimmung des Gegners nach § 303 StPO bedarf.

2. Anfechtung und Widerruf von Rechtsmittelerklärungen

Anfechtung und Widerruf von Rechtsmittelerklärungen spielen in der Praxis, was die Vielzahl der veröffentlichten BGH-Entscheidungen beweist, eine bedeutende Rolle. Entsprechend groß ist auch ihre Bedeutung für die Examensklausur. Im Einzelnen gilt Folgendes:

A. Allgemeines

a) Widerruf vor Wirksamwerden. Rechtsmittelverzicht und Rücknahme werden zu dem Zeitpunkt wirksam, in dem sie bei dem mit der Sache befassten Gericht eingehen. Vorher können sie jederzeit voraussetzungslos widerrufen werden.
Eine Vorverlegung dieses Zeitpunkts ist in § 299 II StPO geregelt. Danach werden Erklärungen, die befugtermaßen nach § 299 I StPO und in der dort geregelten Form abgegeben werden, bereits mit Abschluss der Beurkundung wirksam. Das gilt auch für Erklärungen nach § 302 I StPO. Ist allerdings die Sache schon beim Rechtsmittelgericht anhängig, wird die **Rücknahme**erklärung doch erst dann wirksam, wenn sie **dort** eingeht (vgl. *Meyer-Goßner* § 299 Rdnr. 7 m. w. N.). Vorher ist sie widerrufbar.

b) Verhandlungsfähigkeit. Oftmals wird geltend gemacht, der Erklärende sei bei Abgabe der Rücknahme- oder Verzichtserklärung verhandlungsunfähig gewesen. Wirksamkeitsvoraussetzung der Rücknahme- und Verzichtserklärung ist allerdings die Verhandlungsfähigkeit des Erklärenden. Sie wird nur durch schwere körperliche oder seelische Mängel ausgeschlossen. Ob Verhandlungsunfähigkeit vorlag, ist im Wege des Freibeweises zu prüfen. Der Grundsatz „in dubio pro reo" gilt nicht (BGH NStZ 1984, 181).

c) Einfluss von Willensmängeln. Ansonsten kann die Erklärung, wie auch alle anderen Prozesshandlungen, weder widerrufen, angefochten noch sonst zurückgenommen werden, wenn der Erklärung lediglich ein einfacher Motivirrtum zugrunde liegt (BGH GA 1969, 281; BGH NStZ 1983, 213).
Erwiesene Willensmängel sind bei Rechtsmittelerklärungen nur dann ausnahmsweise zu beachten, wenn die Art des Willensmangels (Irrtum, Täuschung, Drohung) und seine Entstehung dartun, dass überwiegende Gründe der Gerechtigkeit den Vorrang vor dem Gesichtspunkt der Rechtssicherheit beanspruchen (BGHSt. 17, 14, 18/21). Danach gehört es zur „Fairness" der staatlichen Strafverfolgung, die Unwirksamkeit einer Rechtsmittelerklärung jedenfalls dann anzunehmen, wenn der Willensmangel durch objektiv unrichtige Maßnahmen der staatlichen Strafverfolgungsorgane herbeigeführt worden ist.

Beispiele: Der Angeklagte nimmt nach Erlass eines ersichtlich unrichtigen Haftbefehls ein Rechtsmittel zurück, um seine sofortige Freilassung zu erreichen (KG JR 1977, 34); der Betroffene wird mit Mitteln, die bei § 136a StPO oder in dessen Nähe angesiedelt sind, zur Erklärung veranlasst; er wird von staatlicher Seite über Voraussetzungen und Aussichten des Rechtsmittels oder über Art und Zeitpunkt des Verfahrensfortgangs getäuscht – „in absehbarer Zeit bekommen Sie keinen neuen Termin" –; der Vorsitzende nimmt unter Verstoß gegen die richterliche Fürsorgepflicht eine Verzichtserklärung des Angeklagten entgegen, ohne dass dieser Gelegenheit hatte, die Frage des Verzichts mit seinem Verteidiger zu erörtern (vgl. BGHSt. 18, 257); ein vom Angeklagten selbst erklärter Verzicht ist unwirksam, wenn dieser entgegen § 140 StPO keinen Verteidiger hatte (OLG Frankfurt StV 1991, 296; OLG Düsseldorf StV 1998, 647; a. A. OLG Hamburg NStZ 1997, 53; OLG Naumburg NJW 2001, 2140 mit Besprechung Peglau NStZ 2002, 464); unwirksam ist der Rechtsmittelverzicht nach Beratung durch einen nicht mehr als Rechtsanwalt zugelassenen „Scheinverteidiger" (BGH NStZ 2002, 379 m. Anm. *Beulke* und *Angerer* NStZ 2002, 443); keine Berücksichtigung des Willensmangels aber bei falscher Belehrung durch den Verteidiger (BGH GA 1969, 281); kein relevanter Willensmangel auch bei Ankündigung des Staatsanwalts, für den Fall der Nichtabgabe eines Verzichts selbst Rechtsmittel einlegen zu wollen oder bei Ankündigung des Verteidigers, bei Nichtannahme des Urteils das Mandat niederzulegen (BGH NStZ 1986, 277; ohne Relevanz auch der Irrtum des Angeklagten, die schriftlichen Urteilsgründe würden keine anderen Gesichtspunkte enthalten als die mündlich mitgeteilten (BGH wistra 1991, 271) – offengelassen für den Fall der Täuschung durch den Richter –; offengelassen für unrichtige Zusage der Staatsanwaltschaft, der Angeklagte könne –; im Falle der Rücknahme innerhalb einer Woche im offenen Vollzug sein (BGH NStZ 1988, 213; bewusste Täuschung – Rechtsirrtum genügt nicht – seitens des Staatsanwaltschaft macht den Rechtsmittelverzicht unwirksam (BGH wistra 1994, 30). Beruht der Rechtsmittelverzicht auf einer vom Vorsitzenden unzuständigerweise abgegebenen und alsbald nach Urteilsverkündung nicht eingehaltenen Zusage (z.B. über die Vollzugsgestaltung), ist er unwirksam (BGH NStZ 1995, 556). Unwirksam ist der Rechtsmittelverzicht des Angeklagten, wenn er auf einer – auch irrtümlich erteilten – falschen Auskunft des Gerichts über die beamtenrechtlichen Nebenfolgen des Urteils beruht (BGH NStZ 2001, 493). Aus enttäuschten Erwartungen kann die Unwirksamkeit des Rechtsmittelverzichts nicht hergeleitet werden, etwa dann, wenn der Angeklagte irrig meint, der Verzicht lasse eine zuvor verkündete Außervollzugsetzung des Haftbefehls unberührt. Das Gericht trifft in diesem Fall auch keine Hinweispflicht (BGH NStZ-RR 2002, 114). Die Vereinbarung eines Rechtsmittelverzichts mit dem Angeklagten vor der Urteilsverkündigung ist unzulässig (BGH NStZ 1998, 31). Jedoch ist der absprachegemäß erklärte Rechtsmittelverzicht in der Regel wirksam (BGH NStZ 1997, 611). Eine andere Beurteilung kommt nur in Betracht, wenn diejenigen Gründe, die allgemein oder im Einzelfall der Zulässigkeit einer solchen Absprache entgegenstehen, zugleich auch zur Missbilligung des abgesprochenen Rechtsmittelverzichts führen; der Verfahrensmangel muss zu einer unzulässigen Willensbeeinflussung bei Abgabe der Verzichtserklärung geführt haben (BGH NStZ 2000, 386; NStZ-RR 2001, 334; vgl. auch Landau und Eschelbach NJW 1999, 321, 326).

d) Verfahrensrechtliches. Liegt die Wirksamkeit der Rücknahme im Streit, kann das Rechtsmittelgericht außerhalb der Hauptverhandlung durch Beschluss aussprechen, dass das Rechtsmittel durch die Rücknahme erledigt ist. Gegen den Beschluss ist entsprechend § 322 II StPO die sofortige Beschwerde zulässig. Dieselbe Rechtsfolge (Erledigung des Rechtsmittels durch Rücknahme) kann das Berufungsgericht auch durch Urteil aussprechen (*Meyer-Goßner* § 303 Rdnr. 7). Das Urteil unterliegt nach allgemeinen Grundsätzen der Revision.

Die wirksame Rücknahme enthält den Verzicht auf erneute Einlegung. Eine solche wäre unzulässig. Auch der Verzicht macht ein gleichwohl eingelegtes Rechtsmittel unzulässig. In beiden Fällen ist die Wiedereinsetzung ausgeschlossen, ein darauf gerichteter Antrag unzulässig (BGH NStZ 1982, 190).

III. Beschränkung des Rechtsmittels

1. Grundsätzliches

Alle drei Rechtsmittel der StPO beinhalten die Möglichkeit der Teilanfechtung oder Rechtsmittelbeschränkung. Für die Berufung und Revision ist die Beschränkung gesetzlich ausdrücklich geregelt (§§ 318, 344 I StPO), für die Beschwerde ist sie nach Maßgabe der für die Berufung und Revision geltenden Grundsätze anerkannt (*Meyer-Goßner* § 304 Rdnr. 4 m. w. N.). Voraussetzung einer wirksamen Teilanfechtung ist stets, dass der angefochtene Teil der Entscheidung gegenüber dem nichtangefochtenen derart selbstständig ist, dass er tatsächlich und rechtlich eine gesonderte Prüfung und Beurteilung erlaubt (sogenannte **Trennbarkeitsformel**). Der unangefochten gebliebene Entscheidungsteil darf zu dem vom Rechtsmittelgericht geschaffenen Entscheidungsteil nicht im Widerspruch stehen; die Teile müssen vielmehr als ein einheitliches Ganzes dastehen und „lesbar" sein. Die Beschränkung ist schon dann unwirksam, wenn durch die getrennte Prüfung die Gefahr von Widersprüchen zwischen den Entscheidungsteilen nicht ausgeschlossen ist (Gebot der **Widerspruchsfreiheit**).

2. Erklärung der Beschränkung

Die Beschränkung des Rechtsmittels muss eindeutig erklärt werden. Vom Angeklagten selbst verfasste Schreiben bedürfen besonders sorgfältiger Auslegung. Sätze wie „Meine Begründung liegt beim Strafmaß", „ein Gefängnisaufenthalt kommt für mich nicht in Frage, ich will Bewährung" oder „die Strafe ist mir zu hoch" enthalten keine eindeutige Beschränkung, weil die Höhe der Strafe bzw. deren Aussetzungsfähigkeit auch auf nicht hingenommenen Schuldfeststellungen gründen kann. In Zweifelsfällen muss der Wille des Rechtsmittelführers durch Erfragen geklärt werden. Keine Beschränkung des Rechtsmittels „auf den Rechtsfolgenausspruch" liegt auch dann vor, wenn die Begründung ergibt, dass sich der Angeklagte in Wahrheit gegen den Schuldumfang und damit gegen den Schuldspruch wendet. Solchenfalls ist das Rechtsmittel gemäß § 300 StPO in ein unbeschränktes umzudeuten (BGH NStZ 1985, 17).

Hinweis: Die von einem entgegen § 140 StPO unverteidigten Angeklagten erklärte Rechtsmittelbeschränkung kann unwirksam sein (OLG Stuttgart VRS 98, 360; OLG Köln StV 1998, 645).

3. Einzelfragen zur Beschränkbarkeit

a) Tatmehrheit und Tateinheit. Das Rechtsmittel kann auf einzelne von mehreren Taten beschränkt werden, die in Tatmehrheit zueinander stehen, da sie dem Rechtsmittelgericht die Möglichkeit geben, den angefochtenen Teil des Urteils losgelöst vom übrigen Urteilsinhalt selbstständig zu prüfen und rechtlich zu beurteilen. Dies gilt erst recht für verfahrensrechtlich selbstständige Komplexe. Dagegen ist die Beschränkung eines Rechtsmittels innerhalb der Schuldfrage einer Einzeltat nicht möglich, weil dem der Grundsatz der Untrennbarkeit des Schuldspruchs entgegensteht. Deshalb ist auch eine Rechtsmittelbeschränkung auf eine Tat, die mit einer anderen in Tateinheit steht, nicht möglich.

Hinweis: Nimmt das angefochtene Urteil zu Unrecht Tatmehrheit an, wenn in Wirklichkeit Tateinheit gegeben ist, so muss das Rechtsmittelgericht den ganzen Schuldspruch beurteilen, da sonst die Beschränkung das Rechtsmittelgericht hindern würde, die zu seiner Entscheidung gebrachte Teilfrage richtig zu behandeln (BGH NStZ 1996, 203).

b) Alternative Verhaltensweisen. Sind in einer Anklage zwei im Verhältnis der Alternativität stehende Straftaten aufgeführt (z. B. falsche Verdächtigung und falsche uneidliche Aussage), ist eine wirksame vertikale Beschränkung des Rechtsmittels auf die Straftat, wegen welcher der Angeklagte verurteilt wurde, nicht möglich. Gegenstand des Rechtsmittelverfahrens sind die beiden in der Anklage aufgeführten alternativen Verhaltensweisen des Angeklagten (OLG Karlsruhe JR 1989, 82).

c) Beschränkung des Rechtsmittels auf den Rechtsfolgen- oder Strafausspruch. In der Praxis besonders häufig ist die Beschränkung des Rechtsmittels auf den Rechtsfolgenausspruch oder Strafausspruch, falls nur ein solcher getroffen wurde.

Eine Beschränkung des Rechtsmittels auf den Rechtsfolgenausspruch ist grundsätzlich möglich und wirksam. Voraussetzung für die Teilanfechtung des Rechtsfolgenausspruchs ist allerdings, dass die Feststellungen zur objektiven und subjektiven Tatseite so vollständig, klar und widerspruchsfrei sind, dass sie eine hinreichende Grundlage für die Prüfung des Rechtsfolgenausspruchs bilden. Daran fehlt es z. B., wenn die tatsächlichen Feststellungen zur Tat deren Unrechts- und Schuldgehalt nicht einmal in groben Zügen erkennen lassen (OLG Köln VRS 60, 445). An solcher Grundlage fehlt es auch, wenn bei Verurteilung wegen vorsätzlicher oder fahrlässiger Körperverletzung lediglich mitgeteilt wird, das Tatopfer habe „erhebliche Verletzungen" erlitten. Wenn in der Aufsichtsarbeit eine Beschränkung des Rechtsmittels auf den Rechtsfolgenausspruch vorkommt, prüfen und erläutern Sie also stets, ob die Feststellungen des angefochtenen Urteils eine Beschränkung überhaupt zulassen.

Tipp: Besonders häufig fehlt es an hinreichenden Schuldfeststellungen bei Verkehrsdelikten (Umstände der Alkoholaufnahme und Gegebenheiten der Fahrt bei einer Trunkenheitsfahrt, Rücksichtslosigkeit bei § 315c, Kenntnisnahme vom Schaden bei § 142 StGB), aber auch bei Eigentums- und Vermögensdelikten (Feststellung der Zueignungs- oder Bereicherungsabsicht). Besonders häufig fehlt es an Feststellungen zur inneren Tatseite, so vor allem bei Trunkenheitsfahrten. Oft fehlt es auch an den notwendigen Feststellungen zum Umfang der Serienstraftat oder zur Schuldfrage, wenn zu deren Erörterung Anlass bestand (Trunkenheitsfahrt von 2,5 Promille an aufwärts).

A. Allgemeines 209

d) Beschränkung innerhalb des Rechtsfolgenausspruchs. Die Beschränkung des Rechtsmittels auf **die Höhe des Tagessatzes** ist zulässig, weil die Bemessung der Höhe des Tagessatzes ein Bestandteil des Strafausspruchs ist, der regelmäßig in keiner Wechselwirkung zu den übrigen Bestandteilen des Strafausspruchs, der Festsetzung der Zahl der Tagessätze, der Entziehung der Fahrerlaubnis oder der Anordnung der Sperrfrist steht und deshalb losgelöst von ihnen selbstständig überprüft und rechtlich beurteilt werden kann.

Sonst aber ist bei der Beschränkung innerhalb des Rechtsfolgenausspruchs äußerste Vorsicht am Platze, weil Hauptstrafe, Nebenstrafen, Nebenfolgen und Maßregeln der Besserung und Sicherung sehr häufig untrennbar miteinander verknüpft sind und in einer unlösbaren inneren Abhängigkeit zueinander stehen. So ist es in der Regel nicht möglich, den Rechtsfolgenausspruch auf die Strafaussetzung zur Bewährung, das Fahrverbot, die Entziehung der Fahrerlaubnis zu beschränken (vgl. den auf Vorlage ergangenen lehrreichen Beschluss des BGH NJW 2001, 3134). Die zahlreichen Einzelfragen (vgl. *Meyer-Goßner* § 318 Rdnr. 18 ff.) können hier nicht dargestellt werden. Die Revision kann auf die Frage der besonderen Schuldschwere i. S. des § 57 a I Satz 1 Nr. 2 StGB beschränkt werden. Im Bußgeldverfahren kann bei Verurteilung wegen einer Verkehrsordnungswidrigkeit die Rechtsbeschwerde auf den Rechtsfolgenausspruch insgesamt beschränkt werden, nicht aber auf das Fahrverbot. Dasselbe gilt für die Beschränkbarkeit des Einspruchs gegen den Bußgeldbescheid nach § 67 II OWiG (BayObLG DAR 1999, 559; KG NZV 2002, 466).

4. Wirkungen der Rechtsmittelbeschränkung

Bei **unwirksamer Beschränkung** ist das Rechtsmittel nicht unzulässig, sondern gilt, soweit die Unwirksamkeit reicht, als unbeschränkt eingelegt (z.B. bei unwirksamer Beschränkung auf den Rechtsfolgenausspruch als im Ganzen, bei unwirksamer Anfechtung eines Rechtsfolgenteils als im gesamten Rechtsfolgenausspruch).

Beispiel: A ist beim Himmelfahrtsausflug mit seinem Motorrad in eine Alkoholkontrolle geraten (BAK 1,3 Promille). Das Amtsgericht verurteilt ihn zu einer Geldstrafe, entzieht ihm die Fahrerlaubnis und nimmt von der Wiedererteilungssperre Feuerwehrlöschfahrzeuge der Klasse 3 aus (was § 69 a II StGB zulässt). Die Staatsanwaltschaft legt Sprungrevision ein, rügt die Verletzung sachlichen Rechts und beschränkt ihr Rechtsmittel auf die Herausnahme der Löschfahrzeuge von der Sperre. Die Beschränkung ist unwirksam, weil zwischen den Erwägungen zum Entzug der Fahrerlaubnis und der Bemessung der Sperrfrist einerseits und denen zur Ausnahmebewilligung andererseits Wechselwirkung in Betracht kommt (BayObLG VerkMitt. 1992, 12). Die Beschränkung auf den nächst folgenden möglichen Punkt (Sicherungsmaßregel insgesamt) ist ebenfalls unwirksam, da zwischen Strafzumessung und Maßregel auch Wechselbeziehung besteht. Die zusätzliche Festsetzung der Maßregel kann z.B. zu einer geringeren Strafe als sonst angemessen führen. Also gilt die Revision als gegen den gesamten Rechtsfolgenausspruch eingelegt. Und auch diese Beschränkung könnte im Einzelfall noch unwirksam sein, wenn z.B. die Trunkenheitsfahrt in ihrem Unrechts- und Schuldgehalt zu dürftig geschildert wäre.

Wirksame Beschränkung auf tatmehrheitlich begangene Straftaten führt zur Rechtskraft des Urteils wegen der übrigen. Bei Beschränkung des Rechtsmittels innerhalb einer einheitlichen Tat (z. B. auf den Rechtsfolgenausspruch) tritt die sogenannte **horizontale Teilrechtskraft** ein, die lediglich Bindung des Rechtsmittelrichters an den Schuldspruch und die ihm zugrunde liegenden Feststellungen schafft, die Einstellung des Verfahrens wegen eines Prozesshindernisses aber nicht hindert (*Meyer-Goßner* § 318 Rdnr. 31).

Hinweis: Dementsprechend kann auch nach Beschränkung der Berufung auf den Rechtsfolgenausspruch der Strafantrag wirksam zurückgenommen werden, solange der Rechtsfolgenausspruch noch nicht in Rechtskraft erwachsen ist (OLG Zweibrücken MDR 1991, 1078).

5. Die Wirkungen der Beschränkung auf den Rechtsfolgenausspruch

Diese sind **im Einzelnen** nachfolgend eingehender darzustellen, da sie in der Praxis und auch in der Klausur von großer Bedeutung sind. Insoweit hat die höchstrichterliche Rechtsprechung zum Umfang der Bindungswirkung *strenge Grundsätze* aufgestellt.

Hinweis: Diese gelten in entsprechender Weise übrigens dann, wenn das Revisionsgericht ein voll angefochtenes Urteil im Schuldspruch bestätigt, aber im Rechtsfolgenausspruch aufhebt und die Sache insoweit an das Tatgericht zu neuer Verhandlung und Entscheidung zurückverweist.

Bindend sind zunächst einmal alle jene Umstände der Sachverhaltsdarstellung, in denen die gesetzlichen Merkmale der dem Angeklagten zur Last gelegten Straftaten gefunden werden. Selbst wenn von mehreren Tatsachen bereits ein Teil ausreichen würde, um ein Tatbestandsmerkmal zu erfüllen, so gehören gleichwohl alle zum Schuldspruch. An dessen Bindungswirkung nimmt also nicht nur das Mindestmaß an Tatsachen teil, ohne das der Schuldspruch überhaupt keinen Bestand mehr hätte. Vielmehr unterliegen auch solche Abweichungen, durch die nur der Schuldumfang betroffen, die rechtliche Beurteilung aber nicht in Frage gestellt wird, dem Widerspruchsverbot.

Die Bindungswirkung besteht also auch für die vom Erstgericht *getroffenen Feststellungen* über den Zeitpunkt des Tatentschlusses, für das tatauslösende Moment und für die Beweggründe der Tatbegehung. Über die genannten Tatumstände hinaus, welche die gesetzlichen Merkmale der dem Angeklagten zur Last gelegten Tat ausfüllen oder auszufüllen geeignet sind, entfalten zum einen auch die Bestandteile der Sachverhaltsschilderung innerprozessuale Bindungswirkung, aus denen der Richter im Rahmen der Beweiswürdigung seine Überzeugung von der Schuld des Angeklagten abgeleitet hat. Zum andern nehmen aber auch jene Teile der Sachverhaltsdarstellung als den Schuldspruch tragend an der Bindungswirkung teil, die das Tatgeschehen im Sinne eines geschichtlichen Vorgangs ledig-

A. Allgemeines

lich näher beschreiben, z. B. die Umstände schildern, die der Tatausführung das entscheidende Gepräge gegeben haben. Der geschichtliche Vorgang, der dem Schuldspruch zugrunde liegt, bildet ein geschlossenes Ganzes, aus dem nicht Einzelteile herausgegriffen und zum Gegenstand neuer, abweichender Feststellungen gemacht werden dürfen.

An die danach zum Schuldspruch gehörenden Feststellungen ist das Gericht im weiteren Verfahren gebunden. Es darf diese zwar noch ergänzen, die ergänzenden Feststellungen dürfen den bindend gewordenen jedoch nicht widersprechen. Die den Schuldspruch tragenden Feststellungen sind sämtlich die „unantastbare Grundlage für das weitere Verfahren und wesentlicher Teil des abschließenden Urteils". Dies folgt aus dem Grundsatz der Einheitlichkeit **(innere Einheit)** und damit notwendigen Widerspruchsfreiheit der Entscheidung, der unabhängig davon Gültigkeit beansprucht, ob ein Urteil über die Schuld- und Straffrage gleichzeitig entscheidet, oder ob nach rechtskräftigem Schuldspruch die Strafe in einem weiteren Verfahren neu festgesetzt wird. Beweiserhebungen, die darauf abzielen, aufrechterhaltene und damit bindende Feststellungen in Zweifel zu ziehen, sind unzulässig (§ 244 III Satz 1 StPO). Beweisergebnisse, die im Widerspruch zu bindenden Feststellungen stehen, haben außer Betracht zu bleiben.

Die Bindungswirkung gilt schließlich auch für die sogenannten **doppelrelevanten Tatsachen,** also jene Feststellungen, die sowohl die Schuld- als auch die Straffrage berühren.

Heißt es z. B. in den Feststellungen zum Tatgeschehen, der Anlass einer Fahrt ohne Fahrerlaubnis habe nicht festgestellt werden können, darf in der Strafzumessung nicht stehen, es habe sich um eine besonders unnötige Vergnügungsfahrt gehandelt oder umgekehrt, sie habe einem anerkennenswerten sozialen Zweck gedient (Beweggründe der Tatbegehung!). Ergibt sich das eine oder andere innerhalb einer Beweisaufnahme zur Rechtsfolgenfrage, muss es beiseite bleiben. Heißt es im Ausgangsurteil, der Angeklagte habe die Tat spontan begangen, darf das Berufungsurteil nicht ausführen, er habe zielstrebig, überlegt und planmäßig gehandelt. Besonders praxisrelevant ist folgendes weitere.

Beispiel: Geht das erstinstanzliche Urteil davon aus, der Angeklagte sei rauschgiftabhängig, darf die Berufungsinstanz nicht feststellen, er sei es nicht (BayObLG NStZ 2000, 275).

Hat das Berufungsgericht bei einer Beschränkung der Berufung auf den Rechtsfolgenausspruch die Wirksamkeit der Beschränkung fälschlich verneint und eigene Feststellungen zum Tatgeschehen getroffen oder die Wirksamkeit zwar bejaht, aber über die vom Amtsgericht getroffenen Feststellungen hinaus weitere den Schuldumfang betreffende Umstände festgestellt, so liegt ein sachlich-rechtlicher Mangel des angefochtenen Berufungsurteils vor, der von Amts wegen zu beachten ist (BayObLG

VRS 76, 300), gleichermaßen, wie das Revisionsgericht das Berufungsurteil auch aufhebt, wenn dieses die Wirksamkeit der Beschränkung zu Unrecht bejaht hat.

Hinweis: Die Beschränkung des Rechtsmittels auf den Strafausspruch erweist sich dann im Nachhinein als unwirksam, wenn eine neue Entscheidung über die Schuldfrage auf Grund der zu § 21 StGB zu treffenden Feststellungen zu einer Verneinung der Schuld führen würde (OLG Köln NStZ 1989, 24; BayObLG VRS 100, 354). Gleiches gilt aber nicht, wenn die zulässige Beweisaufnahme zur Straffrage ergibt, dass der Angeklagte aus anderen Gründen nicht schuldig ist, etwa die Tat gar nicht begangen oder gerechtfertigt gehandelt hat (*Meyer-Goßner* § 318 Rdnr. 17a).

6. Bindungswirkung bei rechtlich fehlerhaftem Schuldspruch

Auf einem anderen Blatt steht, welche Rechtsfolgen eintreten, wenn sich nach Beschränkung auf den Rechtsfolgenausspruch im weiteren Verfahren erweist, dass der festgestellte Sachverhalt eine Straftat überhaupt nicht darstellt oder wenn der Urteilsspruch fehlerhaft ist, die Strafbarkeit sich also nach einer anderen Bestimmung hätte richten müssen.

Einigkeit dürfte darüber bestehen, dass der Schuldspruch in jedem Falle dann Bestand hat, wenn lediglich eine andere Strafbestimmung von gleichem oder ähnlichem Gewicht heranzuziehen gewesen wäre (vgl. LR-*Gollwitzer* § 318 Rdnr 42). Deshalb spielt es z.B. keine Rolle, wenn der Angeklagte statt wegen Täterschaft nur wegen Beihilfe hätte schuldig gesprochen werden dürfen oder wenn statt Betrug Diebstahl in Betracht gekommen wäre u.ä.m. Dagegen soll bei einer Verurteilung wegen eines Verbrechens (§ 249 StGB) die Beschränkung des Rechtsmittels auf den Rechtsfolgenausspruch unwirksam sein, wenn die getroffenen Schuldfeststellungen lediglich die Verurteilung wegen eines Vergehens (§ 242 StGB) tragen (OLG Saarbrücken NStZ 1997, 149) oder wenn innerhalb derselben Deliktkategorie eine Norm mit geringerem Strafrahmen zum Tragen kommt (OLG Köln NStZ-RR 2000, 49) oder wenn sich das als Straftat abgeurteilte Geschehen nur als Ordnungswidrigkeit darstellt (OLG Stuttgart NStZ-RR 2002, 47).

Fraglich bleibt, wie zu verfahren ist, wenn man zu der Annahme gelangt, es liege im einen oder anderen Punkt oder gar insgesamt aus Rechtsgründen überhaupt keine Straftat vor. Unzulässig ist es, in solchem Falle die gesetzliche Mindeststrafe auszusprechen mit der Begründung, der Schuldspruch sei falsch (OLG Stuttgart, Justiz 1972, 187). Eine gänzlich fehlende Bindung an den Schuldspruch mit dem Ergebnis des Freispruchs wird man auf die Fälle beschränken müssen, in denen das Recht offensichtlich und erkennbar falsch angewandt worden ist (vgl. LR-*Gollwitzer* § 318, Rdnr. 41, 45) und der festgestellte Sachverhalt unter keinem denkbaren Gesichtspunkt unter ein Strafgesetz subsumiert werden kann. Denn nur dann erscheint es ausgeschlossen, aus dem Schuldspruch eine mit Recht und Gerechtigkeit vereinbare Strafe herzuleiten.

A. Allgemeines

In Fällen, in denen es an solcher Evidenz fehlt, ist der Mangel des Schuldspruchs bei der Wahl der Rechtsfolge angemessen zu berücksichtigen, d. h. die Auswirkungen der Rechtsfehler eines rechtskräftigen fehlerhaften Schuldspruchs sind auf das unvermeidliche Maß zu beschränken (OLG Karlsruhe, Justiz 1978, 116). Nach Auffassung des BayObLG (NJW 1992, 3311) ist die Beschränkung auf den Rechtsfolgenausspruch stets unwirksam, wenn nach den getroffenen Feststellungen eine Straftat nicht vorliegt; a. A. OLG Düsseldorf NZV 1994, 199, das eine Durchbrechung der Rechtskraft nur bei irriger Annahme und Anwendung eines nicht existierenden gesetzlichen Straftatbestandes zulässt (Beispiel: Verurteilung wegen Versuchs trotz im konkreten Fall fehlender Versuchsstrafbarkeit), nicht aber bei rechtsfehlerhafter Subsumtion eines festgestellten Sachverhalts unter ein geltendes Strafgesetz.

Tipp: Das Thema „Rechtsmittelbeschränkung bei fehlerhaftem Schuldspruch" ist jedenfalls sehr umstritten und verstärkt examensverdächtig (vgl. auch *Wankel* JA 1998, 65 ff. sowie *Müller-Christmann* JuS 1997, 922).

IV. Das Verschlechterungsverbot

1. Grundsatz

Legt lediglich der Angeklagte, zu seinen Gunsten die Staatsanwaltschaft oder sein gesetzlicher Vertreter Berufung oder Revision ein, dürfen im weiteren Verfahren, gleich, welchen Lauf es nimmt, die im angefochtenen Urteil gegen den Angeklagten erkannten Rechtsfolgen in Art und Höhe nicht verschärft werden – mit Ausnahme der möglich bleibenden Unterbringung in einem psychiatrischen Krankenhaus oder einer Entziehungsanstalt (§§ 331 I und II, 358 II StPO). Das Verschlechterungsverbot (auch Verbot der reformatio in peius genannt) bezieht sich nur auf Urteile, nicht auf Beschlüsse und ihre Anfechtbarkeit mit der Beschwerde (KG JR 1981, 391, 392; *Bloy* JuS 1986, 589), weil das Beschwerderecht eine den §§ 331, 358 II StPO vergleichbare Vorschrift nicht kennt. Dem Verschlechterungsverbot unterliegen lediglich einzelne Beschlussentscheidungen, z. B. die urteilsersetzende (§ 55 StGB!) Bildung einer Gesamtstrafe nach § 460 StPO (vgl. *Meyer-Goßner* § 460 Rdnr. 24) und andere Beschlüsse, die Rechtsfolgen endgültig festsetzen und der materiellen Rechtskraft fähig sind (*Meyer-Goßner* vor § 304 Rdnr. 5).

Der Angeklagte soll sich nicht durch die *Befürchtung, härter bestraft zu werden,* von der Einlegung eines Rechtsmittels abhalten lassen. Diesem Gesichtspunkt hat der Gesetzgeber den Vorrang vor der unbeschränkten Durchsetzung der materiellen Wahrheit gegeben. Er tat dies allerdings in Grenzen: Dies ergibt sich einmal aus §§ 331 II, 358 II Satz 2 StPO, die überwiegende Interessen der Allgemeinheit zum Tragen bringen; weiter verschont das Gesetz den Rechtsmittelführer, der seine Anfechtung nicht auf die Rechtsfolgen beschränkt hat, nicht vor einer Verschärfung des Schuldspruchs. In der Rechtsprechung haben sich, wie darzustellen sein wird, weitere einschränkende Interpretationen des Verschlechterungsverbotes herausgebildet.

2. Kein Verschlechterungsverbot für den Schuldspruch

Der Schuldspruch kann im Rechtsmittelverfahren – auch im Revisionsrechtszug – unbegrenzt verschlechtert werden, auch dann, wenn dabei Friktionen im Sanktionensystem eintreten: Geldstrafe für ein Verbrechen, Geldbuße (§ 17 OWiG) für eine Straftat. Umgekehrt zwingt die Reduzierung des Schuldspruchs nicht zur Herabsetzung der Rechtsfolgen. Dasselbe gilt für die Gesamtstrafe bei Wegfall einer Einzelstrafe, wie auch Strafrahmenverschiebungen zu Gunsten des Täters nicht zur Herabsetzung der erkannten Strafe führen müssen (*Bloy* JuS 1986, 590).

3. Verschlechterungsverbot und Rechtsmittel der Staatsanwaltschaft „zu Ungunsten"

Hat die Staatsanwaltschaft zu Ungunsten des Angeklagten ein Rechtsmittel eingelegt und wird es verworfen, bleiben die Wirkungen des Verschlechterungsverbots erhalten. Dasselbe gilt, wenn jenes Rechtsmittel nach § 301 StPO zu Gunsten des Angeklagten wirkt (*Bloy* JuS 1986, 589/590). Wird auf Berufung des Angeklagten der Schuldspruch zu dessen Lasten geändert, so gestattet eine daneben eingelegte Strafmaßberufung der Staatsanwaltschaft die Erhöhung der Strafe bis zur Obergrenze der im 1. Urteil angewandten Strafvorschrift; denn der Angeklagte darf nicht ungünstiger gestellt werden, als wenn allein die Staatsanwaltschaft ein auf den Strafausspruch beschränktes Rechtsmittel eingelegt hätte (BGH NJW 1986, 332).

4. Einzelfälle von Nicht-Verstößen

Bei **Dauerstraftaten** gilt das Verschlechterungsverbot nicht für Tatteile, die in die Zeit nach dem 1. Urteil fallen. Wegen der später gelegenen darf die Strafe verschärft, auch die Strafaussetzung aufgehoben werden (*Meyer-Goßner* § 331 Rdnr. 10).

Ein Verstoß gegen das Verschlechterungsverbot liegt ferner nicht vor in Fällen der **faktischen Verlängerung einer Sperrfrist** nach § 69a StGB durch Rechtsmitteleinlegung. Hierfür ein signifikantes Beispiel aus der Praxis (vgl. OLG Düsseldorf VRS 75, 356; *Janiszewski* DAR 1989, 136): Das Amtsgericht hatte dem Angeklagten die Fahrerlaubnis vorläufig und sieben Monate später durch Urteil mit einer Sperrfrist von noch drei Monaten entzogen. Der Angeklagte hat Berufung eingelegt, über die wiederum ein Jahr nach der 1. Hauptverhandlung befunden wurde. Hier ist der Berufungsrichter nicht durch das Verschlechterungsverbot gehindert, die Berufung zu verwerfen und damit faktisch die Sicherungsmaßre-

A. Allgemeines

gel um Monate länger andauern zu lassen, als es das Amtsgericht für geboten hielt. Auch die Aufhebung der vorläufigen Maßnahme nach § 111a StPO wird im gegebenen Fall nicht allein durch den fiktiven Ablauf der Sperre begründet, sondern nur dann, wenn der Tatrichter wegen der inzwischen verstrichenen Zeit voraussichtlich eine Fahrerlaubnisentziehung überhaupt nicht mehr für notwendig halten wird, wobei die Rechtsprechung hier außerordentlich engherzig zu Werke geht (vgl. *Janiszewski* a. a. O. m. w. N.).

Bei **Einbeziehung von Vorverurteilungen** nach § 55 StGB darf die im 1. Urteil zugebilligte Strafaussetzung zur Bewährung entfallen. Bezieht der Berufungsrichter erstmals eine andere Strafe ein, ist die zu verhängende Gesamtstrafe selbstverständlich höher als die vom Erstrichter erkannte Einzelstrafe, ohne dass gegen das Verschlechterungsverbot verstoßen ist. Hingegen darf das Berufungsgericht aus Freiheitsstrafe und Geldstrafe keine Gesamtfreiheitsstrafe bilden, die das Erstgericht abgelehnt hatte (OLG Düsseldorf NStZ-RR 2001, 21 m. Anm. *Bringewat* JR 2001, 478). Gegen das Verschlechterungsverbot verstößt das Berufungsgericht auch dann nicht, wenn es trotz Anwendung eines milderen Strafrahmens die im 1. Rechtszug gefundene Strafe beibehält. Jedoch muss diese Rechtsfolgenentscheidung eingehend begründet werden (OLG Stuttgart NStZ-RR 2001, 16).

5. Rechtsfolgenänderung „zum Nachteil" des Angeklagten

Die **Strafart** darf nicht verschlechtert werden; daher keine Freiheitsstrafe statt Geldstrafe. Umgekehrt kann anstelle von Freiheitsstrafe auf Geldstrafe erkannt werden, doch darf die Zahl der Tagessätze die frühere Freiheitsstrafe nicht übersteigen. Bei der Geldstrafe darf weder die Zahl der Tagessätze noch die Endsumme **erhöht** werden. Jedoch darf der Tagessatz bei gleichzeitiger Senkung der Zahl der Tagessätze in dem Maße erhöht werden, dass der Gesamtbetrag konstant bleibt (*Bloy* JuS 1986, 590). Die **Freiheitsstrafe** darf nicht erhöht, deren Aussetzung zur Bewährung nicht gestrichen werden. Bei der **Gesamtstrafe** gilt das Verschlechterungsverbot sowohl für die Einzelstrafen als auch für die Gesamtstrafe. Wird Tateinheit statt Tatmehrheit angenommen, darf auf eine Strafe in Höhe der bisherigen Gesamtstrafe erkannt werden. An die Stelle von Fahrerlaubnisentzug kann ein Fahrverbot treten. Schwierigkeiten bereitet die Frage des Verschlechterungsverbots bei **Kumulation** und Kumulationsmöglichkeit mehrerer Rechtsfolgen (Strafe, Nebenstrafe, Nebenfolgen, Maßregeln). Hier muss im Einzelfall in ganzheitlicher Betrachtungsweise ein **Gesamtvergleich** des früheren und des neuen Rechtsfolgenausspruchs vorgenommen werden (vgl. zusammenfassend *Bloy* JuS 1986, 590).

Beispiele: Bei der gebotenen gesamtheitlichen Betrachtungsweise stellte es keinen Verstoß gegen das Verschlechterungsverbot dar, wenn auf die Berufung des Angeklagten anstelle einer Gesamtgeldstrafe von 45 Tagessätzen zu je 40,– DM und eines Fahrverbots von einem Monat wegen versuchter Nötigung und Beleidigung zwei Geldbußen in Höhe von insgesamt 1050,– DM und ein Fahrverbot von drei Monaten wegen zweier Verkehrsordnungswidrigkeiten festgesetzt wurden (OLG Düsseldorf VRS 83, 441). Die Erhöhung einer Freiheitsstrafe unter gleichzeitigem Wegfall einer Vermögensstrafe verstößt gegen das Verschlechterungsverbot (BGH NJW 1997, 2335). Dies gilt auch nach Wegfall der Vermögensstrafe auf Grund deren Verfassungswidrigkeit (BGH NStZ-RR 2002, 206). Möglich ist dagegen die Erhöhung einer Geldstrafe – Tagessatzanzahl – bei Wegfall des angeordneten Fahrverbots (LG Köln NStZ-RR 1997, 370 und NZV 1999, 99).

Hinweis: Stellt das Rechtsmittelgericht auf ein Rechtsmittel des Angeklagten das Verfahren wegen eines behebbaren Verfahrenshindernisses ein (etwa wegen mangelhafter Konkretisierung der Anklagevorwürfe) und werden dieselben Taten neu angeklagt, ist der Richter im neuen Verfahren an das Verschlechterungsverbot gebunden (LG Zweibrücken NStZ-RR 1997, 111). Das ist aber stark umstritten (vgl. die Erörterungen und Nachweise von *Michel* ZfS 1997, 163 und *Drees* StV 1995, 669). Das Problem des Verschlechterungsverbots nach einem Prozessurteil (vgl. auch OLG Braunschweig NStZ 2003, 96) sollten Sie im Auge behalten und vertiefen. Es ist klausurträchtig.

B. Die Beschwerde

I. Examensbedeutung

Die Examensbedeutung speziell der Beschwerde mag nicht an diejenige der Berufung und Revision heranreichen. Gleichwohl darf sie nicht unterschätzt werden. So kann aus ein und demselben Strafverfahren eine Fülle von Beschwerdevorgängen verschiedenster Problematik hervorgehen (Haftbeschwerden, Beschwerden anderer Verfahrensbeteiligter, Ordnungsmittelbeschwerden nach § 181 GVG, Begleitbeschwerden zu Hauptrechtsmitteln nach §§ 464 III StPO, 8 III StrEG, 305 a StPO, Unterbringungsbeschwerde nach § 81 IV StPO, Wiedereinsetzungsbeschwerde nach § 46 III StPO), die, wenn nicht einzeln, so doch zu mehreren zum Gegenstand von Prüfungsklausuren gemacht werden können. Als eindrucksvolles Beispiel mag die bayerische Klausur in Jura 1993, 432ff. dienen.

Elementare Grundsätze des Rechtsmittelverfahrens, die für die Beschwerde ganz oder teilweise gelten, sind bereits im vorhergehenden Abschnitt erörtert worden. Auf einige Besonderheiten des Beschwerdeverfahrens ist nachfolgend einzugehen.

II. Mit der Beschwerde anfechtbare Entscheidungen

Welche Maßnahmen mit der Beschwerde bekämpft werden können, regelt § 304 StPO: Im Prinzip sind es zunächst alle Beschlüsse und Vorsitzendenverfügungen, die im erstinstanzlichen und im Berufungsverfahren ergehen. In Einzelfällen unterliegen aber auch **Urteils**teile der Beschwerde (vgl. §§ 464 III Satz 1 Halbsatz 1 StPO, 8 III Satz 1 StrEG, vgl. ferner § 28 II i. V. m. § 338 Nr. 3 StPO, wonach eine sofortige Beschwerde ins

Revisionsverfahren „eingebettet" ist). Über Verfügungen und Beschlüsse des Bundesgerichtshofs und der Oberlandesgerichte trifft § 304 IV und V StPO Sonderbestimmungen, deren Erläuterung mangels gesteigerter Examensbedeutung es hier nicht bedarf.

Die Beschwerde kann sich auch gegen ein Unterlassen richten. Voraussetzung ist jedoch, dass dann im Unterlassen eine Stellungnahme des Gerichts in der Sache selbst, bis hin zur stillschweigenden Ablehnung zum Ausdruck kommt (vgl. OLG Frankfurt NJW 2002, 453; NStZ 2002, 220 m. Anm. *Wirriger* NStZ 2002, 389 in Fällen ungebührlicher Verzögerung der Entscheidung über die Eröffnung des Hauptverfahrens). Ein reiner „Untätigkeitsbehelf" ist der StPO fremd (LG Stuttgart NStZ 1991, 204). Gegen schlichte Untätigkeit gibt es die Dienstaufsichtsbeschwerde.

III. § 305 Satz 1 StPO als zentrale Vorschrift des Beschwerdeverfahrens

Nach § 305 Satz 1 StPO unterliegen Entscheidungen des erkennenden Gerichts, die der Urteilsfällung vorausgehen, grundsätzlich nicht der Beschwerde. Grundgedanke dieser Bestimmung ist es, Verfahrensverzögerungen im Zwischen- und Hauptverfahren zu verhindern. Entscheidungen, die im inneren Zusammenhang mit dem nachfolgenden Urteil stehen, sollen bei dessen Erlass nochmals geprüft werden und gegebenenfalls anschließend im Rechtsmittelverfahren angefochten werden (*Meyer-Goßner* § 305 Rdnr. 1). In Rechtsprechung und Literatur ist allerdings anerkannt, dass nicht alle dem Urteil zeitlich vorangehenden Entscheidungen der erkennenden Gerichte oder des Vorsitzenden einer Beschwerde entzogen sind. Nach dem Gesetzeszweck gilt der Ausschluss nur für Entscheidungen, die in einem inneren Zusammenhang mit der Urteilsfällung stehen, ausschließlich ihrer Vorbereitung dienen und keine weiteren Verfahrenswirkungen erzeugen, die nicht mehr mit einem Rechtsmittel angefochten und mit ihm in ihrer Wirkung beseitigt werden können (OLG Stuttgart NJW 1976, 1647; LR-*Gollwitzer* § 305 Rdnr. 13; vgl. auch *Bloy* JuS 1986, 587).

Ein **Beispielsfall** soll dies verdeutlichen.
Der Vorsitzende hat nahen Termin zur Hauptverhandlung bestimmt. Der nicht „notwendige" Verteidiger ist verhindert und beantragt Verlegung auch unter Hinweis darauf, dass eine ordnungsgemäße Vorbereitung der Verteidigung nicht möglich gewesen sei. Der Vorsitzende lehnt unter Hinweis auf die angespannte Geschäftslage des Gerichts ab. Der Verteidiger legt Beschwerde ein.

Die Beschwerde ist unzulässig. Dem Angeklagten steht es frei, in der Hauptverhandlung einen Aussetzungsantrag nach § 228 StPO zu stellen, nötigenfalls eine Entscheidung nach § 238 II StPO herbeizuführen, die ihrerseits nach § 305 I StPO unanfechtbar ist. Der Angeklagte ist darauf beschränkt, eine Revision auf §§ 228, 338 Nr. 8 StPO zu stützen. Sollte in dem Vorgang ein Fehler des Gerichts zu sehen sein, kann dieser im späteren Rechtsmittelverfahren beseitigt werden. Anders ist es (vgl. LG Hildesheim NJW 1989, 1174), wenn in einer beschleunigungsbedürftigen Sache, etwa einer Haft- oder Führerscheinsache, auf Monate hinaus terminiert wird. Hier ist das Beschleunigungsgebot in einer Weise verletzt, dass die Wirkungen durch ein späteres Rechtsmittel nicht mehr beseitigt werden können. Haft und vorläufige Entziehung der Fahrerlaubnis schränken die Rechtsstellung des Beschuldigten erheblich ein; auf den Ausgleich durch etwaige Entschädigungen nach dem StrEG kann nicht verwiesen werden (LG Hildesheim a. a. O.). Sowohl der Staatsanwaltschaft als auch dem Angeklagten steht deshalb die Beschwerde gegen die weitläufige Terminsanberaumung zu.

Hinweis: Eine im Vordringen begriffene Rechtsprechung sieht bei Ablehnung einer Terminsverlegung die selbstständige prozessuale Beschwer – mit der Folge der Beschwerdemöglichkeit – bereits in jeder fehlerhaften Ermessensausübung (OLG Frankfurt StV 2001, 157 m. w. N.; gegen diese Tendenz mit Recht unter Darstellung des Meinungsstandes OLG Düsseldorf JMBl NW 1995, 248).

Die Aussetzung der Hauptverhandlung ist der Beschwerde entzogen, wenn sie ausschließlich der weiteren Sachaufklärung oder der besseren Vorbereitung der Verfahrensbeteiligten dienen soll. Dasselbe gilt für die nach Aussetzung der Hauptverhandlung getroffene Anordnung zur weiteren Beweiserhebung. Hier erfasst die Unanfechtbarkeit u. a. auch die Auswahl eines bestimmten Sachverständigen (OLG Schleswig StV 2000, 543). Selbständig beschwerdefähig ist hingegen die Aussetzung aus rein gerichtsorganisatorischen Gründen (OLG Köln MDR 1991, 1080). Unanfechtbar ist z. B. auch die Beschwerde gegen die Versagung der Akteneinsicht (OLG Frankfurt NStZ-RR 2001, 374) und die Anordnung der psychiatrischen Untersuchung ohne Anstaltsunterbringung (OLG Düsseldorf StV 2001, 156).

IV. Verfahren und Entscheidung des Beschwerdegerichts

Das Beschwerdegericht muss die für die Entscheidung wesentlichen Tatsachen *selbst* prüfen und aufklären, auch soweit das bisher nicht geschehen ist (§ 308 II StPO). Es darf bei unaufgeklärtem Sachverhalt die Sache nicht zur weiteren Aufklärung zurückverweisen. Die Entscheidung des Beschwerdegerichts ergeht grundsätzlich ohne mündliche Verhandlung. Das Gesetz (vgl. §§ 118 II, 124 II StPO) sieht hiervon in Einzelfällen fakultative oder zwingende Ausnahmen vor. Hält das Beschwerdegericht die angefochtene Entscheidung für zutreffend, verwirft es die Beschwerde als unbegründet. Ist die Beschwerde begründet, hebt es die Entscheidung des Erstrichters auf und trifft eine eigene, auch Ermessensfragen (a. A. *Bloy* JuS 1986, 588) einschließende Sachentscheidung (§ 309 II StPO). Es erlässt z. B. im Falle des § 210 II StPO den Eröffnungsbeschluss unter

B. Die Beschwerde

Einschluss der Gesichtspunkte des § 210 III StPO. Es erlässt selbst einen Haftbefehl, wenn ihn der iudex a quo zu Unrecht abgelehnt hat. In manchen Fällen ist die Prüfungskompetenz des Beschwerdegerichts durch dessen geringere Erkenntnismöglichkeiten (so bei Beschwerden gegen Haftentscheidungen während laufender Hauptverhandlung oder nach deren Abschluss, vgl. zu den Prüfungsmaßstäben insoweit OLG Brandenburg StraFO 2000, 318 und OLG Schleswig SchlHA 2002, 149), in anderen aus Rechtsgründen begrenzt.

Beispiel: Das erst- oder zweitinstanzlich verhandelnde Landgericht verurteilt den Angeklagten und ordnet zugleich Haftfortdauer an, bestätigt die vorläufige Entziehung der Fahrerlaubnis oder die einstweilige Unterbringung. Diese Begleitbeschlüsse kann der Angeklagte nicht mit der Erwägung bekämpfen, der im Urteil festgestellte Sachverhalt und die Beweiswürdigung, mithin die auch den Begleitbeschluss tragenden Feststellungen seien unrichtig. Denn die Richtigkeit landgerichtlicher Urteile wird allein im Revisionsverfahren nachgeprüft unter den dort geltenden eingeschränkten Prüfungsmaßstäben. Eine inzidente Vorabentscheidung im Beschwerdeweg ist ausgeschlossen. Die Frage, hauptsächlich erörtert in Bezug auf die sog. 111a-Beschwerde, ist in der Rechtsprechung der Oberlandesgerichte hoch aktuell und umstritten, daher examensverdächtig (vgl. OLG Düsseldorf NStZ-RR 2000, 240; OLG Koblenz NStZ-RR 1997, 206, OLG Frankfurt NStZ-RR 1996, 205 einerseits – Beschwerde zulässig; OLG Brandenburg NStZ-RR 1996, 170, OLG Hamm MDR 1996, 954 andererseits – Beschwerde unzulässig –; vermittelnd OLG Karlsruhe NZV 1999, 345 – Beschwerde zulässig bei eingeschränkter Prüfungskompetenz des Beschwerdegerichts –).

Eine Aufhebung und Zurückverweisung kommt, da eine dem § 354 II StPO entsprechende Vorschrift fehlt, im Beschwerdeverfahren allenfalls dann in Betracht, wenn das Erstgericht den Antrag zu Unrecht als unzulässig abgelehnt hat und daher eine Sachentscheidung fehlt. Dennoch kann dem Beschwerdegericht eine eigene Entscheidung „aus der Natur der Sache" heraus verwehrt sein, so z.B. in dem zu § 305 StPO herangezogenen Fall, dass das Beschwerdegericht die Terminsbestimmung des Vorsitzenden aufhebt. Hier kann es im Hinblick auf die Terminshoheit des Vorsitzenden selbst keinen Termin bestimmen, sondern nur die Rechtswidrigkeit der angefochtenen Verfügung feststellen. Zur Zurückverweisung kann es auch dann kommen, wenn das Beschwerdegericht nur Rechtsgrundsätze zur Auswahl des Pflichtverteidigers aufzustellen vermag, deren „Ausfüllung" aber aus tatsächlichen Gründen dem iudex a quo überlassen bleiben muss. Hier kann das Beschwerdegericht nur bei einer Ermessensreduzierung auf Null selbst entscheiden. Das Landgericht als Beschwerdegericht kann auch keinen Strafbefehl erlassen, weil das Gesetz einen Strafbefehl des Landgerichts nicht kennt. Es muss, wenn das Amtsgericht den Erlass eines Strafbefehls mit unrichtiger Begründung abgelehnt hat, die Sache an dieses zurückverweisen, das dann die Wahl hat, den Strafbefehl zu erlassen oder nach § 408 III 2 StPO zu verfahren. Ein entgegen § 34 StPO begründungslos gebliebener Beschluss rechtfertigt die Zurückverweisung nicht (str.). Grundsätzlich sind Entscheidungen eines funktionell unzuständigen Spruchkörpers (Kammer statt Vorsitzender und umgekehrt) aufzuheben, und es ist zurückzuverweisen; dessen bedarf es aber nicht, wenn das Rechtsmittel unter keinem rechtlichen Gesichtspunkt erfolgreich wäre (OLG Düsseldorf JMBlNW 1998, 22). Die Beschwerde kann im Einzelfall auch in einen anderen Rechtsbehelf umzudeuten sein.

Beispiel: Der Haftrichter hat gegen A Haftbefehl wegen Mordverdachts erlassen. A legt Haftbeschwerde ein. Ehe die Beschwerdekammer darüber entscheidet, gelangt die Anklage zur Schwurgerichtskammer. Die Zuständigkeit des Landgerichts als Beschwerdeinstanz ist entfallen. Die Haftkontrolle liegt jetzt bei der Schwurgerichtskammer. Sie behandelt die „Beschwerde" ebenso wie eine etwaige „weitere Beschwerde" (OLG Düsseldorf wistra 1999, 318) als Haftprüfungsantrag und entscheidet darüber in nunmehr originärer Zuständigkeit. Entsprechend verfährt das Berufungsgericht, wenn es, nach § 321 Satz 2 StPO zuständig geworden, unerledigte Haft- oder Führerscheinbeschwerden vorfindet oder wenn solche es erreichen. Die genannten originären Entscheidungen eröffnen einen neuen Rechtsmittelzug.

V. Die sofortige Beschwerde

Die sofortige Beschwerde unterscheidet sich von der einfachen durch die Fristgebundenheit (§ 311 II StPO) und das Abhilfeverbot (III Satz 1). Die sofortige Beschwerde ist nur dort gegeben, wo sie das Gesetz ausdrücklich anordnet. Eine „weitere" sofortige Beschwerde gibt es nicht. Sofortige Beschwerde ist auch gegen die gesetzwidrige Unterlassung einer Entscheidung, vor allem die „beschlussförmige" Ablehnung, eine Entscheidung zu treffen, zulässig, vorausgesetzt, die sofortige Beschwerde stünde bei förmlichem Erlass der Entscheidung zur Verfügung (vgl. *Meyer-Goßner* § 311 Rdnr. 1; von Bedeutung vor allem für die Vollstreckungsbeschwerden nach § 462 III StPO). Die sofortige Beschwerde hat nur aufschiebende Wirkung, wenn das besonders bestimmt ist (vgl. z.B. §§ 462 III Satz 2 StPO, 181 II GVG). Es gilt aber § 307 II StPO.

VI. Weitere Beschwerde

Eine im Beschwerderechtszug ergangene Entscheidung ist regelmäßig nicht weiter anfechtbar. Dies gilt – im Gegensatz zum Zivilprozess – auch dann, wenn der Rechtsmittelführer durch die Beschwerdeentscheidung erstmals beschwert ist oder jedenfalls ein neuer Beschwerdegrund vorliegt (§ 310 II StPO).

Beispiel: Das Amtsgericht lehnt die Eröffnung des Hauptverfahrens ab. Auf sofortige Beschwerde der Staatsanwaltschaft (§ 210 II StPO) eröffnet das Landgericht. Der Angeklagte hat kein Beschwerderecht, auch nicht gegen die Kostenentscheidung, falls der Beschluss des Landgerichts – wohl überflüssigerweise – eine solche enthält.

Eine weitere Beschwerde kennt das Gesetz nur gegen Entscheidungen, die „Verhaftungen oder die einstweilige Unterbringung" betreffen. Den

Begriff „Haft" erfüllen aber nur die Untersuchungshaft nach §§ 112 ff. und die „Terminshaft" nach §§ 230 II, 236 und 329 IV Satz 1 StPO, nicht die Strafhaft, Ordnungshaft, Erzwingungshaft, Sicherungshaft u. ä. m. Sehr streitig ist, ob die weitere Beschwerde den Vollzug der Haft voraussetzt oder ob der Beschwerdeführer auch den Bestand eines außer Vollzug befindlichen Haftbefehls überprüfen lassen kann. Der Gesetzeswortlaut spricht wohl für die erstgenannte Ansicht (zum Meinungsstand vgl. OLG Hamm wistra 2002, 238; OLG Köln MDR 1994, 609 und OLG Düsseldorf JMBlNW 2000, 57).

Eine weitere Beschwerde wird außerhalb der Fälle des § 310 I StPO auch nicht durch einen geltend gemachten Verstoß gegen Verfassungsrecht eröffnet (OLG Düsseldorf GA 1991, 362), desgleichen nicht durch den Einwand anders nicht zu beseitigenden groben prozessualen Unrechts (OLG Rostock DAR 1994, 163).

Hinweis: In einem Grundsatzbeschluss hat der BGH (NStZ 1999, 414) klargestellt, dass der Strafprozess eine „außerordentliche Beschwerde" wegen greifbarer Gesetzwidrigkeit im Gegensatz zum Zivilprozess nicht kennt.

C. Die Berufung

I. Klausurbedeutung

Die Bedeutung der Berufung für die Examensklausur ergibt sich bereits aus den allgemeinen Ausführungen im Abschnitt „Rechtsmittel", insbesondere aus denen zur Rechtsmittelbeschränkung, zu Rücknahme und Verzicht und zum Verschlechterungsverbot. Es kommen aber noch weitere examensrelevante Gesichtspunkte hinzu, die in der Folge angesprochen werden sollen, ohne dass eine vollständige Darstellung aller Gesichtspunkte möglich ist. Hauptsächlich ist noch einzugehen auf die Rechtsmittelwahl zwischen Berufung und Revision, auf das Abwesenheitsverfahren, auf die Überleitung in die erste Instanz und die Verfahrensverbindung.

II. Wesen der Berufung

Die Berufung, die in Bagatellfällen als Annahmeberufung ausgestaltet ist (§§ 313, 322 a StPO), kann gerichtet werden gegen Strafurteile des Amtsgerichts, nicht gegen erstinstanzliche Urteile des Landgerichts. Berufungsinstanz bei Urteilen des Strafrichters und bei solchen des Schöffengerichts ist seit Inkrafttreten des Entlastungsgesetzes am 1. 3. 1993 einheitlich die kleine Strafkammer des Landgerichts (§§ 74 III, 76 I GVG). Die große Strafkammer hat – mit Ausnahme der Jugendkammer – keine Berufungszuständigkeit mehr. Die Berufung ist eine zweite Tatsacheninstanz; sie zielt auf vollständige oder teilweise Wiederholung oder Überprüfung des Sachverhalts und eine erneute tatsächliche und rechtliche Beurteilung. Die in der zugelassenen Anklage bezeichnete Tat wird, sofern die Berufung nicht auf bestimmte Beschwerdepunkte beschränkt ist, erneut zum Gegenstand der Urteilsfindung gemacht. Die durch den Eröffnungsbeschluss zugelassene Anklage ist die Grundlage der zweiten Beurteilung. Grundsätzlich findet das Berufungsgericht in derselben Weise wie das Gericht der ersten Instanz unter Durchführung einer neuen Beweisaufnahme sein Urteil (§§ 323, 324 StPO). Eine Berufungsbegründung ist nicht vorgeschrieben, wie sich aus § 317 StPO ergibt.

III. Wahl zwischen Berufung und Revision

Nach § 335 I StPO können Urteile des Amtsgerichts statt mit der Berufung auch mit der (Sprung-) Revision angefochten werden. Dazu wird sich der Rechtsmittelführer entschließen, wenn er an den festgestellten Tatsachen nicht rütteln, sondern nur Rechtsfragen geklärt wissen will oder wenn er meint, die Tatsachenfeststellungen seien von eindeutig rügbaren Verfahrensfehlern beeinflusst. Da die Berufung binnen Wochenfrist einzulegen ist und innerhalb dieser Frist die schriftlichen Urteilsgründe in den seltensten Fällen vorliegen, fällt dem Anfechtungswilligen die Wahl zwischen Berufung und Revision häufig schwer. Dem trägt die Rechtsprechung wie folgt Rechnung:

Der Beschwerdeführer braucht erst nach Zustellung des Urteils und innerhalb der dadurch in Lauf gesetzten Revisionsbegründungsfrist die Wahl zu treffen, ob das eingelegte Rechtsmittel eine Berufung oder Revision sein soll. Dieses Wahlrecht verliert er auch dann nicht, wenn er zuvor das Rechtsmittel konkret als ein anderes bezeichnet hat.

Hat etwa der Angeklagte innerhalb der Einlegungsfrist das Urteil „angefochten" oder hat er schlicht „Rechtsmittel" eingelegt, kann er innerhalb der durch die Zustellung in Lauf gesetzten Revisionsbegründungsfrist wählen, ob das Rechtsmittel Berufung oder Revision sein soll. Aber auch wenn er sich anfänglich konkret im Sinne der Berufung bzw. Revision erklärt hatte, steht es ihm frei, vor Ablauf der Revisionsbegründungsfrist das jeweils andere Rechtsmittel zu wählen. Es ist sogar die Erklärungskette Anfechtung – Revision – Berufung möglich.

Beispiel: Der Angeklagte geht nach Verkündung des Urteils zur Geschäftsstelle und legt ein „Rechtsmittel" ein. Noch binnen Wochenfrist wählt er durch Anwaltschriftsatz die „Revision". Dann steht es ihm frei, innerhalb der Begründungsfrist noch zur Berufung überzugehen.

Das Wahlrecht hat aber seine Grenzen. Wird innerhalb der Revisionsbegründungsfrist eine konkrete Wahl getroffen, ist sie endgültig. Bleibt es ohne nachträgliche Konkretisierung bei der „Anfechtung" oder der „Einlegung eines Rechtsmittels", wird die Sache als Berufung durchgeführt. Ist von Anfang an Revision eingelegt und bleibt sie ohne Begründung, wird sie als unzulässig verworfen, also nicht etwa als Berufung behandelt. Die Bezeichnung eines vom Verteidiger als „Revision" eingelegten Rechtsmittels als „Berufung" durch den Angeklagten nach Ablauf der Revisionsbegründungsfrist ist als Rechtsmittelwahl unbeachtlich (KG NStZ-RR 2002, 177). In anderen Fällen der „fehlgeschlagenen Revision" bleibt es aber bei der Berufung, so wenn ein zunächst unbestimmtes Rechtsmittel nach Ablauf der Revisionsbegründungsfrist als Revision bezeichnet wird (OLG Schleswig SchlHA 1998, 177) oder wenn – bei gleicher Ausgangslage – die Revisionsbegründungsschrift ohne Unterzeichnung durch den Verteidiger bleibt (OLG Hamm VRS 97, 181). Zur näheren Information empfiehlt sich die Lektüre von *Meyer-Goßner* § 335 Rdnr. 2 bis 12; OLG Düsseldorf JZ 1984, 756; OLG Zweibrücken GA 1985, 279.

Während des Laufs der Frist für die Wahl zwischen Berufung und Revision darf das Berufungsverfahren nicht durchgeführt werden. Geschieht dies dennoch, verliert der Rechtsmittelführer zunächst das Wahlrecht. Auf diesen Verlust kann aber die Revision mit dem Erfolg der Wiederherstellung des Wahlrechts gestützt werden (OLG Frankfurt NStZ 1991, 506). Veranlasst das Gericht einen verteidigerlosen Angeklagten, sein unbestimmtes Rechtsmittel als Revision zu präzisieren, ohne nochmals auf die Unterschiede zwischen Berufung und Revision und die bei der Revision zu beachtenden Förmlichkeiten hinzuweisen, so ist die Wahl der Revision nicht bindend (OLG Köln VRS 82, 132 – lehrreich). Bei einer Wiedereinsetzung gegen die Versäumung der Revisionsbegründungsfrist wird dem Rechtsmittelführer die Möglichkeit eröffnet, statt einer Revisionsbegründung die Erklärung abzugeben, dass er zur Berufung übergehe (OLG Köln NStZ 1994, 199).

IV. Besonderheiten des Verfahrens

1. Gang der Hauptverhandlung und Beweisaufnahme

Die Verlesung des Anklagesatzes entfällt. Statt dessen hält der Berichterstatter einen Vortrag über die Ergebnisse des bisherigen Verfahrens (§ 324 I Satz 1 StPO). Dieser Vortrag schließt die den Erfordernissen der Berufungsverhandlung angepasste Verlesung des angefochtenen Urteils ein (Satz 2). Der Vortrag umfasst den gesamten Sachverhalt in sachlich- und verfahrensrechtlicher Beziehung und hat den Zweck, den Verhandlungsgegenstand zu bezeichnen und einzugrenzen – wichtig vor allem bei beschränkter Berufung.

Die **Beweisaufnahme** läuft nach den Grundsätzen des erstinstanzlichen Verfahrens ab. Neue Beweismittel sind zulässig (§ 323 III StPO). Eine

Einschränkung des Grundsatzes der Unmittelbarkeit der Beweisaufnahme schafft § 325 StPO. Unter den dort genannten Voraussetzungen und Einschränkungen kann die Vernehmung von Zeugen und Sachverständigen durch Verlesung ihrer im Protokoll des Amtsgerichts festgehaltenen Aussagen ersetzt werden. Selbst wenn aber die formellen Voraussetzungen einer Verlesung vorliegen, kann die Aufklärungspflicht eine erneute Anhörung der Aussageperson gebieten. Dies gilt zumal bei Unklarheiten der protokollierten Aussage, ferner wenn das Berufungsgericht von der Würdigung der persönlichen Glaubwürdigkeit durch den Vorderrichter abweichen, die Erinnerungsfähigkeit anders beurteilen oder der Aussage in der Gesamtwürdigung ein anderes Gewicht geben will, weiter wenn es auf den persönlichen Eindruck von der Aussageperson ankommt oder die Aussage von prozeßentscheidender Bedeutung ist; schließlich wenn die Aussage durch unklare Problemstellung in erster Instanz beeinflusst ist oder die Zeugenaussage verfahrensfehlerhaft (z.B. unterbliebene Vereidigung des Dolmetschers nach § 189 GVG) zustande kam. Diese Einschränkungen gelten übrigens auch für andere Verlesungsgründe, so z.B. § 251 I Nr. 3 und 4 StPO.

2. Ausbleiben des Angeklagten

a) Berufung des Angeklagten. Gemäß § 329 I Satz 1 StPO ist die Berufung des Angeklagten – zwingend – ohne Verhandlung zur Sache zu verwerfen, wenn er der Hauptverhandlung fernbleibt, obwohl er weder genügend entschuldigt noch zulässigerweise vertreten ist. Die Verwerfung nach § 329 I StPO setzt voraus: Eine zulässige Berufung, die Bejahung der Prozessvoraussetzungen, ordnungsgemäße Ladung – Wahrung der Frist bedeutungslos – des Angeklagten mit Hinweis auf die Folgen des Ausbleibens, Nichterscheinen eines Vertreters (Fälle des § 411 II StPO!), wobei im Fall dessen Erscheinens der Wille zur Vertretung vorliegen muss, Fehlen einer ausreichenden Entschuldigung (bei ernsthaften Hinweisen auf begründetes Nichterscheinen oder Vorliegen einer „wachsweichen" Entschuldigung Freibeweis durch sofort verfügbare Beweismittel, z.B. Anruf beim Arzt, der – häufiger Fall – ein unzureichendes Attest ausgestellt hat und der (BayObLG NStZ-RR 1999, 143) mit der Vorlage des Attests von der Schweigepflicht konkludent entbunden wird). Das berechtigte Vertrauen des Angeklagten auf die entschuldigende Wirkung eines Attestes kann ausreichen, um sein Ausbleiben zu entschuldigen. Das ist nicht der Fall, wenn es sich – in der Praxis häufig – um ein durch Täuschung des Arztes erschlichenes Attest oder ein erbetenes „Gefälligkeitsattest" handelt (OLG Köln VRS 97, 362). Die in ärztlichen Attesten oft gebrauchte Formulierung „arbeitsunfähig erkrankt" stellt einen Entschuldigungsgrund nicht dar, führt aber zur gerichtlichen Erkundigungspflicht. Der Abwesenheit steht die körperliche Anwesenheit in vorwerfbar herbeigeführter Verhandlungsunfähigkeit (Trunkenheit!) gleich. Eine Heilbehandlung zur Beseitigung

C. Die Berufung

bestehender Verhandlungsunfähigkeit kann dem Angeklagten nicht ohne weiteres abverlangt werden (BayObLG NJW 1999, 3424; StV 2001, 336; OLG Düsseldorf NStZ-RR 2001, 274; OLG Nürnberg NJW 2000, 1804 m. Anm. *Müller* NStZ 2001, 53). Die Berufung darf nicht verworfen werden, wenn das Ausbleiben des Angeklagten auf Haft in anderer Sache beruht (OLG Braunschweig NStZ 2002, 163) oder wenn er nach Ausweisung das Bundesgebiet verlassen hat (BayObLG StV 2001, 339). Das Verfahren nach § 329 I StPO ist dann nicht möglich, wenn der Angeklagte nach unterbrochener Hauptverhandlung (§ 229 StPO) zum Fortsetzungstermin nicht erscheint, wohl aber dann, wenn nach Aussetzung des Verfahrens eine neue Hauptverhandlung beginnt *(Meyer-Goßner* § 329 Rdnr. 3). Der Rechtsmittelverlust entfällt, wenn das Berufungsgericht erneut verhandelt, nachdem die Sache vom Revisionsgericht zurückverwiesen worden ist (§ 329 I Satz 2 StPO). § 329 I Satz 2 StPO gilt aber nur dann, wenn das Berufungsgericht wegen der Aufhebung des Berufungsurteils „erneut" über die Berufung verhandeln muss, nicht dann, wenn nach erfolgreicher Sprungrevision das Erstgericht unter Berücksichtigung des Revisionsurteils erneut in der Sache verhandelt und entschieden hat und nunmehr gegen dieses Urteil Berufung eingelegt ist (OLG Hamburg JR 1989, 345 mit Anm. Gollwitzer). Fehlt es an den Voraussetzungen des § 329 I StPO, kommt Vorführung oder Verhaftung in Betracht (§ 329 IV StPO), unter den Voraussetzungen des §§ 231 II StPO auch Verhandlung in Abwesenheit.

Die Verwerfung geschieht durch **Urteil**. Es ergeht auch dann, wenn die Staatsanwaltschaft ihrerseits Berufung eingelegt hat und über diese nunmehr zu verhandeln ist. Das Urteil hat ein Korrekturbedürfnis nach § 329 I Satz 3 StPO zu beachten. Es muss begründet werden; geltend gemachte oder sonst in Betracht stehende Entschuldigungsgründe sind abzuhandeln. Nach § 329 III StPO kann der Angeklagte auf Wiedereinsetzung in den vorigen Stand antragen. Die Wiedereinsetzung setzt aber regelmäßig voraus, dass zur Entschuldigung geeignete neue Tatsachen geltend gemacht werden, die dem Berufungsgericht bei seiner Entscheidung weder bekannt waren noch bekannt sein mussten. Tatsachen, die das Gericht bereits im Urteil verwertet und als zur Entschuldigung nicht geeignet gewürdigt hat, sind nur dem Angriff durch die Revision zugänglich. Hat das Berufungsgericht ihm unterbreitetes oder sonst bekannt gewordenes Entschuldigungsvorbringen in seinem Urteil nicht gewürdigt, kann der Antragsteller zwischen Wiedereinsetzung und Revision (Aufklärungsrüge) wählen (KG JR 1992, 347). Hat der Verteidiger in Verkennung der dargestellten Rechtslage erfolglos Wiedereinsetzung begehrt, steht dem Angeklagten Wiedereinsetzung gegen die Versäumung der Revisionseinlegungsfrist nicht zu (OLG Düsseldorf Rpfl. 1992, 268).

Hinweis: Gegen das nach § 329 I StPO ergangene Urteil kann mit der Verfahrensrüge nur geltend gemacht werden, das Berufungsgericht habe seine Aufklärungspflicht verletzt und daher seiner Entscheidung nicht alle in diesem Zeitpunkt erkennbaren Entschuldigungsgründe zugrunde gelegt oder es habe die Rechtsbegriffe des Ausbleibens oder der genügenden Entschuldigung verkannt. Dabei ist das Revisionsgericht an die tatsächlichen Feststellungen gebunden. Nur auf die Rüge, das Berufungsgericht habe seine Ermittlungspflicht verletzt, überprüft das Revisionsgericht im Wege des Freibeweises das Vorliegen einer genügenden Entschuldigung (*Meyer-Goßner* § 329 Rdnr. 48 m.w.N.). Die Verfahrensrüge unterliegt aber erleichterten Voraussetzungen, wenn das angefochtene Urteil eine Erörterung des Entschuldigungsvorbringens enthält (BayObLG NJW 1999, 3424). Die allgemeine Sachrüge führt nur zur Prüfung, ob Verfahrenshindernisse vorliegen (BGHSt. 21, 242; NJW 2001, 1509).

b) Berufung der Staatsanwaltschaft. Hat die Staatsanwaltschaft Berufung eingelegt, hat das unentschuldigte Ausbleiben des Angeklagten die Konsequenz, dass die Hauptverhandlung in seiner Abwesenheit stattfinden darf (§ 329 II Satz 1 StPO). Ob das Gericht von dieser Befugnis Gebrauch macht oder die Anwesenheit des Angeklagten nach § 329 IV Satz 1 StPO erzwingt, hängt von den Umständen des Einzelfalles ab. Vor allem die Aufklärungspflicht, Belange der Wahrheitserforschung, die Notwendigkeit eines Augenscheins, einer Gegenüberstellung oder eines persönlichen Eindrucks vom Angeklagten können sein Erscheinen gebieten.

3. Überleitung ins erstinstanzliche Verfahren

Es gibt Fälle, in denen das Berufungsgericht in die Prüfung eintreten muss, ob es die Sache in ein erstinstanzliches Verfahren überzuleiten hat.

Beispielsfall: A. und B. haben gemeinschaftlich einen alten Mann zusammengeschlagen. Das Schöffengericht verurteilte sie wegen gefährlicher Körperverletzung zu je 15 Monaten Freiheitsstrafe. Angeklagte und Staatsanwaltschaft haben unbeschränkt Berufung eingelegt. In der Berufungshauptverhandlung der – jetzt – kleinen Strafkammer stellt sich heraus, dass das Tatopfer mittlerweile an den Verletzungen verstorben ist. Das Berufungsgericht erwägt wegen Körperverletzung mit Todesfolge Freiheitsstrafen von mehr als vier Jahren. Wie hat es zu verfahren?

Die vor dem 1. 3. 1993 geltende Berufungszuständigkeit der großen Strafkammer ermöglichte in derartigen Fällen einen Übergang ins erstinstanzliche Verfahren und ein Weiterverhandeln als Gericht der ersten Instanz. Die jetzt für Berufungen allein zuständige kleine Strafkammer kann diesen Übergang nicht vornehmen, da ihr keine erstinstanzliche Zuständigkeit gebührt. Sie muss die Sache formlos an die zuständige Strafkammer des ersten Rechtszugs abgeben, ohne dass eine förmliche Verweisung notwendig ist.

Die Abgabe ist jedoch unzulässig, wenn ein Prozesshindernis besteht oder eine Überschreitung der Rechtsfolgenkompetenz des Amtsgerichts wegen des Verbots der Schlechterstellung (§ 331 StPO) untersagt ist. Im letzteren Falle stünde nichts einer Entscheidung der Strafkammer als Berufungsgericht entgegen. Hätten im Beispielsfall also nur die Angeklagten und nicht auch die Staatsanwaltschaft Berufung eingelegt, könnte die Strafkammer die Berufung der Angeklagten mit der Maßgabe verwerfen, dass sie wegen Körperverletzung mit Todesfolge verurteilt sind.

4. Verbindung von Berufungs- mit erstinstanzlichen Sachen

Nach der Rechtsprechung des Bundesgerichtshofs kommt eine Verbindung von Berufungs- und erstinstanzlichen Strafsachen durchaus in Betracht. Auszugehen ist von folgendem Fall:

Die Staatsanwaltschaft hat A und B wegen zweier gemeinschaftlich begangener Taten aus einer größeren Diebstahlsserie zum Schöffengericht N angeklagt. Dort werden sie zu je 2 Jahren Gesamtfreiheitsstrafe verurteilt. Beide legen Berufung ein. Diese liegt bei der 38. kleinen Strafkammer des Landgerichts S, als die Staatsanwaltschaft nach Abschluss der umfangreichen Ermittlungen weitere 3 Fälle der Diebstahlsserie zur 19. großen Strafkammer des Landgerichts S anklagt. Die 19. Strafkammer hat, nachdem sie das bei ihr anhängige Verfahren gegen A und B eröffnet hatte und sie von der 38. Strafkammer um Übernahme des dortigen Berufungsverfahrens gebeten worden war, beide Verfahren verbunden, gemeinsam verhandelt und A und B – nach entsprechenden Hinweisen gemäß § 265 StPO – wegen fünf Fällen des Bandendiebstahls (§ 244 I Nr. 2 StGB) zu Gesamtfreiheitsstrafen von je 5 Jahren verurteilt.

a) Die große Strafkammer kann die Sachen in entsprechender Anwendung des § 4 StPO zu einem einheitlichen Verfahren sachlich verbinden, falls ein persönlicher und sachlicher Zusammenhang besteht (§ 3 StPO). Dass sich die Sachen in verschiedenen Verfahrensstufen befinden, schadet nicht. Das Verfahren wird durch die Sachverbindung einheitlich zu einem erstinstanzlichen mit der Wirkung des § 5: Der Bundesgerichtshof ist für die Revision insgesamt zuständig. Das Tatgericht muss in einem solchen Fall auch insgesamt das für den ersten Rechtszug maßgebende Verfahrensrecht anwenden. Die Rücknahme der Berufung ist nach erfolgter Verschmelzung ausgeschlossen (BGH NStZ 1992, 501). In materiellrechtlicher Hinsicht hat das Gericht eine Gesamtstrafe zu bilden. Eine Verschmelzung ist allerdings dann nicht mehr zulässig, wenn im Berufungsverfahren horizontale Rechtskraft eingetreten ist. Diese Sachverbindung ist auch nach dem seit 1. 3. 1993 geltenden Verfahrensrecht weiterhin zulässig (BGH NStZ 1998, 628). Denn die große Strafkammer verhandelt ja insgesamt erstinstanzlich, also auch nicht teilweise in einer Verfahrensart, die nur der kleinen Strafkammer zukommt. Unterschiedlich – selbst innerhalb desselben (1.) Senats des BGH – wird die Frage behandelt, was mit dem bereits ergangenen amtsgerichtlichen Urteil zu geschehen hat. Während der 1. Senat im Beschluss vom 8. 7. 1997 (bei *Kusch* NStZ-RR 1998, 257) davon ausgeht, jenes Urteil verliere durch den Verbindungsbeschluss seine Wirkung und werde gegenstandslos, entschied er im Beschluss vom 17. 12. 1998, es hätte im späteren landgerichtlichen Urteil aufgehoben werden müssen (bei *Kusch* NStZ-RR 1999, 257). Die Streitfrage ist durchaus von praktischer Bedeutung. Denn im Falle der Gegenstandslosigkeit kann das frühere Urteil keine

Wirkung i. S. d. § 121 I StPO entfalten, im Falle der Aufhebungsbedürftigkeit sehr wohl (vgl. den lehrreichen Fall OLG Stuttgart NStZ-RR 1999, 318).

Hinweis: Die von der großen Strafkammer des Landgerichts S vorgenommene Verbindung war sachlich und verfahrensökonomisch vernünftig. Denn nur durch die Gesamtschau der Fälle konnte die bandenmäßige Begehung nachgewiesen werden. Die Aufspaltung des Verfahrens durch die Staatsanwaltschaft war im Hinblick auf §§ 121, 122 StPO geschehen. Ein etwaiger negativer Kompetenzkonflikt zwischen der großen und kleinen Strafkammer hätte über § 14 StPO (Entscheidung des OLG) gelöst werden müssen.

b) Dagegen ist es seit dem 1. 3. 1993 nicht mehr möglich, zwischen einem erst- und zweitinstanzlichen Verfahren des Landgerichts eine bloße Verhandlungsverbindung nach § 237 StPO herzustellen, die jeden der Fälle in dem für ihn geltenden Verfahrensrecht beließ und die konsequenterweise zu zwei getrennten Urteilen mit unterschiedlichen Anfechtungsmöglichkeiten führte. Denn die große Strafkammer – ausgenommen die Jugendkammer – darf nach geltendem Recht kein Berufungsverfahren mehr durchführen.

Zulässig ist es auch, zwei beim Landgericht anhängige Berufungsverfahren im Hinblick auf die „Gesamtstraferwartung" von mehr als 4 Jahren zu dem Zweck zu verbinden, die Fälle insgesamt erstinstanzlich bei der großen Strafkammer zu verhandeln (OLG Stuttgart NStZ 1995, 248 = JR 1995, 517 m. Anm. *Wendisch*). Dies wird sich aber nur bei engem Sachzusammenhang empfehlen und auch dann nur, wenn die Sachverbindung zur Erfassung des Gesamtunrechts unerlässlich ist. Fehlt es an diesen Voraussetzungen, kann ein Bedürfnis nach gemeinsamer Verhandlung unschwer über § 237 StPO befriedigt, eine Gesamtstrafe später nach § 460 StPO gebildet werden.

V. Die Entscheidung des Berufungsgerichts

1. Vor der Hauptverhandlung

Das Landgericht kann zunächst nach § 319 II StPO, möglicherweise im Zusammenhang mit einem Wiedereinsetzungsantrag, zu einem Beschluss darüber aufgerufen sein, ob das Amtsgericht mit Recht und mit endgültiger Wirkung die Berufung nach § 319 I StPO als unzulässig verworfen hat.

Ferner hat es, nachdem ihm gemäß § 321 StPO die Akten vorgelegt worden sind, die Berufung nach § 322 I StPO als unzulässig zu verwerfen, wenn entweder das Amtsgericht die Verspätung übersehen oder fälschlich verneint hat, oder wenn das Berufungsgericht andere, vom Amtsgericht nicht zu berücksichtigende Zulässigkeitsvoraussetzungen verneint.

In den in § 313 StPO bezeichneten Bagatellsachen kann das Berufungsgericht durch Beschluss die Annahme des Rechtsmittels ablehnen (§ 322a

C. Die Berufung

StPO), d. h. die Berufung als unzulässig verwerfen. Sowohl die Annahme als auch die Nichtannahme sind unanfechtbar (OLG Düsseldorf MDR 1994, 401). Die Nichtannahme ist allerdings dann mit der sofortigen Beschwerde nach § 322 II StPO anfechtbar, wenn das Berufungsgericht die gesetzlichen Voraussetzungen der Annahmeberufung fälschlich angenommen hat (OLG Zweibrücken NStZ-RR 2002, 245; allg. M.).

Beispiele: Bilden eine Straftat und eine Ordnungswidrigkeit verfahrensrechtlich eine Tat (§ 264 StPO) und führen sie zu einer Verurteilung zu einer Geldstrafe bis zu höchstens 15 Tagessätzen und zu einer Geldbuße, liegen die Voraussetzungen der §§ 313, 322a StPO nicht vor. Die Berufung ist unbeschränkt zulässig (OLG Celle JR 1995, 522 m. Anm. *Göhler*). Dasselbe gilt, wenn zur Geldstrafe von nicht mehr als 15 Tagessätzen die Einziehung eines Gegenstands gleich welchen Werts hinzutritt (OLG Hamburg JR 1999, 479 m. Anm. *Gössel*). Ein Fall der Annahmeberufung liegt auch nicht vor, wenn das Amtsgericht den Angeklagten auf Antrag der Staatsanwaltschaft freigesprochen hatte. Der Antrag auf Freispruch ist ein aliud und kein minus gegenüber dem Antrag auf eine Geldstrafe von nicht mehr als 30 Tagessätzen, weil zwar dieser, aber nicht jener den Bagatellcharakter einer Strafsache indiziert (OLG Köln NStZ 1996, 150). War jedoch ein Strafbefehlsantrag der Staatsanwaltschaft über nicht mehr als 30 Tagessätze in der Welt gewesen und dem antragsgemäßen Freispruch vorausgegangen, ist ein Fall der Annahmeberufung gegeben (OLG Hamm NStZ 1996, 455; a. A. OLG Stuttgart NStZ-RR 2001, 84). Ein Fall der Annahmeberufung liegt auch nicht vor, wenn nach § 60 StGB von Strafe abgesehen wird, weil dadurch nicht das Vorliegen eines Bagatelldelikts angezeigt wird (OLG Oldenburg NStZ-RR 1998, 309). Anderes (Annahmeberufung) gilt dann, wenn in Anwendung des § 158 I StGB von Strafe abgesehen wird (LG Bad Kreuznach NStZ-RR 2002, 217). Hat das Amtsgericht den Angeklagten zu einer Gesamtgeldstrafe von mehr als 15 Tagessätzen verurteilt, dann führen spätere Beschränkungen des Verfahrensstoffes nach §§ 154 II, 154a II StPO nicht dazu, dass seine Berufung der Annahme bedarf (OLG Stuttgart Die Justiz 1999, 494).

Durch die Einführung der Annahmeberufung ist der Anwendungsbereich der Sprungrevision nicht eingeschränkt worden. Das Revisionsgericht befasst sich also nicht vorab mit der Frage, ob die Strafkammer die Berufung angenommen oder mangels endlicher Erfolgsaussicht als unzulässig verworfen hätte. So führt ein revisibler Fehler auch dann zur Aufhebung und Zurückverweisung im Revisionsrechtszug, wenn das Urteil allem Anschein nach im Ergebnis stimmt und die Strafkammer es bestätigt hätte (vgl. dazu OLG Zweibrücken NStZ 1994, 203; BayObLG StV 1993, 572). Noch viel weniger ist die Statthaftigkeit der Sprungrevision von einer vorherigen Entscheidung des Landgerichts über die Annahme der Berufung abhängig (OLG Karlsruhe Die Justiz 1994, 378; OLG Düsseldorf StV 1995, 70; OLG Schleswig SchlHA 2002, 172).

Hinweis: Zu dieser Frage finden sich in der Literatur namhafte Gegenstimmen (vgl. *Pfeiffer* § 335 Rdnr. 5 und *Meyer-Goßner* § 335 Rdnr. 21). Danach ist zunächst Annahmeberufung einzulegen, über die das Berufungsgericht nach § 322a StPO zu entscheiden hat. Erst dann soll ein Übergang zur Revision möglich sein, falls die Frist des § 345 I StPO noch nicht abgelaufen ist. Diese Auslegung entspreche dem Zweck des Rechtspflegeentlastungsgesetzes und dem Wortlaut des § 335 I StPO.

Die Annahmeberufung ist ein sicherlich examensträchtiges Thema, weil sie zahlreiche neuartige Rechtsprobleme aufwirft. Allerdings sind Bestrebungen im Gange, sie wieder abzuschaffen. Durch die niedrigen Schwellenwerte hat sie in der Praxis keine große Bedeutung erlangt.

In allen vorbezeichneten Beschlussfällen entscheidet die kleine Strafkammer durch den Vorsitzenden (§ 76 I S. 2 GVG).

2. In der Hauptverhandlung

a) Entscheidung durch Urteil. In der Hauptverhandlung entscheidet das Gericht – vorbehaltlich von Einstellungsbeschlüssen nach §§ 153, 153a, 154 StGB, die auch noch nach Eintritt horizontaler Teilrechtskraft möglich sind – durch Urteil, auch bei jetzt erst entdeckter Unzulässigkeit der Berufung.

b) Mögliche Urteilsinhalte/Tenor. Hält das Berufungsgericht die angefochtene Entscheidung für richtig, **verwirft** es das Rechtsmittel mit dem Tenor „die Berufung des Angeklagten wird auf seine Kosten verworfen". Wird die Berufung der Staatsanwaltschaft verworfen, genügt der Zusatz „auf Kosten der Staatskasse" nicht, sondern es ist ein gesonderter Ausspruch über die notwendigen Auslagen nötig. Erachtet das Berufungsgericht die Berufung für begründet, hebt es das Urteil auf und trifft selbst die gebotene Sachentscheidung (§ 328 I StPO). Je nach Art der Abänderung kann die Formulierung verwendet werden „die Berufung wird mit der Maßgabe verworfen, dass ...". Ist dies nicht möglich oder untunlich, wird das Urteil – auch bei Teilerfolg der Berufung – aufgehoben und insgesamt neu gefasst einschließlich der Kosten- und Auslagenentscheidung für die erste und zweite Instanz und der Beifügung einer aktuellen Strafliste. Die auf Rechtsmittel allgemein – und damit auch auf die Berufung – bezogene Kosten- und Auslagenentscheidung des § 473 StPO ist im Einzelnen kompliziert. Klausurmäßig wichtig ist: Hat der Angeklagte die Berufung z. B. von vornherein auf den Rechtsfolgenausspruch beschränkt und hat damit Erfolg, trägt die Staatskasse die Rechtsmittelkosten und die dem Berufungsführer **insoweit** erwachsenen notwendigen Auslagen (§ 473 III StPO), hingegen bleibt es für den ersten Rechtszug bei der dortigen Regelung, da diese ja auch dann gegolten hätte, wenn der Angeklagte von vornherein milder bestraft worden wäre. Hatte der Angeklagte aber in vollem Umfang Berufung eingelegt und hat er nur im Rechtsfolgenausspruch Erfolg, gilt § 473 IV StPO mit folgendem (möglichem) Kostenausspruch: „Der Angeklagte trägt die Kosten der Berufung; jedoch wird die Gerichtsgebühr um $1/3$ ermäßigt und werden $1/3$ der gerichtlichen Auslagen und der dem Angeklagten im Berufungsverfahren erwachsenen eigenen notwendigen Auslagen von der Staatskasse übernommen".

C. Die Berufung 231

Eine Aufhebung des Urteils unter **Zurückverweisung** der Sache an das Amtsgericht wegen grober Verfahrensmängel lässt das Gesetz entgegen einem früheren Rechtszustand nicht mehr zu. Hat jedoch das Amtsgericht den Einspruch gegen einen Strafbefehl zu Unrecht gemäß § 412 StPO verworfen, so hat das Berufungsgericht die Sache (unter Aufhebung des Urteils) zu neuer Verhandlung und Entscheidung an die Vorinstanz zurückzuverweisen (BGHSt. 36, 139). Dasselbe gilt, wenn das Amtsgericht zu Unrecht das Verfahren wegen eines Verfahrenshindernisses eingestellt hat (OLG Stuttgart NStZ 1995, 301). Die Regelung des § 328 StPO steht diesen Verfahrensweisen nicht entgegen; denn Gegenstand des Berufungsverfahrens ist jeweils nur der Bestand des Prozessurteils.

Die Verweisung durch Urteil an ein anderes als das bisher tätig gewordene Gericht kommt unter den Voraussetzungen des § 328 II StPO in Betracht.

Beispiel: (Erst) in der Berufungsverhandlung stellt sich heraus, dass die Unterbringung des Angeklagten nach § 63 StGB in Betracht kommt. Diese durfte das Amtsgericht und darf demgemäß die kleine Strafkammer nicht aussprechen (§ 24 II GVG). Folge: Verweisung gemäß § 328 II StPO durch Urteil an die große Strafkammer des Landgerichts. Das Urteil ist revisibel, auch für den als beschwert einzustufenden Angeklagten. Zum notwendigen Inhalt der Urteilsgründe (vgl. BayObLG NStZ-RR 2000, 177).

c) Gestaltung der Urteilsgründe. Vorab wird festgehalten, weswegen (ohne Sachverhalt) und mit welchen Folgen das Amtsgericht den Angeklagten verurteilt hat und/oder von welchem Vorwurf es ihn freigesprochen bzw. wegen welchen Verfahrenshindernisses es das Verfahren eingestellt hat.

Sodann ist darzustellen, wer hiergegen und mit welchem Ziel Berufung eingelegt hat. Ist die Berufung von vornherein oder nachträglich auf bestimmte Beschwerdepunkte beschränkt worden, ist dies festzuhalten. Wird die Beschränkung für wirksam erachtet, bewendet es bei der entsprechenden Feststellung „wirksam auf den Rechtsfolgenausspruch beschränkt". Sonst ist darzulegen, dass und warum die Beschränkung unwirksam ist und die Berufung als unbeschränkt eingelegt gilt.

Der weitere Aufbau entspricht dem des erstinstanzlichen Urteils mit persönlichen Verhältnissen, tatsächlichen Feststellungen usw. Beim Berufungsurteil stellt sich häufig die Frage nach den Möglichkeiten der **Bezugnahme** auf das erstinstanzliche Urteil: Im Berufungsurteil darf Bezug genommen werden auf die tatsächlichen und rechtlichen Ausführungen des Urteils erster Instanz, sofern die dortigen Schuldfeststellungen so klar und eindeutig sind, dass sie eine sichere Urteilsgrundlage für das Berufungsgericht ergeben. Voraussetzung ist weiter, dass der Umfang der Bezugnahme genau und zweifelsfrei angegeben wird, vorzugsweise durch Angaben von ... bis ... Unzulässig ist dagegen die pauschale Bezugnahme auf Beweiswürdigung und Strafzumessung des angefochtenen Urteils.

Diese hat das Berufungsgericht in eigener Verantwortung vorzunehmen und auch darzustellen.

Nicht um eine Bezugnahme im eigentlichen Sinn handelt es sich dann, wenn zufolge Berufungsbeschränkung einzelne Urteilsfeststellungen bindend geworden sind. Diese gelten auch ohne Bezugnahme. Ein entsprechender Vermerk hat nur deklaratorischen Charakter. Mitunter birgt er Gefahren in sich, weil zu den bindend gewordenen Urteilselementen auch solche zählen können, die nicht im Sachverhalt, sondern in der Beweiswürdigung oder gar in der Strafzumessung stehen. Deshalb empfiehlt sich im prozessualen Vorspann die Wendung: „Damit sind der Schuldspruch und die zugehörigen Feststellungen bindend geworden" (a. A. OLG Hamm NStZ-RR 1997, 369, das auch für diesen Fall eine genaue Inbezugnahme verlangt). Bei Beschränkung der Berufung auf den Rechtsfolgenausspruch muss das Berufungsgericht die persönlichen Verhältnisse eigenständig feststellen. Die Praxis lässt es aber überwiegend zu, dass das Berufungsgericht zu erkennen gibt, es habe insoweit die selben Feststellungen getroffen wie das Amtsgericht und nehme auf die dortige Darstellung – quasi zur Vermeidung überflüssiger Schreibarbeit – Bezug. Findet die Berufungshauptverhandlung erst geraume Zeit nach Ergehen des erstinstanzlichen Urteils statt, muss das Berufungsurteil auch Feststellungen zu den persönlichen Verhältnissen treffen, die sich auf den Zeitraum nach dem erstinstanzlichen Urteil beziehen.

D. Die Revision

I. Klausurbedeutung

Das Revisionsrecht hat eine *enorm hohe Bedeutung* für die Assessorklausur. Das liegt vordergründig daran, dass sehr viele Prüfer Richter bei den Strafsenaten der Oberlandesgerichte sind oder aber Beamte im Dienst der Generalstaatsanwaltschaften. Diese Prüfer sind tagtäglich mit dem Revisionsrecht befasst und können die Prüfungsstoffe praktisch aus dem Vollen schöpfen. Sie sind nicht darauf angewiesen, solche Stoffe zu erfinden. Das Revisionsrecht hat außerdem den Vorteil, dass man jeden Grundfall mit genügend hinzugenommenen außerfallmäßigen Rechtsfragen anreichern kann: Man kann Verfahrensfehler und Verfahrensrügen der verschiedensten Art in den Fall einbauen, und auch im Bereich des materiellen Rechts und der Sachrüge kann man den Klausurstoff praktisch beliebig anreichern, z. B. durch falsche Anwendung von Straftatbeständen, unzulängliche Sachverhaltsfeststellungen, fehlerhafte Beweiswürdigung und – ein fast unerschöpfliches Thema – Einbau von Fehlern in die Rechtsfolgenbemessung. Hinzu kommen die ebenfalls „einbaufähigen" Prozessvoraussetzungen und Verfahrenshindernisse. Kein Examenskandidat kommt deshalb an der Notwendigkeit vorbei, sich mit dem Revisionsrecht intensiv zu befassen. Eine gründliche Kenntnis seiner Grundsätze kann sich auszahlen, zumal man auch in der mündlichen Prüfung häufig Praktikern des Revisionsrechts gegenübersitzt.

Revisionsklausuren können in folgenden Arten und Aufgabenstellungen vorkommen:

1. Es ist eine **Revisionsbegründungsschrift** zu fertigen. Vorgegeben ist in der Regel eine Anklageschrift, ein Protokoll der Hauptverhandlung und ein entweder vollständiges oder in Auszügen wiedergegebenes Urteil. Richtet sich die Revision gegen ein Berufungsurteil, kommen entsprechende Vorgaben hinzu. Da der Verfasser einer Revisionsbegründungsschrift in diese schwerlich Gesichtspunkte aufnehmen wird, die nach seiner Überzeugung dem Rechtsmittel nicht zum Erfolg verhelfen werden, wird von ihm hinsichtlich solcher Gesichtspunkte in aller Regel ein Hilfsgutachten verlangt.

2. Häufig hat der Verfasser bei gleichen Vorgaben wie unter 1) ein auf alle Gesichtspunkte eingehendes Rechtsgutachten über die Aussichten der Revision zu erstatten. Der Vorteil dieser Klausurform gegenüber der in 1) genannten liegt darin, dass die Arbeit nicht aufgespalten werden muss in einen Entscheidungs- und Gutachtenteil, ihr Nachteil ergibt sich daraus, dass die Form 2) nicht die Erkenntnis vermittelt, ob der Bearbeiter Revisionsrügen, insbesondere Verfahrensbeanstandungen in der vom Gesetz verlangten strengen Form (§ 344 StPO!) zu Papier bringen kann. Deshalb wird oft zusätzlich die beispielhafte Ausführung einer oder mehrerer Verfahrensrügen verlangt.

3. Häufig erhält der Bearbeiter zu den unter 1) und 2) genannten Vorgaben eine Revisionsbegründungsschrift und lautet die Aufgabe dahin, die Entscheidung des Revisionsgerichts (Urteil oder Beschluss) zu fertigen. Natürlich sind dann im Entscheidungsentwurf sowohl die Gesichtspunkte abzuhandeln, die der Revision zum Erfolg verhelfen, als auch die unbehelflichen. Da es der Praxis der Revisionsgerichte entspricht, im Falle des Erfolges des Rechtsmittels nur die Gesichtspunkte anzuführen, die den Erfolg herbeiführen, ist auch in diesem Falle ein Hilfsgutachten über alle übrigen diskussionswerten Probleme anzufertigen.

4. Schließlich kann die Aufgabe auch darin bestehen, die Stellungnahme der Bundesanwaltschaft bzw. der Generalstaatsanwaltschaft nach § 349 II StPO zu entwerfen (vgl. zu diesem Klausurtyp Jahn JuS 2000, 383). Da jene Stellungnahme in der Praxis knapp gehalten wird, bei Aufhebungsanträgen sich regelmäßig auf den tragenden Gesichtspunkt beschränkt, wird auch hier häufig die Beigabe eines Ergänzungsgutachtens vonnöten sein.

Tipp: Zahlreiche typische Problemstellungen enthält auch der Aufsatz von *Titz* in den JA 2002, 65 ff.

II. Wesen der Revision

Während die Berufung zu einer umfassenden Neuverhandlung der Sache führt, die alle tatsächlichen und rechtlichen Aspekte einschließt, gestattet die Revision nur die Nachprüfung des angefochtenen Urteils auf **Rechtsfehler.** Nur wenn ein Urteil auf der Verletzung eines Gesetzes beruht, mithin eine Rechtsnorm nicht oder nicht richtig angewendet worden ist, kann eine Revision erfolgreich sein (§ 337 StPO). Dem Laien – auch dem „juristischen" – wird demgemäß das Wesen der Revision vereinfachend so erklärt, dass mit ihr nur die „Rechtsfrage", nicht aber die „Tatfrage" aufgegriffen werden könne, d. h. an die tatsächlichen Feststellungen des angefochtenen Urteils komme das Revisionsgericht nicht heran, es müsse von dem festgestellten Sachverhalt als bindend ausgehen und dürfe nur nachprüfen, ob auf ihn das Gesetz richtig angewendet worden sei. Den besonders Interessierten lässt man dann noch wissen, die Beweiswürdigung des Tatrichters sei eine freie (§ 261 StPO), deshalb sei sie dem Revisionsrichter „verschlossen", dasselbe gelte für die Strafzumessung, die „ureigene Sache" des Tatrichters sei, da allein er sich auf Grund der Hauptverhandlung ein zuverlässiges Bild von Tat und Täter bilden könne.

Nähme man diese vereinfachende Darstellung für bare Münze, bliebe für den Wirkungsbereich der Revision wenig übrig. Er beschränkte sich auf den klassischen Fall der Subsumtion eines vorgegebenen Sachverhalts unter das Strafgesetz. Dass dies nicht richtig ist, die vorangestellten Deutungen also wenig hilfreich sind, liegt auf der Hand. Sie sind mehr verwirrend als aufklärend. § 337 StPO lässt die Frage, wann eine „Verletzung des Gesetzes" vorliege und was eine „Rechtsnorm" sei, zunächst unbeantwortet. § 344 II StPO hilft hier weiter. Er spricht von Rechtsnormen „über das Verfahren" und von Verletzung „einer anderen Rechtsnorm". Mit der „anderen Rechtsnorm" ist das sachliche (oder materielle) Recht gemeint und zwar fallen hierunter nicht nur die Normen des gesetzten Rechts, sondern auch die Grundregeln der Rechtsanwendung. Danach sind kraft Gewohnheitsrechts auch revisibel Verstöße gegen die **Denkgesetze,** die Gesetze der **Logik,** gegen **Erfahrungssätze,** ferner die Missachtung **offenkundiger Tatsachen.** Zum materiellen Recht gehört auch das Gebot klarer, widerspruchsfreier, lückenloser und in sich geschlossener Darstellung der festgestellten Tatsachen, der Beweiswürdigung und der Strafzumessung.

Durch diese Qualifikation der Gesetzesverletzung und Rechtsnorm erweitert sich der Kontrollbereich der Revision gegenüber der Eingangsaussage beträchtlich. Revident und Revisionsgericht kommen sehr wohl an die tatsächlichen Feststellungen heran, nämlich dann, wenn mit Erfolg geltend gemacht wird, diese Feststellungen verdankten ihre Existenz der Verletzung verfahrensrechtlicher Normen, es seien nämlich Beweisanträ-

D. Die Revision   235

ge zu Unrecht abgelehnt worden, der Tatrichter habe Belehrungs-, Vereidigungs- und Hinweispflichten verletzt usw. Bindung an die Tatsachenfeststellungen besteht auch dann nicht, wenn sie gegen Denk- oder Erfahrungssätze verstoßen, unlösbare Widersprüche, Unvollständigkeiten oder unlogische Schlussfolgerungen enthalten. Die Ausdehnung des Normbereichs im materiellen Recht eröffnet ferner die Möglichkeit, die Beweiswürdigung und den Rechtsfolgenausspruch des Tatrichters in weitem Umfang auf Rechts- und Denkrichtigkeit zu überprüfen. Es darf in diesem Zusammenhang auf Abschnitt 3 C IV 4 und 6 (Beweiswürdigung und Strafzumessung) verwiesen werden. Dort sind revisible Fehler in diesen Bereichen bereits aufgezeigt worden.

Von der Ursprungsaussage gilt immerhin noch folgendes: Tatsächliche Feststellungen, die verfahrensrichtig gewonnen wurden und frei von Darlegungsmängeln sind, binden das Revisionsgericht. Ferner schließt es der Grundsatz der freien Beweiswürdigung aus, dass das Revisionsgericht eine fehlerfreie, ihm aber bloß vertretbar erscheinende Beweiswürdigung des Tatrichters zum Anlass nimmt, ein Urteil aufzuheben, um eine ihm besser erscheinende Beweiswürdigung zur Geltung zu bringen. Das Gleiche gilt mutatis mutandis für die Revisibilität der Rechtsfolgenbemessung (*Bloy* JuS 1985, 594). In gleicher Weise ist es auch dem Revidenten verwehrt, an den Feststellungen zu rütteln und im Rahmen der Beweiswürdigung und Strafzumessung seine eigenen Erwägungen an die Stelle derjenigen des Tatrichters zu setzen.

Aus dem bereits erwähnten § 344 II StPO ergibt sich, dass der Revisionsführer das Urteil sowohl mit der Sachrüge wie auch mit der Verfahrensrüge angreifen kann. Die Anforderungen an die Begründung der beiden Rügen sind, wie später zu zeigen sein wird, unterschiedlich. Zulässigkeitsvoraussetzung für die Revision ist jedenfalls, dass wenigstens **eine** Rüge in der vom Gesetz verlangten Form erhoben ist.

Hinweis: Weil das Revisionsverfahren eine Rechts- und keine Tatsacheninstanz ist, in dem, wie noch zu zeigen sein wird, dem Angeklagten nur eine „Statistenrolle" zukommt, genügt hier eine eingeschränkte Verhandlungsfähigkeit, wie BGH und BVerfG in der Strafsache gegen Erich Mielke entschieden haben. Beide Entscheidungen (NStZ 1995, 390 ff.) sind lesenswert und bieten einen guten Einblick in das Wesen und die Eigenart des Revisionsverfahrens.

III. Formalien der Revision

1. Instanzenzug

Die Revision ist gegeben gegen Berufungsurteile der kleinen Strafkammer – die große hat, mit Ausnahme der Jugendkammer, seit 1. 3. 1993 keine Berufungszuständigkeit mehr – sowie gegen Urteile des Amtsgerichts im Falle der Sprungrevision. Revisionsinstanz ist das Oberlandesgericht (§ 121 GVG), in Bayern das Bayerische Oberste Landesgericht. Die

Revision findet ferner statt gegen erstinstanzliche Urteile des Landgerichts und (Staatsschutzsachen!) des Oberlandesgerichts. Zuständig ist der Bundesgerichtshof (§ 135 I GVG). Mit geringen individuellen Ausnahmen (§ 55 II Satz 1 JGG) gilt der Merksatz:

> **Revisionsfähig sind alle Urteile, die nicht selbst Revisionsurteile sind (§§ 333, 335 StPO).**

2. Einlegung und Begründung

Über Form und Frist der **Einlegung** wurde bereits im Abschnitt „Rechtsmittel" (vgl. dort S. 200 f.) berichtet. Im Gegensatz zur Beschwerde und Berufung bedarf die Revision (weitere Zulässigkeitsvoraussetzung) einer Begründung. Diese ist regelmäßig binnen eines Monats ab Zustellung des vollständigen Urteils (mit Gründen!) ohne Verlängerungsmöglichkeit beim iudex a quo einzubringen. Die für die Einlegung erörterten Fristfragen sind auch hier einschlägig. Die Monatsfrist berechnet sich nach § 43 I StPO (Zustellung am 30. Juni, Eingang am 30. Juli; Zustellung 31. Januar, Eingang 28. bzw. 29. Februar jeweils vorbehaltlich § 43 II StPO). Da die Begründungserfordernisse, wie zu zeigen sein wird, streng sind und die Revisionsgerichte nicht mit nutzlosen Eingaben und Ausführungen behelligt werden sollen, darf der Angeklagte die Begründung nur durch Anwaltsschrift oder zu Protokoll der Geschäftsstelle abgeben (§ 345 II StPO). Diese Personen sollen Gewähr dafür bieten, dass die Begründung von sachkundiger Hand stammt. Bereits das Erfordernis des § 345 II StPO erweist sich in der Praxis als eine häufige – auch in der Klausur zu beachtende – „Zulässigkeitsfalle". Ergibt sich nämlich, dass die Gewährspersonen in Wahrheit die Verantwortung für die Begründung nicht übernommen haben, ist das Rechtsmittel unzulässig, z. B., wenn ein Wahlverteidiger die von einem anderen Wahlverteidiger verfasste Begründungsschrift mit „i. V." unterzeichnet (BayObLG NJW 1991, 2095; OLG Hamm VRS 99, 285). Achten Sie in diesem Zusammenhang auch auf sogenannte **Distanzierungsvermerke,** wie „auf ausdrücklichen Wunsch des Angeklagten habe ich vorzutragen" oder (vom Urkundsbeamten der Geschäftsstelle herrührend) „der Beschwerdeführer wünscht ausdrücklich, dass die beigefügte, von ihm unterzeichnete Schrift als Begründung dienen solle". Derlei Vermerke machen die Revision in der Regel unzulässig, wenn nicht wenigstens die Übernahme einer die allgemeine Sachrüge abdeckenden Teilverantwortung der Gewährsperson ausgemacht werden kann, wobei jeweils Zweifel am Verantwortungswillen genügen (BGH NStZ 2000, 211). Wird der Verantwortungswille erkennbar, sind zusätzliche Ausführungen zu Äußerungen des Angeklagten unschädlich (OLG Düsseldorf VRS 98, 38 – lehrreich).

Eine der Formvorschrift des §§ 345 II SPO entsprechende Revisionsbegründung liegt nicht vor, wenn der Urkundsbeamte lediglich ein vom

Angeklagten verfasstes Schriftstück entgegennimmt und mit den Eingangs- und Schlussworten eines Protokolls versieht (vgl. BGH NStZ-RR 1997, 8) oder wenn der Verteidiger eine vom Angeklagten stammende Schrift lediglich unterzeichnet, ohne dass die Ausübung der Prüfungs- und Verantwortungskompetenz erkennbar wäre.

Der Verteidiger muss außerdem beachten, dass bloße Ankündigungen einer Begründung diese nicht ersetzen. Schreibt der Verteidiger bei Einlegung der Revision: „Die Revision wird begründet, sobald das schriftliche Urteil vorliegt. Es soll die Verletzung formellen, aber auch materiellen Rechts gerügt werden", so kann dies nicht als Revisionsbegründung ausgelegt werden; das Schreiben enthält lediglich eine Ankündigung, dass eine Revisionsbegründung später abgegeben werde (BGH NStZ 1986, 209).

Fehlt es an einem der bisher erörterten Zulässigkeitserfordernisse, greift das in § 346 I und II StPO geregelte, hier nicht näher zu erörternde Verfahren Platz. Nur so viel sei erwähnt: Der Tatrichter ist auf die Prüfung der in I erwähnten „nackten" Zulässigkeitserfordernisse beschränkt, andere darf er nicht prüfen, wohl auch nicht die Frage, ob die Gewährsperson die Verantwortung für den Inhalt der Begründung übernommen hat und ob sich per Auslegung eine Begründung feststellen lässt oder nicht. Derlei Prüfungen sind dem Revisionsgericht vorbehalten (lehrreich und lesenswert BGH NStZ 2000, 217). Hat der Tatrichter die Revision nach I wegen Verspätung (häufigster Fall) verworfen, hat der Antrag nach II nur dann Aussicht auf Erfolg, wenn ein Fall der Fristversäumung in Wahrheit nicht vorlag.

Beispiel: Die Urteilszustellung ist zwar bewirkt worden, jedoch wegen Verstoßes gegen § 273 IV StPO unwirksam. Nach dieser Bestimmung darf das Urteil nicht zugestellt werden, bevor das Protokoll fertiggestellt, d. h. mit den letzten seinen Inhalt deckenden Unterschrift versehen ist. In einem solchen Fall hat die Revisionsbegründungsfrist noch gar nicht zu laufen begonnen. Daher auf Protokollunterschriften achten; bei Wechsel des Protokollbeamten muss der abgelöste den von ihm protokollierten Teil unterschreiben.

Will der Angeklagte in Wahrheit geltend machen, ihn treffe an der Fristversäumung keine Schuld, muss er Wiedereinsetzung in den vorigen Stand beantragen, über die nach § 46 I StPO ebenfalls das Revisionsgericht entscheidet. Zum Verfahren bei Zusammentreffen beider Anträge vgl. *Meyer-Goßner* § 346 Rdnr. 16 und 17. Liegt ein Fall des § 346 StPO nicht vor oder werden seine Voraussetzungen nicht erkannt, gelangen die Akten auf dem in § 347 StPO bezeichneten Weg zum Revisionsgericht.

IV. Verfahrensvoraussetzungen und -hindernisse

Fehlen Prozessvoraussetzungen oder liegen Verfahrenshindernisse vor, hat der Tatrichter das Verfahren durch Beschluss nach § 206a StPO oder in der Hauptverhandlung durch Urteil nach § 260 III StPO einzustellen.

Häufig werden solche Hindernisse von allen Beteiligten übersehen und daher auch nicht zum Gegenstand einer entsprechenden Revisionsrüge gemacht. Stellt das Revisionsgericht ein vom Tatrichter unbeachtet gebliebenes Verfahrenshindernis fest, so hat es dieses seinerseits zu beachten und das Verfahren einzustellen, soweit dieses von dem Hindernis beeinflusst ist. Die Prüfung durch das Revisionsgericht geschieht von Amts wegen ohne hierauf gerichtete Beanstandung. Voraussetzung für eine amtswegige Prüfung und Absehen von einer Verwerfung als unzulässig ist aber, dass die Revision in jeder Hinsicht zulässig ist, also neben den allgemeinen Form- und Fristerfordernissen zulässig im Sinne des § 344 II StPO begründet wurde. Der Revisionsführer muss also entweder wirksam die Sachrüge erhoben oder wenigstens eine Verfahrensbeschwerde in gesetzlich erforderter Form angebracht haben. Wäre überhaupt keine Revision eingelegt worden, bliebe das Verfahrenshindernis ja auch unbeachtet. Schon mit dem Satz „gerügt wird die Verletzung sachlichen Rechts" (vgl. unten VII) erreicht der Beschwerdeführer also eine Prüfung der Prozessvoraussetzungen.

Tipp: Lenken Sie Ihr Augenmerk immer auf mögliche Verfahrenshindernisse. Ergeben sich Besonderheiten mit den **Strafanträgen?** (vgl. den instruktiven Fall bei *Schmidt-Hieber* JuS 1988, 795). Ist **Strafklageverbrauch** eingetreten auf Grund einer sich aus der Aufgabe ergebenden Vorverurteilung? Vorsicht: Eine Verurteilung wegen Fahrens ohne Fahrerlaubnis kann die Strafklage für einen im Zusammenhang damit begangenen Diebstahl oder Raub verbrauchen. Liegt ein formrichtiger **EB** vor? Erfasst der EB die abgeurteilte Tat unter dem Gesichtspunkt desselben historischen Vorgangs? Wie steht es mit **Verjährung?** Achten Sie, wenn der Anklage und ihr folgend dem Eröffnungsbeschluss eine Serie von Straftaten zugrunde liegt, darauf, ob dem Erfordernis der Einzelaktdarstellung ausreichend Rechnung getragen ist, nämlich dahin, ob die Darstellung der Einzelakte der Umgrenzungsfunktion genügt. Bedenken Sie aber auch, dass zur Konkretisierung des vielleicht mangelhaften Anklagesatzes das wesentliche Ermittlungsergebnis mit heranzuziehen ist.

Auf Verfahrenshindernisse ist aber nur einzugehen, wenn sie ernsthaft in Betracht kommen. Für die Praxis und damit auch für die Klausur ist von Bedeutung, dass Verfahrenshindernisse auch dann noch zu berücksichtigen sind, wenn eine Rechtsmittelbeschränkung vorliegt. Auch wenn schon horizontale Teilrechtskraft eingetreten ist, schlagen fehlende Verfahrensvoraussetzungen oder Verfahrenshindernisse voll durch und zwingen zur Einstellung des Verfahrens (BGH NJW 1958, 1307). Ist der Angeklagte während des Revisionsverfahrens verstorben, stellt das Revisionsgericht das Verfahren wegen eines Verfahrenshindernisses ein. Für die nach § 467 III S. 2 Nr. 2 StPO zu treffende Auslagenentscheidung stellt der BGH (NStZ-RR 2002, 262 bei Becker) nicht auf die Unschuldsvermutung ab, sondern nimmt eine fiktive Entscheidung über die Revision vor. Wäre sie erfolglos geblieben, werden die notwendigen Auslagen nicht auf die Staatskasse übernommen.

D. Die Revision   239

Hinweis: Ist das Prozesshindernis erst **nach Urteilsfällung** eingetreten (z. B. bei Antragsdelikt der Strafantrag nach Urteilsverkündung zurückgenommen worden), so ist das Prozesshindernis vom Revisionsgericht schon bei form- und fristgerecht eingelegter Revision zu beachten, also auch bei fehlender oder unzureichender Revisionsbegründung nach § 344 II StPO (BGH NJW 1968, 2253). In diesem Falle genügt es schon, dass der Eintritt der Rechtskraft durch wirksame Einlegung des Rechtsmittels gehemmt worden ist. In diesem Falle geht es auch nicht um die Nachprüfung eines fehlerhaften Urteils, sondern um Beachtung eines nach Urteilserlass eingetretenen Ereignisses, das eine neue Verfahrenslage geschaffen hat.

V. Verletzung des sachlichen Rechts

Was gehört zum sachlichen Recht?

Die Abgrenzung zum Normbereich des Verfahrensrechts bereitet häufig Schwierigkeiten. Es kommt nämlich nicht unbedingt darauf an, ob die Vorschrift in der StPO oder in einem anderen Gesetz steht. Hilfreich ist die **Subtraktionsklausel:** Dem Verfahrensrecht gehört die verletzte Vorschrift an, wenn sie den Weg bestimmt, auf dem der Richter zur Entscheidungsfindung berufen und gelangt ist. Alle anderen Vorschriften sind dem sachlichen Recht zuzuordnen (vgl. KK-OWiG *Steindorf* § 79 Rdnr. 112 m.w.N.). Aufgrund dieser Formel wird sich zeigen, dass sehr viele Rechtsverletzungen, die – auch in veröffentlichten Entscheidungen – der Standortbezeichnung § 261 StPO zugeordnet werden, dem materiellen Recht zugehören.

1. Herkömmliche Subsumtion

Einer der Hauptbereiche der Sachrüge ist sicherlich noch heute die herkömmliche Prüfung, ob der festgestellte Sachverhalt nach der äußeren und inneren Tatseite geeignet ist, seine Anwendung auf die herangezogene Strafnorm des StGB oder auf eine andere Strafnorm (Nebenstrafrecht) zu rechtfertigen. Das sachliche Recht ist verletzt, wenn eine auf den festgestellten Sachverhalt anzuwendende Norm nicht oder nicht richtig angewendet worden ist oder wenn eine unanwendbare Rechtsnorm oder eine „Norm" angewendet worden ist, die keine Rechtsnorm ist (*Meyer-Goßner* § 337 Rdnr. 33).

2. „Darstellungsrüge"

Wie bereits unter II ausgeführt, beschränkt sich auf diesen „klassischen" Anwendungsbereich die Revision nicht. Das Revisionsgericht prüft vielmehr auch, ob die Urteilsfeststellungen überhaupt eine tragfähige Grundlage für diese Prüfung bieten, insbesondere, ob sie frei von Lücken, Widersprüchen und Verstößen gegen Denkgesetze und Erfahrungssätze sind. Diese Kontrolle der Voraussetzungen richtiger Rechtsanwendung wird im Schrifttum unter dem Begriff „Darstellungsrüge" zusammengefasst (vgl. *Meyer-Goßner* § 337 Rdnr. 21 m.w.N.). Dieser Begriff ist für den Examensgebrauch wenig hilfreich. Nützlicher ist es, außerhalb des Subsumtionsbereichs auf Fallgestaltungen hinzuweisen, die in der Praxis besonders häufig vorkommen und dabei im Einzelfall zu bestimmen, was mit der Sachrüge geltend gemacht werden kann und was nicht.

a) Was im Bereich der **Beweiswürdigung** und der Strafzumessung der Sachrüge zugänglich ist, wurde bereits im Abschnitt über das Urteil (dort S. 162 ff. u. S. 175 ff.) jeweils unter Hinweis auf revisionsrechtliche Relevanz dargestellt. Hierauf wird verwiesen. Weisen umgekehrt die Beweiswürdigung und Strafzumessung die dort bezeichneten oder auf gleicher Ebene liegenden Fehler nicht auf, sind sie mit der Revision nicht angreifbar. Insbesondere gilt der *Kernsatz*:

> *Die Revision kann nicht anstelle der rechtsfehlerfreien Beweiswürdigung/Strafzumessung des Gerichts ihre eigenen Erwägungen setzen oder die Gewichte lediglich anders verteilen.*

b) Die Rüge eines **Verstoßes gegen die Denkgesetze** hat selten Erfolg. Sie fällt in den meisten Fällen auf denjenigen zurück, der sie erhebt. Viele Beschwerdeführer meinen, ein Denkfehler liege dann vor, wenn eine vom Tatrichter gezogene Schlussfolgerung nicht zwingend sei. Dies braucht sie aber nicht zu sein. Das Revisionsgericht muss die Folgerung bereits dann hinnehmen, wenn sie möglich ist, vorausgesetzt, der Tatrichter hat alle aus dem Urteil ersichtlichen Umstände gewürdigt, die Schlüsse zu Gunsten oder zu Ungunsten des Angeklagten zulassen. Beispiele für echte Verstöße gegen Denkgesetze sind: Rechenfehler, Zirkelschlüsse (Schlüsse, die die zu beweisende Tatsache in einem der Untersätze als bewiesen voraussetzen), Verwendung von Nichtbewiesenem als Beweisanzeichen.

c) Tatfrage, nicht Rechtsfrage ist die **Auslegung von Verträgen.** Diese ist im Grundsatz nicht revisibel. Als Tatsachenwürdigung steht sie dem Tatrichter zu. Der Revisionsrichter muss seine Prüfung darauf beschränken, ob die tatrichterliche Auslegung rechtsirrtümlich oder lückenhaft ist, ob sie gegen Sprach- und Denkgesetze, Erfahrungssätze oder allgemeine Auslegungsregeln verstößt (OLG Köln JuS 1989, 331). Dasselbe gilt für andere **Individualerklärungen** sowie Verwaltungsakte, Urkunden und bildliche Darstellungen.

d) Die Rüge, der Grundsatz „**in dubio pro reo**" sei verletzt, ist, so häufig sie auch erhoben wird, nur selten begründet. Der Zweifelsatz ist nur dann verletzt, wenn der Richter Zweifel an der Schuld des Angeklagten hatte und sich diese Zweifel aus dem Urteil selbst erschließen. Dass der Angeklagte oder sein Verteidiger Zweifel haben, genügt nicht. Häufig meint aber der Beschwerdeführer, was durch Auslegung zu ermitteln ist, etwas ganz anderes: Er will dartun, das Urteil leide an Darlegungsmängeln; der Richter habe sich von mehreren Möglichkeiten für

D. Die Revision

eine dem Angeklagten ungünstige entschieden, ohne andere gleich oder ähnlich nahe liegende Möglichkeiten in die Erörterungen einzubeziehen. Diese Darlegungsrüge ist zulässig und führt häufig zum Erfolg, weil der Richter im Urteil erkennen lassen muss, dass er auch andere, nicht fern liegende Möglichkeiten eines anderweitigen Geschehensablaufs gesehen und in seine Erwägungen einbezogen hat. Allerdings bleiben solche Geschehensabläufe außer Betracht, die nach Sachlage fern liegen.

Hinweis: Prüfen Sie, wenn die Verletzung des Zweifelssatzes gerügt ist, stets auch die Möglichkeit eines Darlegungsmangels und versäumen Sie nicht, das Wesen des Zweifelsatzes klarzustellen.

In der Rüge, der Grundsatz „in dubio pro reo" sei verletzt, kann im Einzelfall auch der revisionsrechtlich zulässige Einwand liegen, vom Tatrichter gezogene Schlussfolgerungen entfernten sich so sehr von einer Tatsachengrundlage, dass sie letztlich eine bloße Vermutung darstellten, die nicht mehr als einen – wenn auch schwerwiegenden – Verdacht begründeten (BGH NStZ 1986, 373; 1981, 33). Hierauf hat das Revisionsgericht schon auf die allgemeine Sachrüge hin sein Augenmerk zu richten. In der Klausur ist auch auf diese Umdeutungsmöglichkeit gegebenenfalls einzugehen.

Die Gründe tatrichterlicher Urteile erweisen zuweilen, dass der Zweifelssatz in seiner *rechtlichen* Tragweite verkürzt angewendet worden ist. Er gilt z. B. auch dann, wenn ungeklärt ist, ob die tatsächlichen Voraussetzungen der Tateinheit oder der Tatmehrheit vorlagen (BGH StV 1992, 54). Verkannt wird oft auch die Notwendigkeit seiner doppelten Anwendung, so im Rahmen der doppelten Alkoholwertberechnung für § 316 StGB einerseits und § 21 StGB andererseits (vgl. dazu S. 50f.). Dazu als weiteres

Beispiel: A fügte dem B eine Vielzahl von Faustschlägen und Fußtritten zu und ließ ihn in hilfloser Lage liegen. B verstarb. Aufgrund des Zweifelssatzes konnte ein Tötungsvorsatz nicht festgestellt, aber auch nicht ausgeschlossen werden. Das Gericht verurteilte wegen § 226 (neu: § 227) in Tateinheit mit § 221 StGB. Der BGH (StV 1996, 131) beanstandete die Verurteilung wegen Aussetzung. Denn insoweit musste – wiederum nach dem Zweifelssatz – davon ausgegangen werden, dass das Opfer mit bedingtem Tötungsvorsatz misshandelt wurde, was die nach § 221 StGB erforderliche Garantenstellung ausschloss. Denn wer einen Erfolg billigend in Kauf nimmt, ist nicht zugleich verpflichtet, ihn abzuwenden. Zur doppelten Anwendung des Zweifelssatzes vgl. auch BGH MDR 1992, 632; StV 1992, 7; StV 1994, 115.

Ist die Tatbeteiligung mehrerer Angeklagter zu prüfen, sind sichere Feststellungen aber nicht zu treffen, ist bei jedem Angeklagten die für ihn günstigste Möglichkeit zugrunde zu legen. Dies kann dazu führen, dass im selben Urteil von einander ausschließenden Fallgestaltungen ausgegangen werden muss (BGH StV 1992, 260).

Beispiel: Beide Angeklagte werden wegen Beihilfe zum Mord verurteilt, obwohl denknotwendig zumindest einer von beiden Täter gewesen sein muss. Nur weiß man nicht, welcher.

Der Grundsatz „in dubio pro reo" ist keine Beweis-, sondern eine Entscheidungsregel, die das Gericht erst dann zu befolgen hat, wenn es nach abgeschlossener Beweiswürdigung nicht die volle Überzeugung vom Vorliegen einer für den Schuld- oder Rechtsfolgenausspruch unmittelbar entscheidungserheblichen Tatsache zu gewinnen vermag. Kommt das Gericht bezüglich einer entlastenden Indiztatsache zu einem non liquet, ist sie nicht zu Gunsten des Angeklagten als bewiesen anzusehen, sondern mit der ihr zukommenden Ungewissheit in die Gesamtwürdigung des Beweisergebnisses einzustellen (BGH NStZ 2001, 609).

VI. Verletzung des Verfahrensrechts

1. Allgemeines

Das Verfahrensrecht ist verletzt, wenn eine gesetzlich vorgeschriebene Handlung unterblieben, wenn sie fehlerhaft vorgenommen worden ist oder wenn sie überhaupt unzulässig war (BGH MDR 1981, 157). Das Gesetz unterscheidet **absolute** Revisionsgründe (§ 338 StPO) und **relative** Revisionsgründe. Der Unterschied liegt darin, dass bei den absoluten Revisionsgründen das Gesetz dem Revisionsgericht die Beweisführung abnimmt, ob das Urteil auf dem Verstoß beruhe. Dies wird unwiderleglich vermutet. Beim Eingreifen aller übrigen, nicht § 338 StPO unterfallender Verstöße bedarf die Beruhensfrage individueller Prüfung, d. h. es bedarf einer Antwort auf die Frage, ob ein Einfluss des Rechtsverstoßes auf das Urteil zumindest nicht ausgeschlossen werden kann (dazu vgl. unten VIII 2.). Letztlich enthält § 338 StPO nichts als eine Beweisregel. Diese Bestimmung ist nicht die verletzte Norm. Die begangenen Verfahrensfehler muss man im Protokoll aufsuchen und dann unter spezielle gesetzliche Bestimmungen subsumieren.

2. Relative Revisionsgründe

Die Zahl der relativen Revisionsgründe ist immens. Eine vollständige oder auch nur annähernd vollständige Darstellung ist ausgeschlossen. Sie fehlt überwiegend auch in der Kommentarliteratur, die sich damit begnügt, am Schluss der Kommentierung einer jeden Verfahrensnorm darzulegen, wie es mit der Revisibilität bestellt ist. Die hier abzugebende Darstellung muss sich damit begnügen, in der Praxis besonders häufige Verfahrensverstöße bzw. Gruppen solcher Verstöße aufzuzeigen, da diese regelmäßig auch im Examen eine Rolle spielen. Daneben sollen auch Hinweise gegeben werden, wie man solche Verfahrensverstöße auffinden kann. Denn in der überwiegenden Zahl von Revisionsklausuren erhält der Kandidat ja nicht eine fertige Revisionsbegründung zur Begutachtung, sondern muss selbst die Revisionsbegründung gutachtlich vorbereiten und/oder abfassen. Insoweit ergeht der praktische Rat: Lesen Sie das der Aufgabe beigegebene Sitzungsprotokoll aufmerksam durch. Wo Sie Ansätze für einen Ver-

D. Die Revision

fahrensverstoß finden, fertigen Sie am Rande eine Notiz oder notieren Sie die Verstöße sogleich stichwortartig auf einem gesonderten Blatt. So ist sichergestellt, dass etwas Aufgefundenes nicht wieder in Vergessenheit gerät. Erweist sich der Verdacht einer Gesetzesverletzung bei späterer Durchdringung des Stoffes als nicht stichhaltig, kann der Gesichtspunkt wieder ausgeschieden werden. Gehen Sie auch bei der späteren schriftlichen Ausarbeitung in der aus dem Protokoll ersichtlichen zeitlichen Reihenfolge vor; scheuen Sie auch nicht eine Vermischung mit absoluten Revisionsgründen; auch die Einhaltung der zeitlichen Reihenfolge schützt davor, dass etwas untergeht. Handeln Sie auch jede Rüge vollständig nach Zulässigkeit, Begründetheit und Beruhensfrage ab (zu diesen Erfordernissen vgl. unten VII. und VIII.). Eine gute Übersicht über die Revisionsbedeutung der Vorschriften über die Hauptverhandlung findet sich bei *Michel* DtZ-Informationen 1992, 156 ff.

a) Verfahrensfehler bei Vorschriften über die **Beweisaufnahme** (§§ 244 bis 246 StPO). Beachten Sie die gestellten Beweisanträge und prüfen Sie, ob der vom Gericht herangezogene Ablehnungsgrund passt. In Richtung auf die Bescheidung von Hilfsbeweisanträgen müssen auch die Urteilsgründe herangezogen werden. Rekapitulieren Sie in diesem Zusammenhang die Ausführungen S. 130 ff.

b) Prüfen Sie in diesem Rahmen auch bereits, ob die Urteilsgründe oder andere der Aufgabe beiliegende Unterlagen eine Verletzung der **Aufklärungspflicht** nahe legen (§ 244 II StPO). Beachten Sie die Darstellung S. 127 f.

c) Achten Sie auf Vorgänge, die im weitesten Sinn den **Unmittelbarkeitsgrundsatz** tangieren können (§§ 250 bis 256 StPO). Vorsicht vor allem bei § 256 StPO (Verwendung der Verlesung für andere Delikte als Körperverletzungen, Urteil mitberücksichtigen!). Heranzuziehen sind hier die Ausführungen S. 121 ff. Begleitumstände, die der attestierende Arzt nicht auf Grund seiner besonderen Sachkunde, sondern anderweitig wahrgenommen hat, müssen durch seine Vernehmung in die Hauptverhandlung eingeführt werden (anschaulich OLG Hamburg StV 2000, 9).

d) **Beschränkung des Fragerechts** (§ 240, 241 StPO). Gerichtsbeschluss ist erforderlich.

e) Verletzung von **Belehrungspflichten** (§§ 52 ff., 136, 243 IV StPO). Vgl. hierzu S. 17 ff., 104, 114.

f) Verletzung von **Vereidigungsvorschriften** (§§ 59 bis 62 StPO, 189 GVG – Dolmetscher). Hier muss gegebenenfalls das Urteil mitberücksichtigt werden (vereidigter Zeuge der Teilnahme verdächtig). Lesen Sie dazu S. 115 f. nach.

Klausurfalle: Häufig weist das Protokoll aus, dass ein vernommener Zeuge – nach Vereidigung oder Verzicht auf dieselbe entlassen – erneut in Anspruch genommen und gehört wird (Beispiel: Bereits vernommener Polizeibeamter gibt beim Augenschein weitere Erklärungen ab). In solchem Falle muss über die Frage der Vereidigung bzw. des Verzichts erneut befunden werden, was sich aus der Niederschrift ergeben muss (KK-*Senge* § 61 Rdnr. 27). Geschieht dies nicht, liegt, ohne dass ein Gerichtsbeschluss herbeizuführen gewesen wäre, ein relativer Revisionsgrund vor, für den die Beruhensfrage dann zu bejahen ist, wenn sich die Beweiswürdigung auf den Zeugen beruft.

Haben Sie stets auch ein Auge darauf, ob ein Sachverständiger – etwa zu Zusatztatsachen – **auch** als Zeuge verwendet worden ist. Dann muss er auch als Zeuge belehrt und muss entsprechend über seine Vereidigung entschieden worden sein.

Schütten Sie andererseits das Kind nicht mit dem Bade aus. Von der Verzichtsnorm des § 61 Nr. 5 StPO macht die Praxis auch dann Gebrauch, wenn die Beeidigung nach anderen Vorschriften unterbleiben musste, mit deren Untersuchung die Kandidaten oft viel unnötige Zeit verschwenden.

Für den **Dolmetscher** muss das Protokoll (§ 274 StPO) ausweisen, dass er entweder vereidigt wurde oder sich auf seinen allgemein geleisteten Eid berufen hat. Vereidigung in einem vorausgegangenen Haftprüfungsverfahren oder einer ausgesetzten Hauptverhandlung genügt nicht. Auf einem Verstoß hiergegen kann das Urteil beruhen (BGH bei *Kusch* NStZ 1998, 28). Regelmäßig unbeachtlich ist die Rüge, der Dolmetscher sei nicht genügend qualifiziert gewesen.

g) Verletzung der Pflicht zur Gewährung **des letzten Worts** (§ 258 III StPO).

Häufiger Klausurfall: Letztes Wort war schon gewährt, Gericht tritt nochmals in die Verhandlung ein, ohne dass die Niederschrift die notwendige erneute Gewährung ausweist. Vgl. auch S. 106. Es muss sich aber um einen relevanten Wiedereintritt in die Verhandlung drehen. Daran fehlt es bei bloßer Entgegennahme eines (Hilfs-)Beweisantrags (BGH NStZ-RR 1999, 14) und bei Verkündung eines Teileinstellungsbeschlusses nach § 154 II StPO (BGH NStZ-RR 2001, 218). Dagegen verpflichtet die Verkündung eines Haftbefehls zur Neuerteilung des letzten Wortes (BGH NStZ-RR 2001, 372).

h) Verletzung der **Hinweispflicht** (§ 265 StPO). Prüfen Sie stets, ob die zugelassene Anklage mit der Verurteilung übereinstimmt. Auch die Strafliste und die Gründe müssen hier oft mit herangezogen werden (z. B. Mittäterschaft statt Alleintäterschaft). Vgl. auch S. 141.

i) Sogenannte Nicht-Inbegriffs-Rüge. In der Praxis besonders häufig ist die Rüge, das Gericht habe seinem Urteil Feststellungen zugrunde gelegt, die nicht Gegenstand der Hauptverhandlung waren (§ 261 StPO). Diese Rüge steht häufig auf wackligen Beinen, weil sie nur dann Erfolg hat, wenn nach den Umständen, insbesondere nach der Art und dem Inhalt der Feststellung **auszuschließen** ist, dass sie dem Inbegriff der

D. Die Revision

Hauptverhandlung entstammt. Dabei ist das Gericht nicht verpflichtet, jede Feststellung im Einzelnen nach ihrer Herkunft zu „belegen" und darzulegen, welche Erörterungen und Beweisergebnisse ihr jeweils zugrunde lagen. Wird z. B. die Beobachtung eines Augenzeugen wiedergegeben, der nicht vernommen wurde und dessen Aussagen auch nicht durch Verlesung in die Hauptverhandlung eingeführt wurden, so bleibt je nach Eigenart der Beobachtung die Möglichkeit, dass andere Aussagepersonen die Reaktion des Zeugen erkannt haben und hierüber berichteten. Hingegen ist § 261 StPO z. B. verletzt, wenn die Urteilsfeststellungen zu einer in der Hauptverhandlung verlesenen Zeugenaussage und der Inhalt der in der Hauptverhandlung verlesenen Niederschrift nicht übereinstimmen. Eine solche Divergenz darf das Revisionsgericht feststellen (BGH NStZ 1987, 18).

Hinweis: Es kann nicht gerügt werden, die Wiedergabe einer Zeugenaussage im Urteil entspreche nicht dem Inhalt der nach § 273 II StPO protokollierten Aussage des Zeugen. Nur wenn die Aussage nach § 273 III StPO wörtlich protokolliert worden ist, kann der Gegenbeweis gegen die Urteilsfeststellungen geführt werden (KG VRS 100, 454).

Auf die Behauptung, der Tatrichter habe ein benutztes Beweismittel nicht voll ausgeschöpft, insbesondere einer Auskunftsperson nicht noch weitere Fragen gestellt, kann die Aufklärungsrüge nicht gestützt werden (BGHSt. 4, 125, 126). Eine Ausnahme ist dann gegeben, wenn die Urteilsgründe – ihr Schweigen allein genügt nicht – ergeben, dass der Zeuge zu einem bestimmten Thema, dem der Tatrichter wesentliche Bedeutung hätte beimessen müssen, nicht gehört wurde (BGH NStZ 1985, 14). Ferner kann gerügt werden, ein Zeuge hätte nach Auftauchen neuer Erkenntnisse (z. B. aufgefundene Tagebuchaufzeichnungen) erneut vernommen werden müssen (BGH NStZ 1994, 297).

Man kann es auf die griffige *Formel* bringen (auch für Klausurzwecke geeignet):

Eine auf § 261 StPO gestützte Rüge ist nur dann begründet, wenn ohne Rekonstruktion der Beweisaufnahme der Nachweis geführt werden kann, dass eine im Urteil getroffene Feststellung nicht durch die in der Hauptverhandlung verwendeten Beweismittel und auch sonst nicht aus den zum Inbegriff der Hauptverhandlung gehörenden Vorgängen gewonnen worden ist (BGH NStZ 1988, 212; NStZ-RR 1998; 17).

Gleichartige Grundsätze gelten, wenn der Revisionsführer einen Verstoß gegen § 261 StPO durch Nichterörterung in der Hauptverhandlung erhobener Beweise rügt. Diese Rüge kann nicht auf Vorgänge in der Hauptverhandlung gestützt werden, die einer Klärung im Wege des Freibeweises nicht zugänglich sind (z. B. Inhalt und Wertigkeit einer Zeugenaussage im Gegensatz zu einer im Urteil „unterschlagenen" Urkundenverlesung – vgl. BGH NStZ 1991, 500 und 548). Es ist also aussichtslos zu rügen, der Zeuge X habe in der Hauptverhandlung wichtige Dinge bekundet, die im Urteil nicht wiedergegeben und verwertet worden seien. Sind aber z.B. Geschäftsunterlagen verlesen worden, so kann gerügt und vom Revisionsgericht festgestellt werden, der Inhalt dieser Unterlagen hätte in die Beweiswürdigung – so wie sie vom Tatgericht strukturiert wurde – Eingang finden müssen (OLG Hamburg StV 1994, 643). Denn vom verlesenen Inhalt kann das Revisionsgericht zuverlässig und ohne Rekonstruktion der Beweisaufnahme Kenntnis nehmen (im gleichen Sinne auch BGH NStZ 2002, 204). Revisionsrechtlich unerheblich sind, für sich allein gesehen, auch Widersprüche zwischen dem Urteilsinhalt und den Akten, wenn sie sich nicht aus den Urteilsgründen selbst ergeben (keine Rüge der Aktenwidrigkeit, vgl. BGH NStZ 1991, 506; 1997, 294). Erfolglos bleibt daher die Rüge, die im Urteil wiedergegebene Aussage eines Zeugen stehe im Widerspruch zu seinen in den Ermittlungsakten enthaltenen Bekundungen gegenüber der Polizei und/oder zu anderen aktenkundigen Beweiserkenntnissen. Denn diese Widersprüche können sich in der Hauptverhandlung in Wohlgefallen aufgelöst haben (BGH NStZ 1995, 27).

Hinweis: Die Rüge der Aktenwidrigkeit wird zunehmend in Form einer „Doppelrüge" erhoben: Der Revisionsführer greift eine Aktenstelle (Einlassung des Angeklagten, Zeugenaussage) heraus, die sich mit einer Feststellung im Urteil nicht vertrage. Er bringt vor, entweder habe das Gericht diese Aktenstelle nicht beachtet und deshalb nicht in die Hauptverhandlung eingeführt oder es habe sie eingeführt, aber bei der Beweiswürdigung im Urteil nicht erwähnt; das eine wie das andere sei fehlerhaft entweder im Sinn von § 244 II oder § 261 StPO. Der BGH gibt dieser „Doppelrüge" – bislang – keinen Raum (NStZ 1992, 506; 1999, 423; 2000, 156). Jedoch hält der BGH (NStZ 1999, 423) die Rüge, die Urteilsfeststellungen beruhten nicht auf dem Inbegriff der Hauptverhandlung oder sie seien unter Verletzung der Aufklärungspflicht zustande gekommen, ausnahmsweise dann für zulässig, wenn der Akteninhalt „ohne weiteres" die Unrichtigkeit der Urteilsfeststellungen beweist (zur Problematik vgl. auch *Bauer* NStZ 2000, 72).

Ein Verstoß gegen § 261 StPO liegt aber dann vor, wenn das Urteil berichtet, der Angeklagte habe sich nicht zur Sache geäußert, er dies aber laut Protokoll – wesentliche Förmlichkeit im Sinn von § 273 StPO – durch spätere Einlassung doch getan hat (BGH NStZ 1992, 49). Und umgekehrt: Berichtet das Urteil von einer Einlassung des Angeklagten, der sich nach dem Inhalt des Protokolls nicht geäußert hat, ist § 261 StPO verletzt. Denn macht der Angeklagte nach anfänglichem Schweigen im Laufe der Hauptverhandlung doch noch Angaben zur Sache, ist diese Tatsache als wesentliche Förmlichkeit i.S. des § 273 I StPO in die Sitzungsniederschrift aufzunehmen. Das gilt auch dann, wenn die Einlassung im Rahmen einer Äußerung nach § 257 oder nach § 258 StPO erfolgt (BGH NStZ 1995, 560). Die revisionsgerichtliche Rechtsprechung, zumal des BGH, zur Kontrolle unvollständiger und unzutreffender tatrichterlicher Urteilsfeststellungen ist stark im Fluss und in der Entwicklung sicher noch nicht abgeschlossen (vgl. – als höchst anspruchsvolle Lektüre –

D. Die Revision

Schlothauer StV 1992, 134; *Herdegen* StV 1992, 590; *Fezer* JZ 1996, 665 f.; leichter lesbar, BGH-kritisch und tatrichterfreundlich *Foth* DRiZ 1997, 201 ff.).

Hinweis: In der revisionsgerichtlichen Rechtsprechung noch nicht entschieden ist die Frage, ob mit der Verfahrensrüge geltend gemacht werden kann, die Urteilsgründe seien unvereinbar mit der Aufzeichnung einer audiovisuellen Zeugenvernehmung (§ 247 a StPO). Eine solche Rüge dürfte gegen das Rekonstruktionsverbot verstoßen (vgl. *Hofmann* NStZ 2002, 569, der den kontroversen Meinungsstand eingehend darstellt).

An dieser Stelle wird nachdrücklich darauf hingewiesen, dass viele Fehler der Beweiswürdigung – auf S. 162 ff. sind sie dargestellt – entgegen ihrer häufig geübten Zuordnung zu § 261 StPO in Wahrheit der Sachrüge angehören und auf deren allgemeinen Erhebung von Amts wegen zu beachten sind, also nicht etwa einer besonders ausgeführten Verfahrensrüge bedürfen.

3. Absolute Revisionsgründe

Auch in Ansehung der absoluten Revisionsgründe sind die protokollierten Vorgänge aufmerksam durchzusehen.

a) § 338 Nr. 1 StPO: Vorschriftswidrige Gerichtsbesetzung. Dieser Revisionsgrund wird in der Klausurpraxis keine allzu große Rolle spielen, weil seine Grundlagen (z. B. Mängel der Geschäftsverteilung – Geschäftsverteilungsplan ohne abstrakte Maßstäbe –, Vorliegen eines Verhinderungsfalles, unrichtige Schöffenbestellung) in der Aufgabenstellung nicht leicht und organisch unterzubringen sind. Nr. 1 ist z. B. dann verletzt, wenn eine Hauptverhandlung über den Zeitraum des § 229 I StPO hinaus „vertagt" wird, die anwesenden Schöffen „hiermit" geladen werden und auch nach der Aussetzung anwesend sind. Hier kann man übrigens darüber streiten, ob die Rügepräklusion eingetreten ist (mündlich bekannt gegebene Ladung als Besetzungsmitteilung?). Auch der „schlafende Schöffe" kann durchaus Gegenstand einer zu begutachtenden Revisionsrüge sein (er muss bekanntlich über einen erheblichen Zeitraum und nachhaltig „weggetreten" sein); der Revident muss, was selten gelingt, konkrete Tatsachen vortragen, welche eine Konzentration des Richters auf die wesentlichen Vorgänge der Verhandlung ausschließen (vgl. BVerwG NJW 2001, 2898).

b) § 338 Nr. 2: Mitwirkung eines ausgeschlossenen Richters. Auch diese Vorschrift ist nicht sehr klausurträchtig. Ausgeschlossen ist der Richter, der als Staatsanwalt in derselben Sache eine Sachstandsanfrage an die Kripo richtete (Tätigkeit nach § 22 Nr. 4 StPO, wobei Erledigung nach § 154 StPO unerheblich, vgl. BGH NStZ 1982, 78). Nicht ausgeschlossen ist der Richter, der in einem früheren Verfahren gegen den Angeklagten als Staatsanwalt tätig war, wenn die dort erkannte Strafe in die nun zu bildende Gesamtstrafe einbezogen werden muss (BGHSt. 28, 262). Unschädlich ist auch die frühere Mitwirkung des Richters in einem Zivilprozess zwischen Angeklagtem und Verletztem (BGH NStZ 1983, 208). Mitwirkung eines „befangenen" Staatsanwalts ist kein absoluter Revisionsgrund.

c) § 338 Nr. 3 StPO: Mitwirkung abgelehnter Richter. Diese Vorschrift hat hohe Klausurbedeutung, weil sich die zur Ablehnung führenden Vorgänge gut in jedes Protokoll einbauen lassen. Hier wird vor allem geprüft, ob der Kandidat weiß, dass es sich um eine ins Revisionsverfahren eingebaute sofortige Beschwerde (§ 28 II StPO) handelt, die der Senat nach Beschwerdegrundsätzen prüft. Das Revisionsgericht behandelt eine zu Unrecht als unzulässig behandelte Ablehnung nach sachlichen Gesichtspunkten und übt ein eigenes Ermessen aus. Der Klausurbearbeiter hat hier auch Gelegenheit zu zeigen, ob er Gespür dafür hat, was in den Augen eines „besonnenen Angeklagten" den Argwohn der Voreingenommenheit des Richters rechtfertigt und was nicht. Dazu gibt es eine umfangreiche Kasuistik, auf die hier nicht eingegangen werden kann. Hingegen ist der abgelehnte Sachverständige (§ 74 StPO) nach allgemeinem Revisionsrecht zu behandeln (*Meyer-Goßner* § 74 Rdnr. 21). Der abgelehnte Sachverständige darf und muss, wenn die Aufklärungspflicht es gebietet, als Zeuge zu den Tatsachen gehört werden, die Gegenstand seiner Wahrnehmung gewesen sind.

d) § 338 Nr. 4 StPO: Unrichtige Annahme der Zuständigkeit. Die Vorschrift betrifft die örtliche, sachliche und besondere Zuständigkeit gleichrangiger Gerichte, nicht aber die Verteilung der Geschäfte unter den Strafkammern desselben Landgerichts (*Hilger* NStZ 1983, 340). Die Revision kann grundsätzlich nicht auf die Behauptung gestützt werden, ein Gericht niedrigerer Ordnung sei zuständig gewesen, es sei denn der Angeklagte sei willkürlich seinem gesetzlichen Richter entzogen worden.

Hinweis: Der 4. Strafsenat des BGH als Revisionsgericht prüft gemäß § 6 StPO von Amts wegen und nicht nur auf eine entsprechende Verfahrensrüge, ob das Landgericht sich an Stelle des Amtsgerichts (objektiv) willkürlich für sachlich zuständig erklärt und somit gegen den Grundsatz des gesetzlichen Richters verstoßen hat (BGH NStZ 1994, 399; NStZ 1999, 578). Das Landgericht (große Strafkammer) darf also ungeachtet § 269 StPO keine Fälle verhandeln, in denen von vornherein eine Freiheitsstrafe von mehr als 4 Jahren ausgeschlossen erscheint, sondern muss „nach unten" eröffnen. Der 1. Strafsenat des BGH sieht insoweit kein von Amts wegen zu berücksichtigendes Verfahrenshindernis, sondern prüft solche willkürliche Zuständigkeitsverschiebung nur auf entsprechende Verfahrensrüge (NJW 1997, 2689; 1993, 1607). Desgleichen hat das OLG als Revisionsgericht nur auf eine entsprechende Verfahrensrüge zu prüfen, ob das Berufungsgericht die Vorschrift des § 328 II StPO verletzt, d. h. einer willkürlichen Zuständigkeitsverlagerung vom Strafrichter zum Schöffengericht nicht Einhalt geboten hat (BGH NJW 1997, 204; OLG Saarbrücken NStZ-RR 2000, 48; OLG Schleswig SchlHA 1998, 170; a. A. OLG Brandenburg NStZ 2001, 611 m. zust. Anm. *Meyer-Goßner*).

D. Die Revision

Ein praktisch und für die Klausur bedeutsamer Fall des § 338 Nr. 4 ist die Verbindung von Strafsachen gegen Erwachsene und Jugendliche bzw. Heranwachsende. Hierfür sind die Jugendgerichte zuständig (§§ 112, 108 I, 103 II JGG). Wird z.B. in einer Mordsache gegen einen zur Tatzeit Heranwachsenden und einen Erwachsenen gemeinsam verhandelt, ist die Jugendkammer zuständig, nicht die Schwurgerichtskammer (*Kleinknecht/Meyer* § 209a Rdnr. 11). Ein Verstoß hiergegen ist nicht von Amts wegen zu beachten, bildet vielmehr einen absoluten Revisionsgrund nach § 338 Nr. 4 StPO (BGHSt. 26, 191), auf den sich auch der Erwachsene berufen kann, für den ohne die Verbindung der tätig gewordene Spruchkörper zuständig gewesen wäre (BGHSt. 30, 260). Die Rüge ist nicht abhängig von einem Besetzungseinwand in der Hauptverhandlung. Eine den §§ 6a, 16 oder 222a StPO entsprechende Vorschrift sieht das Gesetz im Verhältnis Erwachsenengericht – Jugendgericht nicht vor. Gerügt werden kann auch die Abtrennung des Verfahrens gegen einen erwachsenen Angeklagten nebst Verweisung an die Erwachsenenstrafkammer; § 47a JGG schließt für das Stadium nach Eröffnung des Hauptverfahrens die Zuständigkeitsübertragung aus. Ist von der Aufhebung und Zurückverweisung durch das Revisionsgericht nur ein Erwachsener betroffen, kann es die Erneuerung der Hauptverhandlung vor dem Erwachsenengericht anordnen.

e) § 338 Nr. 5 StPO: Vorschriftswidrige Abwesenheit. Hier handelt es sich um die für die Examensklausur wichtigste Vorschrift im Katalog des § 338 StPO. Sie betrifft die Verletzung von Anwesenheitspflichten. Der Klausurbearbeiter muss immer ein geschärftes Augenmerk dafür aufbringen, ob das Protokoll Hinweise auf die Abwesenheit des Angeklagten enthält. Abwesenheit des Angeklagten ist immer ein Warnsignal, und zwar nicht nur im Hinblick auf den Revisionsgrund des § 338 Nr. 5 StPO; auch andere Rechtsfolgen können dadurch ausgelöst werden, so z.B. das Erfordernis der Urteilszustellung zur Ingangsetzung der Rechtsmitteleinlegungsfrist.

- **Das Problem der Abwesenheit des Angeklagten taucht in folgenden Fällen auf:**

aa) Zeitweise Abwesenheit nach §§ 230 I, 231 I StPO. Die Verletzung des Anwesenheitsgebots setzt voraus, dass sich die Abwesenheit des Angeklagten auf einen **wesentlichen Teil** der Hauptverhandlung bezog (vgl. dazu *Meyer-Goßner* § 338 Rdnr. 37). Auch für die Abwesenheit anderer Verfahrensbeteiligter, deren Anwesenheit grundsätzlich notwendig ist, gilt diese einschränkende Auslegung. Gestattet das Gesetz im Einzelfall eine Verhandlung in Abwesenheit des Angeklagten, so gilt dies nur, wenn der Angeklagte **eigenmächtig** der Hauptverhandlung fernblieb (ungeschriebenes Tatbestandsmerkmal des § 231 II StPO). Auf die zum Begriff der Eigenmächtigkeit von der Rechtsprechung entwickelte

Kasuistik kann hier nicht näher eingegangen werden (vgl. die Kurzübersicht bei *Hilger* NStZ 1983, 341). Ein inhaftierter Angeklagter kann der Verhandlung nicht eigenmächtig fernbleiben (BGH NStZ 1993, 446). Ein kranker und deshalb verhandlungsunfähiger Angeklagter braucht sich einer die Verhandlungsfähigkeit wiederherstellenden Operation jedenfalls dann nicht zu unterziehen, wenn ihm diese unzumutbar ist (BVerfG NStZ 1993, 598; vgl. dazu auch die Hinweise zu § 329 StPO). Eigenmächtig bleibt dagegen fern, wer sich durch Hungerstreik in den Zustand der Verhandlungsunfähigkeit versetzt hat (praktisch geworden in Staatsschutzprozessen).

Nimmt das vollbesetzte Gericht in Anwesenheit des Staatsanwalts, des Verteidigers und anderer Verfahrensbeteiligter beschlussgemäß „außerhalb der Hauptverhandlung", aber während der Dauer derselben, einen Augenschein in Abwesenheit des inhaftierten Angeklagten ein, so ist § 230 I StPO verletzt. Denn es handelte sich entgegen der im Beschluss getroffenen Bezeichnung um eine Beweisaufnahme vor dem erkennenden Gericht und somit um einen Teil der Hauptverhandlung. Das zur Entscheidung berufene Gericht kann sich nicht selbst in voller Besetzung mit einer Beweisaufnahme außerhalb der Hauptverhandlung beauftragen. Der absolute Revisionsgrund des § 338 Nr. 5 StPO greift Platz (BGH NStZ 1989, 218).

Unzulässig ist weiter, einen Augenschein in Abwesenheit des Angeklagten durchzuführen, weil ein privater Eigentümer des Augenscheinsorts ihm den Zutritt nicht gestattet.

bb) Vorübergehende Abtrennung und die Beurlaubung nach § 231 c StPO. Im Verfahren gegen Mitangeklagte gilt, dass der in erlaubter Abwesenheit des Mitangeklagten behandelte Stoff diesen nachweislich nicht betreffen darf. Die erörterten Vorgänge dürfen mit dem abgetrennten Verfahrensteil in keinem inneren Zusammenhang stehen (BGH NStZ 1987, 16). Dies gilt vor allem für eine in Abwesenheit des Mitangeklagten durchgeführte Beweisaufnahme (BGH NStZ 1989, 219). In erlaubter Abwesenheit des Angeklagten dürfen auch seine Beweisanträge nicht abgelehnt werden, auch dann nicht, wenn dies rechtsfehlerfrei geschah (BGH wistra 1990, 155). Sind in Abwesenheit des Angeklagten gleichwohl Handlungen vorgenommen worden, die mit dem Gegenstand seiner späteren Verurteilung im Zusammenhang stehen können, sind sie in seiner Anwesenheit zu wiederholen. Eine Unterrichtung reicht nicht.

Tipp: Erfahrene Strafrichter machen um § 231 c StPO einen weiten Bogen, um nicht in – zumeist von gewieften Verteidigern aufgestellte – Revisionsfallen zu tappen. Befasst sich die Klausur mit einer Beurlaubung nach § 231 c StPO, deutet dies in der Regel auf einen revisionsrechtlichen Belang hin.

cc) Fall des § 247 StPO. § 247 Satz 1 StPO erlaubt die Entfernung des Angeklagten nur für die Dauer der **Vernehmung** eines Zeugen. Die

D. Die Revision

Verhandlung über die Vereidigung des Zeugen und die Vereidigung selbst hat in Anwesenheit des Angeklagten zu geschehen, nachdem er zuvor über den wesentlichen Inhalt der Aussage belehrt worden war und er Gelegenheit hatte, an den Zeugen Fragen zu stellen. Nicht zulässig ist es auch, während einer solchen Vernehmung einen Augenschein vorzunehmen und zu erörtern. Ein solcher Augenschein muss in Anwesenheit des Angeklagten wiederholt werden (BGH NStZ 2001, 262). Dasselbe gilt für die Verlesung von Briefen und anderen Urkunden (BGH StV 2002, 408). Für den Fall, dass die Gefährdung des Zeugen, etwa gesundheitlicher und psychischer Art, der Grund für die Entfernung des Angeklagten aus dem Sitzungszimmer war, hat der Bundesgerichtshof eine Ausnahme zugelassen (BGH NStZ 1985, 136). In entsprechender Anwendung des § 247 Satz 1 StPO hat er in diesem besonders gelagerten Ausnahmefall die Entfernung des Angeklagten auch auf die Vereidigung des Zeugen erstreckt, um dem Sinngehalt der Vorschrift zu genügen. Dafür ist immer dann Raum, wenn es gilt, mit Rücksicht auf den Gesundheitszustand des Zeugen ein Zusammentreffen mit dem Angeklagten zu vermeiden. Die Unterrichtung des wieder anwesenden Angeklagten gemäß § 247 S. 4 StPO ist allerdings unverzichtbar (BGH NStZ 1998, 263).

Hinweis: Erklärt ein Zeuge, er werde bei Anwesenheit des Angeklagten von seinem Zeugnisverweigerungsrecht oder von seiner umfassenden Befugnis nach § 55 StPO Gebrauch machen, kann die Pflicht zur umfassenden Sachaufklärung die Entfernung des Angeklagten rechtfertigen und gebieten (BGHSt. 22,18; StV 1995, 509; NStZ 1997, 402). Die Einfügung des § 247a StPO hat hieran nichts geändert (BGH NStZ 2001, 608). Dagegen reicht der bloße Wunsch eines Zeugen, in Abwesenheit des Angeklagten aussagen zu dürfen, allein als Begründung für dessen Entfernung nicht aus (BGH NStZ 1999, 420; NStZ-RR 2002, 217).

Für die **Klausur** ist zu raten, stets das Protokoll genau daraufhin zu untersuchen, wie der Entfernungsbeschluss (zu dessen Notwendigkeit vgl. BGH NStZ 2002, 44) lautet, was in Abwesenheit des Angeklagten geschehen ist und ob die Entfernung und ihre Dauer von dem Beschluss gedeckt ist.

Tipp: Was das Verbot der Vereidigung und der Verhandlung hierüber in Abwesenheit des Angeklagten angeht, scheint sich in der Rechtsprechung des BGH eine Lockerung anzubahnen (vgl. die verschiedenen Entscheidungen in StV 2000, 238 ff.). Sie sollten diese Entscheidungen im Auge behalten und verfolgen. Gegenwärtig scheint indes der BGH die Lockerung nicht weiter zu verfolgen (NStZ 2002, 384; 2000, 440).

- **Abwesenheitsprobleme bei anderen Personen:**

dd) **Urkundsbeamter.** Das an einem auswärtigen Ort tagende Gericht kann sich eines Urkundsbeamten bedienen, der ihm vom Gericht des Verhandlungsortes zur Verfügung gestellt wird (BGH NStZ 1983, 213).

ee) **Dolmetscher.** Ist der Angeklagte der deutschen Sprache nicht mächtig, bildet die auch nur zeitweise Abwesenheit des Dolmetschers einen absoluten Revisionsgrund. Der Dolmetscher gilt auch in dem Zeitraum als anwesend, in dem er als Zeuge vernommen wird. Bei beschränkten Sprachkenntnissen des Angeklagten bildet die Abwesenheit des Dolmetschers allenfalls einen relativen Revisionsgrund, an dessen Ausführung der BGH (MDR 1991, 1025) fast unüberwindbare Anforderungen stellt.

ff) Verteidiger. Bei Abwesenheit des Verteidigers ist darauf zu achten, ob es sich um eine notwendige Verteidigung handelt, ferner um einen wesentlichen Teil der Hauptverhandlung und – im Falle von Abtrennung und Beurlaubung – um Vorgänge, für die das Betroffensein des Angeklagten nicht ausgeschlossen werden kann. Der den Schlussvortrag verweigernde Verteidiger ist nicht abwesend, es sei denn, mit der Weigerung sei die Erklärung verbunden, zur weiteren Verteidigung außerstande zu sein (BGH NStZ 1992, 503; vgl. auch BGH wistra 2000, 146).

Hinweis: In der Rechtsprechung zeichnet sich eine Tendenz ab, dass bei Erwartung von 1 Jahr Freiheitsstrafe und mehr die Verteidigung wegen der Schwere der Tat im Sinne von § 140 II StPO notwendig ist. Kommt es wegen Verletzung dieses Grundsatzes zur Aufhebung und Zurückverweisung, muss der neue Tatrichter auch klären, ob eine ohne anwaltlichen Beistand zunächst erklärte Berufungsbeschränkung vom Willen des Angeklagten erfasst wird und daher (un)wirksam ist (OLG Stuttgart VRS 98, 360 und OLG Köln StV 1998, 645).

gg) Staatsanwalt. Auch insoweit muss ein „wesentlicher" Teil der Hauptverhandlung betroffen sein. So ist es z.B. durchaus denkbar und in der Praxis häufig zu beobachten, ohne den Staatsanwalt „anzuverhandeln", d.h. die Sache aufzurufen, die Identität des Angeklagten festzustellen, die Zeugen und Sachverständigen aufzurufen und zu belehren. Das Weiterwirken des als Zeugen vernommenen Staatsanwalts ist nicht ein Problem seiner Anwesenheit, sondern unterfällt § 337 StPO (a.A. wohl OLG Düsseldorf JMBlNW 1991, 23). Der Staatsanwalt, der keinen Schlussvortrag hält, handelt pflichtwidrig, ist aber nicht abwesend.

hh) Sachverständige zählen nicht zu den Personen, deren dauernde Anwesenheit das Gesetz vorschreibt.

f) § 338 Nr. 6 StPO: Ungesetzliche Beschränkung der Öffentlichkeit. Die Vorschrift birgt zwei Problembereiche, einmal die Beschränkung des Zugangs zur Hauptverhandlung, zum andern die Ausschließung durch Gerichtsbeschluss.

aa) Zugang zur Hauptverhandlung. Die Beschränkung der Öffentlichkeit muss vom Gericht zu vertreten sein (*Hilger* NStZ 1983, 341). Daran fehlt es z.B., wenn der Gerichtswachtmeister ohne Kenntnis des Gerichts das Gebäude abschließt. Besondere Vorsicht ist bei Verhandlung **außerhalb des Saales** geboten. Sitzungsaushang ist erforderlich bei Fortsetzung der Verhandlung auf einem privaten oder öffentlichen Grundstück. Der externe Verhandlungsort, etwa die Tatörtlichkeit zum Zweck

D. Die Revision

der Einnahme eines Augenscheins, ist genau zu bezeichnen (BGH StV 2002, 474). Wird danach im Amtsgericht des Augenscheinsorts weiterverhandelt, bedarf es eines weiteren Aushangs nicht. Bei Zugangskontrollen muss mit dem Beginn der Hauptverhandlung zugewartet werden, bis die Personen, die sich zum vorgesehenen Sitzungsbeginn an der Kontrollstelle eingefunden haben, im Saale sind. Dies gilt aber nicht für die Fortsetzung einer unterbrochenen Hauptverhandlung, wenn die Zugangskontrollen bekannt sind (BGHSt. 29, 258). Die Öffentlichkeit kann auch eingeschränkt sein, wenn von polizeilichen Maßnahmen psychischer Zwang auf potentielle Besucher ausgeht; liegen dem Vorsitzenden entsprechende Hinweise vor, so hat er diese zu prüfen und gegebenenfalls Abhilfe zu schaffen (BGH MDR 1979, 859). Bei einer Ortsbesichtigung schränkt das Hausrecht die Öffentlichkeit des Verfahrens ein (BGH NStZ 1994, 498 – Pflichtlektüre). Es bedarf hier keines Beschlusses über den Ausschluss der Öffentlichkeit, ebenso keiner Unterrichtung der Zuhörer über den Inhalt der nicht öffentlich durchgeführten Verhandlungsteile (BGH NStZ-RR 2000, 366). Auf Grund des Hinweises am Gerichtseingang „Das Amtsgericht ist freitags ab 13 Uhr geschlossen" kann eine nach diesem Zeitpunkt stattfindende Hauptverhandlung gegen den Grundsatz der Öffentlichkeit verstoßen (OLG Zweibrücken NJW 1995, 3333). Die sogenannte Medienöffentlichkeit (Gestattung von Aufnahmen außerhalb der Verhandlung) kann durch Pool-Lösungen beschränkt werden (*Kudlich* JA 2000, 972).

bb) Probleme beim Ausschließungsbeschluss:

- Wird die Öffentlichkeit für einen bestimmten Akt der Hauptverhandlung ausgeschlossen (etwa Vernehmung einer Zeugin), ist § 169 GVG i.V.m. § 338 Nr. 6 StPO dann verletzt, wenn danach die Öffentlichkeit nicht wieder hergestellt oder ein entsprechender Beschluss – laut Protokoll – nicht ausgeführt wird. Die Entscheidung über einen weitergehenden Ausschluss muss in öffentlicher Sitzung verkündet werden. Der Ausschluss „für die Dauer der Vernehmung eines Zeugen" gilt für alle Anträge, Erklärungen und Entscheidungen, die damit im Zusammenhang stehen (BGH NStZ 1983, 213).
- Urteilsverkündung in nichtöffentlicher Sitzung ist absoluter Revisionsgrund.
- Gerichtsbeschluss ist für die Ausschließung erforderlich. Blickverständigung genügt; Anordnung des Vorsitzenden genügt nicht (BGH NStZ 1999, 371).
- Der Ausschließungsbeschluss ist zu begründen, der Gesetzeswortlaut genügt nicht. Der Beschluss braucht aber nicht die tatsächlichen Umstände mitzuteilen, aus denen sich der gesetzliche Ausschließungsgrund ergibt (BGHSt. 30, 212). Er ist von der Revision im Wortlaut mitzuteilen und wird vom Revisionsgericht nur auf Ermessensfehler überprüft. Nach geläuterter Rechtsprechung schadet die fehlende Begründung des Ausschließungsbeschlusses dann nicht, wenn den Verfahrensbeteiligten und den Zuhörern der Grund zweifelsfrei erkennbar war, etwa durch den Inhalt einer vorangegangenen Antragstellung (BGH NStZ 1999, 92; 1999, 372; 1999, 474).
- § 338 Nr. 6 StPO greift nicht ein bei öffentlicher Weiterverhandlung trotz Ausschluss (BGH MDR 1979, 458).
- Grundloser Ausschluss eines einzelnen Zuhörers verletzt den Grundsatz der Öffentlichkeit (vgl. BGH NStZ 1982, 389 – Saalverweis wegen Mitschreibens).

- Verlässt eine Person (vernommener Zeuge, der noch in einem anderen Verfahren benötigt wird) auf „Bitten" des Vorsitzenden den Saal, liegt eine Verletzung des Öffentlichkeitsgrundsatzes nicht vor (BGH NStZ 1988, 467), wohl aber dann, wenn die „Bitte" in Wahrheit den Charakter einer Anordnung hatte (BGH NStZ 1999, 426) oder wenn solcher Ausschluss auf „freiwilliger" Basis die gesamte Zuhörerschaft betrifft (BGH NStZ 1993, 450).
- Zuhörer, die als Zeugen in Betracht kommen, darf der Vorsitzende aus dem Sitzungssaal verweisen. Ihm steht für die Entscheidung, ob dies der Fall ist, ein Beurteilungsspielraum zu (BGH StV 2002, 5; 2002, 6 m. Anm. *Reichert*).
- Der Grundsatz der Öffentlichkeit ist nicht verletzt, wenn Handlungen, die außerhalb der Hauptverhandlung vorgenommen werden dürfen (z. B. Fragen der Untersuchungshaft und Richterablehnung), während des Ausschlusses der Öffentlichkeit erledigt werden (BGH NStZ 2002, 106).
- In Ausnahmefällen hat der BGH den absoluten Revisionsgrund des § 338 Nr. 6 StPO mit der Erwägung verneint, ein Beruhen auf dem Verstoß sei „denkgesetzlich ausgeschlossen" (BGH StV 2000, 248; vgl. dazu kritisch *Ventzke* a. a. O. und *Kudlich* JA 2000, 975).
- Furcht eines Zeugen vor Presseberichten ist kein Ausschließungsgrund.
- Ein Verstoß gegen § 169 Satz 2 GVG bildet keinen absoluten, sondern nur einen relativen Revisionsgrund im Sinn des § 337 I StPO (BGH NStZ 1989, 375 – Fall Weimar –; gegen diese Herabstufung *Ranft* Jura 1995, 578 f.).

Hinweis: Die verfestigte Praxis, Absprachen außerhalb der Hauptverhandlung zu treffen, verstößt gegen den Grundsatz der Öffentlichkeit. Eine Verständigung im Strafverfahren, die ein Geständnis des Angeklagten und die zu verhängende Strafe zum Gegenstand hat, ist nicht generell unzulässig. Sie muss aber unter Mitwirkung aller Verfahrensbeteiligten in öffentlicher Hauptverhandlung stattfinden; das schließt Vorgespräche außerhalb der Hauptverhandlung nicht aus (BGH NStZ 1998, 31; siehe auch oben S. 112).

g) § 338 Nr. 7 StPO: Fehlende oder verspätete Urteilsbegründung. Die Vorschrift kommt nur zum Tragen, wenn die Entscheidung überhaupt keine Gründe enthält. Dass sie dürftig sind, genügt nicht. Die Versäumung der gesetzlichen Urteilsabsetzungsfrist kommt (auch und gerade für die Klausur) insbesondere dann in Betracht, wenn nicht ein Urteil, sondern in Wahrheit nur ein Entwurf zu den Akten gebracht wurde. Darauf wurde bereits im Abschnitt „Urteil" bei den „Unterschriften" eingegangen. Auch hier nochmals der Ratschlag: Die Wirksamkeit von Verhinderungsvermerken prüfen! Das Fehlen von Urteilsgründen ist auch auf die allgemeine Sachrüge hin zu prüfen (stärkste Form des Darlegungsmangels).

h) § 338 Nr. 8 StPO: Beschränkung der Verteidigung in wesentlichem Punkt. In dieser Auffangvorschrift, die nicht immer die Verletzung einer **speziellen** Verfahrensnorm voraussetzt, sondern u. a. das Gebot des „fair trial" zur Geltung bringt, berühren sich relative und absolute Revisionsgründe. Zur Erhaltung dieser Rüge müssen der Angeklagte oder sein Verteidiger einen Beschluss nach § 238 II StPO herbeiführen. Die Rechtsprechung hat eine recht umfangreiche Kasuistik zu diesem Revisionsgrund entwickelt. Die *wichtigsten Fälle* sind:

D. Die Revision 255

- Zurückweisung von Beweisanträgen ohne Inhaltsprüfung wegen Missbrauchs prozessualer Rechte (BGHSt. 29, 149).
- Beschluss, keine Anträge der Verteidigung mehr entgegenzunehmen (BGH JR 1980, 219 mit Anmerkung *Meyer*).
- Gerichtliches Äußerungsverbot für Angeklagten vor Eintritt in die Beweisaufnahme (BGH NStZ 1981, 111).
- Rechtsfehlerhafte Unterbindung des Fragerechts nach §§ 240, 241 StPO (BGH NStZ 1982, 158 f.).
- Unzulässige Beschränkung der Akteneinsicht (BGH NStZ 1985, 87).
- Weigerung, dem Angeklagten (Verteidiger) einen angemessenen Sitzplatz zuzuweisen (OLG Köln NJW 1980, 302).
- **Kein** absoluter Revisionsgrund bei ermessensfehlerfreier Ablehnung von Aussetzungs- und Unterbrechungsanträgen, wenn Gelegenheit zu effizienter Verteidigung und ihrer Vorbereitung bleibt.
- **Kein** absoluter Revisionsgrund bei Nichtmitteilung der Anklage, wenn kein Aussetzungsantrag gestellt wird und die Anklage in der Hauptverhandlung bekannt gemacht wird.
- **Kein** absoluter Revisionsgrund bei Vorenthaltung von Spurenakten durch das Gericht (*Hilger* NStZ 1983, 344).
- **Kein** absoluter Revisionsgrund, wenn der Verteidiger erst im Lauf der Hauptverhandlung bestimmt wird und ein Aussetzungsantrag nach § 145 III StPO deshalb abgelehnt wird, weil die Dauer der Hauptverhandlung und deren Unterbrechungen genügend Einarbeitungsmöglichkeiten böten (BGH NStZ 1983, 209).
- **Kein** absoluter Revisionsgrund, wenn der Angeklagte bei eigenem Missbrauch des Beweisantragsrechts auf künftige Stellung über den Verteidiger verwiesen wird (BGH NStZ 1992, 140).

VII. Geltendmachung der Revisionsgründe

1. Revisionsantrag

Nach § 344 I StPO ist die Revision nur dann ordnungsgemäß begründet, wenn ein Revisionsantrag gestellt wird und wenn dieser Antrag in Form der Sach- oder Verfahrensbeschwerde begründet wird. In der Praxis fehlt es häufig an einem ausdrücklichen Revisionsantrag. Dieses Fehlen führt aber dann nicht zur Unzulässigkeit der Revision, wenn sich das Ziel des Rechtsmittels aus dem Inhalt der Begründung ergibt (OLG Stuttgart Die Justiz 1980, 154). Ist uneingeschränkt die Verletzung materiellen Rechts gerügt, ist das Urteil insgesamt angefochten. Vielfach nimmt der Beschwerdeführer ohne ausdrückliche Antragsbeschränkung in den Gründen nur zu einzelnen Beschwerdepunkten Stellung, so etwa zu einzelnen tatmehrheitlichen Verurteilungen oder nur zu den Rechtsfolgen. Daraus ist noch nicht ohne weiteres auf ein beschränktes Rechtsmittel zu schließen. Verbleiben Zweifel, gilt die Anfechtung als umfassend. Zur Frage, ob und inwieweit die Beschränkung eines Rechtsmittels wirksam ist und welche Rechtsfolgen hieraus jeweils resultieren, gelten auch hier die unter B. III. beschriebenen Grundsätze.

2. Geltendmachung der Sachrüge

Die Begründung der Sachrüge ist einfach. Es genügt der Satz: „*Ich erhebe die Sachrüge*" oder „*Ich rüge die Verletzung materiellen Rechts*". Dieser Satz ermächtigt und verpflichtet das Revisionsgericht, die angefochtene Entscheidung auf die Verletzung sachlichen Rechts hin umfassend zu prüfen. Nicht *genügt* die bloße Erklärung, es werde Revision eingelegt, regelmäßig auch nicht die Angabe eines prozessualen Ziels wie „Aufhebung und Zurückverweisung" und „Einstellung". Zweifelhaft ist, ob Anträge auf „Freispruch" oder auf „Überprüfung der Strafmaßerwägungen" eine ausreichende Sachrüge darstellen (vgl. dazu Gribbohm NStZ 1983, 98, 99).

Hinweis: Der Revisionsantrag auf Freispruch wird überwiegend als zulässige Sachrüge angesehen, weil damit die Behauptung verbunden sei, der festgestellte Sachverhalt unterfalle nicht dem Strafgesetz.

Zu warnen ist vor folgender **Klausurfalle:**

Manche Revisionsführer verstehen es, dem Satz „Ich erhebe die allgemeine Sachrüge" die Wirkung zu nehmen und die Zulässigkeit des Rechtsmittels dadurch wieder zu vereiteln, dass sie die Sachrüge alsdann ausschließlich mit falschen Ausführungen begründen, z. B. mit unbeachtlichen Angriffen gegen die tatsächlichen Feststellungen oder mit ebenso unzulässigen Angriffen gegen die vom Tatrichter rechtsfehlerfrei vorgenommene Beweiswürdigung. Dies ist dann der Fall, wenn der Beschwerdeführer die Sachrüge ausschließlich damit begründet, der Sachverhalt habe sich in Wahrheit ganz anders zugetragen als festgestellt und statt den Zeugen A. und B., wie geschehen, hätte der Tatrichter den Zeugen C. und D. Glauben schenken müssen. Gleiches gilt, wenn der Beschwerdeführer sein Vorbringen, er habe die Straftat nicht begangen, allein auf seine durch die Beweisaufnahme widerlegte Einlassung stützt (KG NZV 1990, 43). Solchenfalls zeigt der Revisionsführer, dass er in Wahrheit nicht geltend machen will, das Gericht habe auf den festgestellten Sachverhalt das Recht falsch angewendet und dass er auch sonst nicht die Rechtsanwendung beanstandet. Diese auf die Rechtsprechung des Reichsgerichts zurückgehende Auffassung entspricht noch heute fast allgemeiner Praxis (vgl. dazu kritisch *Gribbohm* a. a. O. Seite 99). Zulässig bleibt die Sachrüge dagegen dann, wenn der Beschwerdeführer nach Erhebung der allgemeinen Sachrüge die nachfolgenden unzulässigen Ausführungen mit dem Zusatz begleitet: „Zur Ergänzung, nicht zur Erläuterung der Sachrüge führe ich aus" oder „Insbesondere ist anzufügen". Dann bleibt die Wirkung und Zulässigkeit der allgemeinen Sachrüge erhalten. Einzelausführungen zur Sachrüge, die jederzeit bis zur Entscheidung dem Revisionsgericht unterbreitet werden können, sind im Einzelfall nützlich, um das Augenmerk des Senats auf besonders erfolgsträchtige Gesichtspunkte zu lenken, rechtlich haben sie nur Hinweischarakter.

D. Die Revision

Für die *Klausur* gelten natürlich andere Anforderungen. Lautet die Aufgabe dahin, eine Revisionsbegründung zu erstellen, kann sich der Verfasser selbstverständlich nicht auf die allgemeine Sachrüge beschränken, sondern er muss die sachlich-rechtlichen Fehler aufzeigen, die seiner Ansicht nach dem Urteil anhaften und der Revision zum Erfolg verhelfen werden. Auch die Verfahrenshindernisse sind aufzuzeigen.

Hinweis: Wird mit der Revision lediglich das Fehlen von Verfahrensvoraussetzungen oder das Vorliegen von Verfahrenshindernissen behauptet, so ist darin die Erhebung der Sachrüge zu sehen (OLG Düsseldorf NStZ 1992, 39).

Natürlich wird der Bearbeiter das Rechtsmittel nicht auf Gesichtspunkte stützen, die letztlich nicht „greifen". Der Kandidat soll auch nicht in der Richtung „praxisnah" handeln, dass er in der Begründungsschrift bewusst falsche Ausführungen macht in der – vergeblichen – Hoffnung, das Revisionsgericht möge auf sie hereinfallen. Nicht zielführende Erwägungen sind einem Hilfsgutachten vorzubehalten, das in aller Regel neben der Begründungsschrift ausdrücklich verlangt wird und in dem diejenigen rechtlichen Gesichtspunkte zum Tragen kommen, die zwar im Gesamtzusammenhang zu prüfen sind, letztlich aber das Urteil nicht zu Fall bringen können.

3. Geltendmachung der Verfahrensrüge

a) Grundsatz. Die Verfahrensrüge muss „die den Mangel enthaltenden Tatsachen" benennen. An die Erfüllung dieses Erfordernisses stellt die Praxis strenge Anforderungen: Die geltend gemachten Verfahrensverstöße müssen so bestimmt und ausführlich dargelegt werden, dass das Revisionsgericht allein unter Zugrundelegung dieser schriftlichen Ausführungen prüfen kann, ob ein Verfahrensfehler vorliegt, wenn die behaupteten Tatsachen zutreffen (vgl. *Gribbohm* NStZ 1983, 101). Diese Schlüssigkeitsprüfung muss dem Strafsenat ohne Bezugnahmen auf die Akten, insbesondere auf die Sitzungsniederschrift und ihre Anlagen, möglich sein. Solche Bezugnahmen sind nicht statthaft. Fehlt es an diesen Voraussetzungen, ist die Rüge unzulässig. Sie wird nicht auf ihre Begründetheit überprüft, auch wenn diese noch so sehr auf der Hand liegt.

b) Bestimmtheitsgebot. Der Verfahrensverstoß muss bestimmt behauptet sein. Vermutungen, Andeutung von Möglichkeiten, Darlegung von Zweifeln und Bitten um Überprüfungen, ob bestimmte Verfahrensvoraussetzungen beachtet worden sind, reichen nicht aus. Schulbeispiel des Verstoßes gegen das Bestimmtheitsgebot ist die sogenannte **Protokollrüge,** also wenn die Behauptung etwa dahin geht, die Sitzungsniederschrift enthalte keinen Vermerk über die Erteilung des letzten Wortes. Der Beschwerdeführer muss behaupten, ihm sei das letzte Wort nicht erteilt worden und sich zum Beweis dessen auf das Protokoll berufen. Eine Protokollrüge liegt auch dann vor, wenn die Behauptung dahin geht,

„ausweislich des Protokolls" oder „laut Protokoll" sei das letzte Wort nicht erteilt worden. In der Klausur kann man aber insoweit auch eine andere Auffassung vertreten (vgl. *Schmidt-Hieber* JuS 1988, 713).

c) Rechtskreis und Rügeverlust. Es gibt Fälle, in denen ein Verfahrensfehler schlüssig vorgetragen ist, der Angeklagte ihn aber nicht rügen kann, weil die verletzte Norm seinen Rechtskreis nicht berührt (sogenannte **Rechtskreistheorie**).

Beispiel: Die Verletzung der Belehrungspflicht nach § 55 StPO ist nicht revisibel (BGHSt 11, 213); dasselbe gilt für §§ 54, 57 StPO. Revisibel hingegen ist die unterbliebene Belehrung nach § 52 III StPO, umgekehrt auch die unrichtige Belehrung des Zeugen, er sei nach § 52 StPO zur Verweigerung des Zeugnisses berechtigt, wenn der Zeuge alsdann hiervon Gebrauch gemacht hat.

Auch die Verletzung bloßer **„Ordnungsvorschriften"** (gegen diesen Begriff KK-OWiG *Steindorf* § 79 Rdnr. 106) bleibt nach der Rechtsprechung ohne Rechtsfolgen.

Rügeverlust kann eintreten durch Rügepräklusionen (§§ 6a, 16, 25, 217 III, 218 Satz 2, 246 II StPO) oder wirksamen Verzicht auf die Einhaltung von Verfahrensvorschriften, wobei jedoch die § 338 StPO unterstehenden Verfahrensrechte oder solche von ähnlichem Gewicht unverzichtbar sind. Rügeverlust tritt schließlich ein, wenn der Angeklagte es, wo notwendig, unterlassen hat, einen Gerichtsbeschluss nach § 238 II StPO herbeizuführen (vgl. § 338 Nr. 8 StPO; § 238 II StPO als Zulässigkeitsvoraussetzung der Verfahrensrüge aber nicht notwendig, wenn eine Anordnung des Vorsitzenden zur Nichtvereidigung eines Zeugen nicht vorliegt). Neuere Entscheidungen des BGH lassen die Tendenz erkennen, unredliche Revidenten mit Rügewirkung zu „bestrafen". Dies gilt in Fällen, in denen der Beschwerdeführer die unterbliebene Bescheidung eines Beweisantrags rügt, obwohl er schweigend miterlebt hatte, dass ihn der Tatrichter nach einer als gleichwertig erachteten Beweisaufnahme offensichtlich als erledigt angesehen hatte, oder er ein Missverständnis seines Beweisantrags geltend macht, obwohl er durch den ablehnenden Beschluss in der Hauptverhandlung erfahren hatte, wie das Gericht den Antrag verstand, ohne dass er das nun gerügte Missverständnis zu beseitigen versucht hätte (vgl. dazu *Basdorf* SchlHA 1993, 60/61; BGH NStZ-RR 2001, 261 bei *Becker* m.w.N.). Damit korrespondiert andererseits die Verpflichtung des Gerichts, im Rahmen fairer Verfahrensgestaltung erkannte Missverständnisse der Verteidigung durch entsprechende Hinweise auszuräumen (BGH StV 1994, 411).

Hinweis: Widersprüchliches Revisionsverhalten missbilligt der BGH zunehmend. So ist eine erneute Revision unzulässig, nachdem der Angeklagte nach Aufhebung und Zurückverweisung der Sache durch das Revisionsgericht so verurteilt wurde, wie er es im ersten Verfahren vor dem Landgericht und im ersten Revisionsverfahren begehrt hat (BGH StV 2001, 100). Wer dem Gericht eine schriftliche Erklärung zum Anklagevorwurf übergeben hat mit dem dann erreichten Ziel der Verwertung im Urteil,

D. Die Revision

kann nicht rügen, die Erklärung sei nicht prozessordnungsgemäß in die Hauptverhandlung eingeführt worden (BGH NStZ-RR 2001, 133 m. abl. Anm. *Ventzke* StV 2001, 101). Einer auf Verletzung des § 229 StPO gestützten Rüge, in einem „Schiebetermin" sei nicht verfahrensfördernd verhandelt worden, droht Erfolglosigkeit, wenn die beanstandete karge Verfahrensgestaltung gerade auf dem Wunsch des Verteidigers beruhte (BGH NStZ 2000, 606). All diese Erkenntnisse beruhen auf dem Prinzip, dass widersprüchliches Prozessverhalten keinen Rechtsschutz verdient.

d) Rechtzeitige Geltendmachung. Im Gegensatz zur Sachrüge, die bis zur Entscheidung jederzeit ergänzt werden kann, muss die Verfahrensrüge bei Ablauf der Revisionsbegründungsfrist in vollständiger Form vorliegen. Hinterher kann eine unvollständige Verfahrensrüge nicht nachgebessert werden; man kann auch keine neuen Rügen nachschieben. Liegt eine zulässige, weil z. B. mit der allgemeinen Sachrüge begründete Beschwerde vor, ist eine Wiedereinsetzung in den vorigen Stand zur Nachschiebung von Verfahrensrügen nicht möglich. Hiervon hat der Bundesgerichtshof allerdings verschiedene Ausnahmen zugelassen, z. B. bei Einschränkung der Verteidigung durch – obwohl hartnäckig angemahnte – nicht rechtzeitige Vorlage des Protokolls oder bei verspäteter Gewähr von Akteneinsicht (BGH NStZ 1997, 45; NStZ 2000, 326).

Hinweis: Hingegen kann der Angeklagte Wiedereinsetzung zur Nachholung der Revisionsbegründung dann bekommen, wenn die zunächst vom Verteidiger abgegebene oder zu Protokoll erklärte überhaupt keine zulässige Rüge enthält (OLG Zweibrücken StV 1991, 550). Sehr viele Revisionseinlegungen enthalten bereits die Erklärung: Gerügt wird die Verletzung formellen und materiellen Rechts. Dies ist verfehlt und unzweckmäßig. Die Verfahrensrüge ist mangels Ausführung unzulässig. Die Sachrüge ist zwar wirksam erhoben, verbaut dem Verteidiger aber die Möglichkeit, die Begründungsfrist verstreichen zu lassen und sodann Wiedereinsetzung in den vorigen Stand zur Begründung auch schwieriger Verfahrensrügen zu erreichen.

e) Anforderungen an die Begründung einzelner Rügen. Da in der Klausur zuweilen die Aufgabe gestellt wird, eine oder mehrere Verfahrensrügen beispielhaft zu begründen, sind nachfolgend einige für die Praxis wichtigen Fälle zu skizzieren:

aa) Die Aufklärungsrüge erfordert nach gefestigter Rechtsprechung die Angabe (a) eines bestimmten Beweismittels, dessen sich das Gericht hätte bedienen müssen, (b) einer konkreten Beweistatsache, (c) des zu erwartenden Beweisergebnisses sowie (d) der Umstände, die das Gericht zu der vermissten Beweiserhebung hätten drängen müssen. Mit letzterem Erfordernis tun sich Revidenten und deren Verteidiger regelmäßig schwer, die weder einen entsprechenden Beweisantrag gestellt noch eine Beweisanregung gegeben haben.

bb) Die Rüge, ein **Beweisantrag** sei zu Unrecht abgelehnt worden, muss den Antrag im Wortlaut wiedergeben. Dasselbe hat mit dem ablehnenden Gerichtsbeschluss zu geschehen. Des Weiteren muss der Beschwerdeführer darlegen, inwieweit diese Ablehnung fehlerhaft gewesen ist.

Eine Ausnahme vom strengen Begründungserfordernis und Verbot der Bezugnahme gilt für die Rüge der fehlerhaften Behandlung von Hilfsbeweisanträgen, die im Urteil wiedergegeben und beschieden sind. Bei gleichzeitig und wirksam erhobener Sachrüge – und nur dann – kann die Wiedergabe von Antrag und Ablehnung durch Bezugnahme auf die Urteilsgründe ersetzt werden, und zwar deshalb, weil das Revisionsgericht kraft der Sachrüge genötigt ist, vom Urteilsinhalt Kenntnis zu nehmen (BGH bei *Dallinger* MDR 1956, 272; OLG Hamburg NJW 1968, 2304).

cc) Die Rüge, ein nach § 265 I StPO notwendiger Hinweis auf die Veränderung des rechtlichen Gesichtspunkts sei nicht erteilt worden, erfordert die Mitteilung, welchen Inhalt die zugelassene Anklage insoweit hatte, und die Angabe, dass der Angeklagte ohne den erforderlichen Hinweis im nämlichen Punkt anders verurteilt worden ist.

dd) Richterablehnung. Macht der Angeklagte geltend, das Tatgericht habe einem Ablehnungsgesuch zu Unrecht nicht stattgegeben (§§ 28 II, 338 Nr. 3 StPO), sind das Ablehnungsgesuch und die Entscheidung des Gerichts hierüber je im Wortlaut mitzuteilen, bei Ablehnung wegen Verspätung auch der Verfahrensverlauf, aus dem sich die Rechtzeitigkeit beurteilen lässt. Es handelt sich übrigens um eine Rüge, über die das Revisionsgericht nach Beschwerdegesichtspunkten entscheidet. Kommt es zu der Auffassung, der Tatrichter habe das Gesuch zu Unrecht als verspätet oder sonst unzulässig zurückgewiesen, so muss es in eine eigene Sachprüfung (Freibeweis) eintreten und darüber befinden, ob das Gesuch begründet war.

ee) Für die oben besprochene Nicht-Inbegriffs-Rüge reicht nicht die Darlegung, die der Feststellung zugrunde liegende Urkunde sei nicht verlesen worden. Es muss darüber hinaus dargelegt werden, die Feststellung könne auch nicht auf andere Weise, etwa durch Vorhalt, durch Bericht des Vorsitzenden, durch das Selbstleseverfahren nach § 249 II StPO, durch Bekundungen eines Zeugen oder Sachverständigen Gegenstand der Hauptverhandlung geworden sein (sog. Vortragslast bezüglich negativer Tatsachen; vgl. dazu *Bick* JA 2001, 691, 696; *Kutzer* StraFO 2000, 325, 329). Verschweigt die Rüge auch nur eine der nach Lage des konkreten Falles möglichen Quellen, ist sie unzulässig.

ff) Geltendmachung eines Verwertungsverbots. Zu einem rügbaren Verfahrensverstoß gehört im Falle eines aus §§ 136 I 2, 163a III 2 und IV 2 StPO oder aus dem Grundgedanken dieser Vorschriften abgeleiteten Verwertungsverbots die Darlegung, dass der davon betroffene Revisionsführer der entsprechenden Beweiserhebung rechtzeitig i. S. des § 257 StPO widersprochen hat. Die Mitteilung, es sei in der Hauptverhandlung widersprochen worden, reicht als zu ungenau nicht aus, weil sie die Möglichkeit eines verspäteten Widerspruchs offen lässt (BGH NJW 1997,

2893; *Miebach* NStZ 1998, 1 ff., der einen instruktiven Überblick zu den Vortragserfordernissen bringt und die unerbittliche Strenge des BGH auf diesem Gebiet deutlich macht).

f) Beispiele von Verfahrensrügen

aa) § 265 StPO: *Gerügt wird die Verletzung des § 265 StPO. Dem Angeklagten war in der unverändert zugelassenen Anklage ausschließlich Betrug (§ 263 StGB) zur Last gelegt worden. Das Amtsgericht hat ihn jedoch wegen Diebstahls (§ 242 StGB) verurteilt. Es hat ihn auf die Möglichkeit einer Verurteilung nach § 242 StGB nicht hingewiesen und ihm insoweit keine Möglichkeit zur Verteidigung gegeben. Dies wird durch das Schweigen des Protokolls (§ 274 StGB) belegt, da der Hinweis nach § 265 StPO als wesentliche Förmlichkeit der Hauptverhandlung gem. § 273 I StPO protokollierungspflichtig ist. Auf dem Verstoß kann das Urteil beruhen. Wäre der Angeklagte auf die Möglichkeit einer Verurteilung wegen Diebstahls hingewiesen worden, hätte er sich auf fehlende Zueignungsabsicht berufen können, denn er glaubte einen Anspruch auf die fraglichen Geldscheine zu haben (vgl. BGH NStZ 1988, 216).*

bb) § 60 Nr. 2 StPO: *Gerügt wird die Verletzung des § 60 Nr. 2 StPO. Der Tatrichter hat die Verurteilung des Angeklagten wegen vorsätzlichen Fahrens ohne Fahrerlaubnis maßgeblich auf die Aussagen des Zeugen Z., der Halter des Fahrzeugs ist, gestützt. Der Zeuge wurde auf seine Aussagen vereidigt. Dies wird durch den entsprechenden Protokollvermerk „der Zeuge wurde vorschriftsmäßig vereidigt" erwiesen. Die Vereidigung verstieß gegen § 60 Nr. 2 StPO, weil der Zeuge Z. der Beteiligung an der Tat verdächtig war. Dies ergibt sich aus den Gründen des angefochtenen Urteils, die ausweisen, dass Z. in der Gaststätte die Fahrzeugschlüssel, als er sich zur Toilette begab, offen auf dem Tisch hatte liegen lassen, an dem auch der ihm als unzuverlässig und als einschlägig vorbestraft bekannte Angeklagte saß. Dies begründet den hier genügenden, nicht ganz fern liegenden Verdacht einer Beteiligung nach § 21 I Nr. 2, II Nr. 1 StVG. Zwar weisen die Urteilsgründe weiter aus, dass die eidliche Aussage nur als uneidliche verwertet wurde. Von dieser Absicht hat aber der Tatrichter den Angeklagten nicht unterrichtet, wie dies geboten gewesen wäre. Die Sitzungsniederschrift trägt keinen Vermerk über die Unterrichtung. Dieser gehört aber zu den wesentlichen Förmlichkeiten, auf die sich die ausschließliche Beweiskraft des Protokolls erstreckt (BGHSt. 4, 130, 132). Auf diesem Verstoß beruht das Urteil; denn hätte der Angeklagte von der beabsichtigten Verwertung der Aussage als uneidlich erfahren, hätte er die Beweislage als für ihn günstiger eingeschätzt und weitere Beweisanträge auf Vernehmung anwesender Zechkumpane gestellt.*

In beiden Beispielen wurde auf die Beruhensfrage eingegangen. Ein Eingehen auf die **Beruhensfrage** muss die Verfahrensrüge an sich nicht enthalten. Diese Frage prüft der Senat von Amts wegen. Je nach Art der Verfahrensbeschwerde empfiehlt sich aber eine diesbezügliche Stellungnahme, um die Erfolgsaussicht der Rüge aufzubessern. So ist für das Revisionsgericht natürlich von Interesse, wie sich der Angeklagte im Falle eines Hinweises nach § 265 StPO verteidigt und was er in seinem letzten Wort vorgebracht hätte.

Im Übrigen wird auch die Revisionsbegründung vom Grundsatz „falsa demonstratio non nocet" beherrscht. Der Revisionsführer muss nicht unbedingt die richtige rechtliche Einordnung des Verfahrensverstoßes finden. Entscheidend ist, dass die Begründung dem Revisionsgericht dies ermöglicht. Es kann auch durchaus die so bezeichnete „Sachrüge" eine zulässige Verfahrensrüge enthalten und umgekehrt: Sehr häufig enthalten „Verfahrensrügen" die dürftigen essentialia negotii der Sachrüge.

VIII. Nachweis der Verstöße/Beruhensfrage

1. Nachweis der Verstöße

Über das Vorliegen von Verfahrenshindernissen oder das Fehlen von Verfahrensvoraussetzungen entscheidet das Gericht von Amts wegen im Freibeweisverfahren. Hierbei kann es alle ihm zugänglichen Erkenntnisquellen benutzen, insbesondere schriftliche und telefonische Auskünfte einholen (BGH NStZ 1984, 181). Zur Frage der Verjährung der Morde von Caiazzo hat der BGH (JR 1996, 117) Militärhistoriker als Sachverständige angehört. Das Freibeweisverfahren gilt aber nicht für so genannte doppelrelevante Tatsachen, also für solche, die nicht lediglich zur Beurteilung von Prozesshindernissen festgestellt sind, sondern die der Tatrichter auch zur Schuld- und Straffrage festgestellt hat; an letztere ist das Revisionsgericht gebunden.

Beispiel: In Verfahren gegen junge Ausländer ohne gesicherten Geburtsnachweis bleibt häufig unklar, ob sie zur Tatzeit das 21. Lebensjahr überschritten hatten oder nicht. Diese doppelrelevante Tatsache betrifft nicht nur die gerichtliche Zuständigkeit (Jugend- oder Erwachsenengericht), sondern im Hinblick auf die unterschiedlichen Rechtsfolgen, die das Gesetz für Erwachsene einerseits und Heranwachsende und Jugendliche andererseits vorsieht, auch die Anwendung des materiellen Rechts. Daher ist das Revisionsgericht an entsprechende Feststellungen gebunden. Der Freibeweis ist nicht eröffnet (BGH NStZ 2000, 388; BayObLG NStZ-RR 2001, 271).

Bleiben Zweifel am Bestehen eines Prozesshindernisses, sind die Rechtsfolgen nicht für alle Verfahrensvoraussetzungen einheitlich bestimmbar. Für Verhandlungsunfähigkeit z. B. streitet der Zweifelsatz nicht; im Zweifel wird Verhandlungsfähigkeit angenommen. Bleibt die Stellung eines Strafantrags im Dunkeln, fehlt er im Zweifel. Bestehen Zweifel über den Zeitpunkt der Tatbegehung, ist die Tat im Zweifel als verjährt einzustufen.

• **Sachrüge**

Ob die Verletzung materiellen Rechts nachgewiesen ist, muss sich aus der Urteilsurkunde ergeben und aus ihr allein. Widersprüche zwischen den

D. Die Revision

Urteilsfeststellungen und den protokollierten Aussagen von Beweispersonen sind unbeachtlich, wie überhaupt der Akteninhalt bei der Sachrüge vom Revisionsgericht nicht berücksichtigt werden darf. Die Rüge, eine Feststellung sei aktenwidrig, ist unbeachtlich. Dennoch kennt die Beschränkung auf den Urteilsinhalt eng begrenzte Ausnahmen: Im Bereich der Erfahrungssätze darf das Revisionsgericht wissenschaftliche Publikationen beiziehen und sogar selbst **Sachverständigengutachten** einholen. Dies hat der Bundesgerichtshof z. B. bei Bestimmung der Promille-Grenze im Rahmen des § 316 StGB jeweils getan. Das Revisionsgericht darf selbstverständlich auch offenkundige Tatsachen berücksichtigen, z. B. im Kalender nachschauen, wann an welchem Tag die Sonne auf- oder unterging. Mit solchen Tatsachen kann es auch Lücken in den Urteilsfeststellungen schließen.

- **Verfahrensrüge**

Der behauptete Verfahrensverstoß muss **bewiesen** sein. Zweifel schlagen nicht zu Gunsten des Beschwerdeführers aus, sondern zu Gunsten der Rechtmäßigkeit des Verfahrens. Vorgänge, die an der positiven oder negativen Beweiskraft des Protokolls (§ 274 StPO – zum Wegfall der Beweiskraft in Ausnahmefällen vgl. BGH NJW 2001, 2794) teilnehmen, können allein durch das **Protokoll** bewiesen werden. Der Gegenbeweis, etwa durch das Urteil oder durch dienstliche Äußerungen, ist unzulässig. Häufige Fälle: Der Tatrichter versichert, dass entgegen dem Schweigen des Protokolls das letzte Wort doch erteilt, doch auf die Veränderung des rechtlichen Gesichtspunkts hingewiesen wurde. Es hilft in diesen Fällen auch nichts, das Protokoll im Hinblick auf die Rüge zu ändern: Einer einmal erhobenen Verfahrensrüge darf durch Protokolländerung der Boden nicht entzogen werden (OLG Düsseldorf JMBlNW 1989, 212).

Hinweis: In der neueren Rechtsprechung des BGH (NStZ 1999, 424; StV 1999, 585) finden sich Erwägungen zur Zulässigkeit einer Verfahrensrüge, die von einem in der Hauptverhandlung anwesenden Verteidiger auf eine – gemessen am tatsächlichen Verfahrensablauf – wissentlich unwahre Behauptung gestützt wird. Der mit der Frage befasste 3. Strafsenat hat dies bisher offen gelassen. Der die standeswidrige Lüge scheuende Verteidiger wird im Zweifel einen gutgläubigen Kollegen mit der Revisionsbegründung beauftragen.

In Einzelfällen können sich Verfahrensfehler auch aus dem **Urteil** ergeben: Teilnahmeverdacht gegen einen vereidigten Zeugen, mangelhafter Verhinderungsvermerk bei den Unterschriften, Übergehen oder Fehlbescheidung von Hilfsbeweisanträgen in den Urteilsgründen. Wieder in anderen ist zum **Freibeweis** zu schreiten, z. B. zur Aufklärung der Beanstandung, zur Verwertung gerichtskundiger Tatsachen sei das nötige rechtliche Gehör nicht gewährt worden.

Hinweis: Rügt der Angeklagte die Verletzung des „fair-trial"-Grundsatzes mit der Behauptung, das Gericht habe sich nicht an eine mit dem Verteidiger getroffene Absprache gehalten, so muss für den Erfolg der Rüge der Inhalt der Absprache erwiesen sein. Er ist es nicht, wenn die Absprachebeteiligten hierüber – jeweils ohne Glaubwürdigkeitsvorsprung – gegensätzliche („dienstliche" bzw. „anwaltliche") Versicherungen abgeben. Der Zweifelssatz gilt nicht.

2. Beruhensfrage

Ist der Verstoß erwiesen, bedarf es noch der Prüfung, ob das Urteil auf dem Fehler beruht. Die Rüge greift schon dann durch, wenn nicht ausgeschlossen werden kann, dass der Verstoß Einfluss auf das Urteil genommen hat.

a) Sachrüge. Bei sachlich-rechtlichen Fehlern ergibt sich das Beruhen aus dem Urteil. Fehlerhafte Hilfserwägungen schaden nicht. Bei einzelnen fehlerhaften Strafzumessungserwägungen behilft sich die Praxis häufig mit der Erwägung, es könne ausgeschlossen werden, dass die Strafe bei Weglassen der fehlerhaften Erwägung milder ausgefallen wäre.

b) Verfahrensrüge. Bei den **absoluten** Revisionsgründen, die § 338 StPO erschöpfend aufzählt, bedarf es keiner gesonderten Prüfung der Beruhensfrage. Das Gesetz bejaht in diesen Fällen die Beruhensfrage ohne Möglichkeit des Gegenbeweises (vgl. *Bloy* JuS 1986, 595). Bei den **relativen** Revisionsgründen muss die Möglichkeit des Beruhens im Einzelfall festgestellt werden. Im Zweifel ist stets davon auszugehen, dass der Einfluss besteht. In Einzelfällen von Verletzungen nach §§ 258 III, 265 I StPO verneint die Praxis ein Beruhen, wenn nicht ersichtlich ist, dass das rechtsfehlerfreie Verfahren irgendeine Möglichkeit besserer Verteidigungsposition eröffnet hätte (BGH NStZ-RR 1998, 15). Die Beruhensfrage ist zu verneinen, wenn die fehlerhafte Entscheidung vom Tatrichter zurückgenommen oder durch eine rechtsfehlerfreie ersetzt wurde (der in Abwesenheit des Angeklagten vorgenommene Augenschein wurde in seiner Anwesenheit wiederholt). Die Beruhensfrage ist auch zu verneinen in manchen Fällen „rechtmäßigen Alternativverhaltens".

Beispiel: Der Tatrichter hat einen Beweisantrag mit falscher Sachbegründung abgelehnt. Er hätte ihn richtigerweise als unzulässig zurückweisen müssen. Einen fehlerhaften sachlichen Ablehnungsgrund kann das Revisionsgericht regelmäßig nicht durch eine andere sachliche Begründung ersetzen (BGH NStZ 2000, 437). Im Einzelfall kann aber ein Beruhen ausgeschlossen werden, so z.B. wenn ein Auslandszeuge zwar nicht unerreichbar ist, der Ablehnungsgrund des § 244 V S. 2 StPO aber zweifelsfrei gegriffen hätte und nicht ersichtlich ist, dass die Verteidigung dem etwas hätte entgegensetzen können. Die rechtsfehlerhafte Zurückweisung eines Hilfsbeweisantrags im Urteil ist unschädlich, wenn er mit rechtsfehlerfreier Begründung abgelehnt werden konnte. Denn ein Reagieren der Verteidigung hierauf in der Hauptverhandlung ist denkgesetzlich ausgeschlossen (OLG Hamm NZV 1993, 122).

3. Zum Prüfungsaufbau der Verfahrensrüge ist abschließend folgendes zu bemerken:

Aus methodischen Gründen sind die „Stationen" der Prüfung einer Verfahrensrüge auseinandergehalten worden nach Zulässigkeit, Schlüssigkeit und Begründetheit. In der Examensklausur sollte aber jede Rüge einzeln

für sich in allen Stationen von Anfang bis zum Ende durchgeprüft werden.
Natürlich kann man im Aufbau auch nach Schwerpunkten variieren. Scheitert eine Rüge ersichtlich an der Rechtskreistheorie, oder wurde ein Mangel ersichtlich geheilt, sollte man die Entscheidung auf diesen Punkt stützen ohne nutzlose Prüfung der Vorstationen. Die Praxis hält es auch für zulässig, die in Einzelfällen sehr komplizierten Zulässigkeitsvoraussetzungen einer Rüge dahinstehen zu lassen, wenn ihre Unbegründetheit auf der Hand liegt (vgl. z. B. BGH NJW 1998, 767, 768). Hier muss aber der Klausurverfasser vorsichtig zu Werke gehen, denn häufig will man von ihm gerade wissen, ob er die Frage der Zulässigkeit richtig einschätzen kann. Der Kandidat muss ein Gefühl dafür entwickeln, wo im Einzelnen der „Hase im Pfeffer" liegt und worauf der Aufgabensteller hinaus will.

IX. Entscheidung des Revisionsgerichts

1. Entscheidungsarten und -inhalte

Das Revisionsgericht entscheidet außerhalb der Hauptverhandlung durch **Beschluss** (§ 349 I bis IV StPO), in der Hauptverhandlung durch **Urteil** (§ 353 StPO), es sei denn, es stellt das Verfahren gemäß §§ 153 ff. StPO durch Beschluss ein, wozu es – mit Ausnahme des § 153 a StPO – in jeder Lage des Revisionsverfahrens befugt ist.

Beispiel: Der BGH wollte das bundesweit bekannt gewordene Verfahren gegen den Generalintendanten der württembergischen Staatstheater, Prof. Dr. Gönnenwein wegen Haushaltsuntreue gem. § 153 II StPO einstellen. Nachdem die Staatsanwaltschaft die hierfür nötige Zustimmung verweigert hatte, kam es zur Aufhebung und Zurückverweisung (vgl. BGH wistra 1998, 103). Das Landgericht Stuttgart stellte sodann das Verfahren gem. § 153 a StPO vorläufig und später (nach Erfüllung von Auflagen) endgültig ein. Dem BGH war diese Verfahrensweise verwehrt (vgl. § 153 a II StPO).

Die möglichen Beschluss- und Urteils**inhalte** sind mannigfach. Die Revision kann, wenn es an den Zulässigkeitsvoraussetzungen fehlt, nach § 349 I StPO durch Beschluss als unzulässig verworfen werden. Häufigster Anwendungsfall: Es ist weder die Sach- noch die Verfahrensrüge in zulässiger Form angebracht. Die Verwerfung als unzulässig kann auch durch Urteil geschehen, wenn erst in der Hauptverhandlung die Voraussetzungen hierfür entdeckt werden. In der Praxis besonders häufig ist die *Beschlussverwerfung* nach § 349 II StPO. Sie setzt einen entsprechenden Antrag der Staatsanwaltschaft und Einstimmigkeit voraus. Dem Beschluss liegt eine Begründung in der Regel nicht bei; allerdings pflegen die Revisionsgerichte tragende Gedanken der Verwerfung in mehr oder weniger ausführlichen Vermerken „unter dem Strich" darzulegen. Klausurmäßig spielt diese Entscheidungsform allenfalls als Entscheidungsvorschlag im Anschluss an ein Gutachten eine Rolle. Haben sowohl der Angeklagte als auch die Staatsanwaltschaft Revision eingelegt, behandeln die Strafsenate jene häufig nach § 349 II StPO, während sie – nur – über diese mündlich verhandeln (zur Kritik an dieser Praxis vgl. *Bauer* wistra 2000, 252). Der BGH (NStZ 1999, 425) sieht das rechtliche Gehör hierdurch nicht verletzt.

Hinweis: In zahlreichen Revisionsbegründungen finden sich Elemente der Unzulässigkeit **und** Unbegründetheit. Hier wird nicht als teils unzulässig, teils unbegründet verworfen, sondern einheitlich als unbegründet nach § 349 II StPO. 83 bis 85% der von Angeklagten eingelegten Revisionen werden „o.u." verworfen. Die Revisionsgerichte legen das Merkmal „offensichtlich" weitherzig aus in dem Sinne, dass die von der Revision aufgeworfenen Fragen von dem jeweiligen Spruchkörper zweifelsfrei zu beantworten sind und dass auch eine Hauptverhandlung keine andersartigen Erkenntnisse erwarten lässt (BGH NJW 2001, 85). Diese Praxis ist verfassungsrechtlich unbedenklich (BVerfG NStZ 2002, 487; kritisch zum Verfahren Dahs NStZ NStZ 2001, 298). Das Revisionsgericht ist nicht gehindert, bei der Staatsanwaltschaft die Stellung eines Antrags gemäß § 349 II StPO anzuregen (OLG Zweibrücken StV 2002, 16; *Friemel* NStZ 2002, 72).

Ist die Revision begründet, ist das Urteil aufzuheben (§ 353 I StPO). Das Revisionsgericht kann nach § 349 IV StPO, wenn es die zu Gunsten des Angeklagten eingelegte Revision einstimmig für begründet erachtet, das angefochtene Urteil durch Beschluss aufheben. In der Hauptverhandlung wird diese Rechtsfolge (selbstverständlich ohne Einstimmigkeitserfordernis) durch Urteil ausgesprochen. An die Aufhebung wiederum können sich sehr verschiedene Rechtsfolgen knüpfen.

In den Fällen des § 354 I StPO kann das Revisionsgericht „durchentscheiden" oder „durcherkennen", d.h. die *Sachentscheidung selbst treffen*. Es stellt ein, wenn die Vorinstanzen ein Verfahrenshindernis übersehen haben. Erkennt das Revisionsgericht im 3. Rechtszug auf Einstellung, bedarf es einer Aufhebung der vorangegangenen Urteile nicht. Die Einstellung beseitigt die Urteilswirkungen (OLG Frankfurt NJW 1991, 2849). Das Revisionsgericht spricht frei, wenn die tatsächlichen Feststellungen erweisen, dass eine Straftat zu Unrecht angenommen wurde und wenn weitere Feststellungen zum Nachteil des Angeklagten nicht zu erwarten sind. Der **Tenor** lautet dann:

> Auf die Revision des Angeklagten wird das Urteil des LG ... vom ... aufgehoben.
> Der Angeklagte wird freigesprochen.
> Die Kosten des Verfahrens und die dem Angeklagten erwachsenen notwendigen Auslagen trägt die Staatskasse.

In solchem Falle muss das Revisionsgericht gegebenenfalls auch über Maßnahmen nach dem StrEG befinden.

Hinweis: Im Aufsehen erregenden Pistazieneis-Fall hat der BGH eine Tante vom Vorwurf des Giftmordes an ihrer Nichte freigesprochen, weil er die Beweiswürdigung des Landgerichts Stuttgart und – nach Zurückverweisung – auch des Landgerichts Heilbronn nicht für tragfähig hielt und damit endgültig eine „objektiv hohe Wahr-

D. Die Revision

scheinlichkeit der Tatbegehung" durch die Angeklagte fehle. Die lesenswerte Entscheidung (NJW 1999, 1562 m. Anm. *Salditt* NStZ 1999, 420) zeigt zum einen auf, wie tief der BGH mittlerweile in die Beweiswürdigung eingreift, zum anderen verwundert die Prognose, auch eine dritte Hauptverhandlung werde keine tragfähigen Grundlagen für einen Schuldnachweis zutage fördern. Interessant auch die Gründe, aus denen sich der BGH einer Entscheidung nach dem StrEG ausnahmsweise enthalten hat.

Auf der anderen Seite kann das Revisionsgericht, z. B. falls eine absolut bestimmte Strafe in Betracht kommt, auch zu Ungunsten des Angeklagten durcherkennen.

Das Revisionsgericht kann durch Urteil oder Beschluss nach § 349 IV StPO das erstinstanzliche Urteil des Amtsgerichts **„wiederherstellen"**. Das kommt z. B. vor, wenn das Landgericht den in erster Instanz freigesprochenen Angeklagten nach fernmündlich eingelegter und daher unzulässiger Berufung der Staatsanwaltschaft verurteilt hat. Hier lautet die Entscheidung:

Auf die Revision des Angeklagten wird das Urteil des Landgerichts R. vom ... aufgehoben.

Die Berufung der Staatsanwaltschaft gegen das Urteil des Amtsgerichts R. vom ... wird als unzulässig verworfen.

Die Kosten beider Rechtsmittelzüge einschließlich der dem Angeklagten erwachsenen notwendigen Auslagen trägt die Staatskasse.

Im Bußgeldverfahren gewährt § 79 VI OWiG dem Rechtsbeschwerdegericht eine erweiterte Möglichkeit eigener Sachentscheidung, die hauptsächlich auf der Rechtsfolgenseite von großer praktischer Bedeutung ist. Der häufigste Annex zur Aufhebung ist aber die **Zurückverweisung** (§ 354 II und III StPO). Dies hat dann zu geschehen, wenn in Bezug auf das materielle und/oder formelle Recht behebbare Mängel in Betracht stehen. Mit aufzuheben sind in der Regel die dem Urteil zugrunde liegenden Feststellungen (§ 353 II StPO). Der Tenor lautet:

Auf die Revision des Angeklagten (bzw. der Staatsanwaltschaft) wird das Urteil des Landgerichts ... vom ... mit den Feststellungen aufgehoben.

Die Sache wird zu neuer Verhandlung und Entscheidung an eine andere Strafkammer des Landgerichts zurückverwiesen.

Oft liest man im Ausspruch über die Zurückverweisung den Zusatz „auch über die Kosten der Revision". Dies ist sprachlich unrichtig, denn zum Zwecke der Kostenentscheidung wird die Sache nicht zurückverwiesen. Wenn überhaupt, sollte man den Nebensatz anfügen „die auch über die Kosten der Revision zu entscheiden hat". Dieser Nebensatz ist aber eine Selbstverständlichkeit. Zur Klarstellung reicht ein Hinweis in den Gründen.

Neben der Verwerfung und Aufhebung gibt es noch zahlreiche **„Mischformen"**. Am häufigsten ist die Teilverwerfung, verbunden mit einer Teilaufhebung und Zurückverweisung. Diese Entscheidungsform wird formal am häufigsten praktiziert durch eine gemischte Beschlussentscheidung nach § 349 II und IV StPO (diese Kombination ist zulässig; vgl. BGH NJW 1997, 2061 m. krit. Anm. *Wattenberg* NStZ 1999, 95), materiell vorwiegend bei Aufrechterhaltung des Schuldspruchs und Aufhebung im Rechtsfolgenausspruch. Der Tenor lautet:

> *Auf die Revision des Angeklagten wird das Urteil des Landgerichts ... im Rechtsfolgenausspruch mit den zugehörigen Feststellungen aufgehoben.*
> *Insoweit wird die Sache zu neuer Verhandlung und Entscheidung ... zurückverwiesen.*
> *Die weitergehende Revision wird verworfen.*

Das Revisionsgericht hat auch die Möglichkeit, einen Schuldspruch zu berichtigen (etwa wenn die Feststellungen einen anderen Straftatbestand als vom Tatrichter angenommen ausweisen). Ist nach Sachlage auszuschließen, dass sich durch die Berichtigung Änderungen im Rechtsfolgenausspruch ergeben, bewendet es bei ihr. Tenor:

> *Die Revision des Angeklagten wird mit der Maßgabe verworfen, dass er nicht des Diebstahls, sondern der Unterschlagung schuldig ist.*

Kommt eine Änderung des Rechtsfolgenausspruchs in Betracht (Beispiel: Das Revisionsgericht stuft den Schuldspruch zu einer Ordnungswidrigkeit herab), wird im Rechtsfolgenausspruch aufgehoben und zurückverwiesen. Voraussetzung für eine Schuldspruchberichtigung durch das Revisionsgericht ist stets, dass ein rechtlicher Hinweis nach § 265 StPO entbehrlich ist. Das ist dann der Fall, wenn es nach Beurteilung des Senats ausgeschlossen erscheint, dass sich der Angeklagte anders als geschehen hätte verteidigen können.

Ob auf die Revision der Staatsanwaltschaft der freigesprochene Angeklagte vom Revisionsgericht mit einem Schuldspruch überzogen werden darf unter Zurückverweisung zur Festsetzung der Rechtsfolgen, ist streitig (vgl. die Nachweise bei *Meyer-Goßner* § 354 Rdnr. 23). Möglich wird es in Fällen sein, in denen sich aus den lückenlosen, rechtsfehlerfrei getroffenen, zu Gunsten des Angeklagten mit Sicherheit nicht mehr veränderbaren Feststellungen des Tatgerichts der Schuldspruch zwangsläufig herleiten lässt und lediglich ein Subsumtionsfehler in Rede steht (OLG Düsseldorf JR 1992, 165). Dagegen darf das Revisionsgericht auch nicht „ein Quäntchen" an eigener Beweiswürdigung vornehmen, nicht einmal den vom Tatgericht gehegten theoretischen Zweifel (vgl. S. 164) überwinden (vgl. BVerfG NStZ 1991, 499 mit Anm. *Foth* – höchst lehrreich – NStZ 1992, 444).

In entsprechender Anwendung des § 354 I StPO darf das Revisionsgericht **auch selbst** auf Strafaussetzung zur Bewährung erkennen, wenn die nicht mehr ergänzungsbedürftigen Feststellungen zu § 56 StGB dies entgegen der Auffassung des Tatrichters rechtfertigen. Die Festsetzung der Bewährungszeit (§ 56a StGB), die Erteilung von Auflagen und Weisun-

D. Die Revision

gen (§§ 56b ff. StGB) und die Belehrung des Angeklagten nach § 268a StPO überlässt es allerdings dem Tatrichter. Das Revisionsgericht darf ferner eine vom Berufungsgericht unter Verstoß gegen das Verschlechterungsverbot festgesetzte (Einzel-) Strafe auf das Maß herabsetzen, auf das ohne den Rechtsfehler mit Sicherheit erkannt worden wäre oder – im Falle der Zurückverweisung – erkannt werden würde. Eine dem Tatrichter missglückte Gesamtstrafenbildung darf das Revisionsgericht selbst korrigieren, wenn im Falle der Zurückverweisung der neue Tatrichter unter Beachtung des Verschlechterungsverbots nicht anders hätte entscheiden können (OLG Düsseldorf NStZ-RR 2001, 21; OLG Stuttgart Die Justiz 2001, 491 – Fälle der Reduzierung des Ermessens auf Null). Auch die Tagessatzhöhe darf das Revisionsgericht selbst bestimmen, wenn es das dazu erforderliche Material im tatrichterlichen Urteil vorfindet (BayObLG NJW 1992, 2582).

Hinweis: Häufig kommt es vor, dass das Revisionsgericht abweichend vom Tatrichter eine Mehrheit von Täter- oder Beihilfehandlungen als eine einheitliche Tat wertet. Häufiger Fall: Die Handlung des Täters oder Gehilfen erschöpft sich in einem einzigen Organisationsakt, der für zahlreiche Einzeltaten anderer Beteiligten wirksam wird (BGH wistra 1996, 230, 260 und 140). Hier stellt das Revisionsgericht den Schuldspruch auf eine Tat um. Die vom Tatrichter ausgeworfene Gesamtstrafe lässt es häufig als Einzelstrafe bestehen, wenn sich durch die Umgestaltung des Schuldspruchs am festgestellten Unrechtsgehalt nichts ändert und ausgeschlossen werden kann, dass bei zutreffender Beurteilung der Konkurrenzfrage eine andere Strafe verhängt worden wäre. Im umgekehrten Fall (der Tatrichter ging fehlerhaft von Bewertungseinheit statt Tatmehrheit aus), stellt das Revisionsgericht den Schuldspruch auf Tatmehrheit um, wenn die getroffenen Feststellungen dies rechtfertigen. Zum Strafausspruch muss es dann i. d. R. zurückverweisen, wenn revisionsrechtlich, z. B. durch Einsatz von Mindesteinzelstrafen, nicht durcherkennend abgeholfen werden kann. Zur bemerkenswerten Tendenz des BGH, nach Möglichkeit Zurückverweisungen zu vermeiden und Rechtsfolgen selbst abschließend zu bestimmen, vgl. *Kalf* NStZ 1997, 66. Er nimmt vor allem Strafmaßkorrekturen über den in § 354 I StPO normierten Bereich hinaus dann vor, wenn es um die Kompensation rechtsstaatswidriger Verfahrensverzögerungen geht und ein weiterer Aufschub durch Zurückverweisung unvertretbar wäre (BGH bei *Kusch* NStZ-RR 2000, 41; in dieser Entscheidung berücksichtigte der BGH übrigens einen Revisionsgrund, der weder dem Urteil noch dem ihm vorgelagerten Verfahren anhaftet und den der Revident gar nicht rechtzeitig geltend machen konnte – Verzögerung des Revisionsverfahrens durch die Staatsanwaltschaft um über 1 Jahr). Zu weiteren Fällen dieser Art vgl. BGH wistra 2001, 57; OLG Stuttgart Die Justiz 2002, 375.

Die Revisionsgerichte haben auch die Befugnis – und machen regen Gebrauch davon – einzelne Vorwürfe oder auch Merkmale nach § 154 II oder § 154a II StPO auszuscheiden, wenn das Urteil insoweit Fehler aufweist, eine Zurückverweisung im nämlichen Punkt sich aber deswegen nicht lohnt, weil sich das Gesamtbild nicht verschiebt, insbesondere ausgeschlossen werden kann, dass die Strafe bzw. Gesamtstrafe bei Kürzung des Schuldspruchs um den ausgeschiedenen Teil geringer ausgefallen wäre. Dies kann soweit gehen, das Merkmal der **vorsätzlichen** Begehungsweise auszuscheiden und nur Fahrlässigkeit anzunehmen, wenn der geschilderte Sachverhalt diese Umstellung zulässt.

Die wohl am weitesten gehende, weil rechtskraftdurchbrechende Wirkung erzeugende Entscheidungsbefugnis des Revisionsgerichts schafft § 357 StPO (Revisionserstreckung auf Mitangeklagte). Die Wirkung einer Sachrüge sowie die fehlerhafte Beurteilung von Verfahrensvoraussetzungen – nicht der Verfahrensrüge – kommt auch dem vom Fehler in gleicher Weise betroffenen Nichtrevidenten zugute. Die Vorschrift findet im Berufungs- und Beschwerdeverfahren keine entsprechende Anwendung. Der Tenor lautet:

Auf die Revision des Angeklagten A. wird das Urteil des Landgerichts S. vom ... – auch soweit es den früheren Mitangeklagten B. betrifft – aufgehoben.

Der Angeklagte A. und der frühere Mitangeklagte B werden freigesprochen.

Die Verfahrenskosten und die den Angeklagten erwachsenen notwendigen Auslagen trägt die Staatskasse.

2. Gestaltung der Gründe

Für die Fassung der **Gründe** der Revisionsentscheidung gibt es keine für alle Fälle gültigen Richtlinien. Voranzustellen ist in jedem Falle ein kurzer Hinweis auf den bisherigen Verfahrensverlauf. Steht die Sachrüge im Vordergrund, ist eine gedrängte Darstellung der vom Tatrichter getroffenen Feststellungen anzuschließen und auszuführen, ob und inwiefern das materielle Recht verletzt wurde. Hat die Revision mit der Verfahrensrüge Erfolg, bedarf es einer Wiedergabe des festgestellten Sachverhalts zumeist nicht. Vielmehr teilt die Revisionsentscheidung mit, wie der Tatrichter verfuhr, welche Rüge deswegen erhoben wurde und weswegen sie durchgreift. Bei einer Mehrheit von Rügen, insbesondere der Häufung von Sach- und Verfahrensrügen, begnügt sich die Praxis häufig damit, lediglich auf die Rüge einzugehen, die der Revision zum vollen Erfolg verhilft. Auf die weiteren Rügen wird allenfalls in der Weise eingegangen, dass Hinweise für das weitere tatrichterliche Vorgehen erteilt werden. Wird in der Examensklausur die Entscheidung auf **eine** Rüge gestützt, ist – was die Aufgabenstellung in der Regel ausdrücklich verlangt – auf die übrigen revisionsrelevanten Probleme in einem Hilfsgutachten einzugehen.

5. Teil. Straftaten und Ordnungswidrigkeiten

Klausuren ausschließlich aus dem Bereich des Ordnungswidrigkeitenrechts sind selten, häufiger sind solche aus dem Grenzbereich zum Strafrecht. Die klausurverdächtigen Nahtstellen zwischen beiden Bereichen bedürfen daher einer kurzen und gedrängten Darstellung.

I. Allgemeines

1. Da es sich um Verwaltungsunrecht handelt, ist für die Ermittlungen und den Abschluss die Verwaltung zuständig. Bei Zusammenhang mit einer Straftat ermittelt gemäß § 42 OWiG die Staatsanwaltschaft die Ordnungswidrigkeit mit.
2. Es gilt das Opportunitätsprinzip statt des Legalitätsprinzips (Ermitteln im pflichtgemäßen Ermessen (§§ 47 II, 53 I 1 OWiG)).
3. Die Möglichkeit, Zwangsmittel der StPO einzusetzen, sind eingeschränkt (vgl. § 46 III–VI OWiG), außerdem ist die Verhältnismäßigkeit besonders zu beachten.
4. Beim Bußgeldbescheid ist wie bei der Anklage auf die Bestimmtheit des Tatvorwurfs in persönlicher, sachlicher und rechtlicher Hinsicht zu achten. Eine Unbestimmtheit kann hier zur Nichtigkeit des Bußgeldbescheids und zur Einstellung im späteren gerichtlichen Verfahren führen. Außerdem ist zu beachten, dass bei Tatmehrheit keine Gesamtbuße, sondern mehrere einzelne Bußen nebeneinander verhängt werden (§ 20 OWiG).

   Hinweis: Auch im Bußgeldverfahren ist die fortgesetzte Handlung stark in Frage gestellt (vgl. BGH NJW 1996, 1973; BayObLG NJW 1994, 2303; *Göhler* wistra 1995, 300; a. A. *Geisler* Jura 1995, 74, 83 und Geppert NStZ 1996, 119).

5. Auch der Begriff der Tat im verfahrensrechtlichen Sinn spielt im Ordnungswidrigkeitenrecht eine bedeutsame Rolle. In der Praxis häufig behandelt wird die Frage (sie erscheint durchaus examensrelevant), ob und unter welchen Voraussetzungen mehrere Verkehrsverstöße im Verlauf einer Fahrt eine Tat im verfahrensrechtlichen Sinn darstellen. Wird dies im Einzelfall bejaht, führt die Ahndung auch nur eines Verstoßes den Klageverbrauch für alle anderen herbei (zur Problematik s. OLG Stuttgart NZV 1997, 243; BayObLG NZV 1997, 282; siehe auch oben S. 138). Dies führt dann zur Einstellung des betroffenen Verfahrens gemäß § 46 I OWiG i. V. m. § 206a I StPO, ggf. noch im Rechtsbeschwerdeverfahren beim Oberlandesgericht.

II. Abgabe durch die Verwaltungsbehörde an die Staatsanwaltschaft

1. Die Verwaltungsbehörde gibt die Sache an die Staatsanwaltschaft ab, wenn Anhaltspunkte dafür vorhanden sind, dass die Tat eine Straftat ist (§ 41 I OWiG). Häufige Fallgestaltung: Als OWi-Sachen zur Anzeige gebrachte Verstöße im Straßenverkehr (§§ 24a StVG, 49 StVO i. V. m. § 24 StVG) begründen den Verdacht einer Straftat (§§ 316, 315c, 240 StGB).

Beispiel: Der Betroffene B ist mit einer BAK von 0,9 Promille Auto gefahren. In den Akten findet sich eine Zeugenaussage, derzufolge B in Schlangenlinien fuhr. Dies begründet den Verdacht absoluter alkoholbedingter Fahruntüchtigkeit und damit einer Straftat nach § 316 StGB.

Die Verwaltungsbehörde hat ihr Augenmerk insbesondere auch auf die Möglichkeit zu richten, dass tatmehrheitlich zusammentreffende Handlungen **eine Tat** im prozessualen Sinn sein können. Mögliche Verfolgungshindernisse hat sie nicht zu prüfen.

Die Staatsanwaltschaft hat die Befugnis zur Rückgabe der Sache an die Verwaltungsbehörde (§ 41 II OWiG). Letztere ist hieran gebunden (§ 44 OWiG).

2. Ist der **Bußgeldbescheid rechtskräftig** geworden, erhebt sich die Frage, wie zu verfahren ist, wenn sich nachträglich das Vorliegen einer Straftat herausstellt, etwa dann, wenn der Betroffene eine OWi nach § 24a StVG begangen hat und sich bei Vollstreckung des Fahrverbots herausstellt, dass er gar nicht im Besitz einer Fahrerlaubnis war und ist. Hier entfaltet der Bußgeldbescheid wegen seiner beschränkten Rechtskraft keine Sperrwirkung für ein späteres Strafverfahren (§ 84 OWiG). Lediglich ein rechtskräftiges Urteil und ihm gleichstehende Erkenntnisse über die Tat als OWi hätten diese Sperrkraft (§ 84 II OWiG). Die Verwaltungsbehörde hat in solchem Falle die Akten der Staatsanwaltschaft vorzulegen. Im nun durchzuführenden Strafverfahren wegen Fahrens ohne Fahrerlaubnis wird der Bußgeldbescheid aufgehoben (§ 86 I OWiG). Bereits auf den Bußgeldbescheid geleistete Geldbeträge werden nach Maßgabe des § 86 II OWiG angerechnet.

III. Ausgangszuständigkeit der Staatsanwaltschaft und Abgabe an die Verwaltungsbehörde

1. Im Strafverfahren ist die Staatsanwaltschaft für die Verfolgung der **Tat im verfahrensrechtlichen Sinn** auch unter dem Gesichtspunkt einer OWi zuständig (§ 40 OWiG) Typischer Fall: Zusammentreffen von Verkehrsordnungswidrigkeit und unerlaubtem Entfernen vom Unfallort. Die Staatsanwaltschaft bringt gegebenenfalls beide Gesichtspunkte zur Anklage oder erlässt eine einheitliche Einstellungsverfügung. Eine

weitergehende Übernahmemöglichkeit durch die Staatsanwaltschaft schafft § 42 OWiG. Wird jemand sowohl einer Straftat als auch einer OWi beschuldigt (persönlicher Zusammenhang), kann die Staatsanwaltschaft die Verfolgung auch dann übernehmen, wenn es sich um **mehrere Taten** im prozessualen Sinn handelt, ohne dass zwischen ihnen ein innerer Zusammenhang zu bestehen braucht (vgl. jedoch die Sollvorschrift des § 42 II OWiG). Die Übernahmebefugnis besteht auch bei sachlichem Zusammenhang, wenn hinsichtlich derselben Tat im verfahrensrechtlichen Sinn eine Person einer Straftat und die andere einer OWi beschuldigt wird. Typisches Beispiel: Zwei Verkehrsteilnehmer verursachen aus unterschiedlichen Gründen fahrlässig einen Unfall, was sich für den einen als Straftat, den anderen als OWi darstellt.

2. Sowohl in den Fällen des § 40 als auch in denen des § 42 OWiG kann die Verfolgungszuständigkeit wieder von der Staatsanwaltschaft an die Verwaltungsbehörde übergehen (§ 43 OWiG). Meint also die Staatsanwaltschaft bei Verdacht einer Ordnungswidrigkeit (etwa nach §§ 1 I, 49 I Nr. 1 StVO, 24 StVG) und eines unerlaubten Entfernens vom Unfallort (§ 142 StGB), letzteres sei nicht nachweisbar, stellt sie das Strafverfahren nach § 170 II StPO ein und gibt die Sache zur Verfolgung der Verkehrsordnungswidrigkeit an die Verwaltungsbehörde ab. In gleicher Weise verfährt sie, wenn etwa der Verdacht einer Straftat nach § 316 StGB entfällt und nur eine OWi nach § 24a StVG in Betracht kommt. Sind im Hinblick auf den Verdacht einer Straftat vorläufige Maßnahmen ausgebracht worden, wie z.B. die vorläufige Entziehung der Fahrerlaubnis, so hat die Staatsanwaltschaft für die Aufhebung dieser Maßnahmen zu sorgen und bei Abgabe an die Verwaltungsbehörde zugleich sicherzustellen, dass diese ihr die Akten nach Abschluss des Verfahrens zurückreicht zur Prüfung, ob und welche Maßnahmen nach dem StrEG veranlasst sind.

3. Die Abgabe an die Verwaltungsbehörde nach § 43 OWiG hindert übrigens einen späteren neuerlichen Übergang ins Strafverfahren nicht. Hatte z.B. die Staatsanwaltschaft bei Vorliegen einer Vorfahrtsverletzung mit Sachschaden und fahrlässiger Körperverletzung das Strafverfahren eingestellt, weil ein Strafantrag nicht vorlag und sie das besondere öffentliche Verfolgungsinteresse verneinte und erließ die Verwaltungsbehörde, nach § 43 I OWiG zuständig geworden, einen vom Betroffenen mit Einspruch bekämpften Bußgeldbescheid, so ist die Staatsanwaltschaft nicht gehindert, bei Vorlage der Akten an den Richter beim Amtsgericht das besondere öffentliche Interesse nunmehr zu bejahen und das Gericht zu veranlassen, gemäß § 81 OWiG zum Strafverfahren überzugehen (OLG Hamburg NStZ 1986, 81 mit abl. Anm. *Fricke* MDR 1990, 684; vgl. auch *Hillmann* NZV 1995, 55; zum Übergangsverfahren des Gerichts vgl. unten IV).

IV. Überleitung des gerichtlichen Bußgeldverfahrens ins Strafverfahren

1. Verfahren des Amtsgerichts

Hat der Betroffene gegen den Bußgeldbescheid Einspruch eingelegt und kommt das Gericht – sei es aus eigener Erkenntnis, sei es durch Hinweis der Staatsanwaltschaft – zu der Auffassung, es liege eine Straftat vor, so hat es das Bußgeldverfahren ins Strafverfahren überzuleiten. Dies kann vor oder während der Hauptverhandlung (z. B. auf Grund des Ergebnisses der Beweisaufnahme) geschehen. Die Überleitung ist vorzunehmen durch (schriftlichen oder mündlichen) Hinweis auf die Veränderung des rechtlichen Gesichtspunkts (§ 81 I und II OWiG mit weiteren Einzelheiten). Ab Erteilung des Hinweises, auch wenn er auf Irrtum beruht, ist das Verfahren Strafverfahren und richtet sich hinfort nach dessen Regeln, der Betroffene ist Angeklagter mit allen Rechtsgarantien, die ihm das Strafverfahren bietet (zur Möglichkeit der Verwertung bisheriger nach OWi-Recht gewonnener Beweisergebnisse vgl. § 81 III OWiG). Ist der Hinweis erteilt, kann der Einspruch gegen den Bußgeldbescheid nicht mehr zurückgenommen werden (BGHSt. 29, 305). Das Verfahren steht jetzt einem solchen nach Erhebung der Anklage und Erlass eines Eröffnungsbeschlusses gleich, wobei der Hinweis nach § 81 I OWiG den Eröffnungsbeschluss ersetzt (KK OWiG-*Steindorf* § 81 Rdnr. 9, 28). § 411 III StPO ist nicht sinngemäß anwendbar (a. A. *Göhler* § 81 Rdnr. 19).

Die Staatsanwaltschaft ist für die Erteilung des Hinweises nach § 81 II Satz 1 OWiG nicht zuständig. Will sie nach Einspruch und Vorlage der Akten durch die Verwaltungsbehörde ins Strafverfahren übergehen, legt sie die Akten nach § 69 IV Satz 2 OWiG dem Amtsrichter mit dem Antrag vor, den Betroffenen auf die Veränderung des rechtlichen Gesichtspunkts hinzuweisen. Sie kann aber statt dessen auch Anklage erheben oder einen Strafbefehl beantragen. Dann sind diese Maßnahmen Grundlage des nunmehrigen Strafverfahrens. Solange diese Maßnahmen nicht ergriffen sind bzw. der gerichtliche Hinweis nach § 81 II Satz 1 OWiG nicht erteilt ist, kann der Betroffene den Einspruch wirksam zurücknehmen, was aber die Strafverfolgung durch Erhebung einer Anklage nicht hindert.

2. Verfahren des Rechtsbeschwerdegerichts

Der Hinweis und damit die Überleitung ins Strafverfahren ist noch im Rechtsbeschwerdeverfahren möglich (BGH NJW 1988, 3162; OLG Stuttgart NJW 1981, 1282; a. A. BayObLG NStZ 1988, 81). Streitig ist, in welcher Verfahrensart (ob als Berufung oder Revision) der weitere Prozess abgewickelt wird. Nach BGH NStZ 1988, 463 ist das Verfahren regelmäßig als Revisionsverfahren fortzusetzen. Das kann aber nur dann gelten, wenn die Revision zur Aufhebung des angefochtenen Urteils und zur Zurückverweisung führt. Sonst hat der Strafsenat das Rechtsmittel als Berufung zu behandeln und die Sache an das zuständige Landgericht abzugeben (vgl. dazu OLG Düsseldorf, VRS 70, 153; OLG Stuttgart NJW 1981, 1282). Eine Ausnahme gilt wiederum dann, wenn sich der Angeklagte ausdrücklich für die Revision entscheidet (KK OWiG-*Steindorf* § 81 Rdnr. 20). Zu beachten ist das Verschlechterungsverbot. Hat nur der Betroffene (nunmehr Angeklagte) Rechtsbeschwerde eingelegt, darf zwar eine „Verböserung" des Schuldspruchs, nicht aber der Rechtsfolgen eintreten. Es bleibt also bei Verurteilung zu Geldbuße, auch wenn der Schuldspruch eine Straftat beinhaltet. Weitergehend will KK OWiG-*Steindorf* (§ 81 Rdnr. 21) das Verschlechterungsverbot dahin wirken lassen, dass auch ein strafrechtlicher Schuldspruch zu unterbleiben hat (dagegen mit Recht *Göhler* § 81 Rdnr. 25). Hat nur oder auch die Staatsanwaltschaft Rechtsbeschwerde zu Ungunsten des Betroffenen eingelegt, kann ihn dagegen die volle Härte des Strafgesetzes treffen.

V. Grundsatz „semel Strafverfahren, semper Strafverfahren"

Wurde das Hauptverfahren – zumindest teilweise – unter dem Vorwurf einer Straftat im prozessualen Sinn eröffnet, so kann das Urteil auch dann nur mit Berufung oder Revision angefochten werden, wenn der Angeklagte wegen einer OWi verurteilt wird. Typische Beispiele: Statt auf § 316 StGB erkennt das Gericht nur auf § 24a StVG; oder Verurteilung wegen § 1 II StVO, Freispruch von § 142 StGB. Ein vom Angeklagten mit „Rechtsbeschwerde" bezeichnetes Rechtsmittel ist in einem solchen Fall i.d.R. als Berufung zu behandeln; als Revision ist es nur anzusehen, wenn sich aus den Umständen eindeutig ergibt, dass der Beschwerdeführer auf eine Nachprüfung des Urteils in tatsächlicher Hinsicht verzichten will (OLG Düsseldorf GA 1990, 567). Die Berufung gegen ein auf Geldbuße, Freispruch oder Einstellung wegen einer OWi lautendes Urteil ist stets anzunehmen, wenn die Rechtsbeschwerde nach § 79 I OWiG zulässig oder nach § 80 I und II OWiG zuzulassen wäre (§ 313 III StPO). Bezeichnet der Angeklagte sein zunächst unbestimmt eingelegtes Rechtsmittel nachträglich als Rechtsbeschwerde oder Antrag auf deren Zulassung, ist es mangels erkennbarer Wahlausübung ebenfalls als Berufung zu behandeln.

Die sehr komplizierten Fallkonstellationen des § 83 OWiG werden kaum je Gegenstand einer Examensarbeit sein. Deshalb bleiben sie hier außer Betracht.

6. Teil. Besonderheiten des JGG

Klausuren allein aus dem Jugendstrafrecht oder auch nur mit dessen Schwerpunkt sind selten. Häufig sind aber die verfahrensrechtlichen Gesichtspunkte aus dem Grenzbereich StPO/JGG Teilaspekte von Prüfungsarbeiten.

Empfehlung: Haben Sie bei auffallend jungem Alter eines Angeklagten ein Auge darauf, ob er zur Tatzeit Heranwachsender war, also das 21. Lebensjahr noch nicht überschritten hatte. Daraus können sich besondere verfahrensrechtliche Probleme ergeben, die nachfolgend nur kurz erwähnt werden können.

I. Zum Ermittlungsverfahren

Die Verhältnismäßigkeit eingesetzter Zwangsmittel ist hier besonders zu beachten. Für die Untersuchungshaft gilt § 72 JGG. Statt Untersuchungshaft kann auch die einstweilige Unterbringung in einem Erziehungsheim (§ 71 II JGG) angeordnet werden (§ 72 IV JGG).

Zur Vorbereitung eines Gutachtens über den Entwicklungsstand kann – ähnlich dem § 81 StPO zur Frage des psychischen Zustands des Beschuldigten – die Unterbringung zur Beobachtung angeordnet werden (§ 73 JGG – Fall der notwendigen Verteidigung vgl. § 68 Nr. 3 JGG).

Bei Jugendlichen – soweit für den Heranwachsenden Jugendstrafrecht Anwendung findet (§ 105 JGG – zu dieser Frage vgl. die lesenswerte Entscheidung des BGH NStZ 2002, 204) auch bei diesem (§ 109 II JGG) – gibt es die Möglichkeit der Einstellung des Verfahrens nach §§ 45, 47 JGG.

Die Anklage ist an das zuständige Gericht zu richten (Jugendrichter, Jugendschöffengericht, Jugendkammer – deshalb immer das Alter des Beschuldigten zur Tatzeit prüfen!).

Bei Jugendlichen und Heranwachsenden (vgl. § 1 II JGG) enthält die Anklage vor der Überschrift „Anklageschrift" den Hinweis, dass der Angeschuldigte zur Tatzeit Heranwachsender bzw. Jugendlicher war.

Bei Jugendlichen sind in der Anklage unter den Personalien der/die Erziehungsberechtigten bzw. gesetzlichen Vertreter anzugeben. Zu deren Stellung im Verfahren vgl. § 67 JGG.

Strafbefehlsverfahren, beschleunigtes Verfahren, Privatklage und Nebenklage sind gegen *Jugendliche* unzulässig (§§ 79, 80 JGG – zur Verfolgung eines Jugendlichen wegen eines Privatklagedelikts durch die Staatsanwaltschaft vgl. § 80 I 2 JGG). Dafür gibt es bei Jugendlichen das vereinfachte Jugendverfahren nach §§ 76–78 JGG.

Gegen *Heranwachsende* kann ein Strafbefehl nur erlassen werden, wenn im konkreten Fall Erwachsenenstrafrecht angewendet (§ 109 I 1 JGG) und keine Freiheitsstrafe verhängt (§ 109 III JGG) wird. Dagegen sind Nebenklage, Privatklage und beschleunigtes Verfahren beim Heranwachsenden zulässig. Bei Jugendlichen und bei den Heranwachsenden, bei denen Jugendstrafrecht angewendet werden soll, kommt auch ein Absehen von der Verfolgung gemäß § 45 JGG in Betracht.

II. Zur Hauptverhandlung

Die Verhandlung gegen Jugendliche ist – einschließlich der Urteilsverkündung – nichtöffentlich (§ 48 I JGG).

Gegen Heranwachsende wird dagegen öffentlich verhandelt (vgl. § 109 JGG, insbesondere die Ausschlussmöglichkeit nach Absatz 1 Satz 4). Öffentlich wird auch verhandelt, wenn das Verfahren gegen einen Jugendlichen mit einem Verfahren gegen einen Heranwachsenden oder Erwachsenen verbunden worden ist (§ 48 III 1 in Verbindung mit § 103 I, II JGG). In diesem Fall kann allerdings die Öffentlichkeit aus erzieherischen Gründen ausgeschlossen werden (§ 48 III 2 JGG).

Die Erziehungsberechtigten und gesetzlichen Vertreter sind zur Hauptverhandlung zu laden. Sie sind zum Erscheinen verpflichtet, ihre Anwesenheit kann zwangsweise durchgesetzt werden (§ 50 II JGG). Allerdings können sie aus erzieherischen Gründen auch zeitweise ausgeschlossen werden (§ 51 JGG).

III. Zu den Rechtsmitteln

1. Rechtsmittelbeschränkung

Klausurträchtig ist die Vorschrift des § 55 II JGG. Nach dieser Vorschrift kann derjenige, der eine zulässige Berufung eingelegt hat, nicht mehr Revision einlegen. Diese Regelung ist auch anzuwenden, wenn der Angeklagte nicht mehr Jugendlicher, sondern Heranwachsender ist, sofern auf ihn Jugendstrafrecht angewendet worden ist (§ 109 II JGG). Die Beschränkung gilt auch dann, wenn auf Grund der gleichzeitigen Berufung eines anderen Anfechtungsberechtigten – in der Regel der Staatsanwaltschaft – das Berufungsurteil für den Angeklagten ungünstiger ausfällt als das von ihm vergeblich angefochtene erstinstanzliche Urteil.

2. Zurückverweisung

In verbundenen Verfahren gegen einen Erwachsenen und einen Jugendlichen oder Heranwachsenden kann das Revisionsgericht die Sache an eine allgemeine Strafkammer statt an die Jugendkammer zurückverweisen, wenn sich das weitere Verfahren nur noch gegen den Erwachsenen richtet (BGH StV 1989, 295).

7. Teil. Allgemeine Hinweise zur Klausurbearbeitung

Allgemeine, für jedermann und für jeden Fall gültige Rezepte für die Bearbeitung strafrechtlicher Assessorklausuren gibt es u. E. nicht. Jede Klausur hat ihre eigenen Probleme, Gesetzmäßigkeiten und Fragestellungen. Hierüber kann auch die Existenz tabellarischer Arbeitspläne, von Checklisten u. ä. m. nicht hinwegtäuschen, die zudem die Gefahr in sich bergen, dass der Kandidat versucht, die Arbeit und die durch sie aufgeworfenen Probleme in bestimmte Schemata zu pressen. Hierdurch kann viel Zeit verloren gehen und können allzu leicht Abwege beschritten werden bei gleichzeitiger Verfehlung dessen, was die Aufgabe in Wahrheit erfordert. Dass mit der Darstellung, was alles nicht vorliegt und was näher zu prüfen sich erübrigt, Seiten gefüllt werden können – allerdings nutzlos – liegt auf der Hand.

Gleichwohl gibt es natürlich einige in jedem Fall gültige und beherzigenswerte Arbeitsanleitungen:

1. Achten Sie genau auf die Aufgabenstellung

Schauen Sie sich zunächst die Aufgabenstellung(en) (Bearbeitervermerk) an, und zwar gleichviel, ob sie der Aufgabe vorangestellt sind oder sie abschließen. Prägen Sie sich die Aufgabenstellung(en) genau ein und verlieren Sie diese nicht mehr aus den Augen. Nur die gestellten Fragen dürfen in der Lösung beantwortet werden.

2. Verschaffen Sie sich einen Gesamtüberblick

Lesen Sie anschließend die Aufgabe in all ihren Bestandteilen durch und verschaffen sich so einen Gesamtüberblick. Verbeißen Sie sich, ohne die Lektüre der Aufgabe vollständig abgeschlossen zu haben, noch nicht in Einzelheiten und versteifen Sie sich nicht auf einzelne Gesichtspunkte, sondern führen Sie die Eingangslektüre in einem Zug zu Ende.

3. Machen Sie sich Notizen an den Rand der Arbeit

Machen Sie bereits beim ersten Durchlesen, wenn Sie Probleme erkennen und Einfälle zur Lösung haben, im Aufgabentext (tunlichst am Rand) Notizen, umso das Problem, bzw. den Lösungsansatz festzuhalten. Dadurch wird der Gesichtspunkt vor dem Vergessen bewahrt, sozusagen konserviert. Die Verbindung von Aufgabentext mit den Notizen anstelle der Verwendung eines getrennten Konzeptpapiers erleichtert die spätere Zuordnung und Wiederauffindung und spart enorm Zeit. Bei Beteiligung mehrerer Personen und bei Häufung von Zeitangaben empfehlen sich Sachverhaltsskizzen und Datentabellen.

4. Erarbeiten Sie nun Ihre Lösung und fangen Sie rechtzeitig an, in Reinschrift zu schreiben

Lesen Sie jetzt die Aufgabe unter Heranziehung des zuvor gewonnenen vorläufigen Verständnisses erneut, ergänzen und vertiefen Sie die eingangs angestellten Gedankengänge und Aufzeichnungen. Scheiden Sie jetzt dasjenige aus, was bei vertiefter Betrachtung nicht zum Thema gehört oder zur Fallösung nichts beiträgt. Machen Sie sich klar, wo die Schwerpunkte der Aufgabe und die Schrittfolgen zu ihrer Lösung liegen und wie Sie dementsprechend die Aufgabe angehen und gliedern werden. Wenn Sie im einen oder anderen Punkt zwar Problembewusstsein haben, aber noch kein feststehendes Arbeits- und Lösungskonzept, verlieren Sie möglichst wenig Zeit mit bloßem Sinnieren. Verlassen Sie sich vielmehr darauf, dass sich bei der weiteren Ausarbeitung Ihre Gedanken verfestigen und klären. Skizzieren Sie den Aufbau der Arbeit, aber vermeiden Sie in jedem Fall ein ausformuliertes Konzept, das zu viel Zeit kostet.

Wichtig! !
Mit der „Reinschrift" sollten Sie spätestens bei „Halbzeit" der insgesamt zur Verfügung stehenden Bearbeitungszeit beginnen.

5. Vermeiden Sie überflüssige, langatmige Ausführungen, zumal zu Selbstverständlichkeiten

Legen Sie die Niederschrift nicht unnötig breit an. Für das materiellrechtliche Gutachten z.B. bedeutet dies, dass zwar sämtliche Tatbestände und Tatbestandsmerkmale festzustellen, nicht aber dass sie alle in gleicher Breite zu würdigen sind. Bei Tatbeständen und Merkmalen, deren Vorliegen keinerlei Zweifeln unterliegt, genügt die bloße Feststellung ohne nähere Begründung. Für Selbstverständlichkeiten interessiert sich der Prüfer nicht. Die Wiederholung des Sachverhalts („dadurch, dass der Angeklagte ...") ist regelmäßig überflüssig. Der Prüfer kennt den Sachverhalt. Auch für das Prozessrecht gilt das „Verbot" langatmiger Erörterung von Selbstverständlichkeiten. Die Zulässigkeitserfordernisse eines Rechtsmittels (Fristen, Förmlichkeiten, Adressat, Beschwer) zu erörtern, wenn diese erkennbar „außer Streit" sind, ist ein echter Fehler. Wer keine oder nur dürftige Kenntnisse hat, dem bleibt naturgemäß die Problematik einer Aufgabe weitgehend verschlossen. Deshalb die wiederholte und dringende Empfehlung, regelmäßig die Rechtsprechungsübersichten in der NStZ und im NStZ-RR (dort vor allem *Detter*, *Becker* und *Sander*) sowie die Besprechung von Strafrechtsentscheidungen in der JuS, der JR und in den „Juristischen Arbeitsblättern" zu lesen. Die Lektüre sichert einen fortlaufenden aktuellen und praxisbezogenen Wissensstand über potentielle Examensfragen und fördert das Problembewusstsein. Sehr lesenswert sind auch die regelmäßigen Beiträge „Aktuelles Strafprozessrecht" von *Müller-Christmann* in der JuS.

Haben Sie eine Patentlösung gefunden, die andere mit der Aufgabe aufgeworfene Streitfragen obsolet macht, seien Sie mutig und zugleich skeptisch: Vertreten Sie Ihre Lösung, wenden Sie sich aber den anderen Fragen in einem Hilfsgutachten zu.

6. Gehen Sie unbefangen an die Arbeit heran

Jeder Kandidat hat im jeweiligen Prüfungsgebiet – so auch im Strafrecht – Stärken und Schwächen. Daraus erwächst naturgemäß der Wunsch, seine besonderen Stärken möchten sich in der Examensaufgabe wiederfinden. Der Kandidat ist aber dringend davor zu warnen, seine besonderen Wissens- und Interessensgebiete sozusagen „mit Gewalt" in die Aufgabe hineinzuverlegen. Quetschen Sie nicht den Sachverhalt. Das kann nicht gut gehen, und die „Verfehlung des Themas" in Teilen oder im ganzen ist eine der Todsünden der Klausur. Sie verstellt zudem den Blick für die wahre Problematik, die sich ohne solche unglückliche Fixierung möglicherweise hätte erschließen lassen. Daher der dringende Rat: Gehen Sie an die Aufgabe unbefangen heran. Haben Sie das Problem erfasst und fehlen Ihnen die spezifischen Sachkenntnisse zu seiner Lösung, bemühen Sie sich gleichwohl um eine vernünftige, Ihrem juristischen Verständnis entsprechende Abhandlung. Auch solche Lösungen werden honoriert, solange die Gedankengänge und Ergebnisse vertretbar sind.

7. Verlieren Sie sich bei Punktesachen nicht zu sehr in Detailfragen

Bei „Punktesachen" – etwa bei einer Mehrzahl aufzugreifender Straftatbestände, zu behandelnder Beschwerden oder Ansatzpunkte für eine Revision – sollten Sie alle oder doch möglichst viele Gesichtspunkte aufgreifen und bearbeiten. Obwohl jeder Prüfer in der Beurteilung letztlich frei ist, verständigt sich das „Korrekturteam" häufig über Bewertungsrichtlinien und weist jedem der Klausurprobleme einen ungefähren Stellenwert in der Beurteilung zu. Vermeiden Sie es, mit der Ausführung Ihnen besonders vertrauter Detailfragen allzu viel Zeit zu verbringen, die Ihnen dann für andere Bereiche fehlt. Denn der „Zuschlag" für besonders gelungene Einzelabhandlungen ist viel zu gering, als dass er das Fehlen oder die allzu stiefmütterliche Behandlung anderer Sachgebiete je kompensieren könnte. Kommen Sie gegen Ende der Bearbeitungszeit in Zeitnot, befassen Sie sich lieber mit einzelnen noch ausstehenden Problemkreisen kürzer und notfalls stichwortartig, als sie ganz wegzulassen und sie aus der „Punktewertung" herauszunehmen.

8. Unterschätzen Sie die Bedeutung des prozessualen Teils der Klausur nicht

Leider ist immer wieder zu beobachten, dass Kandidaten fast ihr gesamtes Augenmerk auf den materiellen Teil lenken und den **prozessualen** ganz **vernachlässigen,** sei es aus Zeitnot, sei es, weil er ihnen weniger liegt. Diese einseitige Behandlungsweise ist ein **schwerer Fehler**. Gehen Sie – wenn nicht eine andere Gewichtung aus der Aufgabe klar ersichtlich ist –

davon aus, dass **beide Teile** für den Prüfer **von gleicher Bedeutung** sind und sich dies auch in den Bewertungsrichtlinien niederschlägt. Ein fehlender oder mangelhafter Verfahrensteil führt auch bei überdurchschnittlichen materiellrechtlichen Ausführungen in der Regel dazu, dass die Arbeit nicht in den Prädikatsbereich kommt. Deshalb lassen Sie bei ihren Dispositionen den Prozessteil nicht zu kurz kommen, auch dann nicht, wenn Sie ihm wenig Sympathie abgewinnen können. Denn gerade die Beherrschung des Prozessrechts zeichnet den Praktiker aus, und über die Praxistauglichkeit des Kandidaten soll das Assessorexamen Aufschluss geben.

9. Zeigen Sie Praxisnähe

Versuchen Sie, in der Klausurlösung praxisnah zu bleiben. Sie werden von Praktikern korrigiert und diese haben die Aufgaben auch gestellt. Bei Handlungen, die durchaus ständiger gerichtlicher oder staatsanwaltschaftlicher Arbeitsweise entsprechen, sollten Sie Ihrer Sache schon ganz sicher sein, bevor Sie diese Verfahrensweise als Verstoß gegen den „fair trial" oder gegen § 136a StPO behandeln. Lassen Sie also auch in diesen Breiten die Kirche tunlichst im Dorf. Und schließlich: Die Strafzumessungserwägungen sollen kritisch überprüft werden. Aber nicht alle Strafzumessungserwägungen in Examensklausuren sind falsch oder unzulänglich. Viele Kandidaten schießen hier weit über das Ziel hinaus.

10. Stil und Aufbau

Auf Stilfragen und sprachliche Eleganz sollten Sie keinen allzu großen Wert legen. Literaturpreise werden im Examen nicht vergeben. Wichtig sind die Sachinformationen, die Sie zur Bewertung unterbreiten. Auf eine ordentliche Rechtschreibung sollten Sie allerdings ebenso achten wie auf eine lesbare Handschrift.

Bemühen Sie sich vor allem um einen organischen und nachvollziehbaren Aufbau der Arbeit. Bei der Fertigung eines Urteils, einer Anklage, eines Haftbefehls oder eines anderen Beschlusses ist er in der Regel durch die jeweils hierfür geltenden und dargestellten Aufbaugrundsätze vorgegeben. Beim Gutachten sollten Sie sich um einen möglichst organischen Aufbau bemühen, der dem Prüfer ein kontinuierliches Mitdenken ermöglicht und ständiges Hin- und Herdenken, Zurückblättern und Wiederaufgreifen schon abgeschlossen geglaubter Gedankengänge vermeidet. Sie erleichtern dem Korrektor die Arbeit, wenn Sie (sparsam) sinntragende Worte unterstreichen.

Zum Ganzen wird *Forster,* JuS 1992, 234 dringend zur Lektüre empfohlen.

Stichwortverzeichnis

Abbauwert beim Blutalkoholgehalt 51
Abhilfe bei Beschwerde 196, 220
Abhören 67, 126
Ablehnung
– eines Beweisantrags 130
– von Gerichtspersonen 110, 248
Abschlussverfügungen der Staatsanwaltschaft 78
Absolute Revisionsgründe 247
Absprache im Strafverfahren 112, 181, 184, 254
Abwesenheit als Revisionsgrund 249
Akteneinsicht 9
Alkoholberechnung 49
Anfangsverdacht 3
Anfechtung von Prozesshandlungen 204
Angaben des Angeklagten 113
Angaben des Verteidigers
– als Einlassung des Angeklagten 104, 170
Anklageschrift 78, 276
Anknüpfungstatsachen für Sachverständige 105, 119, 167
Annahmeberufung 229
Anrechnung
der Verwahrzeit bei Führerschein 153
Anwesenheit
– des Beschuldigten 13, 37, 103, 107, 144
– von Richter, StA und Urkundsbeamten 109
Anwesenheitsrechte von Verfahrensbeteiligten 13, 277
Audiovisuelle Vernehmung 16, 34, 117, 135, 247
Aufhebung
– von Urteilen in der Berufung 230
– von Urteilen in der Revision 266
Aufklärungspflicht 127
Aufklärungsrüge 127, 259
Aufschiebende Wirkung von Rechtsmitteln 196
Augenschein 14, 105, 125, 135
Ausbleiben in der Berufungsverhandlung 224
Auskunft über Verbindungsdaten der Telekommunikation 74

Auskunftsverweigerungsrecht 20, 32, 114
Auslagenentscheidung im Urteil 188
Auslegung von Rechtsmittelerklärungen 204
Aussage gegen Aussage 166
Aussagegenehmigung 34, 117, 121
Ausschluss des Beschuldigten 15, 108, 116

Bandenkriminalität 173
Beauftragter Richter, Wahrnehmungen 167
Bedingungsfeindlichkeit von Rechtsmittelerklärungen 203
Befangenheit
– des Richters 109, 248
– des Staatsanwalts 110, 113
Befundtatsachen 105, 119, 123
Behördenakten, Beschlagnahme von 62
Belehrung
– des Beschuldigten 17, 104
– des Zeugen 28, 114
Benachrichtigungspflicht 14, 15
Beobachtung, polizeiliche 76
beredtes Schweigen 21, 113
Berufung
– Ausbleiben des Angeklagten 224
– Beschränkung 207
– Revision statt 222
– Übergang zu 1. Instanz 100, 226
– Urteil 230
– Verfahrensverbindungen 100, 227
Beruhensfrage im Revisionsrecht 264
Beschlagnahme 45, 54, 58
Beschlagnahmefreiheit 28, 60
Beschleunigtes Verfahren 85, 101, 123, 125, 130, 136, 144, 276, 277
Beschränkung
– der Verteidigung als Revisionsgrund 253
– des Einspruchs 143
– von Rechtsmitteln 207
Beschuldigtenvernehmung 17
Beschuldigter 4
Beschwer des Rechtsmittelberechtigten 198

Stichwortverzeichnis

Beschwerde
– Befugnisse des Beschwerdegerichts 218
– einfache 216
– Einschränkung nach § 305 StPO 217
– Entscheidung über die Beschwerde 218
– Grundsätze 216
– sofortige 220
– weitere 220
Beweisantrag 128, 243, 259
Beweisaufnahme
– in der Berufungsinstanz 223
– in der ersten Instanz 104
Beweiskraft des Protokolls 263
Beweisverwertungsverbot 18, 26, 61, 114, 122
Beweiswürdigung
– Fehlerquellen 164
– in den Urteilsgründen 162
– Nachprüfbarkeit in der Revision 234
Bezugnahmen im Urteil 156, 231
Bindung bei Rechtsmittelbeschränkung 210
Blutalkoholgehalt 49
Blutprobe 46, 73, 123
Bußgeldverfahren 271

Darstellungsrüge 157, 239
Denkgesetze, Verstoß gegen 234, 240
Devolutiveffekt 196
DNA-Analyse 74
Dolmetscher 224, 243, 244, 251
Doppelverwertung 177, 178
Dringender Tatverdacht 3, 37, 53
Durchsuchung 7, 8, 55, 71
Durchsuchungsbeschluss 57

Einspruch 107, 123, 130, 143, 196, 231
Einspruchsrücknahme 144
Einstellung des Verfahrens
– bei Verfahrenshindernis 89, 98, 148
– nach § 170 II StPO 87, 88
– nach §§ 153 ff. StPO 86, 147
Einstellungsverfügung 86
Einziehung im Urteil 153
Entschädigung nach dem StrEG 91, 190
Erfahrungssätze, Verstoß gegen 168, 234, 235, 239
Erkennungsdienstliche Behandlung 8, 71
Ermittlungsrichter 6, 13, 70

Ermittlungsverfahren 1
Eröffnungsbeschluss 97, 150, 222

Fahndung 76
Fahrerlaubnis, Entziehung der 53, 143, 153, 187, 194, 209
Fahrverbot 150, 153, 191, 209, 215
Faires Verfahren 137, 254, 258, 263
Fehlbezeichnung des Rechtsmittels 202
Fernwirkung 26, 126
Fingerabdruck 71
Fluchtgefahr 38, 71
Form der
– Rechtsmitteleinlegung 200
– Revisionsbegründung 236, 255
Fortgesetzte Handlung und Serienstraftat
– im Anklagesatz 84
– im Urteil 152, 161
Freibeweis 26, 27, 79, 104, 126, 132, 195, 260, 262, 263
Freispruch
– Fassung der Urteilsgründe 158
– Tenorierung 150
– vor Einstellung 151, 199
Fristberechnung bei Rechtsmitteln 201
Funkzellenabfrage 75

Gang der Hauptverhandlung 103, 223
Gefahr im Verzug 7, 47, 56, 59, 64, 68, 70, 77
Gegenüberstellung 71, 72, 226
Genanalyse 48, 74
Gesamtstrafe 153, 156, 184, 213, 215, 227, 248
Gesetzesverletzung als Revisionsgrund 234
Glaubwürdigkeit von Zeugen 127, 167

Haftbefehl 37, 84, 107, 144, 193, 219
– Anordnung 37
– Aufhebung 40
– Außer-Vollzug-Setzung 40
– Inhalt 43
Haftbeschwerde 42, 216, 220
Haftgrund 38
Haftprüfung 41
Hauptverhandlung im Berufungsverfahren 223
Hauptverhandlungshaft 45
Hemmung der Rechtskraft durch Rechtsmittel 196
Heranwachsender 276
Hilfsbeamter der Staatsanwaltschaft 8

Stichwortverzeichnis

Hilfsbeweisantrag 129, 134, 260, 264
Hilfsmittel, technische 66
Hinreichender Tatverdacht 3, 85, 98
Hinweispflicht 17, 18, 141, 235, 244, 260

Identitätsfeststellung 43, 45, 71, 103, 117
in dubio pro reo 26, 27, 132, 201, 240
Indizienbeweis 168
Informatorische Befragung 18
Internet 64

Jugendlicher 276

Körperliche Untersuchung 46
Kostenentscheidung
– Anfechtung der 190
– bei Einspruch gg. Strafbefehl 145
– im staatsanwaltschaftlichen Ermittlungsverfahren 88
– im Urteil 188
– im Urteil der Berufungsinstanz 230

Lauschangriff 67
Letztes Wort 106, 244, 257
Liste der angewandten Vorschriften 154
Lockspitzel 70
Lügendetektor 23

Mailbox, Zugriff auf eine 64
Maßregeln der Besserung und Sicherung 53, 153, 187, 209
Minder schwere Fälle 176
Mitteilungspflicht
bei Einstellung des Verfahrens 90
Mitwirkungspflicht des Arztes 35

Nachtragsanklage 85, 141, 142
Nachtrunk 52, 191
Nebenentscheidungen im Urteil 188
Nebenklage 15, 34, 100, 116, 145, 189, 202, 276
Notwendige Auslagen 188
Notwendige Verteidigung 6, 252, 276

Observation, längerfristige 77
Offensichtlich unbegründete Revision 265
Öffentlichkeit 106, 117, 252, 277
Ordnungsvorschriften 18, 258
Ordnungswidrigkeiten 271

Persönliche Verhältnisse des Angeklagten 103, 156, 232
Pflicht zum Erscheinen und zur Aussage 12
Pflichtverteidiger 6, 84, 97, 109, 199
Polizeiliche Beobachtung 76
Privatklagedelikt 91, 276
Promillegrenzen 50
Protokoll 8, 9, 120, 121, 237, 242, 257
Protokoll der Geschäftsstelle, Erklärungen zu 200, 236
Protokollrüge 257
Prozesshindernisse/ -voraussetzungen 98, 148, 152, 199, 237
Prozessurteil 148
Prozessverschleppung 110, 134

Rasterfahndung 76
Rechtliches Gehör 14, 167, 263
Rechtsbeschwerde 202, 267, 274
Rechtsfolgenausspruch im Urteil 153
Rechtshängigkeit 99
Rechtskraft 41, 54, 99, 131, 140, 145, 148, 196, 210, 272
Rechtskreistheorie 15, 20, 31, 33, 114, 258
Rechtsmittel 190, 196
Rechtsmittelbelehrung, Folgen fehlender 201
Rechtsmittelverzicht 112, 203
Rechtsnorm im Revisionsrecht 234
Reformatio in peius 213
Revision
– Begründung der 236, 255
– Einlegung der 200, 236
– Examensbedeutung 232
Revisionsentscheidung 265
Revisionsgründe 242
Richter als Zeuge 109, 131
Rubrum des Urteils 148
Rückgewinnungshilfe 59
Rücknahme von Rechtsmitteln 203
Rückrechnung 50
Rügepräklusion 116, 258

Sachleitung 111
Sachrüge 157, 163, 239, 256
Sachurteil 148
Sachverhaltsschilderung
– im Urteil 157
– in der Anklageschrift 81
Sachverständiger 12, 35, 48, 105, 119, 133, 167, 252

Schriftform 85, 200
Schuldunfähigkeit im Urteil 174
Schweigen
- des Beschuldigten 20, 104, 113, 169
- des Zeugnisverweigerungsberechtigten 29, 171
Serienstraftat 84, 185
Sofortige Beschwerde 220
Spontane Mitteilung 18, 123
Sprungrevision 222, 229
Stimmenvergleich 71, 72
Strafaussetzung zur Bewährung 186, 268
Strafbefehlsverfahren 86, 101, 123, 142, 276
Strafklageverbrauch 87, 139, 238, 271
Strafzumessung 175
Strengbeweis 104, 126

Tat im prozessualen Sinn 30, 88, 138, 271
Tateinheit, Behandlung im Urteil 151
Täter-Opfer-Ausgleich 2, 181
Tatmehrheit, Behandlung im Urteil 151
Teilanfechtung des Urteils 207
Teilrechtskraft 131, 210
Teilschweigen 21, 169
Telefonüberwachung 64, 125
Tod des Beschuldigten 30, 148

Überholung, prozessuale 200
Überzeugung 3, 165
Unentschuldigtes Ausbleiben 107, 224, 226, 249
Unerlaubte Vernehmungsmethoden 22
Unerreichbarkeit 122, 133
Unterbringung zur Beobachtung 72, 276
Unterbringungsbefehl 36
Unterschriften beim Urteil 194
Untersuchung anderer Personen 31, 73
Untersuchungshaft 36
Untersuchungsverweigerungsrecht 73, 120
Urkundenbeweis 35, 120
Urteil
- 1. Instanz 147
- Berufungsurteil 230
- Revisionsurteil 265
Urteilsformel 149
- formelle Erfordernisse 149
- materielle Erfordernisse 150
Urteilsgründe
- 1. Instanz 155

- Beweiswürdigung 162
- Entschädigung nach dem StrEG 190
- Feststellungen zur Sache 157
- im Berufungsurteil 231
- im Revisionsurteil 270
- Kosten und Auslagen 188
- Persönliche Verhältnisse 156
- Rechtliche Würdigung 172
- Rechtsfolgenbemessung 175
- Unterschriften 194

Veränderung des rechtlichen Gesichtspunkts 141, 260
Verbindung von Strafsachen 100, 227
Verdacht 2
Verdächtiger 4, 55
Verdeckter Ermittler 2, 69, 118, 166
Vereidigung
- Dolmetscher 244
- Heilung von Verfahrensfehler 142
- Sachverständiger 120
- Vereidigungsverbot 115, 243
- Zeuge 13, 108, 115
Verfahrenshindernis 89, 98, 148, 152, 199, 237, 262
Verfahrensrüge 194, 257
Verhältnismäßigkeit 36, 39, 48, 62, 271
Verhandlungsfähigkeit 49, 108, 205, 235, 250
Verhandlungsleitung 111
Verlesungsverbot 121
Verletzter 11, 14, 15, 59, 90, 145
Vernehmungsmethoden 22
Verschlechterungsverbot 213, 275
Versicherungsakten, Beschlagnahme von 62
Verständigung im Strafverfahren 112, 181, 184, 254
Verstoß gegen die Belehrungspflicht 18, 104
Verteidiger 5, 14, 15, 36, 41, 72, 81, 86, 97, 143, 170, 199, 252
Verwerfung von Rechtsmitteln 228, 265
Verwirkung von Verfahrensrügen 258
Verzicht auf Rechtsmittel 203
Video 16, 34, 72, 117, 135, 247
Vorführungsbefehl 12, 107, 144, 225
Vorhalt 26, 105, 260
Vorläufige Entziehung der Fahrerlaubnis 53, 153, 194, 218, 273
Vorläufige Festnahme 44

Stichwortverzeichnis

Wahlfeststellung 140, 150, 160
Wahlverteidiger 5
Wahrunterstellung 132
Weitere Beschwerde 220
Widerruf von Rechtsmittelerklärungen 204
Wiedereinsetzung in den vorigen Stand 103, 144, 225, 259
Wiedererkennen des Beschuldigten 72
Wiederholungsgefahr 39
Wohnraumüberwachungsmaßnahme 67

Zeuge 4, 104, 113
Zeugenschutz 116

Zeugenvernehmung 27, 113
Zeugnisverweigerungsrecht 4, 27, 60, 73, 108, 114, 119, 122, 251
Zufallsfund 37, 58
Zulässigkeit von Rechtsmitteln 197
Zurückverweisung im Rechtsmittelverfahren 219, 231, 267
Zusatztatsachen 73, 105, 119, 123, 244
Zuständigkeit
– bei Verbindung 100
– örtliche 97
– sachliche 98
– Zuständigkeitskonzentration 56
Zwischenverfahren 97